石油公司能源转型路径

窦立荣　郜　峰　王　曦　张兴阳◎等编著

石油工业出版社

内容提要

本书回顾了全球能源转型历程及特征，总结了全球重点油气消费国/地区和生产国的能源转型路径，分析了七大国际石油公司和五家国家石油公司的能源转型战略、目标、措施、成效及典型项目，最后提出了对我国及我国石油公司推进能源转型的启示建议。

本书可为石油公司、新能源公司等制定能源转型战略与路径措施提供借鉴，也可供相关院校师生、其他相关领域科研人员、管理人员以及国家能源相关决策部门参考阅读。

图书在版编目（CIP）数据

石油公司能源转型路径 / 窦立荣等编著 . -- 北京：石油工业出版社，2025.5. -- ISBN 978-7-5183-7446-5

Ⅰ . F416.22

中国国家版本馆 CIP 数据核字第 20250MF089 号

出版发行：石油工业出版社
（北京安定门外安华里 2 区 1 号　100011）
网　　址：www.petropub.com
编辑部：（010）64251539　　图书营销中心：（010）64523633
经　　销：全国新华书店
印　　刷：北京中石油彩色印刷有限责任公司

2025 年 5 月第 1 版　2025 年 5 月第 1 次印刷
889×1194 毫米　开本：1/16　印张：19.25
字数：480 千字

定价：200.00 元
（如出现印装质量问题，我社图书营销中心负责调换）

版权所有，翻印必究

《石油公司能源转型路径》

编写人员

窦立荣　郜　峰　王　曦　张兴阳　熊　靓　吴雨佳

闫　伟　王子健　彭　云　张可宝　张子琦　邓　希

李宏伟　何　欣　杨　哲　季睿欣

序

FOREWORD

在全球深化气候治理、推进碳中和目标和地缘政治格局剧烈变动的大背景下，人类正在加速迎接历史上第三次重大能源转型的到来。乌克兰危机、欧洲"去俄罗斯化"和美国能源政策的反转等导致的能源供应链重构，油气生产国通过产量调控强化油气市场话语权，油气消费国借低碳市场机遇重塑全球能源权力版图等，使得能源转型不再单纯是气候治理的重要途径，更成为大国竞争、区域安全与全球治理的博弈焦点。全球能源秩序正步入多元竞合、动荡重构的新周期，能源体系韧性被提到前所未有的高度，既凸显传统能源的短期托底作用，又推动新能源布局与地缘利益深度绑定。

世界能源体系从化石能源走向非化石能源、从高碳能源走向低碳能源、从单一能源走向多元能源的重塑趋势，对传统能源企业构成空前挑战。石油公司作为化石能源时代的主导者之一，既面临碳排放约束下的生存压力，也将迎来向综合能源服务商转型的历史机遇。如何顺应时代大势，重塑核心竞争力，增强核心功能，成为石油公司未来发展的首要命题。2022年，窦立荣等出版《国际油公司碳中和路径》一书，聚焦国际石油公司的气候行动逻辑，阐述了石油行业从"共知"到"共建"的转型脉络与实现碳中和的措施路径。作为其姊妹篇，本书将研究维度从碳中和聚焦至能源转型，依循过往研究脉络，从全球能源转型格局、国家能源转型目标措施、石油公司转型路径三个层面，宏观与微观、历史与未来相结合，全方位阐述了石油公司的能源转型路径。书中指出：国际石油公司以"效益优先"推动业务重构，国家石油公司以"安全为本"探索融合共生，二者战略选择虽异，却共同印证了"传统能源与新能源协同发展"的必然性。这种辩证思考视角和基于实证的对比分析，为行业提供了难得的范式参考。

在今后相当长的一段时间内，由于石油的能源属性、原料属性和金融属性，还会有比较大的需求量。我国作为全球最大能源消费国，油气需要在保障国家能源安全与推动行业转型发展中实现平衡。我国的石油公司正在探索一条兼顾保供责任与转型发展的创新路径，我们既要借鉴国际经验，更需立足国情，以"先立后破"为准则提升能源保障能力，以"开放合作"为引领参与气候变化全球治理，以"改革创新"为驱动培育新质生产力。能源转型不是对石油时代的简单告别，而是对人类可持续发展模式的深层重构，只有坚定不移走中国特色的能源转型之路，才能实现全面建设具有中国特色的社会主义现代化能源强国的宏伟目标。

前言

PREFACE

能源是人类社会发展的重要物质基础，不仅满足了人类基本生活需求，在推动经济增长、促进科技进步、改变生活方式等方面更是发挥了不可替代的重要作用。可以说，能源的发展历程见证了人类社会的进步与变革。伴随着人类社会发展，以及能源开发、加工、转换、利用和储存技术水平的提高，全球能源需求持续增长，能源体系不断发展变化。人类能源利用史总体经历过三个阶段，即柴薪主导期、煤炭主导期、油气主导期，未来或将逐步过渡到可再生能源主导期。人类利用能源的能源形态、能源技术、能源结构、能源管理等能源体系主体要素发生根本性转变的过程即能源转型。能源转型的发生是复杂因素共同作用的结果，为应对气候变化、降低温室气体排放、实现《巴黎协定》提出的温度控制目标，全球已有151个国家提出碳中和目标，而实现碳中和核心是推动能源结构转型，这也是目前全球能源生产与消费结构向低碳化、去碳化转型发展的内驱力所在。

石油公司应对气候变化和实现碳中和已进入"共建"阶段，实施能源转型战略、明确能源转型路径是其共同选择。本书选取的埃克森美孚、雪佛龙、壳牌、道达尔能源、碧辟、埃尼和艾奎诺七大国际石油公司，以及沙特阿美石油公司、阿布扎比国家石油公司、卡塔尔能源公司、马来西亚国家石油公司、巴西国家石油公司五家国家石油公司，它们在能源转型过程的投资策略、资产结构调整、低碳与新能源业务布局、技术研发等方面具有代表性，是洞察石油公司能源转型不同路径实践的最佳选择。

石油公司转型战略核心是通过优化投资结构与资产结构，推动能源产量结构的调整。在转型路径上，国际石油公司与国家石油公司表现出不同的路径选择，国际石油公司突出效益与转型的协同，设立了推进业务重构的转型路径；国家石油公司突出安全与转型的协同，设立了探索融合发展的转型路径。在投资结构和资产结构方面，国际石油公司在符合能源转型战略、具有盈利能力、可提高竞争优势的低碳新能源领域持续加大投资，推动能源转型，并以效益为目标持续优化资产结构，确保较高的投资回报率。在低碳与新能源业务布局方面，欧洲的石油公司普遍采取积极多元化的策略，类型上重点布局海上风电、光伏、氢能、低碳燃料业务；美国的石油公司普遍采取适度脱碳策略，类型上重点布局低碳燃料、氢能、CCUS等业务；国家石油公司则专注于油气的勘探开发，低碳与新能源业务重点布局以CCUS为主的生产运营中碳减排和低碳燃料业务。

目前，在全球能源转型过程中，能源发展呈现多元竞合态势，还没有任何一种新能源表现出能以绝对主导地位满足消费需求的趋势，能源绿色低碳转型也将是一个长期过程，传统能源逐步退出，一定要建立在能源供应安全、新能源有序替代基础上。我国石油公司需基于能源转型目标，持续加大在具有优势的低碳与新能源领域的投资力度，充分发挥一体化优势，打造低碳、低成本油气资产组合，增强油气资产抗波动性和低碳与新能源业务的盈利性，满足多元化的能源市场需求，实现可持续发展的新质生产力。

本书共四章，分别是全球能源转型格局、重点国家及地区能源转型路径、重点石油公司能源转型路径、能源转型趋势展望与启示建议。第一章由窦立荣、王曦、郜峰、张兴阳等编写；第二章由王曦、闫伟、王子健、彭云、邓希、何欣、季睿欣等编写；第三章由郜峰、熊靓、吴雨佳、张子琦、张可宝、杨哲、李宏伟等编写；第四章由窦立荣、郜峰、闫伟、张兴阳等编写。本书由窦立荣、郜峰、王曦、张兴阳统稿，最后由窦立荣统一审定。

本书在编写过程中，得到了中国石油勘探开发研究院及海外研究中心各级领导和专家、国家油气战略研究中心、中国石油国际勘探开发有限公司及中国石油大学（北京）相关领导和专家的大力支持与帮助，在此表示诚挚谢忱！本书中所引用的资料未能在书中全部注明，在此向所引用资料作者表示感谢。受专业知识范围所限，以及从事低碳与新能源研究的经验不足，加之时间紧迫，书中难免存在不尽人意之处，真诚希望广大读者见谅并提出宝贵的意见和建议，以期在今后的研究和编写工作中不断提高。

作者
2024 年 12 月

目 录

第一章 全球能源转型格局 ... 1

第一节 全球能源转型背景 ... 1
一、全球能源转型历程及特征 ... 2
二、全球能源转型主要驱动因素 ... 6
三、煤炭公司历史能源转型经验 ... 10

第二节 能源转型与能源可持续性 ... 12
一、全球能源供应格局 ... 12
二、全球能源消费格局 ... 15

第三节 能源转型与能源可负担性 ... 19
一、能源的经济可负担性 ... 20
二、能源的政治可负担性 ... 21
三、能源的环境可负担性 ... 22

第四节 能源转型与能源公平性 ... 23
一、能源转型差异与公平 ... 23
二、能源公平进展与挑战 ... 25

第二章 重点国家及地区能源转型路径 ... 27

第一节 重点油气消费国/地区能源转型路径 ... 27
一、欧盟 ... 27
二、德国 ... 34
三、英国 ... 41
四、日本 ... 48
五、印度 ... 55

第二节 重点油气生产国能源转型路径 ... 60
一、沙特阿拉伯 ... 61
二、阿联酋 ... 67
三、卡塔尔 ... 72
四、马来西亚 ... 77

五、巴西 ··· 83
　　六、美国 ··· 89

第三章　重点石油公司能源转型路径与成效 ·· 97
第一节　国际石油公司能源转型路径与成效 ·· 97
　　一、埃克森美孚 ··· 97
　　二、雪佛龙 ·· 112
　　三、壳牌 ··· 122
　　四、道达尔能源 ·· 134
　　五、碧辟 ··· 149
　　六、埃尼 ··· 164
　　七、艾奎诺 ·· 177
第二节　国家石油公司能源转型路径与成效 ·· 190
　　一、沙特阿美石油公司 ··· 190
　　二、阿布扎比国家石油公司 ··· 199
　　三、卡塔尔能源 ·· 208
　　四、马来西亚国家石油公司 ··· 217
　　五、巴西国家石油公司 ··· 225

第四章　能源转型趋势展望与启示建议 ·· 238
第一节　全球能源转型趋势展望 ·· 238
　　一、人口因素驱动消费增长，油气保持基荷地位 ·· 238
　　二、技术突破将持续提升可再生能源成本竞争力 ·· 240
　　三、政策激励与压力并存，成为转型主要驱动力 ·· 241
　　四、应对气候变化挑战，各国加快调整能源结构 ·· 241
第二节　石油公司能源转型趋势展望 ·· 242
　　一、以油气为代表的化石能源重新受到重视，务实转型成为业界共识 ············ 243
　　二、低碳与新能源布局重点分化，区域将更倾向于本土与政策红利区 ············ 243
　　三、低碳与新能源投资保持持续上涨，投资类型更加集中于关键领域 ············ 244
　　四、低碳与新能源盈利能力弱，有待技术进步与规模化发展降低成本 ············ 246
第三节　能源转型相关启示建议 ·· 246
　　一、因时而谋应对挑战，加快推进新型能源体系建设 ··································· 247
　　二、依靠科技创新与政策引领，推动能源行业优质发展 ······························· 247
　　三、提升油气保障能力，加大国内外油气勘探开发力度 ······························· 248
　　四、着力能源结构调整，打造适应能源转型的发展韧性 ······························· 249

五、前瞻布局伴生资源，实现资源利用效率与效益提升 ·············· 250

参考文献 ·············· 252

附表 1 历届联合国气候变化大会信息统计表 ·············· 268

附表 2 重点国家油气产量、消费量、二氧化碳排放量、国家自主贡献目标统计表 ·············· 271

附表 3 2024 年全球主要国家 ETI 指数及排名 ·············· 274

附表 4 主要国家碳中和愿景及政策措施情况统计表 ·············· 276

附表 5 45 家石油公司碳减排／碳中和目标统计表 ·············· 282

附录一 单位换算 ·············· 292

附录二 专有名词缩写 ·············· 293

第一章

全球能源转型格局

全球能源体系演变与人类社会发展相伴相生，当前能源转型具有时代特殊性，也有历史共性，使全人类能够持续地、公平地享有负担得起的能源始终是能源体系演变的核心目标。本章回顾了全球三次能源转型的历程及特征，总结了能源转型的五个驱动因素，分析了能源转型与能源可持续性、可负担性和公平性的关系，旨在厘清石油公司实施能源转型面临的背景和需要遵循的深层逻辑。

第一节 全球能源转型背景

能源指煤炭、石油、天然气、生物质能和电力、热力以及其他直接或者通过加工、转换而取得有用能的各种资源。根据获得方式，能源可分为自然界中原始性状存在的一次能源和经加工或转换得到的二次能源；根据形成过程，能源可分为源于古生物遗骸的化石能源和不源于古生物遗骸的非化石能源；根据形成机制，能源可分为可再生能源和不可再生能源，其中可再生能源指自然界中可以不断再生并有规律地得到补充或重复利用的能源，包括风能、太阳能、水能、生物质能、地热能、海洋能等非化石能源；根据开发和利用技术，能源可分为传统能源和新能源，其中新能源指在新技术基础上加以开发利用，接替传统能源的非化石、无碳、可再生清洁能源，主要类型有太阳能、风能、生物质能、氢能、地热能、海洋能、核能、新材料储能等。

能源转型的概念最早由德国提出。1980年，德国Öko-Institut研究所出版《能源转型：没有石油与铀的增长与繁荣》一书，在德国环境保护和反核运动的背景下，首次打破经济增长与电力和其他能源消费的关联性，提出了能源转型（Energiewende）的概念（李品等，2023），主张主导能源应从石油和核能转向可再生能源，提出在煤炭、油气和核能消费量不持续增长的情境下经济发展的可能性。随着人类能源利用形式的不断演化，能源转型的概念也不断完善。广义地讲，能源转型指人类利用能源的能源形态、能源技术、能源结构、能源管理等能源体系主体要素发生根本性转变的过程（邹才能等，2021）。

一、全球能源转型历程及特征

1. 全球能源转型历程

从学会对火的控制和利用起,人类能源利用史总体已经历过三个阶段,即柴薪时期、煤炭时期、油气时期,未来或将逐步过渡到可再生能源主导期。

1)柴薪时期

以人类掌握对火的控制和利用技术起计算,柴薪时期可追溯到40万～50万年前,时间跨度覆盖人类史前文明到农耕文明时期,在这期间虽然也有水力、风力等能源利用形式,但以木柴为主的传统生物能源长期占据一次能源消费的绝对主导地位。19世纪中叶前,柴薪在全球一次能源消费中占比始终保持在90%以上,但随着技术进步,人类利用能源的种类不断演变且日益丰富,柴薪作为最为传统的能源形式,在人类能源消费中的重要性持续下降,自2002年起,柴薪在一次能源消费中的占比降至10%以下(图1-1),且占比保持下降趋势。

2)煤炭时期

人类开采和利用煤炭的历史可以追溯到公元前,但受生产力限制,煤炭的开发利用长期处于初级阶段,没有对柴薪的主导地位形成威胁。直到17世纪,手工业的发展导致柴薪逐渐不能作为单一燃料满足人类能源消费需求,煤炭随之登上历史舞台。英国是全球第一个从柴薪向煤炭转型的国家。1560年,英国能源已经开始从柴薪向煤炭体系转型,1619年英国煤炭消费量占比达到49%。英国从柴薪向煤炭的转型领先世界其他国家200余年,英国的煤炭行业与第一次工业革命形成了相辅相成关系。继英国之后,第一次工业革命蔓延至世界各国,特别是蒸汽机的发明和推广,极大地提升了煤炭需求量,煤炭在全球能源体系中的地位不断提升,同一时期柴薪在能源消费中的占比逐渐下降,1910年煤炭首次超越柴薪成为世界主导一次能源消费类型,标志着煤炭时期正式开启。与柴薪时期后期不同,煤炭经过鼎盛时期后,面临油气等新兴能源挑战时,在一次能源消费中的占比有所下滑后,长期保持稳定且重要的地位,自1966年以来,煤炭在全球一次能源消费中的占比逐渐下降并保持在20%～30%之间(图1-1),2023年占比为24.87%,贡献了全球1/4的能源需求,实现了与新兴能源的共存。

3)油气时期

1859年,宾夕法尼亚州石油溪第一口油井的成功标志着现代石油工业的起点。随后,美国石油工业的快速发展、南美地区和中东地区的石油资源被大规模开发,推动全球石油供应的增长。与煤炭在第一次工业革命期间得到大发展类似,随着第二次工业革命的推进,以内燃机为代表的技术创新带动汽车业、航空业等交通相关领域发展,全球对高效、便捷能源的需求不断上升。油气相比煤炭具有更高的能量密度、更便捷的储存和运输特性,使其在各种应用场景中更具优势。以在全球一次能源消费中所占比例计算,1960年石油和天然气占比之和首次超越煤炭,1965年石油占比首次超越煤炭,油气正式确立了世界主导能源地位(图1-1)。1968年全球油气合计消费占比首次高于50%,并一直延续至今,在20世纪70年代两次石油危机期间,石油和天然气消费占比达到高峰,1973年和1979年油气合计消费占比超过58%。2023年全球一次能源消费中,石

第一章 全球能源转型格局

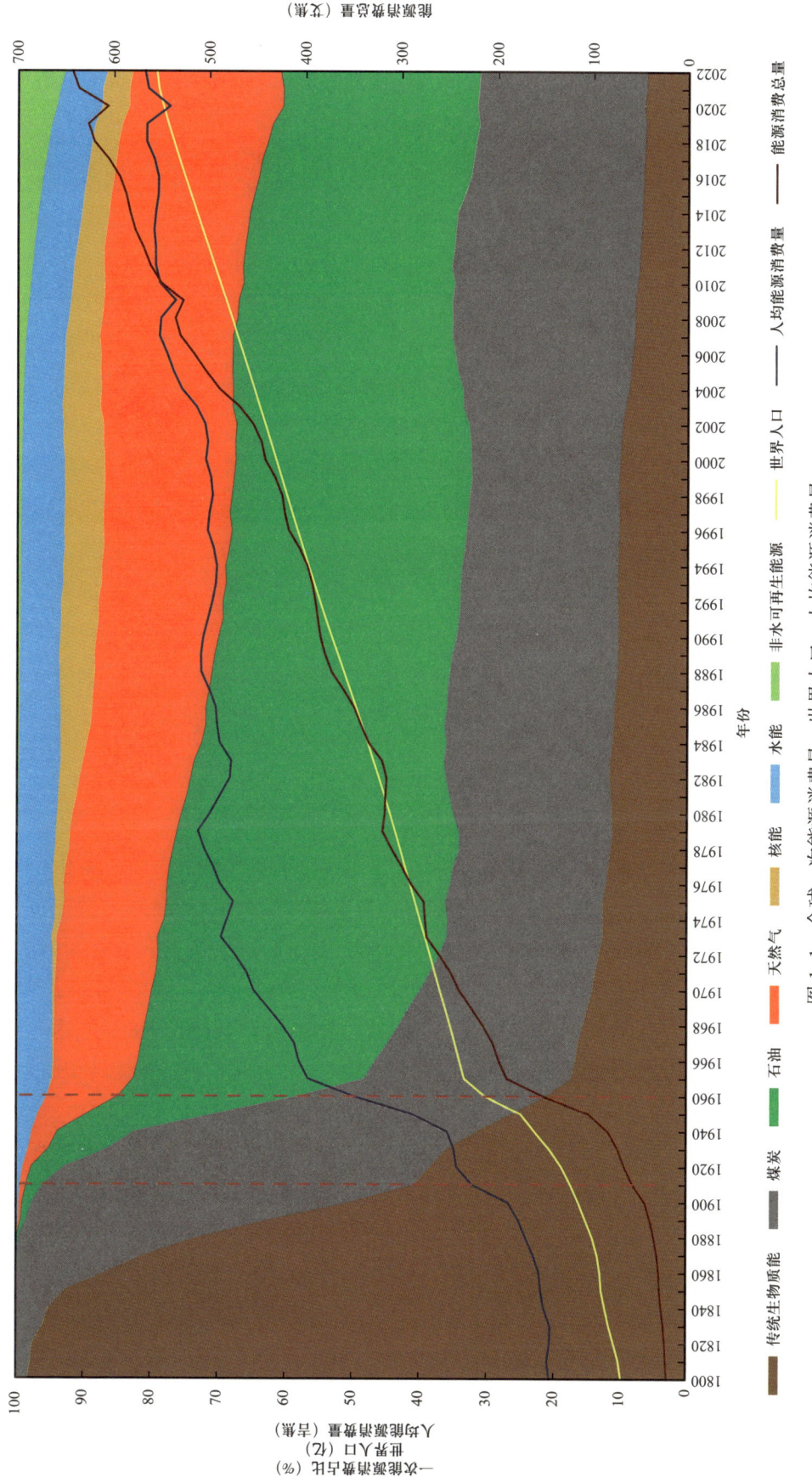

图 1-1 全球一次能源消费量、世界人口、人均能源消费量

根据联合国、Our World in Data、EI 数据绘制

油和天然气占比51.66%，其中石油占比29.78%。截至2023年，石油和天然气已连续63年保持全球一次能源消费占比首位，长期在全球能源体系中发挥基荷能源作用。在煤炭向油气转型过程时期，美国是全球转型的引领者。美国是现代油气工业发源地、汽车工业诞生地，也是引领第二次工业革命的国家，因此美国向油气时期的转型较全球其他国家更早更彻底。1950年，美国一次能源消费中石油消费占比达57%，首次超越煤炭；1968—1974年期间油气消费合计占比保持75%以上。

4）可再生能源主导期

当前，全球能源格局再次面临重要调整，气候治理、能源安全等多种需求不断提升，天然气、可再生能源等多元能源资源开发利用技术不断进步，一次能源消费结构日趋多元化。未来有望形成以可再生能源为主导、油气和煤炭等化石能源为基础的多元共生能源体系（邹才能等，2024）。

对历史能源转型经验的研究表明，能源转型的过程，通常包括"技术创新—利基市场—规模市场—主导能源"四个阶段。新的能源开发和利用技术产生，可以提供新的能源利用可能性，且可能具有更加清洁、灵活等优势，但在技术初期通常价格高于市场中原有成熟主导技术，因此仅有少部分消费者愿意为新技术支付溢价，形成利基市场（Niche Market），即高度细分、规模较小的专门化需求市场。在技术进步或政策支持下，市场需求逐步提升，规模效应导致新型能源的供给成本下降，与原有能源技术相比的竞争力和市场占有率不断提升，最终超越原有优势能源类型，成为主导能源。能源转型的过程并非线性的，在特定条件下可能出现反复，全球能源转型的过程与不同区域或国别能源转型的过程也可能存在差异。

2. 全球能源转型特征

能源转型存在一定共性特征。总体而言，能源转型具有漫长性、增量性、不均衡性特征。

第一，能源转型通常需要经历漫长而复杂的过程。若以新兴能源在一次能源消费中的占比达到5%为转型起始点、以新兴能源在一次能源消费占比超越其他能源或者达到峰值为转型结束点计算，全球从传统生物质能源向煤炭的转型历经1840年到1910年约70年时间；从煤炭向石油的转型历经1920年到1965年约45年时间，然而石油在一次能源消费中的占比直到1978年才达到峰值，距离转型开始历经58年。若以新兴能源技术创新为转型起始点、以得以广泛应用为转型结束点计算，则能源转型平均用时达95年。

第二，能源转型中新能源的消费绝对量具有增量性。能源转型的标志通常为新兴能源消费占比的提高和原有能源消费占比的下降，然而从能源消费的绝对量看，全球能源转型中，新兴能源的出现往往体现为能源消费量的增量，而非对旧能源消费量的替代。传统能源向煤炭转型的过程中，全球能源消费量从1840年的7300太瓦时上升到1920年的18077太瓦时，其中传统生物质能源消费量基本稳定在6944太瓦时，煤炭消费量则从356太瓦时增长到9833太瓦时。在煤炭向石油转型的过程中，全球能源消费量从1920年的18077太瓦时上升到1965年的52470太瓦时，其中煤炭消费量从9833太瓦时增长至16140太瓦时，石油消费量从889太瓦时增长至17996太瓦时（图1-2）。

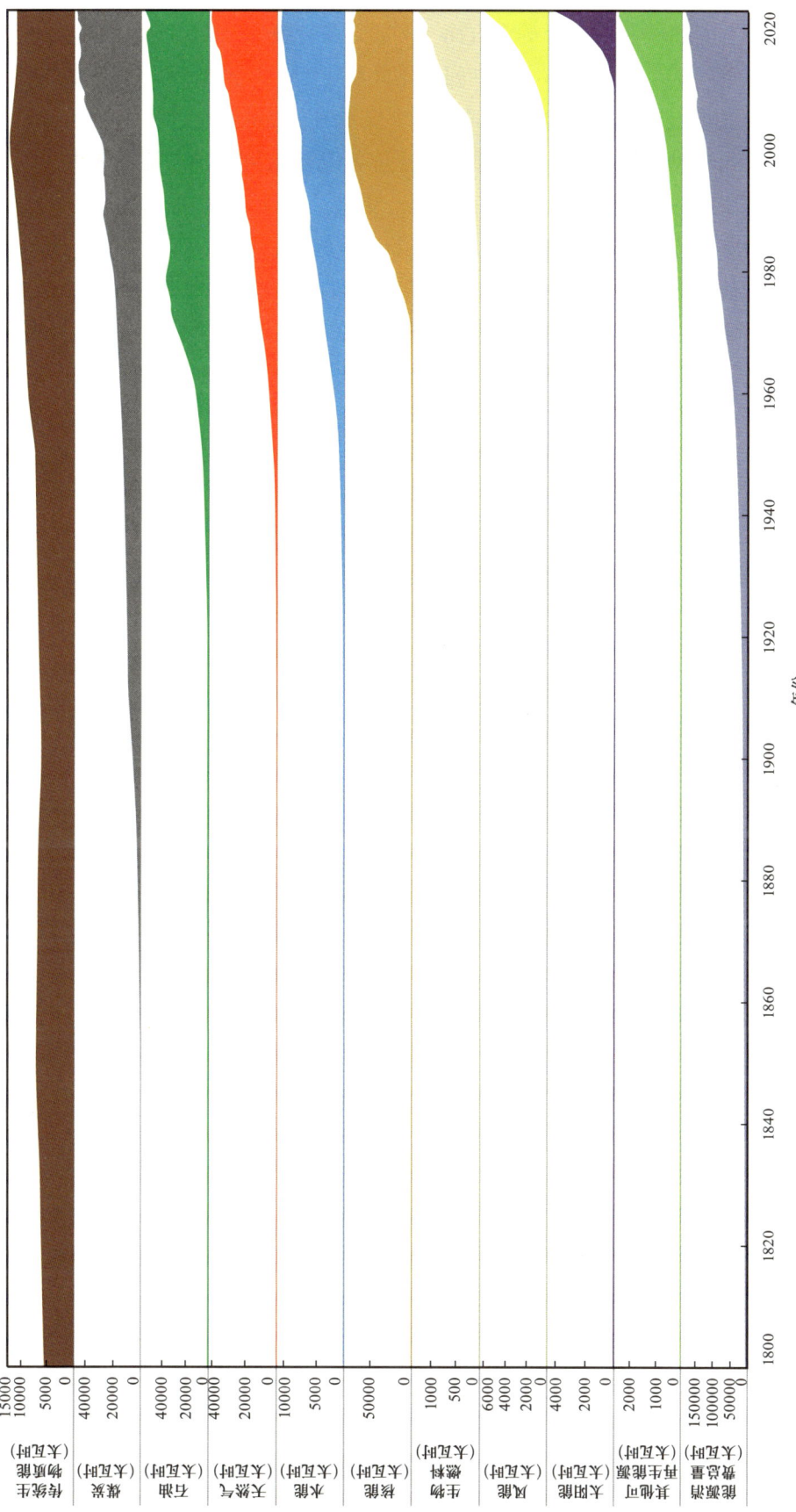

图 1-2 全球一次能源消费总量及各类一次能源消费量

根据联合国，Our World in Data，EI 数据绘制

第三，区域或国别能源转型具有显著不均衡性。能源转型不均衡性体现在不同区域或国别能源转型的时间、速度和能源类型的选择等多方面。例如，在转型时间上，英国能源体系从传统生物质能源向煤炭的转型发生在1560—1619年期间，比世界其他地区早200年左右。在转型速度上，Lipton等（2015）研究指出，传统生物质能源向煤炭、煤炭向石油的转型过程，美国比英国要快得多；Rubio等（2012）以20个拉丁美洲国家20世纪上半叶从煤炭到石油的能源转型为研究对象，指出这些小型能源消费国的能源转型比大型国家更早、更快。不同经济发展水平、资源禀赋和市场规模的国家，同一类能源转型的起止时间和速度也有差异。例如全球层面，1965年石油消费量已超越煤炭消费量成为最主要的一次能源，1965年经济合作与发展组织（简称经合组织，OECD）国家煤炭在一次能源消费中的占比为33.24%，2023年已降至10.94%，而作为发展中国家且煤炭资源富集的中国，1965年和2023年煤炭在一次能源消费中的占比分别为86.62%和53.85%。国别和区域间的转型时间差，造成了不同能源类型的峰谷差，在全球能源消费总格局中形成互补效应。在能源类型的选择上，Cherp等（2017）研究指出德国和日本的能源选择在20世纪90年代后出现了显著分歧，尽管目标都是电力系统从化石能源向非化石能源转型，但德国重点发展风能、光伏等可再生能源并逐步淘汰核能，日本则较少部署可再生能源，而以核能为重点发展方向。

与历史上前两次能源转型相比，当前全球正在经历的能源转型呈现出多元化的新特征。人类能源利用史的大多数时期都存在一种占据绝对优势地位的能源类型，历史上两次能源转型均是从一种能源占据主导地位向另一种能源占据主导地位的转变。然而当前全球能源发展趋势呈现出多元能源竞合的趋势，从宏观类型上讲，是从化石能源向非化石能源、从高碳能源向低碳能源转型，目前没有任何一个单一资源品种的低碳非化石能源表现出能够以绝对主导地位满足全球人类能源需求的趋势。

二、全球能源转型主要驱动因素

能源系统的复杂性决定了能源转型通常不是由单一要素引发的结果，从全球能源发展的历史看，政府政策、技术创新、市场价格、人口规模和全球共识是影响能源转型的主要因素，每一种主要因素又将通过次级因素影响转型进程。不同因素间存在关联性，同时，不同时期、不同区域的能源转型主导因素有所差异。

1. 政府政策驱动

政府政策通过对市场需求或供应的引导，促进新能源使用或抑制原有能源使用。政府政策可以通过直接补贴或税收等影响不同能源服务成本，调节能源需求，也可以扶持某类能源基础设施建设以促进相应能源类型的应用，甚至可以通过政令直接提升某种能源类型的使用范围。例如丘吉尔在20世纪初期通过政策推动英国海军从煤炭动力向石油动力的转型。他认识到石油作为燃料在效率、清洁度和能量密度方面的优势，这对于提升海军的战斗力至关重要。1912年，英国海军大臣丘吉尔采取了一项关键的战略决策，将英国皇家海军主力舰队的能源从煤炭转变为石油。这一改变旨在与德国的竞争中获得更快的速度和更长的续航能力，以确保英国海军的全球领导地位。受此影响，英国军方对石油的需求急剧上升。为确保国防能源供应的安全，丘吉尔推动成立了碧辟公司的前身——英伦-波斯石油公司（本节统称"碧辟"），该公司享有优先供应石油的特权。此外，丘吉尔还支持建立国家石油储备，以确保在潜在冲突中英国的能源安全。1914年7月，第一次世界大战爆发，英国得益于充足的石油供应，最终赢得了战争。

2. 技术创新驱动

技术创新通过拓展能源利用方式和能源利用效率，创造新的能源需求。历史上历次能源转型，大多与新技术或新能源的出现相关。新技术或新能源进入市场时，通常具有某种特质的优越性特征，例如在供暖、供电、运输或照明用途中，新型能源服务在能源易获性、使用灵活性和清洁度等方面具有优势，则能够吸引部分消费者愿意为此种新兴能源服务支付额外费用，形成利基市场，随后伴随技术成熟度和经济性提升，新型能源服务逐渐形成规模市场，以至于成为主导能源类型。例如，19世纪末，内燃机的发明和汽车的制造，使得石油成为新的能源需求，推动了石油工业的发展。20世纪以来，核能、风能、太阳能技术的发展，为人类提供了更多能源选择，也为能源系统多元化趋势奠定了技术基础。

3. 市场价格驱动

能源价格通过影响能源供需，形成新旧能源替代和制衡关系，影响能源转型进程。能源价格对于能源转型至关重要。主导能源价格过高，将促进替代能源的发展和应用；反之，主导能源价格保持低位，将限制替代能源发展的速度。此外，新型能源自身价格的大幅下降，可提高能源使用效率、降低能源使用成本、获得与主导能源的竞争优势，则可以扩大市场需求和占有率，促进能源转型。历史上能源价格影响能源转型的例子非常普遍，例如20世纪70年代的两次石油危机导致油价飙升（图1-3），这促使许多国家寻求替代能源，加速了核能、水力发电和其他可再生能源技术的发展。近十年，风能和太阳能等可再生能源的成本持续下降，价格竞争力的提升使得这些清洁能源在市场上的份额不断扩大，加速了能源转型。同时，碳税和碳交易等碳定价机制的引入，使政策通过价格手段调节化石燃料的综合利用成本，从而激励企业和消费者转向清洁能源，促进了能源结构的低碳转型。

4. 人口规模驱动

人口规模影响宏观经济水平和能源需求规模，当人口规模快速增长，导致能源需求增速超过现有主导能源供给水平时，就会促使新的能源供给进入市场（图1-4）。例如，内燃机的发明和第一次世界大战、第二次世界大战的发生为石油需求初期增长奠定了坚实基础，但石油需求的高速增长并最终超越煤炭成为全球最大的一次能源消费类型是20世纪40年代到60年代中期。这一时期，主要是第二次世界大战后全球多数发达经济体出现婴儿潮，全球人口总数从1940年的22.9亿，快速增至1965年的33.4亿。人口数量的快速增长以及战后经济恢复，拉动全球能源消费总量快速提升，煤炭、石油、天然气等主要能源消费量均有不同程度增长，其中石油增速最快，并于1965年第一次成为全球主导的能源类型。

5. 全球共识驱动

当全球就某种能源发展趋势达成共识时，将对推动此种能源转型产生额外推动力。为达到某种特定目的，人类将主动改变能源消费习惯，当这种意愿达成全球共识时，可能突破当前资源基础、

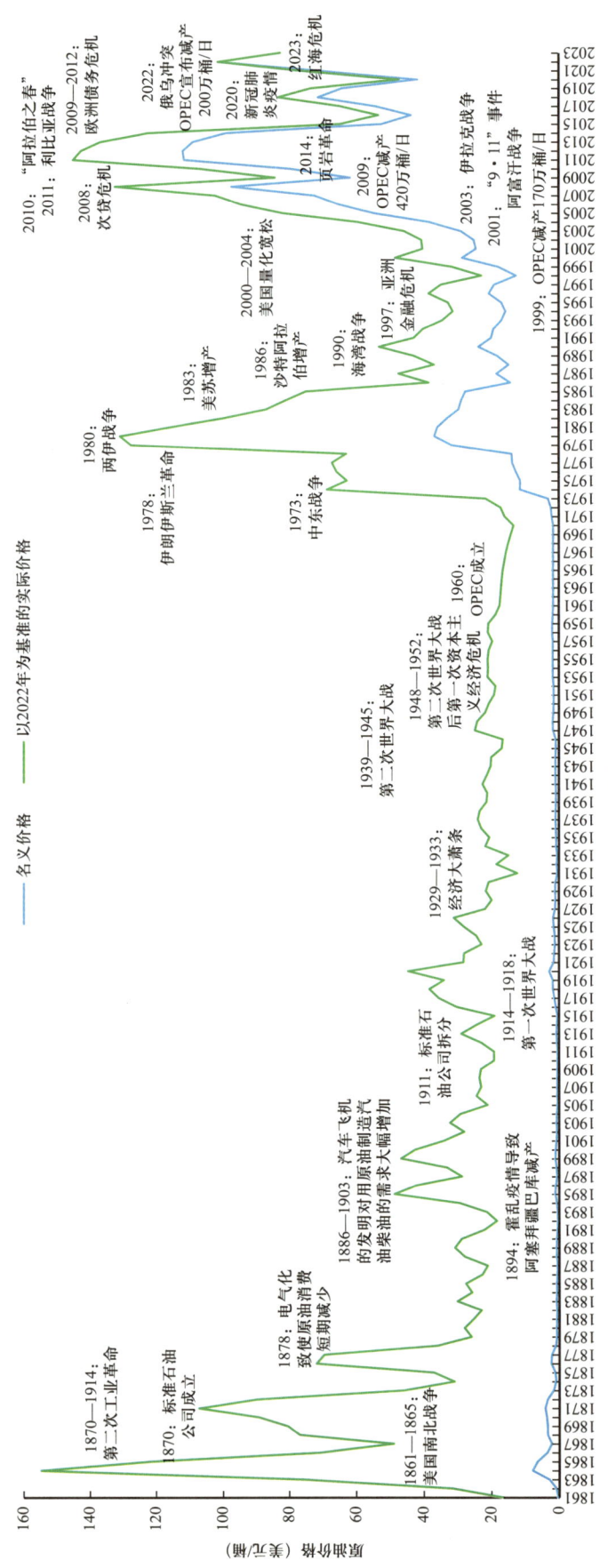

图 1-3 1861—2023 年国际油价走势

根据 2023 年 EI《世界能源统计年鉴》(Statistical Review of World Energy) 数据绘制，其中 2023 年实际价格为 EIA 原油价格数据以 IMF 通胀率折算

第一章 全球能源转型格局

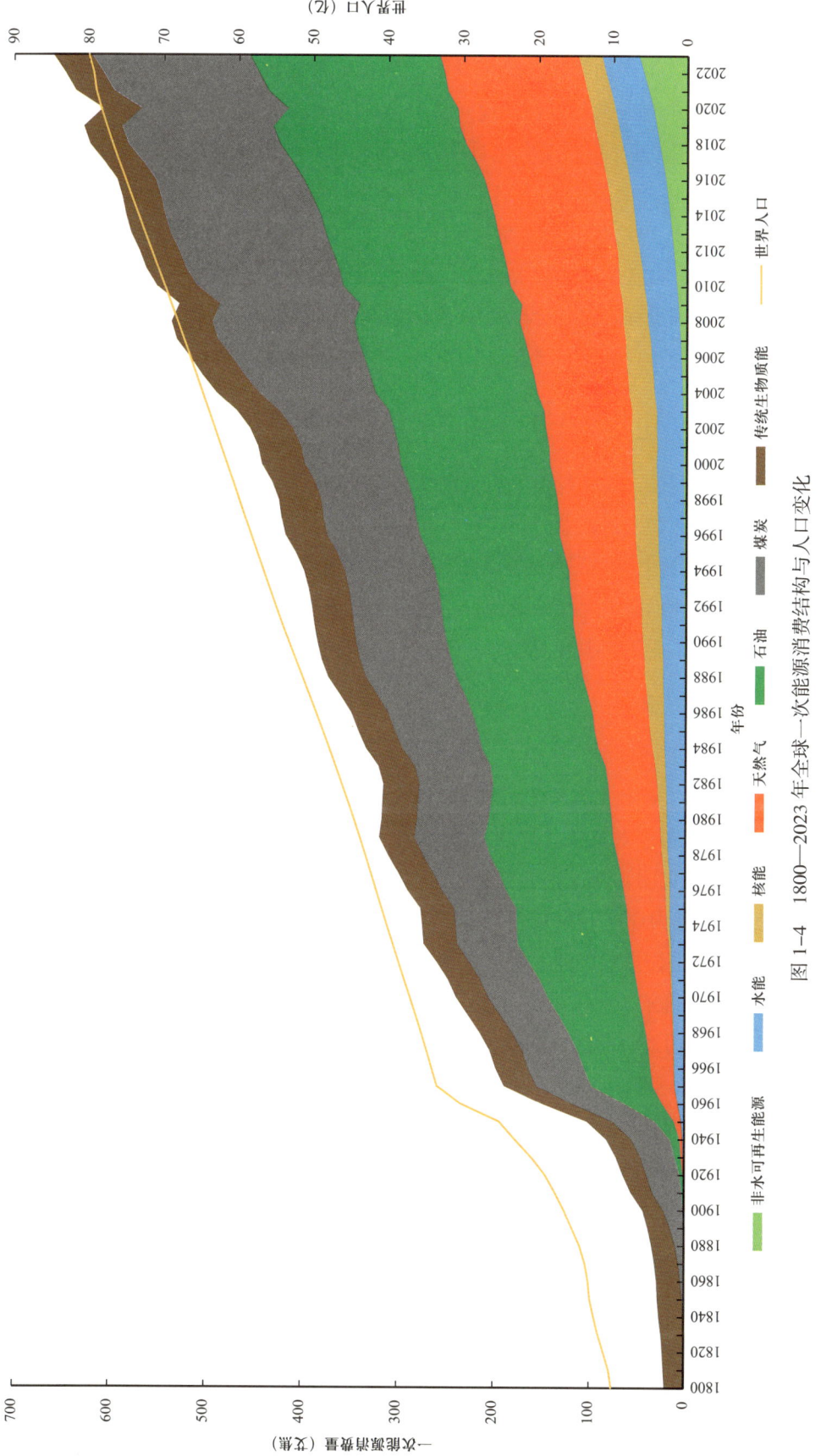

图1-4 1800—2023年全球一次能源消费结构与人口变化
根据联合国、Our World in Data、EI数据绘制

技术限制等短期因素，通过政策手段吸引资本投资向新能源领域流动、促进新型能源技术发展、抑制现有能源市场行为等，从而引领未来能源市场趋势、推动能源转型向特定方向发展，但与单一国家或地区、单一行业的政策推动相比，全球共识能够实现跨地区、跨领域的协同作用。全球共识推动能源转型的最典型案例当属在气候治理问题上全球态度转变与低碳化能源转型的关系。从20世纪60年代基林曲线初始版发布并提出化石燃料的消耗与大气中二氧化碳浓度增加有关开始，到1992年《联合国气候变化框架公约》（UNFCCC）签署后，缔约国每年召开一次会议，讨论并推动气候治理的措施，先后于1997年通过《京都议定书》、2015年签署《巴黎协定》，应对气候变化已成为全球共识（图1-5；窦立荣，2022），能源转型作为气候治理的关键一环，也因此被广泛纳入各个国家和地区气候治理进程之内，全球已相继出台推动能源转型的系列政策，促使化石能源行业转型，推动可再生能源等新兴能源领域蓬勃发展。

三、煤炭公司历史能源转型经验

自第二次能源转型开始，煤炭行业先后受到油气行业强劲挑战以及低碳转型的巨大压力。全球各国煤炭以及以煤炭业务为主的矿业公司进行长期和艰苦的转型努力。煤炭公司在第二次能源转型以来面临的挑战与石油公司当前所处境遇具有同质性，其转型措施和经验对石油公司未来能源转型具有较高借鉴价值。总体而言，煤炭公司采取了整合强化规模发展、国家统筹政策引导、关停剥离低效资产、顺应需求开拓业务四项转型举措。

1. 整合强化规模发展

随着油气等新兴能源的崛起，历史上诸多重要的煤炭生产国都先后受到严重冲击，导致矿山关闭、产量下降、工人失业、工人罢工等严重产业、经济和社会问题，煤炭公司的生产经营甚至生存都面临严重挑战。为应对危机，煤炭公司主动或被迫选择"抱团取暖"，小型煤炭公司或独立矿山合并成大型煤炭集团，通过整合强化，提升规模实力，增强发展韧性。例如20世纪50年代末至60年代，由于德国煤矿开采难度增加，同时原油和廉价进口煤炭越来越多地进入德国市场，以鲁尔区为代表的德国煤炭产业受到严重冲击，导致大批矿山关闭，煤矿、铁路等大批工人失业。1957—1965年间，鲁尔工业区减少了16.5万工作岗位。联邦政府、北莱茵-威斯特法伦州政府、矿业工会和矿业公司经协商达成一致，1968年11月27日，组建鲁尔集团前身Ruhrkohle AG，整合19家矿业公司，涵盖德国80%硬煤矿，员工数达18.6万人；20世纪90年代，更名为RAG Aktiengesellschaft，完成对德国所有硬煤矿的整合，员工数达22万人。整合后的鲁尔集团是德国第二大雇主企业，对有序推进德国煤炭业的现代化转型起到重要作用。

2. 国家统筹政策引导

能源行业关乎国家能源安全、经济发展和社会稳定，因此煤炭公司的转型过程中，通常会与政府进行充分沟通，并且在国家整体统筹规划下，遵循政策引导，实现平稳有序转型。例如，英国煤炭公司在转型初期，采取了国有化的措施。与德国类似，自19世纪末，英国煤炭行业开始受到因电力技术和石油技术带动而迅猛发展的美国煤炭行业挑战，国内煤炭企业则受经营分散、生产技术落后、战争等不利影响，利润下降，部分煤矿关闭。1947年，英国政府对煤炭行业实施国有化，成

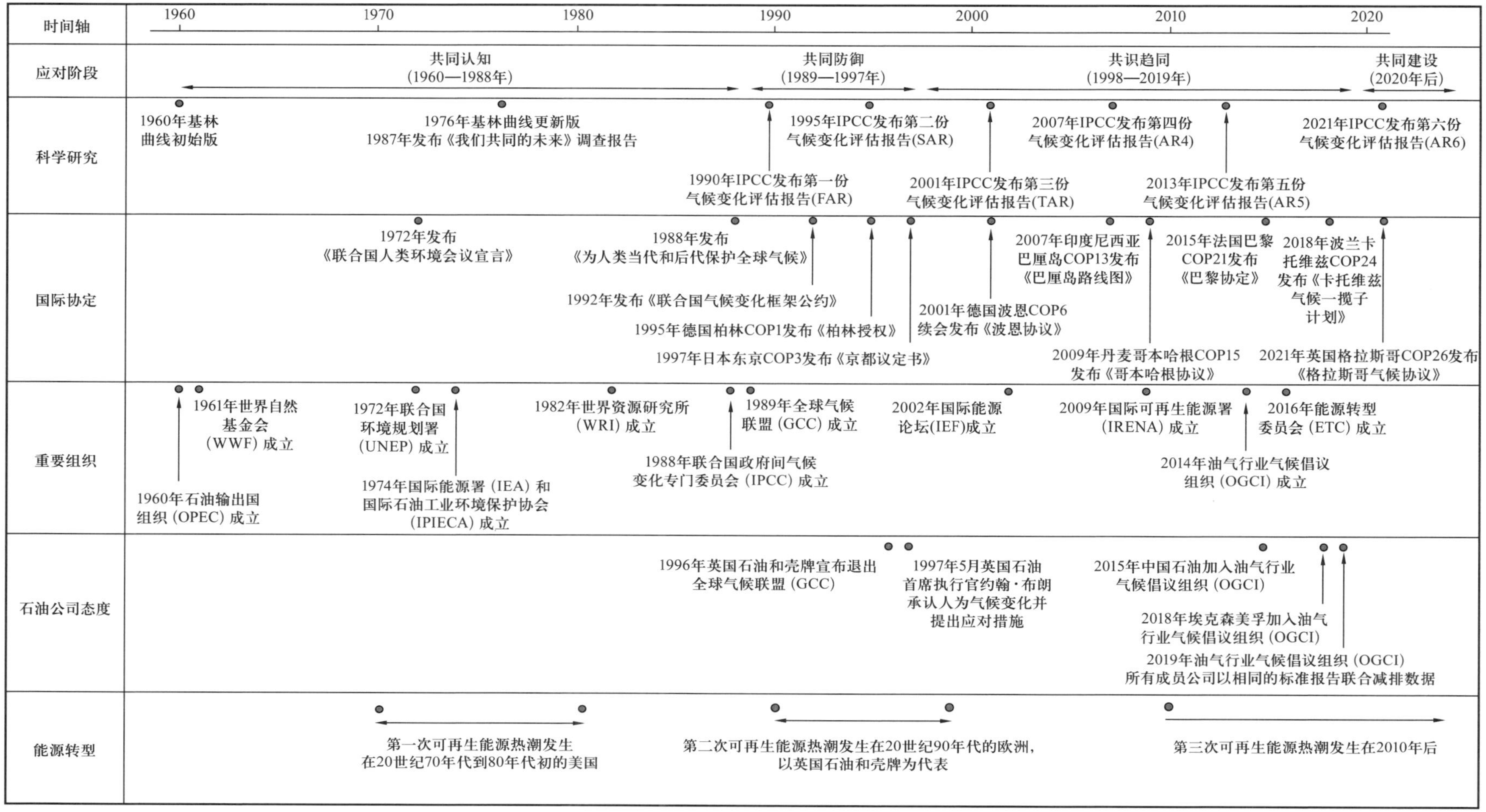

第一章 全球能源转型格局

时间轴	1960	1970	1980	1990	2000	2010	2020
应对阶段	共同认知（1960—1988年）			共同防御（1989—1997年）	共识趋同（1998—2019年）		共同建设（2020年后）
科学研究	1960年基林曲线初始版	1976年基林曲线更新版；1987年发布《我们共同的未来》调查报告		1990年IPCC发布第一份气候变化评估报告(FAR)；1995年IPCC发布第二份气候变化评估报告(SAR)	2001年IPCC发布第三份气候变化评估报告(TAR)；2007年IPCC发布第四份气候变化评估报告(AR4)	2013年IPCC发布第五份气候变化评估报告(AR5)	2021年IPCC发布第六份气候变化评估报告(AR6)
国际协定		1972年发布《联合国人类环境会议宣言》	1988年发布《为人类当代和后代保护全球气候》	1992年发布《联合国气候变化框架公约》；1995年德国柏林COP1发布《柏林授权》；1997年日本东京COP3发布《京都议定书》	2001年德国波恩COP6续会发布《波恩协定》；2007年印度尼西亚巴厘岛COP13发布《巴厘岛路线图》；2009年丹麦哥本哈根COP15发布《哥本哈根协议》	2015年法国巴黎COP21发布《巴黎协定》；2018年波兰卡托维兹COP24发布《卡托维兹气候一揽子计划》	2021年英国格拉斯哥COP26发布《格拉斯哥气候协议》
重要组织	1961年世界自然基金会(WWF)成立；1960年石油输出国组织(OPEC)成立	1972年联合国环境规划署(UNEP)成立；1974年国际能源署(IEA)和国际石油工业环境保护协会(IPIECA)成立	1982年世界资源研究所(WRI)成立；1988年联合国政府间气候变化专门委员会(IPCC)成立	1989年全球气候联盟(GCC)成立	2002年国际能源论坛(IEF)成立	2009年国际可再生能源署(IRENA)成立	2016年能源转型委员会(ETC)成立
石油公司态度				1996年英国石油和壳牌宣布退出全球气候联盟(GCC)；1997年5月英国石油首席执行官约翰·布朗承认人为气候变化并提出应对措施		2014年油气行业气候倡议组织(OGCI)成立；2015年中国石油加入油气行业气候倡议组织(OGCI)；2018年埃克森美孚加入油气行业气候倡议组织(OGCI)；2019年油气行业气候倡议组织所有成员公司以相同的标准报告联合减排数据	
能源转型		第一次可再生能源热潮发生在20世纪70年代到80年代初的美国		第二次可再生能源热潮发生在20世纪90年代的欧洲，以英国石油和壳牌为代表		第三次可再生能源热潮发生在2010年后	

图 1-5 全球气候治理标志性事件及国际石油公司应对响应

根据娄立荣等（2022）《国际油公司碳中和路径》数据绘制

立国家煤矿管理总局（英国煤炭公司前身），将1000多个私营煤矿企业收归管理总局管辖，国有化后国家煤矿管理总局主持开展改建、新建、共建矿井工程，1947—1956年共改建矿井250个，新建矿井20个，英国煤炭行业一度恢复繁荣。德国政府在煤炭公司的转型中也起到了重要作用，自20世纪50年代起至2018年，为保持国内煤炭竞争力，德国政府持续给予国内煤炭行业补贴，这使德国煤炭行业实现了有序渐进式转型。

3. 关停剥离低效资产

世界各国煤炭公司在面临开采成本增加、市场竞争力下降、环保政策压力等不利情况下，普遍采用关停、剥离低效资产的措施，实现企业减负和可持续发展。例如，美国最大的私有上市煤炭公司皮博迪能源（Peabody Energy）在20世纪80年代由于环境问题和社会压力，关闭退出了部分竞争力相对较弱的中小型煤矿；英国在20世纪90年代经历了宏观经济萧条和煤炭行业亏损，英国国家煤矿管理总局实施了煤炭行业私有化改革、对低效煤矿进行关井压产、剥离不良资产等措施；20世纪60年代，德国鲁尔区转型过程中，企业与政府多方合作，关闭了大量低效煤矿后，当地煤炭业与非矿行业都得到了新发展机遇，鲁尔区较为成功地完成了煤炭企业资产处置、产业升级、就业安置、环境治理等多重目标。

4. 顺应需求开拓业务

全球煤炭公司转型已历经数十年，经历了煤炭向油气转型的阶段，目前再次面临化石能源向可再生能源转型的新历史阶段。例如，2007年，德国鲁尔集团通过并购、拆分、重组，从单一煤矿企业，转型为包含煤矿基金、特种化工公司、信息技术公司等多个专业公司的集团，转型后的鲁尔集团是一个涉足众多领域的能源和技术集团，公司一半以上营业收入在非采矿业的新业务领域中取得。2022年3月，美国皮博迪能源与Riverstone Credit Partners和Summit Partners Credit Advisors共同组建了一家可再生能源开发合资企业R3 Renewables，将在退役煤矿附近开展光伏发电项目。

第二节　能源转型与能源可持续性

能源转型是实现能源可持续的关键途径。当前低碳化能源转型也是以保持能源可持续性为前提和目标的，它要求能源在经济、社会和环境方面实现同步可持续。目前尚无单一可再生能源具备独立满足全球能源需求的可行性，因此低碳化能源转型需注重多元能源的协同发展，建立多元化能源体系是能源转型的必然趋势。

一、全球能源供应格局

1. 一次能源供给量变化趋势

1）煤炭、石油、天然气、核能和可再生能源供给总量持续增长

全球一次能源供给总量整体呈上升趋势（图1-6），特别是2000年后，能源总供给量显著增

长，2023 年达 129.37 亿吨油当量，较 1970 年增幅达 175%。其中，石油在 20 世纪 70 年代末至今一直占据主导地位，2023 年供给量为 45.08 亿吨，较 1970 年增幅达 91%；天然气近年来已成为能源供给结构中越来越重要的组成部分，供给量自 20 世纪 70 年代起稳步上升，到 2023 年达到 34.91 亿吨油当量，增幅达 316%；煤炭 2023 年供给量为 39.96 亿吨油当量，较 1970 年增幅达 185%。与此同时，核能和可再生能源的供给量显示出明显的增长趋势，特别是在 2000 年后，这两种能源的增长尤为显著，反映了全球对清洁能源和低碳经济的重视。截至 2023 年核能和可再生能源的供给量分别达到了 2.20 亿吨油当量和 7.21 亿吨油当量，较 1970 年分别增长 106 倍和 8.5 倍。

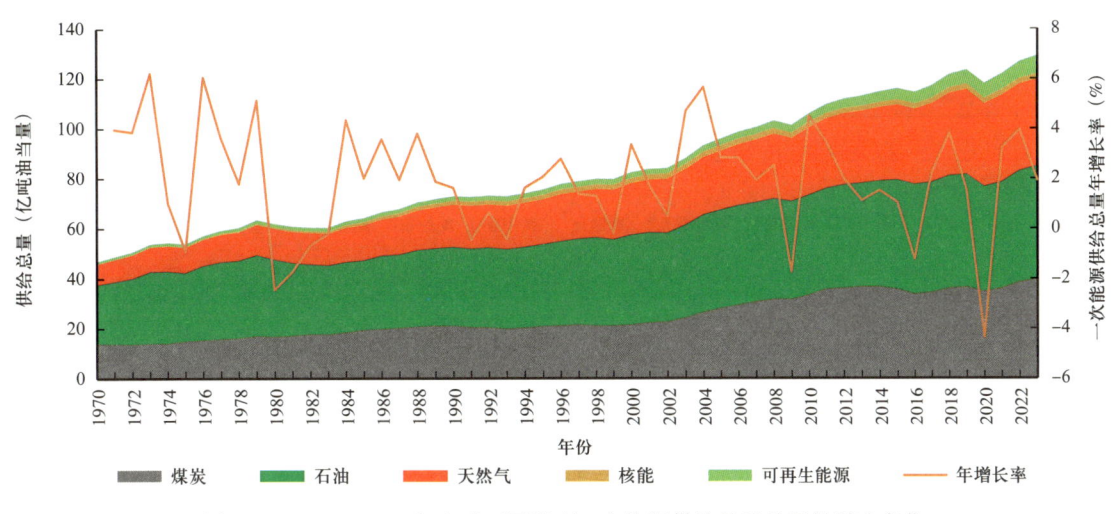

图 1-6　1970—2023 年全球不同类型一次能源供给量及总量的增速变化

根据 Our World in Data、EI 数据绘制

2）亚太、北美和中东地区能源供给量名列前茅

全球各大区供给并不均衡，供给量排名前三位的是亚太、北美和中东。其中，亚太地区供给增长最为显著，反映了该地区在全球能源格局中的重要性日益提高（图 1-7）。1970 年以来，亚太地区供给量逐年上升，尤其在 2000 年之后，增速明显加快，2023 年达 44.99 亿吨油当量，成为所有区域中供给量最高的地区，1970—2023 增长了近 10 倍，近 3 年增速达 14.95%。北美地区一直是能源生产的重要地区，其能源供给量也稳步上升，1970—2023 年，供给量从 15.62 亿吨油当量增加到 27.78 亿吨油当量。中东地区的能源供给量早期增长较快，在 1990 年左右达到平台期，之后增长相对平缓，但总体供给量仍处于较高水平，维持在 20 亿吨油当量左右。

从国别维度看，中美俄三国供给增长最为显著，长期占据供给量前三位。中国自 2000 年起供给量增长迅速，到 2023 年达 27.4 亿吨油当量，占全球总量的 21.2%。美国 1970—2023 年期间始终保持着较高的能源供给量，在 20 世纪 70 年代初就已经达到了 13.53 亿吨油当量左右，并且在 2023 达到了 20.66 亿吨油当量的峰值，2023 年全球占比为 16%。俄罗斯的能源供给量在 1984 年后稳步上升，从 10.78 亿吨油当量左右增长到 2023 年的 12.51 亿吨油当量，全球占比为 9.7%。此外，沙特阿拉伯能源供给量波动较大，但整体保持在较高水平，最高达到 6.68 亿吨油当量。加拿大、印度、印度尼西亚、伊朗、澳大利亚和阿联酋的能源供给量相对前几位国家较低，但在近 50 多年也有不同程度的增长。

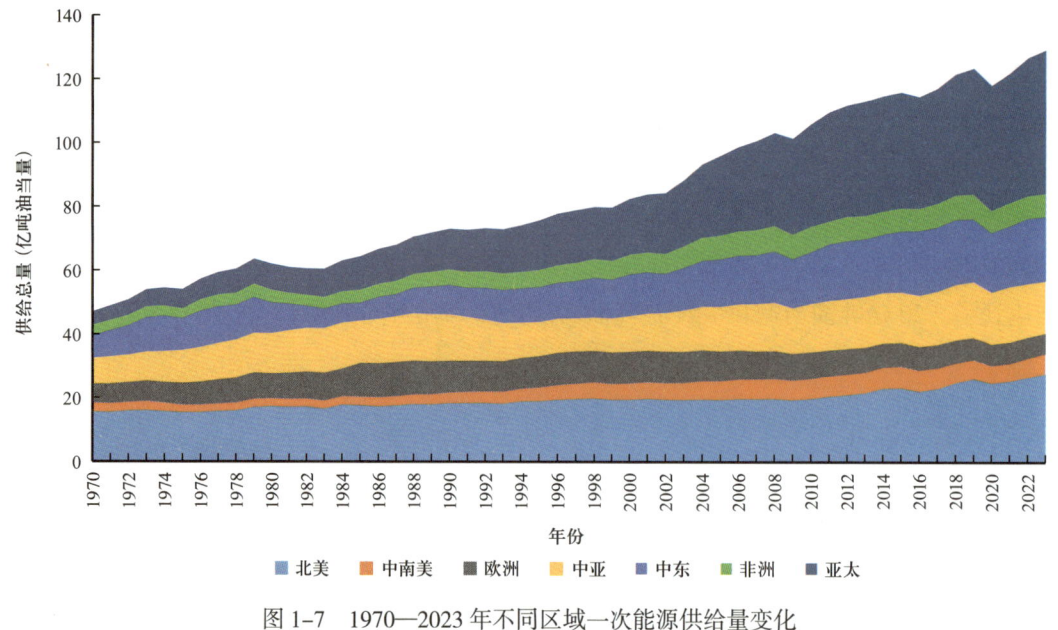

图 1-7　1970—2023 年不同区域一次能源供给量变化

根据 Our World in Data、EI 数据绘制

2. 一次能源供应结构特点

1）化石能源供应占比逐渐下降，核能和可再生能源供给占比进一步提升

1970—2023 年全球能源供给结构发生了显著变化。煤炭占比相对稳定，石油占比逐渐下降，天然气的占比稳步上升，核能在经历了一段上升期后有所回落，而可再生能源则从几乎可以忽略不计的占比迅速发展起来（图 1-8）。这种变化反映了全球对能源需求的转变、对环境问题的关注以及能源技术的发展。随着时间的推移，预计可再生能源的供给占比还将继续上升，而传统化石能源供给的占比可能会进一步下降。石油在 1970 年的能源供给占比中占据主导地位，为 50.2%。在

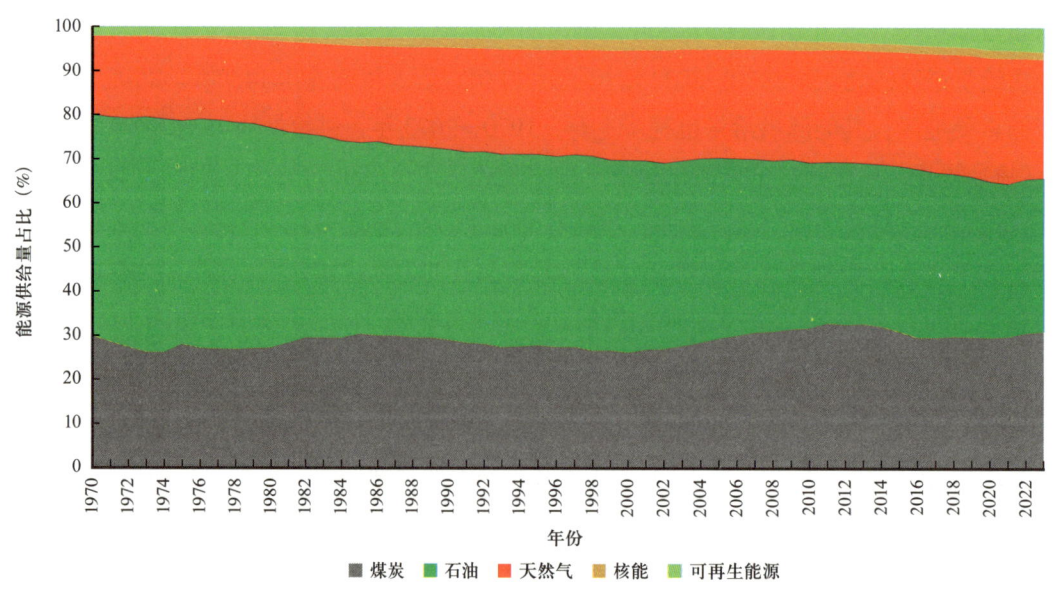

图 1-8　1970—2023 年全球各种类型能源的供给量占比变化

根据 Our World in Data、EI 数据绘制

随后的几十年里，石油占比逐渐下降，尤其是在 2000 年之后下降趋势更为明显，2023 年石油占比已经下降到 30% 左右。尽管占比有所下降，但石油仍然是全球最重要的能源来源。煤炭在 1970 年的能源供给占比为 29.8%，在 1970—2023 年间煤炭占比有所波动，但总体保持相对稳定，2023 年占比为 30.9%。在过去的几十年里，天然气的占比呈现出稳步上升的趋势，1970 年占比为 17.8%，2023 年占比为 27%，成为全球能源供给中的重要组成部分。核能在能源供给中的占比总体较低，1970—2000 年为核能占比上升期，并于 2002 年达到高峰，占比约为 2.6%，此后占比有所下降，2023 年占比降至 1.7%。从 2002 年开始，可再生能源的占比开始逐渐上升，尽管起点很低，但上升速度较快，到 2023 年，可再生能源的供给占比已经达到 5.6% 左右，显示出强劲的发展势头。

2）各地区能源供给结构存在显著差异

各地区能源供给结构存在显著差异，这些差异反映了各地区的资源禀赋和能源发展策略。亚太地区能源供给以煤炭为主，煤炭供给量高达 31.63 亿吨油当量，占该地区能源供给量的 70.30%，其次是天然气和石油，占比分别为 13.23% 和 7.69%；中东地区能源供给以石油为主，石油供给量达 14.14 亿吨油当量，占该地区能源供给量的 69.38%，其次为天然气，占比为 30.08%；北美、中南美、中亚和非洲地区能源供给以石油和天然气为主，其中北美地区石油和天然气分别占该地区能源供给量的 43.45% 和 39.03%，中南美地区石油和天然气分别占该地区能源供给量的 58.97% 和 21.68%，中亚地区石油和天然气分别占该地区能源供给量的 41.09% 和 40.85%，非洲地区石油和天然气分别占该地区能源供给量的 47.77% 和 30.45%；欧洲地区石油、天然气和可再生能源供给相对比较均衡，三类能源分别占该地区能源供给量的 23.82%、27.59% 和 22.26%（表 1-1）。

表 1-1　2023 年不同区域各种能源类型供给量及占比

地区	煤炭		石油		天然气		核能		可再生能源	
	供给量（亿吨油当量）	占比（%）	供给量（亿吨油当量）	占比（%）	供给量（亿吨油当量）	占比（%）	供给量（亿吨油当量）	占比（%）	供给量（亿吨油当量）	占比（%）
北美	2.95	10.61	12.08	43.45	10.85	39.03	0.74	2.66	1.18	4.24
中南美	0.38	5.93	3.78	58.97	1.39	21.68	0.02	0.31	0.84	13.10
欧洲	1.09	17.08	1.52	23.82	1.76	27.59	0.59	9.25	1.42	22.26
中亚	2.53	15.54	6.69	41.09	6.65	40.85	0.19	1.17	0.22	1.35
中东	0.02	0.10	14.14	69.38	6.13	30.08	0.03	0.15	0.06	0.29
非洲	1.37	19.13	3.42	47.77	2.18	30.45	0.01	0.14	0.18	2.51
亚太	31.63	70.30	3.46	7.69	5.95	13.23	0.63	1.40	3.32	7.38

注：根据 Our World in Data、EI 数据绘制。

二、全球能源消费格局

1. 一次能源消费量变化趋势

1）煤炭、石油、天然气、核能和可再生能源消费总量持续增长

全球一次能源消费总量从 1965 年的 35.48 亿吨油当量，增长到 2023 年的 138.6 亿吨油当量，

增幅达291%（图1-9）。从能源消费结构来看，全球能源消费逐渐从以石油和煤炭为主，向多元化方向发展，天然气、核能和可再生能源的消费比重逐渐增加。这种演变反映了全球对能源需求的变化、对环境问题的关注以及能源技术的发展。尽管年增长率有波动，但总体上全球一次能源消费总量呈增长趋势。这与全球人口增长、经济发展和工业化进程密切相关。同时，可再生能源的快速增长表明全球在向更清洁、可持续的能源方向发展。1965年以来，虽受到油气等其他能源的挑战，但煤炭消费量总体保持增长趋势，2023年煤炭消费量达36.57亿吨油当量。石油在1965—2023年间一直是全球主要的能源消费来源之一，石油消费量在1965—2023年间有一定的波动，但总体上保持相对稳定，并且在大部分年份里，石油的消费量高居各类能源之首，2023年石油消费量为45.31亿吨油当量。天然气的消费量呈现出稳步上升的趋势，逐渐成为全球重要的能源消费类型，到2023年天然气消费量已经接近煤炭消费量，达到32.19亿吨油当量。1965年以来，核能消费量有了显著增长，2000年核能消费量达到了一个相对较高的水平，之后出现下降。可再生能源消费量从2000年开始迅速增长，并且增长速度越来越快，虽然在2023年其消费量仍低于煤炭、石油和天然气，但呈现出强劲的发展势头。

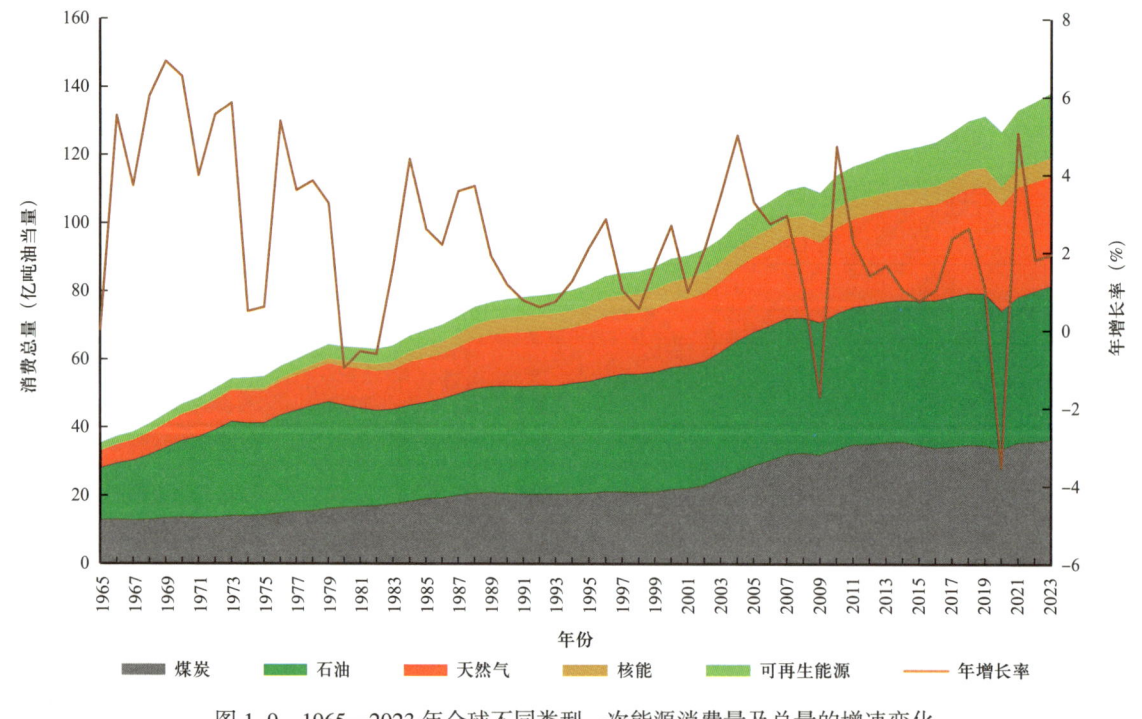

图1-9　1965—2023年全球不同类型一次能源消费量及总量的增速变化

根据EI数据绘制

2）各区域能源消费渐涨，亚太地区增速最快

从1965年到2023年，全球各区域的一次能源消费量都呈现出增长趋势（图1-10）。这反映了全球人口增长、经济发展以及工业化进程对能源需求的不断增加。亚太地区一次能源消费量增长最快，从1965年相对较低的水平开始，消费量逐年稳步上升，到2023年达到65.1亿吨油当量，成为全球一次能源消费量最大的区域，这与该地区众多发展中国家的快速经济发展和工业化

密切相关。北美地区虽然增长速度较慢，但由于起点较高，仍然是一次能源消费的重要区域。北美地区在1965年就有较高的一次能源消费量，并且在整个时间段内消费量也在逐步增长，但增长速度相对亚太地区较为缓慢，其消费量在2000年后基本保持稳定。欧洲地区的一次能源消费量在1965—2023年间发展平稳，增长速度较为平缓，2000年后出现下滑趋势。中亚地区的能源消费量在1965年较低，但随后呈现出较快的增长趋势，到1984年出现大幅度下滑。中东地区的能源消费量在1965—2023年间有显著增长，这与该地区丰富的石油资源以及石油产业的发展有关。中南美地区的一次能源消费量在1965—2023年间呈现出逐步上升的趋势。非洲地区的一次能源消费量在1965—2023年间虽然也有所增长，但增长速度相对较慢，且消费量在各区域中一直处于较低水平。

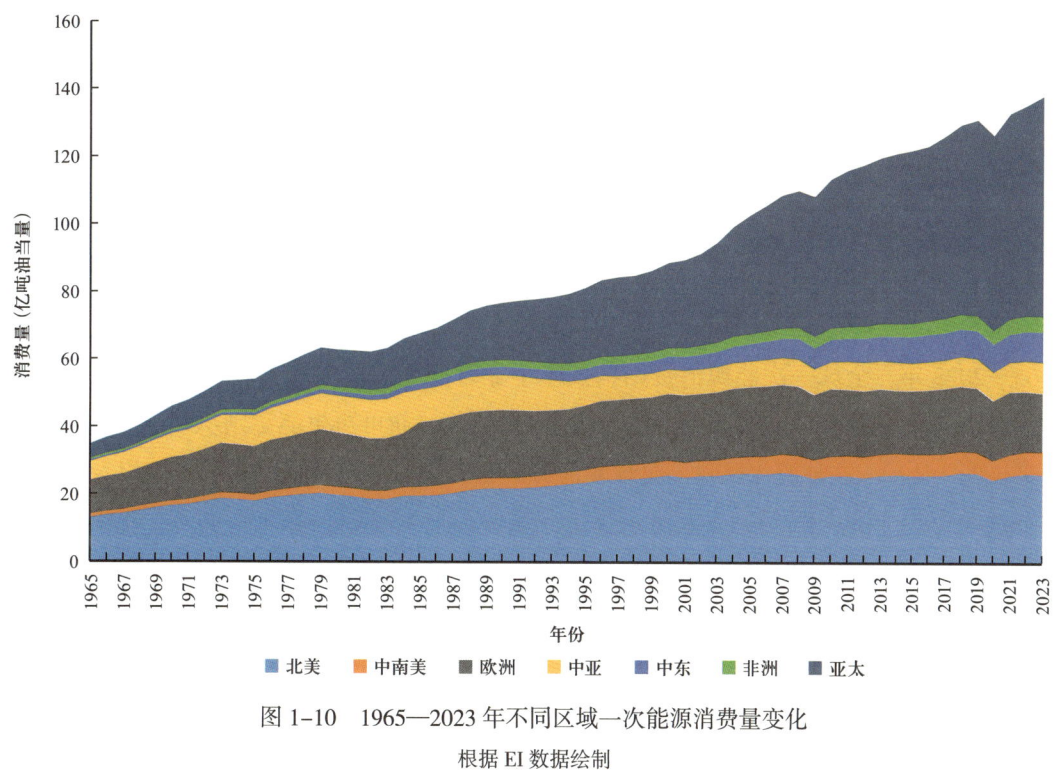

图1-10　1965—2023年不同区域一次能源消费量变化

根据EI数据绘制

3）新兴经济体消费量增长迅速

总体来看，新兴经济体如中国、印度、巴西和韩国在1965—2023年间一次能源消费量增长迅速，反映了这些国家的经济发展和工业化进程。发展中国家以中国为典型代表，中国在1965年的一次能源消费量相对较低，但在随后的几十年里，消费量迅速增长，尤其是在2000年之后，增长速度明显加快。到2023年，中国的一次能源消费量已经位居世界榜首，达到38.07亿吨油当量，全球占比为27.56%，这与中国的快速工业化和经济增长密切相关。发达国家如美国、日本和加拿大虽然增长速度相对较慢，但由于起点较高，仍然是一次能源消费的重要国家。俄罗斯和沙特阿拉伯作为一次能源资源丰富的国家，自身的消费也保持在较高水平。以美国为例，该国1965年一次能源消费量已处于较高水平，此后数十年虽有波动，但总体上较为稳定，2023年达到21.02亿吨油当量，全球占比为15.22%，显示出美国作为发达国家对能源的持续高需求（图1-11）。

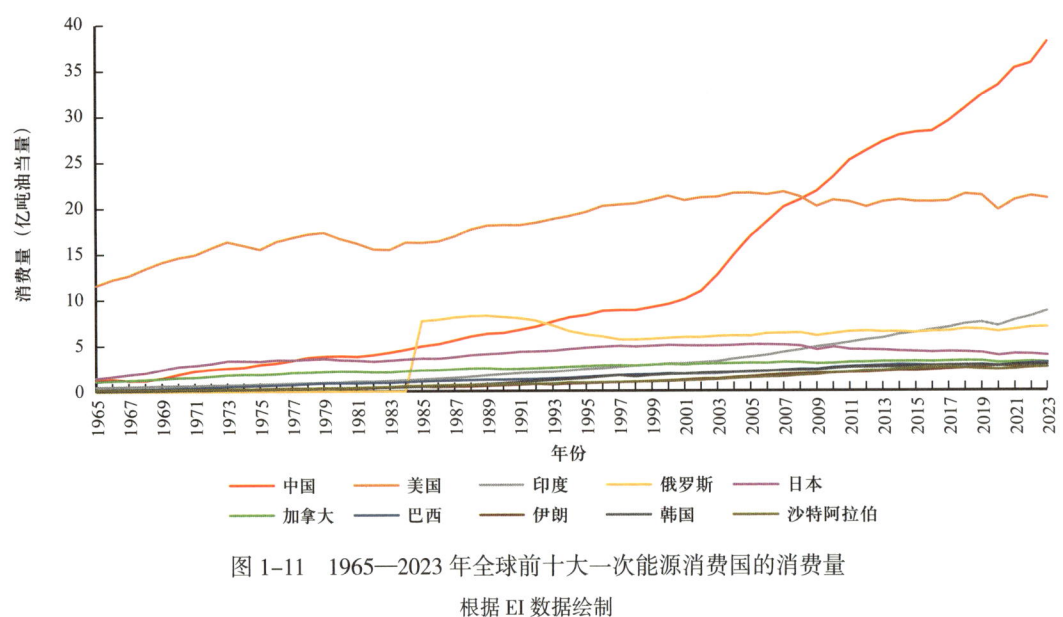

图 1-11 1965—2023 年全球前十大一次能源消费国的消费量
根据 EI 数据绘制

2. 一次能源消费结构特点

1）石油、煤炭占比逐渐下降，天然气占比稳步上升，核能和可再生能源快速增长

1965—2023 年，全球一次能源消费结构发生了显著变化。石油和煤炭的占比逐渐下降，天然气的占比稳步上升，核能在经历了一段上升期后有所回落，而可再生能源则从几乎可以忽略至迅速发展起来（图1-12）。这种变化反映了全球对能源需求的转变、对环境问题的关注以及能源技术的发展。石油在1965年的能源消费占比中占据主导地位，为42.68%。在之后的几十年里，石油的消费占比逐渐下降，到2023年占比已经降至32.69%。尽管占比有所下降，但石油仍然是全球重要的能源类型之一。天然气的消费占比在1965年约为14.26%，在过去的几十年里，天然气的占比呈现出稳步上升的趋势，到2023年，天然气的消费占比接近23.22%，成为全球能源消费中的重要组成部分。可再生能源在1965年的能源消费中占比极低，但从2003年开始，可再生能源的占比开始迅速上升，到2023年，占比已经达到13.75%，显示出强劲的发展势头。随着时间的推移，预计可再生能源的占比还将继续上升，而传统化石能源的占比可能会进一步下降。

2）各地区能源消费结构差异显著

与能源供给结构类似，各地区能源消费结构受资源禀赋和能源发展策略影响，也存在较大差异。亚太地区能源消费高度依赖煤炭，煤炭占该地区能源消费量的比例达46.01%，其次是石油，占比为26.53%，值得注意的是该地区天然气消费占比仅为11.42%，在各大区中占比最低。北美、中亚、中东和非洲地区均以石油和天然气消费为主，二者在北美地区能源消费中的占比分别为38.30%和33.79%，在中亚地区能源消费中的占比分别为22.99%和52.36%，在中东地区能源消费中的占比分别为46.01%和50.64%，在非洲地区能源消费中的占比分别为41.38%和29.19%。中南美地区和欧洲地区能源消费中石油和天然气虽然也占较大比例，但可再生能源消费占比相对较高，分别达到34.83%和22.62%，居各大区前两位（表1-2）。

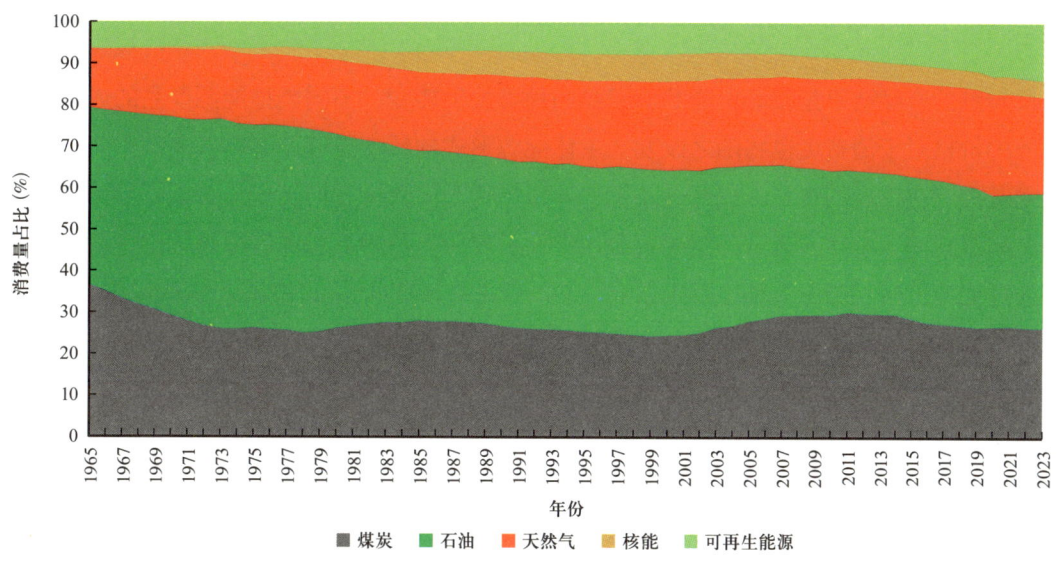

图 1-12 1965—2023 年全球各种类型能源的消费量占比变化

根据 EI 数据绘制

表 1-2 2023 年不同区域各种能源类型消费量及占比

地区	煤炭		石油		天然气		核能		可再生能源	
	消费量（亿吨油当量）	占比（%）	消费量（亿吨油当量）	占比（%）	消费量（亿吨油当量）	占比（%）	消费量（亿吨油当量）	占比（%）	消费量（亿吨油当量）	占比（%）
北美	1.97	7.50	10.05	38.30	8.87	33.79	1.84	6.99	3.52	13.42
中南美	0.26	3.67	3.01	42.52	1.30	18.32	0.05	0.66	2.47	34.83
欧洲	1.87	10.65	6.54	37.19	3.72	21.16	1.47	8.38	3.98	22.62
中亚	1.22	13.39	2.10	22.99	4.78	52.36	0.46	5.08	0.57	6.19
中东	0.08	0.92	4.21	46.01	4.64	50.64	0.08	0.85	0.14	1.58
非洲	0.91	19.33	1.95	41.38	1.37	29.19	0.02	0.38	0.46	9.71
亚太	30.25	46.01	17.44	26.53	7.51	11.42	1.56	2.38	8.98	13.66

注：根据 EI 数据绘制。

第三节 能源转型与能源可负担性

能源转型过程中，传统能源形式的退出和新型能源产业的发展，必将导致全球能源格局的重大变化。能源转型的速度和程度直接影响能源市场中各主体的承受能力。受影响的市场主体包括终端消费者、政府管理部门以及受产业链间接影响的部门。对能源转型的承受能力包括能源投资和能源产品的经济可负担性，也包括政府财政、产业发展和社会治理等政治可负担性，还包括与能源开发和利用密切相关的环境可负担性。

一、能源的经济可负担性

能源转型的直接结果是市场上能源消费品的种类发生转变，不同类型能源产品的成本以及相关能源服务的价格对于消费者也将随之改变。主体能源形式的转变需遵循事物发展的必然规律，在经济层面尤其需顺应市场的选择，或通过政策引导市场行为向目标方向转变，否则将导致部分消费群体无法负担维持基本生存所必需的能源资源，进而引发能源贫困。能源转型过程中，新旧能源的交替，将通过能源价格、能源效率等因素影响终端消费者直接或间接使用能源的成本。

能源价格增长推动家庭能源成本上升是能源贫困的主要因素之一。例如，2022年乌克兰危机导致全球主要能源价格普遍上涨，通过将2022年2月至9月月度数据与2021年相对应的年均值进行对比，石油、天然气和煤炭价格的上涨导致全球范围内人均家庭能源总成本增长62.6%～112.9%，家庭能源成本占家庭总支出比例达2.7%～4.8%。家庭间接能源成本的增加远超其直接能源成本。石油和石油产品价格的上涨对家庭能源成本增长的推动效应最大，其次是煤炭和煤炭产品及天然气（Guan et al.，2023）。

能源成本占家庭收入的比例过高也是导致能源贫困的关键因素。低收入家庭往往需要将大部分收入用于支付能源费用，这使得他们难以负担其他基本生活需求。例如，在一些发展中国家或地区，贫困家庭年收入的20%～30%直接用于购买能源燃料，而额外的20%～40%用于与收集和使用能源相关的间接成本（亚洲发展银行，2013）；即使在发达国家美国，收入等于全国平均收入水平0～30%的群体，能源负担率也高达16%（图1-13）（美国能源部，2024）。能源价格上涨对低收入经济群体的负担加剧影响最为显著。值得注意的是，对于撒哈拉以南非洲的一些国家，家庭能源费用虽涨幅不大，但能源成本占家庭总收入的比重大幅增加。这些国家的家庭能源消费对化石燃料的依赖性较低，但自供应链带来的间接能源成本却对这些贫困家庭产生了巨大的负面影响。在各消费品类中，通常家庭电费支出涨幅最大。大多数国家食品支出增长低于电力成本的增长，而对于大多数低收入国家的家庭来说，食品支出相关的间接能源成本增长则高于其他产品（Guan et al.，2023）。

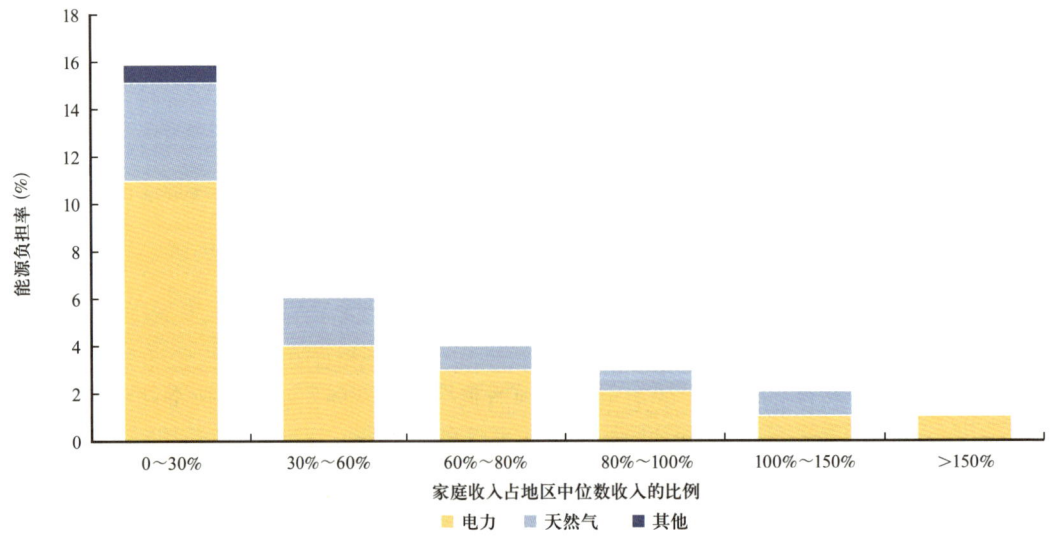

图1-13 美国本土48州及哥伦比亚特区能源负担率

根据美国能源部数据绘制；能源负担率指能源成本占家庭收入比例

此外，能源效率与能源贫困也有密切关系。能源效率对能源贫困的影响是双向的，一方面，能源效率低下是导致能源贫困的关键因素之一。低收入家庭往往依赖于效率较低的能源设备，这不仅增加了能源消耗，还导致了更高的能源成本。提高能源效率被认为是减少能源贫困的重要手段之一。然而，使用能源效率更高的设备，通常需要支付较高的前期投资，这也是低收入家庭难以承受的，此外，在供给能力和技术成本不具备竞争力的情况下，高能效设备或环境友好型资源的强行推广，也将导致某种形式的能源贫困。例如，2017年我国北方大范围实施"煤改气"政策，2017年、2018年及2022年，河北多次出现大范围用气紧张，特别是农村居民冬季采暖出现困难，主要原因是供给体系和价格机制不完善导致的结构性供给紧张（财经杂志，2023）。

二、能源的政治可负担性

能源转型不仅与终端消费者所承受的负担息息相关，对各国政府的财政压力、产业发展、社会治理等方面的政府承受力也有重大影响。

当前能源转型对政府的财政压力影响是多方面的。一方面，对于以化石能源收入为主要财政来源的国家政府，当前低碳化的能源转型趋势对国家的宏观经济结构、政府财政收入的稳定性都带来了较大压力。通常化石能源资源国宏观经济和财政收入对化石能源产业收入的依赖度越高，短期内能源转型的承受力越弱。以中东地区为例，据国际货币基金组织（IMF）数据（图1-14），中东地区主要国家油气收入占国内生产总值（GDP）的比例普遍高于70%，其中，沙特阿拉伯和阿联酋均为油气出口大国，尽管两国近年来持续推动国家经济结构转型，国家经济对油气产业的依赖度有所降低，但2024年阿联酋和沙特阿拉伯油气收入占GDP的比例仍分别达到79%和81%。相比而言，伊拉克、科威特、伊朗等国对油气依赖度更高，油气收入占GDP的比例均高于90%，因此沙特阿拉伯和阿联酋两国对能源转型的承受力相对较强，其他对油气产业依赖度更高的国家，如果短期内推行能源转型，则国家经济和政府收入将会遭受更大的冲击。另一方面，能源转型过程中，新的能源产业发展初期离不开政府补贴和大量资金投入，这也对政府财政承受能力提出挑战。以清洁能源电力为例，太阳能、风能等可再生能源技术需要较高的资本投资，包括设备购置、安装和维护等，同时为了适应新的能源系统，需要对电网、储能设施等基础设施进行改造或扩建，这同样需要巨额投资。根据各国实践经验，与传统能源项目相比，在新能源产业发展初期经济性较低，此类项目投资很大程度依赖政府财政补贴等引导性措施。

能源转型对政府承受力的考验还体现在行政能力、社会治理等多方面。能源转型对就业和社会稳定也有深远影响。虽然可再生能源领域创造了新的就业机会，但传统能源行业的退出所造成的失业问题，需政府采取干预手段，实施就业引导等措施，避免社会乃至政局动荡。例如英国和德国历史上都出现过因煤炭行业衰退导致的大规模失业和工人示威等事件，政府均采取了为煤炭行业和受影响社区提供长期支持，包括再培训计划和社会福利体系等措施进行干预。再如美国，在通过页岩革命实现能源独立后，其能源转型政策在奥巴马政府、特朗普政府、拜登政府，直至最新胜选的第二届特朗普政府时期不断调整，能源转型的政策调整空间较大，相比较而言，欧洲因能源对外依存度较高，2022年乌克兰危机以来，能源政策调整空间被进一步压缩，所以欧盟及各国政府在能源转型领域都承受了极大压力。

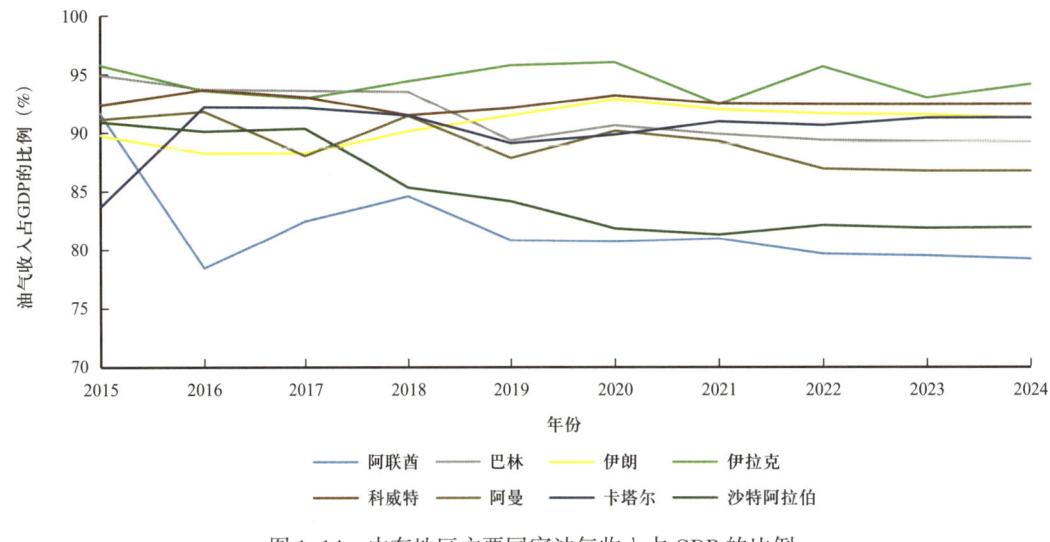

图 1-14　中东地区主要国家油气收入占 GDP 的比例

根据 IMF 数据绘制

三、能源的环境可负担性

能源转型与环境的可负担性是双向影响的关系。从古至今，资源枯竭、环境污染、气候变化等与环境相关的挑战都是能源转型的重要推动因素。然而，要合理地、全面地看待能源导致的环境负担，各类型能源都有短板，能源转型过程中，需正视新的能源形式引发的新型环境问题。此外，能源的可获性、经济性、安全性与清洁性等环境因素之间需综合衡量。

环境因素始终是推动人类能源利用的关键因素之一。在煤炭向油气转型的过程中，传统煤炭开发带来的环境问题，如空气污染、水污染和温室气体排放等，虽然不是唯一因素，但也是主要因素之一。如 1952 年的英国伦敦由于大量使用煤炭造成严重空气污染，导致数千人死亡，并引发了公众对空气质量问题的广泛关注。这一事件促使英国政府采取了一系列措施来改善空气质量，包括立法减少污染排放和推动能源结构转型，减少对煤炭的依赖，转向天然气和可再生能源等更加清洁的能源形式。此外，英国还通过立法和政策推动产业转型，减少工业污染，发展高科技产业和绿色经济。再如在核能发展方面，切尔诺贝利事故和福岛核电站事故先后造成了巨大人员和财产损失，以及难以估量的环境破坏，因此两次事故先后推动了德国的反核运动以及最终放弃核能的政策选择。此外，环境因素推动能源转型的最典型事例当属目前全球为应对气候变化所推动的低碳能源转型，未来全球能源体系将从高碳能源向低碳能源过渡，以实现《巴黎协定》所提出的温控目标。

然而，各类能源开发和利用过程中都存在环境安全隐患和短板，能源引发的环境问题也不会因为化石能源向非化石能源转型而消失，因此在能源转型过程中要正视和警惕新型能源存在的环境安全隐患。目前非化石能源开发利用中常见的环境问题包括，对土地资源的占用和生态系统的破坏。风能、太阳能和水力发电设施需要占用大量土地，这不仅改变了自然景观，还可能导致生物多样性的减少和栖息地的丧失，大型风机的建设，还可能对迁徙的鸟类造成致命威胁；大规模种植用于生物质能的单一作物会引发物种入侵、遗传污染以及害虫和新疾病等问题；核能的利用虽然清洁高效，但如发生核泄漏事故则会引发致命的环境灾害事件。

此外，环境问题固然是当前最重要的能源转型推动剂，但却不能成为制定能源政策的唯一标准。需考虑不同国家资源禀赋、经济发展水平、自然环境条件等客观因素，因地制宜、制定差异化的目标和政策措施。

第四节　能源转型与能源公平性

能源安全与能源公平是目前全球能源转型进程中两大备受关注的核心问题。能源公平性是指在煤炭、油气等化石能源向太阳能、风能、核能等可再生能源转型的过程中，人人都能获得安全、充足的能源，公平地使用能源并承担因此带来的减排义务（寸雨琳梓，2024；施训鹏，2021；刘艳，2022）。目前，全球范围内能源公平性问题依然突出，特别是发展中国家和新兴经济体构成的"全球南方"，在能源的使用和能源转型中仍面临较大的挑战。

一、能源转型差异与公平

在当今全球化时代，经济发展水平深刻影响着每个国家的能源消费模式，并在能源消费总量、能源消费结构等方面造成了巨大的差异，而这种差异给能源公平性带来了重大挑战。

经济发展水平高的国家，通常完成了工业化进程，具有多元的工业结构，采掘业、制造业、服务业高度发展，交通、能源、通信等基础设施相对发达，居民生活水平高、能源需求大，这些国家往往呈现出能源消费总量高的特点。相比而言，经济发展水平低的国家，工业基础薄弱，能源需求集中在基本的生活需求和传统的农业、手工业领域，能源消费总量普遍较低。OECD成员主要是发达国家，当前38个成员国人口约占全球的17%、GDP约占全球的46%，2023年能源消费总量约占全球的37.1%；而同样人口约占全球17%的非洲地区，GDP占全球的2.4%，2023年能源消费总量仅占全球的1.9%。

在能源消费结构方面，经济发展水平高的国家在工业化进程中，积累了雄厚的资金和技术，有实力大力发展太阳能、风能、核能等清洁能源来多元化其能源供应。这些国家对传统的化石能源依赖程度逐步降低，在环境保护、应对气候变化和能源转型方面同样走在世界的前列。而经济发展水平低的国家能源消费结构较为单一，严重依赖传统的化石能源以及木材、秸秆等生物质能源。这种较为落后的状态，使发展中国家的能源转型面临更为严峻的形势。一方面，能源转型使发展中国家的工业化进程更加困难；另一方面，能源转型使发展中国家面临发达国家的资金与技术支配，再次加大了与发达国家之间的差距。

以新兴市场国家和发展中国家为主体的"全球南方"，特别是非洲国家面临的能源公平性挑战是全球能源转型过程中最突出的问题。2023年，非洲一次能源人均消费量为14.1吉焦，远低于全球人均76.5吉焦的水平。2024年6月，国际能源署（IEA）、国际可再生能源署（IRENA）、联合国统计司（UNSD）、世界银行（World Bank）、世界卫生组织（WHO）联合发布《可持续发展目标7：能源进展报告》，报告指出截至2022年底，全球有超过6.85亿人口无电可用，其中近9成生活在撒哈拉以南非洲。无电人口最多的20个国家占总无电人口的75%，这20个国家中，有18个位于撒哈拉以南非洲，尼日利亚、刚果（金）和埃塞俄比亚是无电人口最多的3个国家（图1-14）。根据IEA既定情景，到2030年撒哈拉以南非洲仍将有5.6亿人口无电可用。

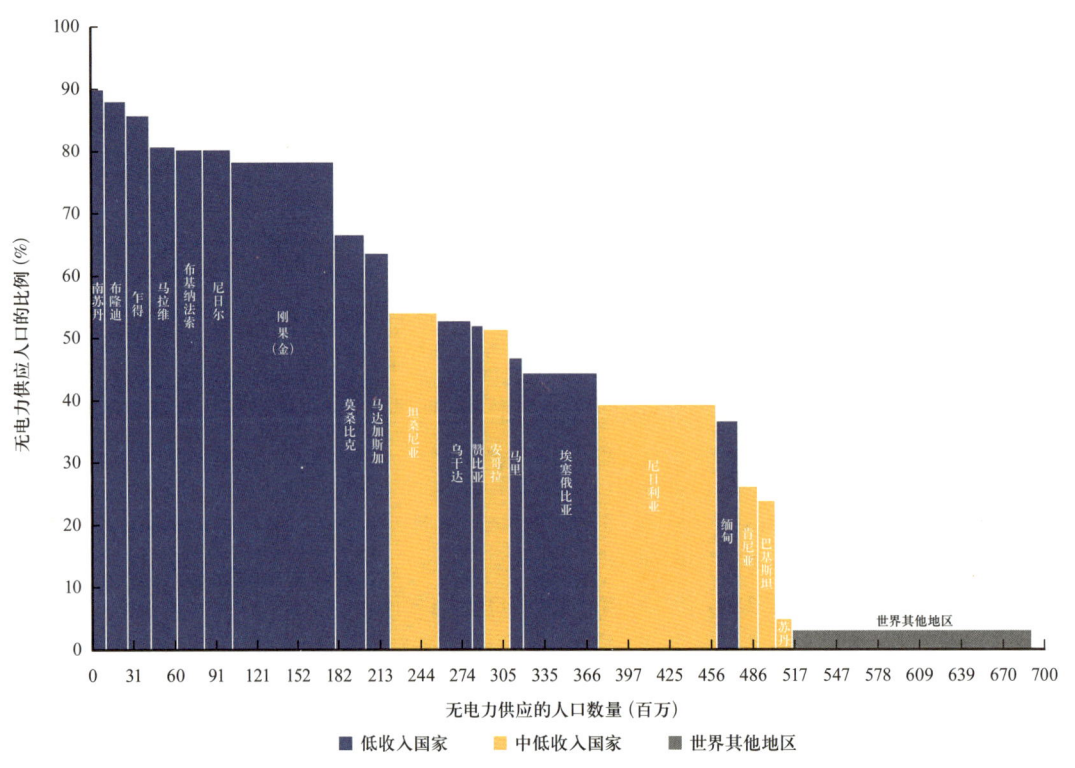

图1-15 2022年全球前20个无电国家人口比例及规模

根据IEA、IRENA、UNSD、World Bank、WHO数据绘制

落后的、不平等的能源利用现状，严重地阻碍了非洲的能源转型进程。2023年，非洲地区能源消费结构中，煤炭、石油、天然气分别占比19.33%、41.38%和29.19%，合计占比接近90%，各类可再生能源占比约10%。近年来，非洲的可再生能源发展取得了一定的进展，2014—2023年的十年间可再生能源装机容量年均增幅达到6.8%，但总体规模依然较小，分布也不均衡。根据IRENA最新发布的全球可再生能源装机容量统计报告，2023年全球可再生能源装机容量共计3870吉瓦，非洲地区可再生能源装机容量为62吉瓦，仅占全球的1.6%，其中约65%都是水力发电。非洲水力发电潜力巨大，但集中在少数国家，而拥有广泛太阳能资源的多数国家潜力未得到利用，关键原因依然是普遍性的经济发展水平低、缺乏必要的资金、技术水平落后、基础设施建设不足等（张锐，2024）。

此外，当前的全球能源治理体系主要由发达国家主导，非洲国家在能源规则制定、政策协商和国际组织中的参与度较低，能源利益和诉求难以得到充分体现和保障，在全球能源治理的决策过程中力量较弱，无法对全球能源治理的规则和政策产生实质性的影响。他们可能面临着既要发展经济、改善民生又要应对全球气候变化、实现能源转型压力的困境，但在决策过程中却缺乏足够的话语权来争取更合理的解决方案。

非洲只是"全球南方"典型的代表，其他"全球南方"国家在能源消费总量、能源消费结构、能源转型进程、能源治理话语权中，面临着与非洲极为相近的困境。

二、能源公平进展与挑战

随着全球气候变化问题的加剧、气候治理进程的加快，能源转型以及能源公平性问题越来越引起全球各界的广泛关注。

根据1992年签署的《联合国气候变化框架公约》所确定的原则，发达国家和发展中国家在应对气候变化问题上承担"共同但有区别的责任"，这一原则考虑到了各国历史排放、经济发展水平和应对能力的差异。1997年，《京都议定书》确认了这一原则，并以法律形式予以明确、细化。在能源转型方面，这意味着发达国家应率先采取行动，减少温室气体排放，并为发展中国家提供资金、技术和能力建设支持，以确保能源转型的公平性。在之后的历届联合国气候变化大会中（见附表1），"公平性"一直是各方讨论的重点，而这一原则也不断地细化，如《巴黎协定》规定，发达国家应在2020年前每年向发展中国家提供1000亿美元的气候资金，以支持其应对气候变化和能源转型。2022年11月，在埃及沙姆沙伊赫举行的《联合国气候变化框架公约》第二十七次缔约方大会上，一个重要主题就是"公平公正的能源转型"，大会通过了多项决议，其中一大亮点是确定设立"损失与损害基金"，用于帮助受气候变化影响的发展中国家和脆弱国家。2023年，第二十八次缔约方大会上，"损失与损害基金"的一些细节达成一致，该基金已被正式命名为"应对损失和损害基金"（Fund for Responding to Loss and Damage，FRLD），各国承诺首笔注资7亿美元。

2015年，联合国成立70周年之际，联合国大会上193个会员国一致通过了《2030年可持续发展议程》。新议程确定了未来15年实现的17项可持续发展目标和169个具体目标，旨在进一步消除一切形式的贫穷，实现平等和应对气候变化。其中，可持续发展目标7（Sustainable Development Goal 7，SDG7）是可负担的清洁能源，即确保人人获得负担得起的、可靠和可持续的现代能源。SDG7强调，到2030年，确保人人都能获得负担得起的、可靠的现代能源服务；大幅增加可再生能源在全球能源结构中的比例；加强国际合作，促进获取清洁能源的研究和技术，并促进对能源基础设施和清洁能源技术的投资；增建基础设施并进行技术升级，以便根据发展中国家，特别是最不发达国家、小岛屿发展中国家和内陆发展中国家各自的支持方案，为所有人提供可持续的现代能源服务。负责人人享有可持续能源倡议的联合国秘书长特别代表达米洛拉·奥贡比伊表示，"如果我们不能在2030年实现可持续发展目标7，就无法在2050年实现温室气体净零排放。无论从科学还是数学的角度而言，这都是不可能的。"

除联合国外，多个国际组织在促进能源公平性方面也开展了大量的工作。IEA已成立"以人为本的清洁能源转型全球委员会"，2021年，第一届委员会发布建议，要建立公平且可负担的能源系统以确保所有能源转型政策都反映公平原则。2024年，该委员会发布的《经济适用且公平过渡的关键政策设计考虑因素》报告指出，"向清洁能源系统转变需要政府、企业和家庭的大量投资。政策制定者的主要关注点之一是确保此类投资提高所有人的可负担性和能源服务与技术的可及性，而不仅仅是特定人群或世界的一部分。"国际能源署署长法提赫·比罗尔也曾表示，"清洁能源转型要想取得成功，就必须让社会各阶层共享其优势，包括那些历来处于能源经济边缘的社区。这首先要制定公平公正的政策，而这正是新成立的全球委员会的重点。"国际可再生能源署作为专注于可再生能源领域的国际组织，通过推动可再生能源技术的研发、推广和应用，促进全球可再生能源的发展，为解决能源贫困提供了技术和方案支持。世界银行作为全球重要的金融机构之一，通过提供资金支持、技术援助和政策建议等，帮助发展中国家改善能源基础设施、扩大能源服务范围、提高能源利用效率等，消除能源贫困。

虽然国际上对实现能源公平进行了诸多的努力，但现实中"全球南方"的多数新兴和发展中国家以公平的方式实现能源转型依然面临内生动力不足、启动资金缺乏、外部援助不到位、地缘政治影响等方面的巨大挑战。

以外部援助不到位为例，2024年，世界经济论坛（World Economic Forum，WEF）发布的《促进有效的能源转型》报告指出，在2023年对清洁能源基础设施的1.8万亿美元投资中，新兴和发展中经济体获得的资金不到15%。2009年《哥本哈根协议》规定，发达国家在2013—2020年间每年须向发展中国家提供近1000亿美元气候资金，2015年的《巴黎协定》重申并将其延期至2025年。然而，根据OECD公布的数据，2016—2022年间，发达国家累计提供的气候资金距此目标相差1208亿美元。同时，发展中国家期望的以赠款形式提供融资，实际比例只有约26%，其余是以贷款形式提供，这无疑加剧了发展中国家的债务负担。2021年七国集团领导人峰会和COP26气候会谈在英国举办，英国政府提出了"公正能源转型伙伴关系"（JETP）模式，旨在利用公共资金促进私营部门加大对高排放新兴经济体的投资。七国集团先后与南非、印度尼西亚、越南、塞内加尔签署了JETP协议，在大力宣传下，这一协议被认为是帮助依赖煤炭的经济体从化石燃料转向可再生能源的典范，但实际上融资的可获性和相关的条款都限制了JETP发挥最初的目标。南非在JETP实施计划中提出的资金需求是五年980亿美元，实际只得到85亿美元的资金承诺，其中优惠贷款占63%、商业贷款和担保占33%；印度尼西亚提出的资金需求是2030年前961亿美元，实际得到216亿美元的资金承诺，其中116亿美元来自双边和多边公共出资方（王强等，2024）。缺乏资金使发展中国家陷入了越贫困越难发展的"能源贫困陷阱"，能源转型的步伐势必受到严重的阻碍。

第二章

重点国家及地区能源转型路径

当前全球能源转型正加速推进，各国均根据自身资源禀赋、经济发展水平、技术能力和政策导向等，选择了不同的转型路径。本章将深入剖析全球范围内重点油气生产国和消费国能源转型背景、目标和政策路径，旨在揭示重点国家能源转型的多维面貌，为深刻洞察石油公司能源转型路径背后的母国政策环境提供参考。

第一节 重点油气消费国/地区能源转型路径

本节将深入探讨欧洲和亚洲部分关键国家的能源转型策略和路径。在欧洲地区，特别关注了欧盟、德国和英国，以上国家/国家集合体不仅在欧洲能源消费格局中占据举足轻重的地位，而且在能源转型方面率先提出了转型目标，并实施了一系列具有划时代意义的能源政策措施。同时，这些国家/国家集合体也是国际大石油公司的母国/母国所属国家集合体，分析其能源转型路径对于理解西方石油公司转型的外部环境和政策因素至关重要。亚洲国家中，选择了日本和印度作为研究对象，作为亚洲油气消费大国，其在全球能源市场上也扮演着重要角色，能源转型路径同样值得关注。通过对以上国家能源转型路径的梳理，可以更全面地了解全球能源转型的趋势。

一、欧盟

欧盟在欧洲能源消费体系中占据重要地位，人口 4.5 亿（截至 2023 年 7 月），2023 年一次能源消费总量为 56.38 艾焦（图 2-1），温室气体排放量为 31.38 亿吨二氧化碳当量，二氧化碳在温室气体排放量中的比重为 95%。欧盟一次能源消费中，煤炭和油气消费占比分别为 10% 和 58%，非化石能源在一次能源消费中的占比为 32%（图 2-2）。

欧盟对能源转型的关注可以追溯到 20 世纪 70 年代，特别是在 1973 年和 1979 年两次石油危机的冲击之下，欧洲各国纷纷将目光投向能源的多元化和能效提升，从而开启了欧洲能源转型的重要篇章。1981 年，欧洲共同体（欧盟的前身）前瞻性地颁布了《共同体能源战略发展》，明确将替代能源的发展纳入了欧盟能源政策的宏伟蓝图。2007 年，欧盟委员会发布了具有划时代意义的《欧盟 2020 战略》，成为其正式且明确提出能源转型目标的里程碑。

石油公司能源转型路径

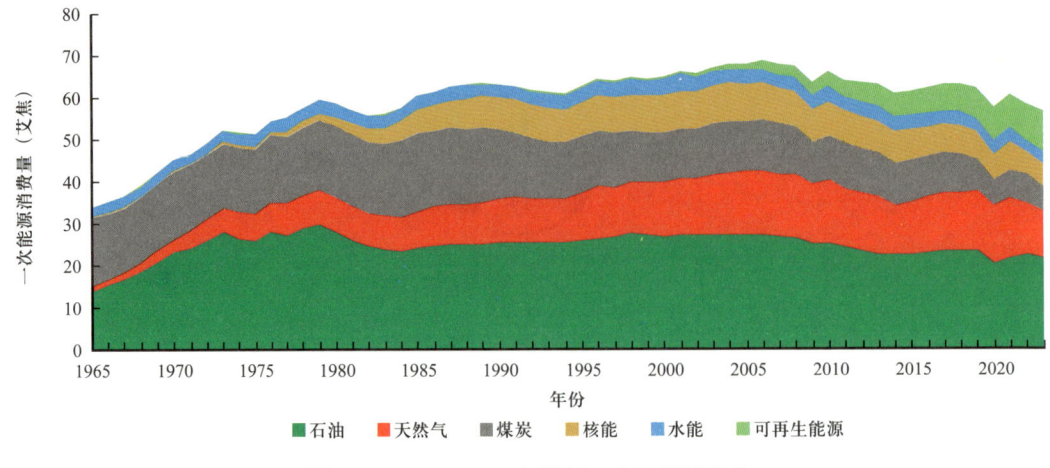

图 2-1　1965—2023 年欧盟一次能源消费量
根据 EI 数据绘制

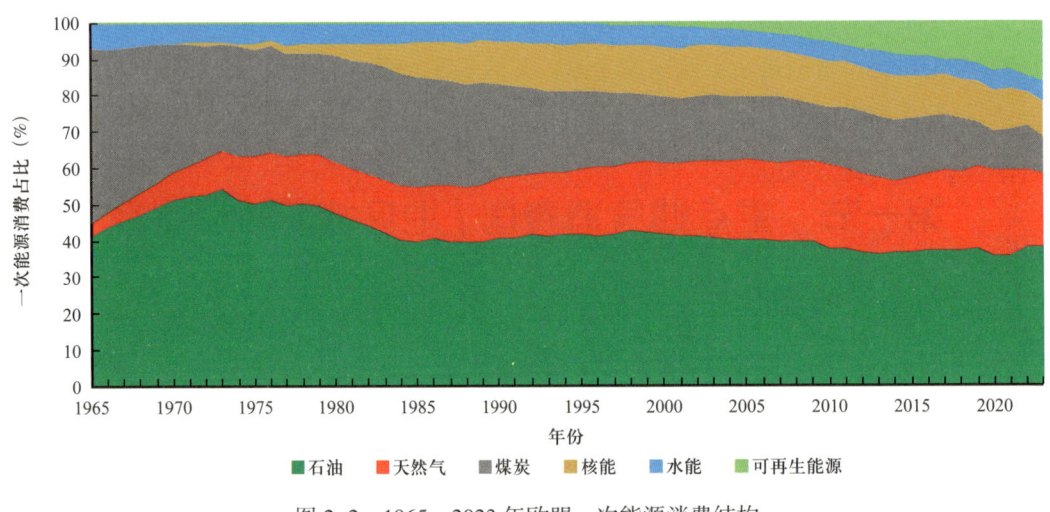

图 2-2　1965—2023 年欧盟一次能源消费结构
根据 EI 数据绘制

1. 能源转型背景

20 世纪以来，欧盟的能源转型过程可以划分为煤炭主导时期、油气经济时期、绿色能源发展时期三大阶段。

（1）煤炭主导时期。20 世纪初，随着工业革命的推进，煤炭成为欧洲国家经济发展的基石。作为主要的能源和工业原料，煤炭的大量开采和使用推动了工业化的进程和经济的增长。然而，随着时间的推移，煤炭经济的繁荣也伴随着日益严重的环境污染问题，并逐渐成为社会关注的焦点。为了应对这些挑战，欧洲各国政府开始采取行动，制定了一系列环保政策和法规。2001 年，欧盟发布了《大型燃烧装置大气污染物排放限值指令》，对燃煤电厂等大型燃烧设施设定了排放限制，以减少二氧化硫、氮氧化物和粉尘的排放。2010 年，欧盟进一步出台了《工业排放指令》，为包括煤炭在内的工业排放设定了更为严格的标准。同时，技术进步和新油田的发现使油气逐渐成为可行的替代能源，这为欧盟能源结构的多元化和转型提供了机遇。

（2）油气经济时期。20 世纪中叶，油气开始在欧洲能源领域占据主导地位。进入 20 世纪 70 年代,1973年和1979年两次石油危机的爆发给欧洲国家敲响了警钟。在两次石油危机期间,石油价格的剧烈波动对欧洲经济体系造成了重大冲击,迫使欧洲国家不得不重新审视自身的能源策略,积极寻求能源替代的方案。自20世纪90年代以来,围绕气候变化的讨论如春潮涌动,日渐成为各国共同的担忧(张源庚,2023)。1992年《联合国气候变化框架公约》的签订以及1997年《京都议定书》的达成,标志着全球气候行动的加速。这些国际协议的签署和执行,使得依赖油气等化石燃料的能源模式不再是长远之计,从而推动了欧洲国家在能源政策上的重大转变,加速了向清洁能源的转型。

(3)绿色能源发展时期。进入21世纪,乌克兰危机等地缘政治问题的发生为欧洲能源安全再次拉响了警报,这促使欧盟加快能源结构的深刻变革,逐步减少对煤炭和石油等传统化石能源的依赖,转而大力发展更为清洁、可持续的能源。与此同时,气候变化问题的紧迫性日益凸显,成为影响欧盟能源政策的关键因素。欧洲各国在应对气候变化上的广泛共识,构筑了推动能源转型的坚实基石。为积极应对气候变化挑战,欧盟于2007年首次明确设定了至2020年的气候与能源发展目标,其中一项关键指标便是要求可再生能源在终端能源消费中的比重达到20%。2009年,欧盟颁布了《可再生能源指令》,旨在促进可再生能源的广泛应用与快速发展,并在最新一轮修订中将可再生能源在终端能源消费中的比重目标进一步提升为到2030年达到45%。此后,欧盟在推进绿色转型方面的决心日益坚定。2019年12月,欧盟委员会发布了《欧洲绿色协议》,这一协议的出台标志着欧盟绿色转型的政策化,政策倾向日益强化。自此,以绿色低碳为导向的能源转型在欧盟占据了优先位置,成为其能源政策的核心内容(图2-3)。

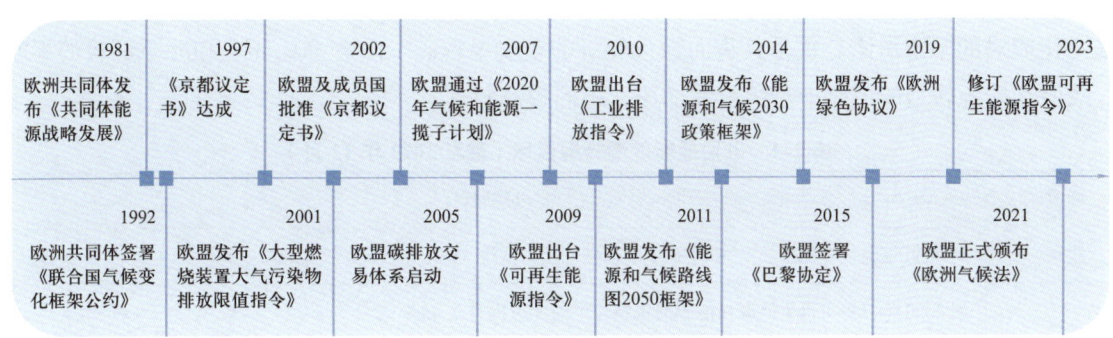

图2-3 欧盟能源转型里程碑
根据IEA能源转型政策数据绘制

在欧盟能源转型的历史进程中,保障能源安全、应对气候变化及提升国际竞争力三大因素交织成为驱动其转型的核心力量。

(1)保障能源安全。保障能源供应安全的需求成为最紧迫的驱动力。回溯历史,20世纪中期的两次石油危机犹如两记重锤,强烈地震撼了欧洲的能源格局。进入21世纪初期,乌克兰危机的阴影再次为欧洲能源安全敲响了警钟。这一系列事件不仅催生了能源结构的深刻变革,推动了从对煤炭和石油等传统化石能源的依赖,转向更为清洁、可持续的能源形式。欧盟自身的化石能源资源相对匮乏,本土供给难以满足其巨大的能源需求,不得不依赖进口。欧盟谋篇布局,通过增加可再生能源在能源版图中的份额,逐步织就了一幅自给自足的能源画卷。该举措大幅提升了欧盟能源供应链的韧性,巩固了其能源安全体系(周云亨等,2024)。

（2）应对气候变化。应对气候变化的迫切需求已然成为欧盟能源转型的又一核心驱动力。能源转型是欧盟在应对气候变化方面的关键战略，同时也是其实现减排目标的核心途径。2015年，欧盟主导《巴黎协定》签署，不仅为全球减排行动提供了框架，也为欧盟自身的能源政策指明了方向。2019年，欧盟发布《欧洲绿色协议》，提出将推进绿色经济转型摆在首位，强化了2050年实现碳中和的长期目标。2020年，欧盟通过一项关于气候的立法提案，将长期减排目标上升为法律义务，展现其应对气候变化的决心。通过能源转型，不仅可以减少对化石燃料的依赖，增加清洁能源的使用，降低温室气体排放，而且有助于提升能源效率以及可持续能源系统的建立。

（3）提升国际竞争力。提升国际竞争力的需求也是欧盟加快能源转型的重要动力。欧盟将能源转型视为推动经济增长、创造就业机会和促进技术创新的宝贵机遇。能源转型不仅推动了欧盟清洁能源技术的迅猛发展，还使欧盟在可再生能源、能效技术、智能电网及电动汽车等前沿领域展现出强大的竞争力。根据欧盟2022年发布的《清洁能源技术竞争力的进展》报告，自2014年以来，欧盟在气候环境、能源和交通等领域的专利申请数量分别占据全球份额的23%、22%和28%（周云亨等，2024），其中德国和丹麦在绿色创新领域专利申请的绝对数量上占据领先地位。加速能源转型为欧盟的国际竞争力注入了澎湃的动力，不仅带来显著的经济回报，还会增加就业机会，推动经济向可持续方向发展。

2. 能源转型目标

欧盟能源转型的核心目标集中在脱碳、提高可再生能源消费占比以及提升能源效率这三个关键领域（表2-1）。此外，也包括限制燃油车销售等目标。这些目标不仅体现了欧盟对环境保护和气候变化应对的坚定承诺，也是其迈向绿色经济的重要里程碑。随着全球环境和能源形势的不断变化，欧盟在能源转型的道路上持续自我加压，不断提高目标。

表2-1 欧盟最新能源转型目标（截至2023年12月）

领域	最新目标
脱碳	到2030年温室气体排放量在1990年的基础上至少减少55%，到2050年实现碳中和
可再生能源	到2030年，将可再生能源在能源消费结构中的比重提升至45%
	到2030年生产1000万吨可再生氢，并进口1000万吨可再生氢
	到2025年太阳能光伏装机容量较2020年翻一番至320吉瓦以上，到2030年接近600吉瓦
	到2030年风力发电装机容量升至500吉瓦以上
能源效率	到2030年能源消费量比2020年降低11.7%
燃油车	2035年起，欧盟27国范围内将禁止销售新的燃油轿车和小货车

注：根据欧盟数据编制。

在脱碳方面，2021年7月，欧盟正式颁布《欧洲气候法》，标志着首次将碳中和目标纳入法律框架。根据该法律，欧盟设定了到2030年减少温室气体排放的目标，预计相较于1990年的排放量减少至少55%（肖兰兰等，2023）；2050年实现碳中和。围绕2050年实现碳中和的总体目标，欧盟出台一系列政策并制定了详细目标。

在可再生能源方面，2023 年修订了《欧盟可再生能源指令》，并立法确定争取将可再生能源在能源消费结构中的比重从 40% 提高到 45%。为实现此目标，制定了针对氢能、太阳能以及风能等可再生能源的具体目标（European Commission，2023）。

在能源效率方面，根据欧盟委员会提出的"Fit for 55"一揽子计划和 REPowerEU 计划，欧盟设定了到 2030 年能源消费量比 2020 年欧盟参考情景预测值至少减少 11.7%，使欧盟的最终能源消费量不超过 7.63 亿吨油当量。与 2007 年的欧盟 2030 年参考情景预测值相比，一次能源消费减少 40.5%，最终能源消费减少 38%，这已写入 2023 年 12 月通过的《能源效率指令》中（European Commission，2023）。除上述三大核心领域外，欧盟还对燃油车等作出了单独政策安排。

3. 能源转型措施

1）确保能源安全为根本任务

进入 21 世纪，欧洲能源安全面临重大挑战，这促使了欧盟在推进能源转型过程中必须保障能源供应安全。2006 年，俄罗斯与乌克兰的天然气价格纠纷导致对欧盟的天然气供应中断，这场"天然气危机"直接暴露了欧盟对单一能源供应的依赖风险，促使成员国认识到必须采取共同行动，构建统一的能源政策框架。由此，欧盟在 2006 年发布了《欧洲能源战略绿皮书》，为共同能源战略的制定奠定了基础。2008 年，为进一步增强能源安全，欧盟出台了《欧盟能源安全和团结行动计划》，提出了一系列措施，包括加强基础设施建设和供应多元化。2014 年，面对再次出现的天然气供应危机，欧盟发布了《欧洲能源安全战略》，强调了内部市场统一和成员国团结合作的重要性，并提出了短期至长期的行动计划（孙雅雯，2023）。

2022 年，乌克兰危机的爆发使欧盟陷入新一轮能源危机，欧盟将摆脱对俄罗斯能源供应的依赖视为确保未来能源安全的核心途径（杨成玉等，2023）。欧盟委员会于 2022 年 5 月发布了 REPowerEU 计划，该方案旨在摆脱对俄罗斯的化石燃料依赖并加速欧盟整体的绿色转型。方案计划使欧洲在 2030 年之前停止从俄罗斯进口任何化石燃料，从节能、能源供应多元化、加速可再生能源建设、改革融资渠道等四个方面完成能源绿色转型（European Commission，2023）。

2）推进绿色产业繁荣发展

欧盟绿色产业政策的发展经历了几个关键节点。自 2012 年起，欧盟委员会连续提出了多个产业政策文件，逐步确立了绿色经济转型的政策目标。自 2017 年《更新的欧盟工业政策战略》提出了工业向可持续方向转型的系列政策以来，欧盟陆续搭建了完善的应对气候变化、促进经济和能源结构转型的政策框架体系，其中最具影响力的文件包括《欧洲绿色协议》《欧洲气候法》和"Fit for 55"、欧盟碳边境调节机制（CBAM）等。根据以上政策文件，欧盟正坚定地走在实现气候中立和绿色经济的道路上。在新冠肺炎疫情影响下，欧盟通过推出总资金规模 8000 亿欧元的"下一代欧盟"（Next Generation EU）复苏基金，来稳定地支持成员国建立一个更绿色、更数字化和更具韧性的未来（杨成玉等，2023）。

2022 年，面对美国《通胀削减法案》（IRA）等外部挑战，欧盟进一步强化其在绿色产业方面的顶层设计和支持政策。《通胀削减法案》通过大规模补贴等激励措施，对欧盟的工业基础和制造业竞争力产生了负面影响，对亟需资金支持的欧盟绿色产业构成了严峻的外部挑战，例如部分可再生能源、电动车和电池的投资开始从欧盟流向美国。对此，欧盟政界和产业界普遍表达了对"产业空心化"风险的担忧，并呼吁欧盟制定相应的绿色产业政策以维持本土企业的竞争力。在欧盟成员国的领导人一致呼吁下，欧盟终于在2023年推出了专门提升本土制造能力的"绿色协议产业计划"等一系列政策框架，作为对美国《通胀削减法案》的正式回应。

2023年1月，欧盟委员会正式颁布了《绿色协议工业计划》，作为总体框架，进一步明确了欧盟绿色产业政策的方向和目标。随后在同年3月，陆续推出了《净零工业法案》《关键原材料法案》《欧洲氢能银行》等具体政策措施，旨在补充和加强绿色产业的发展，提供明确的指导和支持。《净零工业法案》旨在建立全面的措施框架，扩大欧盟清洁技术制造业规模，确保欧盟具备满足其清洁能源转型需求的生产能力，目标是到2030年，使欧盟在战略性净零技术制造领域的能力至少达到其部署需求的40%。同时，该法案还设定了提升欧盟制造的光伏产品、风机、热泵等关键绿色产品产能的具体目标。在氢能领域，《欧洲氢能银行》提出了一系列措施，以促进绿氢产业的全面成长，重点关注提升电解设备的生产能力、扩展绿氢的生产规模、探索绿氢的新应用和市场需求，以及培养相应的专业劳动力。具体措施包括通过覆盖全欧洲的绿氢拍卖系统，向生产者提供补贴和资金支持，构建市场信息监测与分析体系，推动大量绿氢基础设施建设、升级和现代化改造（杨成玉等，2023）。

3）运用减碳政策工具及部署CCUS❶技术推进能源转型

自2000年欧盟首次提出气候变化计划以来，欧盟在碳减排治理上持续深化，致力于通过气候立法加速成员国的能源转型，以实现经济增长与化石能源消费和温室气体排放的脱钩（周云亨等，2024）。在这一转型过程中，碳排放交易制度和碳关税等政策工具、CCUS技术的作用日益受到重视，以控制温室气体排放并推动能源结构的转变。

在减碳政策工具方面，欧盟碳交易市场体系自2005年成立以来，经历了四个发展阶段且目前正处于第四阶段。初始阶段（2005—2007年）主要目的是让市场主体熟悉碳交易机制，为《京都议定书》的执行奠定基础。第二阶段（2008—2012年）开始执行《京都议定书》的具体要求，温室气体排放量需比1990年降低8%，同时将航空领域纳入控制范围。第三阶段（2013—2020年）设立了统一的碳排放限额，并逐年降低，以实现到2020年减排20%的目标。市场面临过量供应和价格下降的问题，为此，欧洲执委会采取了"折量拍卖"和市场稳定性储备（MSR）等措施来稳定市场。第四阶段（2021—2030年）进一步提高了减排目标，将碳排放限额降低速率提升至2.2%，并扩大了市场覆盖范围，同时考虑碳边境调节以防止碳泄漏（孙雪巍，2024）。2023年5月，欧盟公报发布了对欧盟碳排放交易体系（EU ETS）的改革指令及其他四项关键法规，以加强温室气体排放的控制。根据这些措施，到2030年，EU ETS所涵盖部门的温室气体排放量需较2005年水平减少62%，并对企业的免费配额实施从2026年至2034年的逐步淘汰计划。此外，欧洲议会于2023年4月通过了"Fit for 55" 2030年一揽子计划法案，其中包括设立CBAM；5月16日，CBAM法案正式成为欧盟法律。2023年10月1日，欧盟公布了CBAM的实施细则，规定了从2026年1月1日起开始征收碳关税的过渡期，并计划在2034年实现全面实施。目前，CBAM覆盖了六大行业：水泥、电力、化肥、钢铁、铝和氢气。对于钢铁、铝和氢气行业，CBAM目前仅计算直接碳排放，但未来

---

❶ 本书所指CCUS，除特定项目或领域外，均涵盖CCUS或CCS两种模式。

可能会扩展到间接排放、供应链和下游环节，以更全面地促进低碳发展。

在CCUS技术部署方面，欧盟自2007年首次提出战略能源技术计划（Strategic Energy Technology Plan，SET Plan），作为2006年欧洲理事会春季会议"欧洲能源政策"的延伸。该计划的核心目标是通过技术创新，实现欧盟的能源和气候目标。SET Plan特别强调提高能源效率、推广可再生能源的使用，以及推动清洁化石燃料技术的发展，其中包括CCUS技术。2009年，欧盟通过全球首部关于CCUS的法律——《欧盟碳捕集与封存指令》，为欧盟境内的CCUS活动提供了规范框架。2021年12月，欧盟委员会发布了《可持续碳循环》政策文件，明确列出了支持CCUS技术发展的关键行动。这包括对2030年后欧洲地区及国家层面CCUS跨境基础设施的部署需求进行评估，以确保技术的有效实施和区域间的协同。2022年11月，欧盟委员会进一步出台了《建立碳清除量认证联盟框架》的政策文件。该文件旨在促进工业CCUS技术的创新，特别是捕集空气中或生物能源产生的二氧化碳，并将其永久封存在地质构造中。欧盟也在积极探索制定专门针对推进CCUS产业发展的战略。2022年10月，欧盟委员会能源委员卡德里·西姆森（Kadri Simson）宣布，欧盟将着手制定与CCUS相关的产业发展战略，以进一步推动该领域的技术进步和市场发展。进入2023年，欧盟委员会通过"Fit for 55"一揽子计划和绿色协议工业计划等立法与监管措施，进一步加速了CCUS技术的部署。在"Fit for 55"计划中，CBAM要求CCUS运营商必须证明其技术能够实现二氧化碳的永久封存或化学转化。同时，欧盟绿色协议工业计划下的《净零工业法案》为欧盟设定了到2030年达到5000万吨二氧化碳储存能力的目标，并将CCUS技术作为法案特别支持的八项战略性净零技术之一，被赋予了重要地位。2023年6月，欧盟委员会发布《工业碳管理战略》，该战略主要涉及对CCUS技术的有效应用和部署。

4. 能源转型成效

近年来，欧盟能源转型成效显著，可再生能源在能源消费中的占比持续攀升，能源消费量不断降低，朝着既定转型目标稳步迈进。

在可再生能源领域，欧盟可再生能源在消费结构、装机容量及产量等各个维度都在向既定目标靠近。其中，在最终能源消费量方面，欧盟可再生能源消费占比不断增加，2023年占比达到16.58%，距2030年占比达到45%的目标相差约28个百分点。在可再生能源装机容量方面，欧盟风电和光伏发电的装机容量持续增长，其中，2023年风电累计装机容量219吉瓦，2030年装机容量目标为500吉瓦；光伏累计装机容量258吉瓦，2030年装机容量目标为600吉瓦（图2-4）。

在能源效率领域，欧盟一次能源消费量持续下降，2023年一次能源消费量较2020年下降1.3%，距2030年下降11.7%的目标相差约10个百分点。

在汽车领域，面对欧盟到2035年禁止燃油汽车出售的目标，当前的市场趋势已经表明汽车行业正在向电动化方向转型。从2020年到2022年，欧盟燃油轿车新注册数量逐年下降，尤其是柴油车，其注册量从2020年的300万辆锐减至2022年的182万辆。电动轿车的新注册量从2020年的53万辆激增至2022年的112万辆，而电动货车的新注册量也显示出强劲的增长势头，从2020年的2万辆增加到2022年的5万辆。

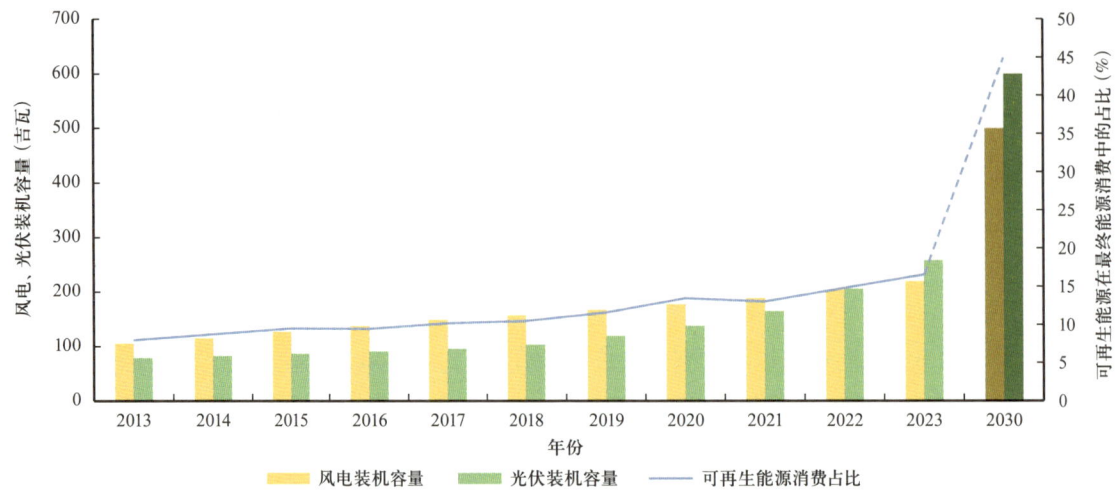

图 2-4　2013—2030 年欧盟风电和光伏装机容量、可再生能源在最终能源消费中的占比

根据 EI 数据绘制；虚线表示预测值

二、德国

德国是欧洲能源消费大国，人口 8454.8 万（截至 2023 年 7 月），2023 年一次能源消费总量为 11.41 艾焦（图 2-5），位列全球第 11 位，单位 GDP 能耗为 0.27 千瓦时/美元，温室气体排放量为 5.89 亿吨二氧化碳当量，二氧化碳在温室气体排放量中的比重为 86.7%。德国一次能源消费中，煤炭和油气消费占比分别为 16% 和 59%，非化石能源在一次能源消费中的占比为 25%（图 2-6）。

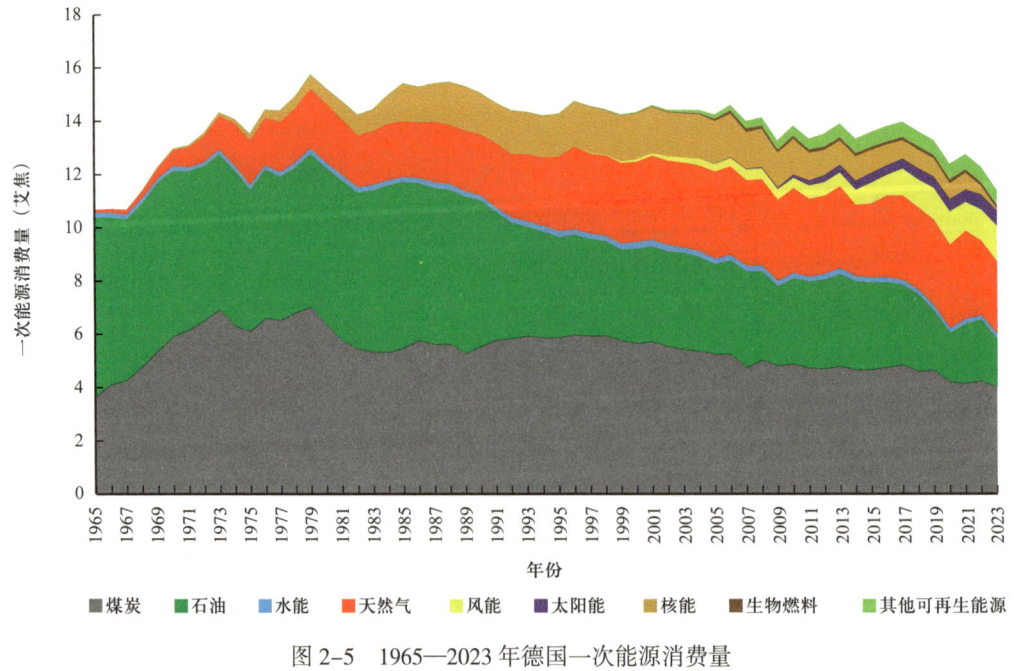

图 2-5　1965—2023 年德国一次能源消费量

根据 EI 数据绘制

德国在能源转型方面是全球能源转型的缩影和榜样，1980 年德国 Öko-Institut 研究所出版的《能源转型：没有石油和铀的增长与繁荣》一书中，率先使用"能源转型"（Energiewende）一词，从此能源转型的概念逐步被全球各国所接纳（李品等，2023）。

第二章 重点国家及地区能源转型路径

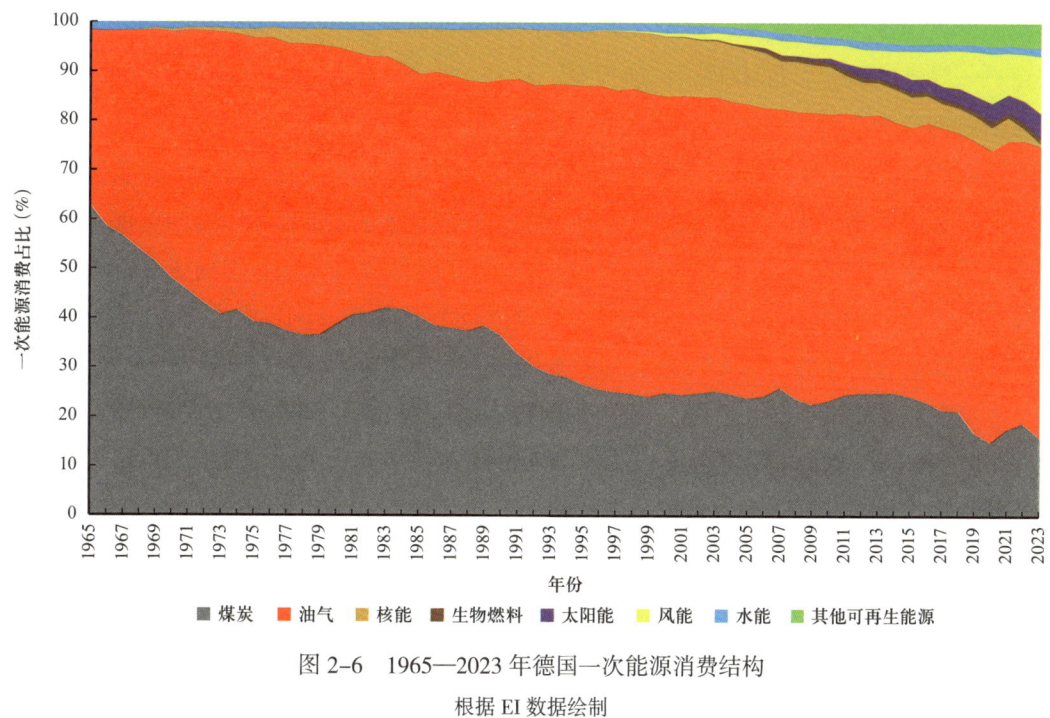

图 2-6　1965—2023 年德国一次能源消费结构
根据 EI 数据绘制

1. 能源转型背景

20 世纪以来，德国的能源转型过程可分为煤炭经济时期、核能扩张时期、抵制核能时期和绿色发展时期四大阶段。

（1）煤炭经济时期。德国煤炭开采和利用史可追溯到中世纪，形成了以鲁尔区为代表的著名煤矿区。煤炭在德国从工业化时期到第二次世界大战后经济复苏时期都扮演了不可或缺的角色。1949 年德意志联邦共和国（西德）成立后，能源政策以服务战后德国经济复苏为主，首要目标是重建能源基础设施和克服能源短缺，建立廉价、安全的能源供应体系，推行以褐煤和无烟煤为主要能源的战略（Jürgen-Friedrich Hake et al.，2015）。德国战后经济奇迹正是建立在煤炭战略之上。20 世纪 60 年代，德国煤炭消费量开始下降，油气、核能等其他能源类型消费占比逐步提升。德国政府曾通过对石油产品征收高额税收等方式，缓解石油行业对煤炭行业的冲击，但收效甚微。此外，德国煤炭还受到进口煤炭冲击，不具备成本优势的德国煤炭行业渐成衰落之势。尽管在 1973—1974 年石油危机期间，煤炭行业短期复苏，但总体衰落之势难以扭转。

（2）核能扩张时期。1955 年西德正式成为主权国家后，政府致力于将核能打造为除煤炭外的第二能源支柱。德国分别于 1955 年和 1956 年成立联邦核事务部和德国原子委员会；1957 年，加入欧洲原子能共同体，启动第一个国家核计划；1960 年德国第一座核电站卡尔实验核电站投入使用；1963 年、1966 年和 1973 年德国先后启动第二、第三和第四个国家核计划，支持核能发展；1973—1974 年的石油危机进一步凸显了核能对德国能源安全的重要性，同时，德国政府承诺解决核废料管理问题（Jürgen-Friedrich Hake et al.，2015）。

（3）抵制核能时期。20 世纪 70 年代，德国社会环境保护意识不断增强，反对核能和煤炭的环保运动成为一股强大的政治力量。在环保运动中，对核能的抗议声比煤炭更胜一筹。1975 年，巴登 - 符腾堡州 Wyhl 大型核电站被批准兴建，遭到当地公民的联名抗议，Wyhl 也成为德国反核运动的发源地,至20世纪70年代末,德国反核抗议运动达到高峰,并于1980年催生了支持环保理念的新政党——绿党的诞生,提出兼顾供应安全、经济效率和环境兼容性的能源政策,将关闭德国境内所有核电站作为主要政策目标之一(Jürgen-Friedrich Hake et al.,2015)。除德国国内因素外,1986年发生的切尔诺贝利核电站事故,使得自20世纪80年代末起,德国逐渐从拥核转向弃核。

（4）绿色发展时期。进入20世纪90年代,随着气候问题逐渐受到全球各国重视,德国各党派也对气候治理形成基本共识,其中,虽然党派间对核能的发展尚存争议,但对于支持可再生能源发展则形成了一致意见。1990年12月7日德国通过的《可再生能源并网供电法案》,规定电网公司有接纳可再生能源电力的义务,为太阳能、风能和其他可再生能源发电提供固定电价,这成为德国推动可再生能源发展的政策开端。此后,德国各党派间、政府与企业间进行了长期博弈,能源政策向淘汰核能、发展可再生能源电力的方向逐步推进。1996年,随着欧盟颁布《电力内部市场通用规则指令》推动电力市场自由化进程,德国也开始对电力市场进行改革,2000年出台《可再生能源法》(Renewable Energy Act,EEG),成为德国第一部可再生能源专门立法(Jürgen-Friedrich Hake et al.,2015),截至2023年底,德国先后对EEG进行了7次修订,不断在法律层面强化和规范对可再生能源发展的支持（图2-7）。

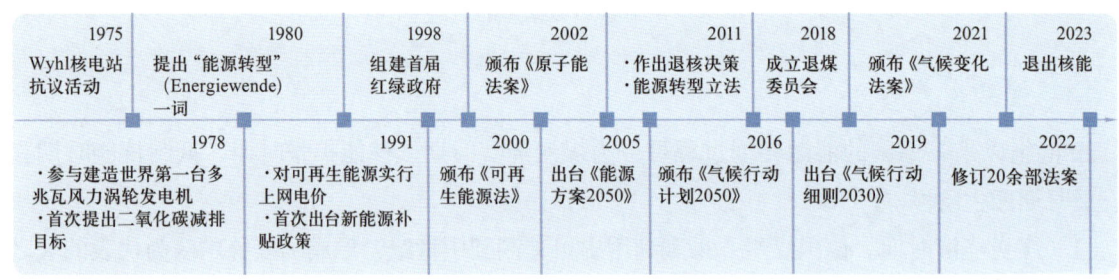

图2-7 德国能源转型里程碑

根据德国国际合作机构(GIZ)数据绘制

德国各个能源发展阶段转换过程中的驱动因素不尽相同,总体而言包括能源安全需求、环保安全需求、政策导向压力和管理技术创新四大因素。

（1）能源安全需求。能源安全需求是影响能源政策、决定能源结构、推动能源转型的重要因素。在资源禀赋和国家经济发展需求下,德国能源政策必须优先满足"能源不可能三角悖论"中能源可获得性和能源可负担性的要求。这不仅在煤炭经济和核能扩张时期发挥作用,即使在当前绿色发展时期仍然发挥着重要作用。20世纪70年代的两次石油危机以及2022年以来的乌克兰危机中,能源安全都成为德国能源政策的首要考量因素,甚至短期影响了德国能源转型节奏。

（2）环保安全需求。德国的能源政策与环保因素始终保持高度关联性。自20世纪90年代初就逐渐形成了能源与环保紧密相关的政治氛围,除民众具有较高的环境保护意识外,环境和气候保护也是各党派能源政策争论和博弈的核心。最具戏剧性的是在拥核和弃核两种截然相反的政策时期,均主要受环保安全因素的影响。在核能扩张阶段,核能被政府认为是气候友好型能源而得到大力推广;而1986年的切尔诺贝利事故激发了民众和反对党对核能安全性的担忧,并最终导致德国转型淘汰核能之路,2011年的福岛核电站事故进一步坚定了德国弃核的决心。

（3）政策导向压力。德国的能源转型不仅依赖于国家层面的法律和政策支持,还受到全球能源相关协议以及欧盟制定的发展目标和路线图的影响。这些政策和法律框架为德国能源转型起到了引导、促进和保障作用。《京都议定书》于1997年获得通过，旨在推动工业化国家进行能源转型、减少温室气体排放，德国是《京都议定书》缔约方之一，1998年德国首次出现"红绿联合政府"，即以推行环保主义著称的德国绿党首次成为联邦政府的一部分，并对德国采取放弃核能、扩大可再生能源政策起到了决定性作用。《巴黎协定》于2015年获得通过，德国2016年即出台《气候行动计划2050》，并在此后不断制定和完善以气候治理为背景的能源转型政策。

（4）管理技术创新。新型能源的崛起都离不开技术进步的驱动。在德国核能扩张时期，技术驱动对核能发展起到了重要推动作用。德国在核物理学领域有着深厚的积累，1938年，德国科学家奥托·哈恩通过实验发现了铀核裂变现象，为人类利用原子能奠定了基础。20世纪50年代，德国成立国家级实验室亥姆霍兹中心进行核技术和核能研究；同期建立的卡尔斯鲁厄研究中心，是德国乃至欧盟重要的核能研究机构，并建造和运营了德国的首个核反应堆。核能技术的探究成果为德国在核能扩张时期建立大批核电站提供了必要条件。在绿色发展时期，德国致力于提高可再生能源发电比例。由于其可再生能源发电大部分集中于北部和东部地区，需将大量电能输送到能源短缺的南部地区，因此对输配电电网的稳定性和平衡性提出极高要求。德国通过管理创新和技术保障建立了一套实时供需平衡机制，电力系统在绿色发展目标下，能保障电力电量平衡、备用能源充足、资金结算顺畅（江涵等，2024）。

2. 能源转型目标

根据2023年德国向欧盟提交的国家能源和气候计划（National Energy and Climate Plan，NECP），德国最新的能源转型目标可分为三大类，即脱碳、发展可再生能源和提高能源效率（表2-2）。在脱碳方面，因为当前能源转型目标是在实施气候治理的宏观背景下制订的，因此德国设定了温室气体排放与1990年相比，2030年减少65%以上，2040年减少88%以上，2045年实现碳中和的脱碳目标，整体能源转型的长期目标。在发展可再生能源方面，德国计划推动电力、可再生能源供热/供冷、交通、发电、氢能等领域发展，具体包括，计划到2030年，可再生能源发电量达600太瓦时，占电力总消费量的80%以上；50%电网供应来自可再生能源及废热；交通用能占最终能源消费总量的30%。此外，计划陆上风电装机容量2030年达到115吉瓦，2040年达到160吉瓦；海上风电装机容量2030年达到30吉瓦，2035年达到40吉瓦，2045年达到70吉瓦；光伏发电装机容量2030年达到215吉瓦，2040年达到400吉瓦。德国还制定了国家氢能战略，计划2030年绿氢产能达10吉瓦。在提高能源效率方面，德国计划2030年最终能源消费较2008年减少26.5%，至1867太瓦时，而一次能源消费将减少39.3%，至2252太瓦时。

除NECP中提交的目标外，对于核电和煤电，德国也确立了明确的退出目标，但退出的具体时间受到外部因素影响几经调整。在核电方面，2011年，由于受到福岛核灾难的深刻影响，德国政府以坚定的决心通过了一项具有里程碑意义的立法——"加快淘汰核电"计划。德国政府宣布，到2022年，将全面关闭国内所有的核电站，以此作为向更安全、更可持续的能源未来转型的重要一步。2022年，受乌克兰危机影响，德国遭遇严重能源供应危机，因此延长最后期限至2023年4月15日（李丽旻，2023）。在煤电退出计划上，德国政策同样几经波折。2019年1月，德国煤炭委员会精心设计了退煤路线图，并宣布达成了淘汰燃煤电厂的时间表——在2022年之前关闭国内四分之一的燃煤电厂，随后，德国将逐步淘汰剩余的燃煤发电能力，确保到2038年底前，全国范围内的燃煤电厂将全面停止运营。此后，德国总理奥拉夫·朔尔茨在执政之初便展现了对气候变化行动的坚定承诺，他宣布将德国的全面退煤计划从2038年更改为2030年（于琳娜，2023）。乌克兰危机后，为缓解天然气短缺压力，德国政府被迫允许部分煤电重新进入市场或延期退出，但同时强调退煤时间表不会受到影响。

表2-2 德国最新能源转型目标（截至2023年12月）

领域	最新目标
脱碳	温室气体排放较1990年，2030年减少65%以上，2040年减少88%以上，2045年实现碳中和
可再生能源	2030年在最终能源消费中占比40%
	电力：2030年可再生能源发电量达600太瓦时，占电力总消费量的80%以上
	供暖和制冷：2030年，50%电网供应来自可再生能源及废热
	交通：2030年交通用能占最终能源消费总量的30%
	陆上风电：装机容量2030年达到115吉瓦，2040年达到160吉瓦
	海上风电：装机容量2030年达到30吉瓦，2035年达到40吉瓦，2045年达到70吉瓦
	光伏发电：装机容量2030年达到215吉瓦，2040年达到400吉瓦
	国家氢能战略：2030年绿氢产能达10吉瓦
能源效率	2030年最终能源消费较2008年减少26.5%，至1867太瓦时，而一次能源消费将减少39.3%，至2252太瓦时
化石能源	最晚将在2038年底前结束运营所有煤电，理想状态下可提前到2030年
	减少电力生产中的天然气使用
核电	2023年4月退出核电

注：根据欧盟数据编制。

此外，2022年4月德国政府推动的有关能源转型的"复活节一揽子计划"中曾包括"2035年基本实现100%可再生电力供应"的目标，但最终未能走完立法程序，因此德国并未正式设立这一目标。

3. 能源转型措施

1）建立政府牵头广泛参与的能源转型管理模式

德国能源转型的不同利益相关方在能源转型体系中都扮演着不同的角色，形成了一套联邦及州政府牵头协调—利益相关方有效沟通—社会及私人部门广泛参与的管理模式。在政府层面，德国经济与气候保护部扮演着核心角色，它负责协调各方利益相关者之间的沟通与协作，包括与各联邦州政府、重要企业、产业和研究机构的密切沟通，通过建立高层次的对话平台和利益相关者机制，确保各方面的声音都能被听取并纳入考量。此外，德国联邦环保、自然资源保护、核能安全及消费者保护部，德国联邦数字化与交通部，以及德国联邦住宅、城市发展及建筑部等相关部门，也承担着与能源转型立法相关的工作。这些部门通过各自的专业领域和职责范围，为德国的能源政策制定和实施提供了坚实的支持和保障。其中，隶属德国经济与气候保护部的德国联邦网络局和德国联邦经济事务与出口管理办公室以及德国联邦环保、自然资源保护、核能安全及消费者保护部下属的德国联邦环境署是能源转型与气候保护最重要的部门。各部委间的协调机制会根据最新立法进展进行沟通，同时沟通的最新进展也会促进相关法律的修订。

这套管理机制对推动德国能源转型已发挥了实质作用。例如在推动淘汰煤电的进程中，2018年6月，德国联邦政府成立了一个专门负责经济发展、结构调整和就业的委员会，即退煤委员会。该委员会汇聚了来自德国政治、社会和经济各领域的代表，成员的多元化背景为讨论和决策提供了多角度的视野，他们来自联邦政府和议会、受影响的联邦州和产煤地区、环境保护非政府组织以及研究机构等。退煤委员会2019年以独立报告形式提出德国2038年关停全部煤电厂以及联邦政府以科技和教育投资形式向煤州提供400亿欧元财政支持的重要成果，被德国政府采纳并推行（徐路易，2019）。

2）通过提高能源效率控制能源需求规模和利用成本

能效提升主要通过降低化石能源在供热、交通及发电领域的占比和消费规模，在减少温室气体排放量的同时，促使整个能源系统向可再生能源主导转型，从而减少能源供给的成本。德国希望通过能效提升，达成能源转型和气候治理的双重目标。德国推动能效提升主要通过"长期战略—路线图—监测评估"三步走措施进行推动。在《能源方案》《气候行动计划》《气候变化法案》国家宏观目标和长期战略下，《能源效率战略》（EffSTRA，2019）针对能效提出了更加具体的目标和措施，作为EffSTRA的一部分，还配套出台了包括《国家能效行动计划2.0》《2045年能效路线图》等具体指导性文件，并对能源目标和计划的实施进行监控和评估。德国在建筑、民用电器、工业等领域能效提升方面都取得了良好成效。

例如在工业领域，在《欧盟能效指令》框架下，德国出台国家法律《能源服务法》明确规定了企业开展能源审计的义务，能源审计员或能源审计公司负责评估企业的节能措施，从而帮助企业认识和了解能够节能降耗的潜在领域，同时鼓励企业引入能源管理系统，提高企业内部能效。为鼓励企业积极开展能源管理系统或能源审计制度建设，德国还出台了两项财政激励措施，一是税收峰值补偿计划，使制造业企业能够享受与能源税和电力税相关的大额退税优惠政策，二是根据《可再生能源法》的特殊补偿机制，符合条件的能源密集型企业可减征可再生能源税的优惠政策（国家发展和改革委员会、中国国家能源局，2021）。

3）全面推进可再生能源用能替代

德国在推动可再生能源替代方面采取了多项具体政策和措施。以法律法规形式，明确发展目标、出台产业指导、实施财政补贴和激励机制。2000年德国政府首次颁布《可再生能源法》，核心内容是对可再生能源产业提供政策倾斜和资金补贴，提出固定上网电价等支持可再生能源的政策，是德国发展可再生能源的重要驱动力之一。该法案经过了多次修订，最重要的三次修订分别是2014年关于鼓励光伏和风电进入电力市场和启动可再生能源示范拍卖财政支持政策的修订，2017年出台大型光伏电站和风电机组定期公开拍卖政策，以及2022年更新可再生能源发展目标及减少对化石能源进口依赖措施的修订。

此外，德国还针对不同经济部门，出台了相应法规推动可再生能源发展。在供热和制冷用能需求占德国一半的建筑领域，国家层面颁布了《建筑能源法》，激励建筑行业的可再生能源利用，鼓励建筑业主和设计师采用创新的能源解决方案，如太阳能光伏板、地源热泵和生物质锅炉等，以实现能源的自给自足，并规定所有新建建筑必须按照法定比例采用可再生能源进行供热。在交通领域，2012年出台《可再生能源指令》，鼓励生物燃料、绿氢燃料进入市场以及电动汽车的使用。德国设定交通部门可再生能源在能源消费中的占比2026年达到14%、2030年达到32%的目标。

4）通过多部门耦合推动能源转型

随着可再生能源占比的提高，对能源系统综合性和灵活性的要求也不断提升。能源耦合是指通过能源纵向梯级利用或横向多行业互补运行，旨在打破能源企业和行业间壁垒，提高全社会能源整体利用效率，这种方法涵盖了从行业内不同能源形式的协同，到跨行业、跨产业间的整合（胡明，2020），是提高能源系统灵活性和安全性的重要途径。德国能源转型领域部门耦合主要针对建筑部门，尤其是针对供热和制冷。例如，《建筑能源法》中提到通过热泵技术支持部门耦合的相关规定，其中热泵相关的财政支持由联邦能效建筑专项基金提供。此外，德国还通过推行促进电芯生产、可持续出行法规等政策，推动电力和交通部门的跨部门融合，通过出台国家氢能战略，在培育绿氢等低碳燃料产能中，促进天然气基础设施与未来氢能发展的融合。

4. 能源转型成效

总体而言，德国在脱碳、能源结构、能源效率等各个方面都在向既定能源转型目标迈进。

在可再生能源领域，德国可再生能源在消费结构、发电量、装机容量等各个维度的绝对量和占比都持续向能源转型目标靠拢。其中，德国最终能源消费量中，可再生能源消费占比持续上升，2022年占比为20.4%，同比上升1.2个百分点。距2030年占比达40%的目标相差约20个百分点。在发电量方面，2022年可再生能源在发电量中占比为8.8%，距2030年50%电网供应来自可再生能源及废热的目标仍相距甚远。此外，在可再生能源发电装机容量方面，德国风电和光伏发电的装机容量持续增长，其中，2023年陆上风电累计装机容量31吉瓦，2030年装机容量目标为115吉瓦；海上风电累计装机容量8.5吉瓦，2030年装机容量目标为30吉瓦；光伏发电累计装机容量81.7吉瓦，2030年装机容量目标是215吉瓦。为达到目标，2030年前德国每年需分别新增陆上风电、海上风电和光伏发电装机容量12吉瓦、3吉瓦和19吉瓦（图2-8）。

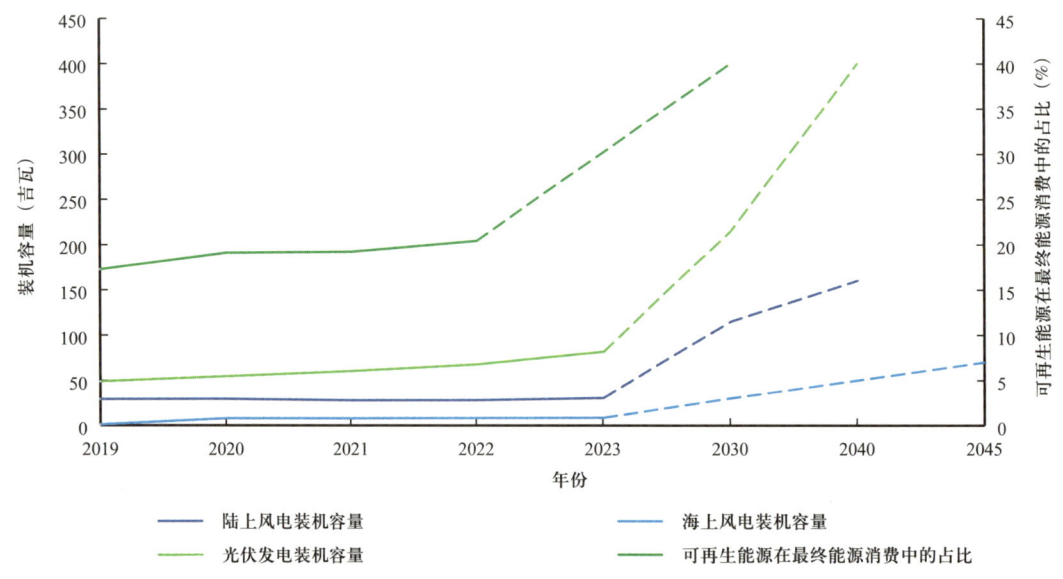

图2-8　2019—2045年德国风电和光伏发电装机容量、可再生能源在最终能源消费中的占比

根据BWE、Bundesnetzagentur和欧盟数据绘制；虚线表示目标值；BWE—德国风能协会

在能源效率领域，德国能源消费量持续下降，2023年最终能源消费较2008年下降19%，距2030年下降26.5%的目标相差7.5个百分点；一次能源消费量也呈下降趋势，2023年一次能源消费量较2008年下降8%，距2030年下降39.3%的目标仍有较大差距。

在核能领域，2023年4月13日，德国政府发表声明称，将尽快关停境内仅存的三座核电站，分别是位于下萨克森州的埃姆斯兰核电站、巴伐利亚州的伊萨尔2号核电站和巴登－符腾堡州的内卡韦斯特海姆2号核电站。

在煤炭领域，德国在产量、发电量、消费量等方面均加速退煤进程。2024年1—4月，德国煤炭产量累计3059.4万吨，同比下降20.0%；煤炭使用量比2023年同期下降32%。自2020年底以来，德国最大能源集团莱茵集团（RWE）已经关闭了12台褐煤发电厂机组，总发电能力为4200兆瓦，并称有信心到2030年完成淘汰煤炭的目标（能源矿产，2024）。

但值得注意的是，2023年，德国天然气发电量高速增长，同比涨幅高达31.3%（李丽旻，2024），这与德国减少电力生产中天然气使用的能源转型目标相悖。

三、英国

英国是欧洲油气消费大国，人口6817.9万（截至2023年7月），2023年一次能源消费总量为6.95艾焦（图2-9），位列全球第21位，单位GDP能耗0.58千瓦时/美元，能源自给率59%，温室气体排放量3.27亿吨二氧化碳当量，二氧化碳在温室气体排放量中的比重为96.7%。英国一次能源消费中，煤炭和油气消费占比分别为3%和72%，非化石能源在一次能源消费中的占比为25%（图2-10）。

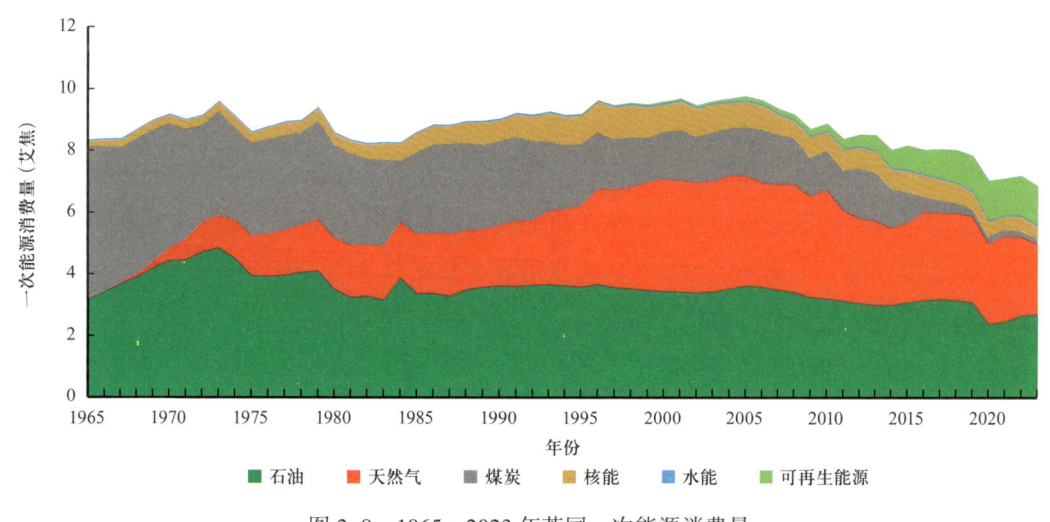

图2-9 1965—2023年英国一次能源消费量
根据EI数据绘制

英国在能源转型方面一直处于引领地位，是历次能源转型的引领者和积极参与者之一。作为工业革命的发源地，英国率先大规模使用煤炭来替代木材作为主要能源。作为联合国安理会常任理事国，英国也是最早一批签署《联合国气候变化框架公约》、开启从化石能源向低碳能源转型的国家之一。

石油公司能源转型路径

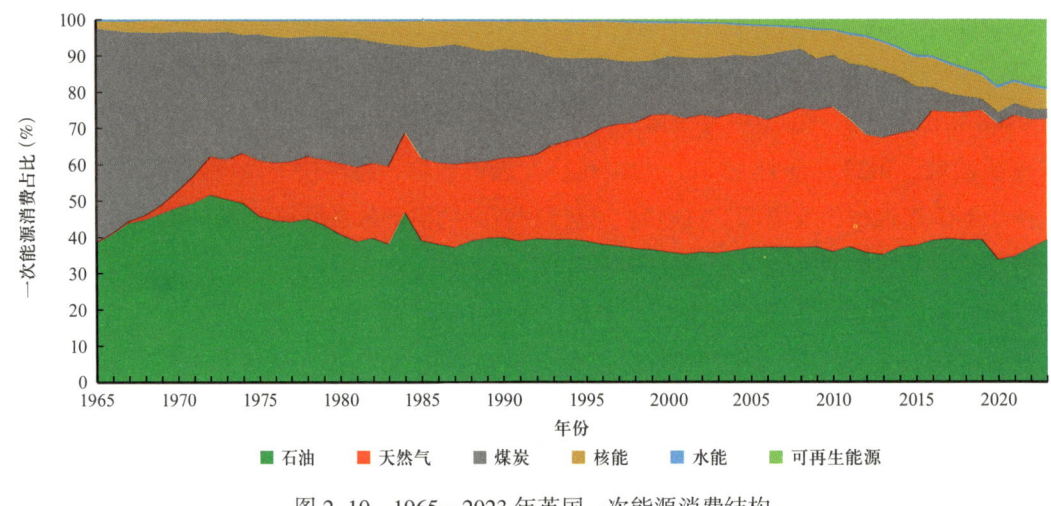

图2-10　1965—2023年英国一次能源消费结构

根据EI数据绘制

1. 能源转型背景

18世纪以来，英国转型过程可分为化石能源主导时期和绿色低碳导向时期两大阶段。

（1）化石能源主导时期。18世纪60年代到19世纪，工业革命在英国的兴起导致该国对煤炭需求的激增。19世纪末内燃机的发明和改进又使石油成为主要的交通燃料，同时，在第一次世界大战和第二次世界大战期间，石油和天然气需求大增推动了英国海上油气开发。20世纪60年代，英国开始在北海开发油气田，20世纪80年代和90年代北海油气田产量达到高峰。但20世纪70年代的两次石油危机使英国意识到需要对化石能源主导的能源消费结构进行调整。

（2）绿色低碳导向时期。进入21世纪，随着气候变化和地缘政治冲突带来的影响，英国越来越重视可再生能源的发展。英国通过在国际和国家层面采取多种气候应对措施，引领了绿色低碳导向的能源转型。1992年，英国便签署了《联合国气候变化框架公约》，积极参与全球气候治理，并履行了公约规定的各项义务；2002年，英国开始实施的《可再生能源义务》法案更是明确规定了电力供应商是英国可再生能源义务的责任主体（Ofgem，2019）；2003年，英国贸工部发布了题为《未来能源——创建低碳经济》的能源白皮书，首次倡导"低碳经济"理念，强调了能源安全和气候变化的威胁，并指出了英国能源结构转型的必要性。随着化石燃料资源呈现枯竭态势和地缘政治冲突增加等带来的新变化，英国不断调整其能源转型政策，致力于为本国提供安全、清洁和负担得起的能源（图2-11）。

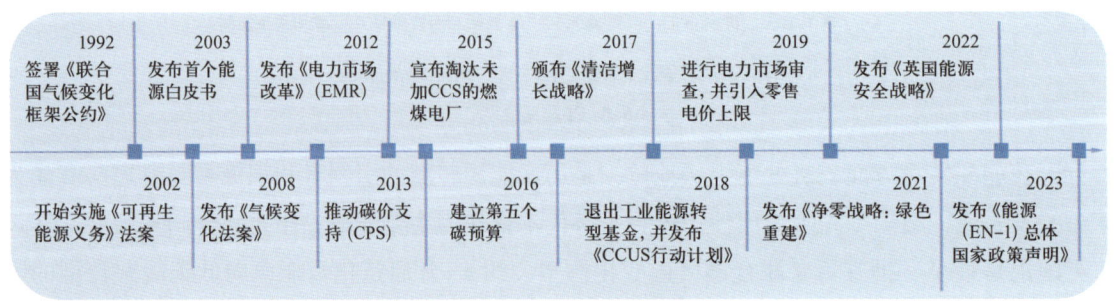

图2-11　英国能源转型里程碑

根据IEA能源转型政策数据绘制

在英国能源转型的历史进程中，气候变化、能源安全及技术进步三大动因交织成为驱动其转型的核心力量。

（1）气候变化。英国因应对气候变化而推动能源转型，从依赖煤炭、油气，到转向清洁可持续能源，通过立法和政策创新，致力于实现温室气体减排和经济社会全面绿色转型。回顾工业时代，英国的煤矿和北海的石油、天然气曾为国家发展提供了充足的能源，但也带来了严重的环境污染。由于20世纪50年代发生了一系列较为严重的空气污染事件，迫使政府寻求更为清洁和可持续的能源解决方式，于是英国开启了以"退煤"为核心的能源转型变革，特别是在20世纪70年代开始关注能源多元化，以减少对煤炭的依赖。2008年，英国《气候变化法案》诞生，它以法律的形式确定了英国至2050年要实现将温室气体排放量削减80%的坚定承诺，也标志着英国率先在全球范围内建立起具有法律约束力的长期框架，以推动温室气体减排和气候变化适应。2010年发布的《2010能源法》规定了实施低碳转型所需的关键措施。其中包括引入CCUS激励规定，支持在英国建设商业CCUS示范项目，并要求政府定期发布有关CCUS进展的报告。2018年英国政府发布的《CCUS行动计划》进一步推动了英国清洁能源转型、明确了CCUS技术发展路径。2021年《净零战略：绿色重建》不仅设定了清晰的减排目标和行动指南，还通过促进清洁能源与绿色技术发展、创造就业机会、加强国际合作等措施，推动英国经济社会的全面绿色转型，以应对气候变化带来的风险。

（2）能源安全。英国面临化石资源减少与市场波动双重挑战，故将确保能源安全作为转型核心，力图通过开发可再生能源实现自给与稳定。一方面，英国本土油气资源量呈现减少趋势，以北海油气田为例，1985年，英国北海的石油产量达到峰值，年产量超过1.2亿吨。天然气产量也在20世纪90年代达到高峰。自20世纪90年代末以来，北海油气田的产量持续下降，到2019年，石油年产量约为4980万吨，不到高峰期的一半，天然气产量也出现类似的下降趋势。早在2020年，英国近八成的油气资产已开采超过其75%的可利用资源。预测指出，在2017—2025年的短短数年内，北海地区约有349个油气田的设备退役，其中以英国北海大陆架的数量为最（王林，2020）。另一方面，英国北海大陆架的油气田步入成熟期，产量逐渐衰减，只能吸引以基础设施为主导的勘探投资，且投资主体通常为小型独立石油公司。反观大型国际石油公司，如埃克森美孚、雪佛龙、壳牌等石油公司，已陆续从英国北海大陆架的资产中撤退，这种趋势或将加速该地区油气产量的进一步下滑。受新冠肺炎疫情和乌克兰危机影响，2022年欧洲天然气价格飙升了200%以上，煤炭价格上涨了100%以上。全球能源价格破纪录上涨，导致英国用能成本上升，英国政府意识到不能仅依赖政府补贴来支付不断上涨的能源账单，还需要降低能源价格本身。因此，英国政府希望通过实现能源的自给自足，确保能源价格长期稳定。英国拥有丰富的可再生能源资源，如风能和太阳能，英国政府探寻依靠这些资源来满足国内能源需求的路径。

（3）技术进步。核能技术、可再生电力技术和脱碳技术革新是驱动英国能源转型的关键力量。首先，核能技术的发展使英国在20世纪五六十年代大力发展核电，缓解了对煤炭的依赖。到2000年，核能在英国一次能源消费结构中依然占到9%。其次，可再生能源技术的发展，特别是风能和太阳能技术的进步，推动了英国的能源转型。进入21世纪，英国政府出台了严格的环保政策并加大了对可再生能源的投资力度。为解决可再生电力波动性问题，英国投资开展储能技术研究也取得了重要进展，包括电池储能、抽水蓄能等多种储能方式。为加强跨区跨国联网以提升可再生电力输送能力，英国对电网技术进行了大力升级和改造。最后，英国政府还加大了对低碳技术的研发投入，包括CCUS、氢能等技术。这些技术的研发和应用将有助于降低英国能源产业的碳排放强度，推动能源转型的深入发展。

2. 能源转型目标

英国坚定能源转型之路，致力于在核能、海上风电、氢能等可再生能源领域加大投入力度。通过电力系统的革新升级，英国正积极推动全社会的能源转型进程，为实现绿色低碳的未来贡献力量。英国最新的能源转型目标主要包括脱碳、发展可再生能源、扩张核能和提高能源效率（表2-3）。

表2-3 英国最新能源转型目标

领域	最新目标
脱碳	到2035年相比1990年水平减少78%的温室气体排放，到2050年温室气体排放达到净零的目标
	到2030年，95%的电力来自低碳能源，到2035年实现电力系统完全由低碳能源供电
退煤	到2024年10月1日停止使用煤炭发电，并关闭未采取减排措施的燃煤发电设施
可再生能源	到2030年实现高达50吉瓦的海上风电装机容量的目标，包括高达5吉瓦的浮式风电
	到2030年实现高达10吉瓦的低碳氢生产能力，其中有一半将来自电解氢，到2035年氢能发电量达85~125太瓦时，到2050年氢能发电量达250~460太瓦时
	到2035年太阳能发电装机规模达到70吉瓦
	2018—2030间使管网中的生物甲烷数量增加三倍，通过绿色气体支持计划（GGSS）预计在2030/2031年度能够实现2.8太瓦时的可再生热能发电
核能	到2050年，核能满足英国四分之一的电力需求，即达到24吉瓦的装机容量
能源效率	到2025年，计划升级约70万户家庭，到2050年所有建筑物都将实现能源效率和低碳供暖

注：根据欧盟数据绘制。

在脱碳方面，英国政府计划到2030年实现95%的电力都来源于低碳能源，到2035年全国温室气体排放量在1990年水平上减少78%，到2050年实现温室气体净零排放。在退煤方面，淘汰煤对于英国实现1.5℃的气温控制目标至关重要。2017年，英国政府确认将在2025年10月1日之前关闭未采取减排措施的燃煤发电设施。2021年6月30日，英国能源与气候变化部长宣布，英国将在2024年10月1日停止使用煤炭发电，比原定计划提前一年。在发展可再生能源方面，英国致力于成为全球海上风电的领导者，从2020年能源白皮书提出到2030年海上风电装机容量提高到40吉瓦，到2022年《英国能源安全战略》中将该目标值一举提升至50吉瓦，英国在风电领域的雄心壮志不断升级。此外，英国还计划支持浮式海上风电的发展，并为2030年之前部署5吉瓦的浮式海上风电提供支持。在太阳能方面，英国预计到2035年光伏发电装机规模将比2023年末的水平增加五倍，达到70吉瓦。在氢能方面，英国《绿色工业革命十点计划》提出到2030年建成5吉瓦氢能产能的目标，但在新版《能源安全战略》及《氢能投资者路线图》中，又将2030年低碳氢产能从5吉瓦提高到10吉瓦，其中至少一半来自电解氢。计划到2035年氢能发电量达85~125太瓦时，到2050年低碳氢供应量将达到250~460太瓦时。在扩张核能方面，英国计划将民用核能的部署增加至2050年的24吉瓦，是2022年核能规模的三倍，占英国预计电力需求的25%。此外，英国还计划到 2030 年交付 8 个核反应堆。英国能源安全和净零排放部 2024 年 1 月正式宣布英国最大规模的核能拓展方略——《民用核路线图》，规划了从 2030 年到 2044 年每五年新增 3~7 吉瓦的核能项目。在提高能源效率方面，英国政府通过《清洁增长战略》设定了到 2030 年企业和工业的能源生产率至少提高 20% 的目标，并计划通过《能源公司义务》（ECO）提供约 3.6 亿英镑的投资，且保证至少将这种支持延长到 2028 年。到 2050 年将对英国所有建筑进行低碳供暖改造，实现供暖系统净零排放。

3. 能源转型措施

1）打造海上风电领域的"沙特阿拉伯"

发展海上风电是英国能源转型的关键路径。英国地理位置四面临海，拥有 1.145 万千米海岸线，风力最好的区域年平均风速可达 8 米 / 秒，其海域理论风能储量为 1800 吉瓦。凭借漫长的海岸线、丰富的风力资源，海上风电发展优势得天独厚。自 2002 年《可再生能源义务》法案实施后，英国政府不断加大对海上风电产业的政策支持力度，陆续推出补贴、税收优惠、资金支持等一系列措施，以促进海上风电产业的发展。2017 年，英国政府公布了《工业战略：建设一个适应未来的英国》白皮书，将海上风电作为国家重点发展产业之一。这些政策扶持措施极大地提升了投资者对海上风电项目的信心。根据英国可再生能源协会的数据，上述政策实施以后，英国海上风电项目的投资逐年上升，吸引了包括 Orsted、SSE 和碧辟等国内外企业的积极参与。此外，英国政府还承诺，将在 2030 年前投资 240 亿英镑用于海上风电项目。这一承诺为海上风电行业的长期发展提供了稳定预期。为了实现到 2030 年海上风电装机容量达到 50 吉瓦的战略目标，英国政府在海上风电项目立项标准和行政审批流程方面做了显著优化。通过这些制度改进，政府大幅提升了审批效率，成功将原本长达 4 年的审批周期大幅缩短至 1 年，为海上风电项目的快速推进铺平了道路。

2）将核电作为重要的基荷能源

核电被英国政府视为实现 2050 年净零排放目标的重要一环。从 2023 年起英国宣布核能项目可以享受与可再生能源项目相同的投资激励措施，并设立了名为大不列颠核能（Great British Nuclear）的专门机构，负责小型模块化反应堆的竞优工作，并为政府核能项目的 FID 提供支持。按照《民用核路线图》的规划部署，英国自 2023 年至 2030 年，将每年批准建造一座核反应堆，预计累计批准新建 8 座大型或小型模块化反应堆。目前英国有两个建设中的核电项目，分别是欣克利角 C 和塞兹韦尔 C 项目，其中，欣克利角 C 项目是英国政府重启核电的重要一环。该项目是英国自 20 世纪 90 年代以来启动的首个核电建设项目，由法国电力集团（持股 66.5%）和中国广核集团（持股 33.5%）共同投资建设，建成后可为英国提供约 7% 的电力。2024 年，英国政府宣布以 1.6 亿英镑（2.03 亿美元）购买了位于威尔士北部的威尔法（Wylfa）和位于英格兰西南部的奥德伯里（Oldbury）两个核电厂，并选定威尔法作为第三个大型核电厂的首选厂址，这将是英国在 21 世纪使用百万千瓦级反应堆建设的第三座核电厂。英国政府为贯彻落实 2023—2030 年间批准建设 8 座核反应堆的发展蓝图，精心设立了 1.2 亿英镑的"未来核能扶持基金"，旨在助推核能技术的创新研究与广泛运用。在重点核技术方面，英国政府计划大力推进小堆研发部署，英国和意大利将合作建造一个非核原型铅冷快堆系统，以研究热力学、机械和功能性能。英国政府宣布支持高温气冷堆研究，并计划2030年前建成一个示范项目。英国莫尔泰克斯能源公司推出热功率4万千瓦、堆芯平均温度为700℃、换料周期为20年的氟盐冷却高温反应堆（简称FLEX）概念设计。

3）发展氢能和生物质燃料

目前英国的能源消费中几乎没有低碳氢，英国政府支持企业通过高效利用可再生电力制氢来减少电力系统的成本。除此之外，英国政府也在考虑通过招标、拍卖或其他竞争形式逐年立项氢能项目，以确保氢气生产的资源和配额以透明、高效和经济的方式分配给不同的参与者。与此同时，英国也在摸索设计氢气认证计划，为市场营造公平的竞争环境，提供高品质的英国氢气以供出口，并确保所有进口氢气都能满足英国公司的同等高标准。在生物质燃料方面，生物甲烷经过适当的升级过程后可以注入天然气网，作为天然气的低碳替代品。截至2022年4月，可再生热激励计划（RHI）已支持部署了163个生物甲烷工厂（143个完整申请和20个关税保证申请，还有11个关税保证申请尚待处理），并自2011年计划启动以来，英国政府支持了18490吉瓦时的生物甲烷生产。展望未来，英国政府即将推出的绿色气体支持计划（GGSS），也将通过支持生物甲烷注入来帮助减少天然气供应中的碳排放。英国政府预计GGSS将在第4和第5个碳预算期内贡献370万吨二氧化碳当量的碳减排，并在其生命周期内贡献820万吨二氧化碳当量的碳减排。

4）提高住宅与公共建筑等终端用能效率

2020年，英国发布《绿色工业革命十点计划》，提出政府将在尽可能短的时间内实施未来房屋标准，投入10亿英镑，通过脱碳计划减少学校和医院等公共建筑的排放，通过房屋升级补助金升级供暖系统，通过脱碳基金继续升级效率最低的社会住房。2022年，英国政府发布《英国能源安全战略》，旨在加快提高能源效率部署，具体内容包括：发布《供热与建筑战略》，并提供39亿英镑予以支持；在2022年到2026年期间，将对能源公司提供每年10亿英镑的补助，用于每年帮助13万户以上的低收入家庭提高能效，并计划投资超过60亿英镑用于国家住宅和建筑的脱碳；到2035年逐步停止销售新的燃气锅炉，并启动4.5亿英镑的锅炉升级计划；未来五年安装节能材料（包括隔热材料和低碳加热装置）实行零税率。此外，英国大幅简化屋顶光伏规划流程，取消了住宅屋顶光伏增值税，并正在考虑通过低成本融资来推动屋顶光伏的部署和能源效率的提升。英国政府将制定性能标准，使包括太阳能光伏在内的可再生能源系统成为新建住宅和建筑的标准配置。

5）支持碳捕集技术的排放限额豁免

英国政府对CCS的支持具有显著的政策倾向。早在2013年，英国《能源法》便作出规定，允许配备完整CCS系统的化石燃料发电厂在一定期限内豁免排放限额。这一政策旨在激励更多发电厂采用CCS技术。这一政策明确指出完整的CCS系统应具备以下功能：首先，捕集发电过程中产生的二氧化碳；其次，确保有效运输所捕集的二氧化碳；最后，将这些碳通过永久存储方式进行处理和封存。对于符合条件的发电厂，排放限额的豁免期自该厂及其CCS系统准备就绪之日起生效并持续三年到期，或在2027年12月31日之前到期，以较早发生者为准。在这段时间内，发电厂的二氧化碳排放可能会超过正常的排放限额，因为该发电厂正在通过CCS系统进行碳捕集和封存的测试或运营，从而可以享受相关豁免政策。

4. 能源转型成效

近年来，英国退煤进程和可再生能源发展取得显著成效，住房存量的能源效率持续提高，但融资困难严重制约了核能的发展和中小企业能源效率的提高。

在退煤方面，英国已取得卓越进展，自 2012 年以来，煤炭发电占比从 40% 大幅下降至 2023 年的 1.7%。到 2024 年，未采取减排措施的煤炭发电彻底退出英国电力结构，这标志着煤炭发电从英国能源系统中完全退出。政府的影响评估表明，由于英国煤矿业近年来的显著萎缩，无论是将 2024 年还是 2025 年作为燃煤电厂关闭的最后期限，对英国煤炭采矿业的影响都相对较小。2021 年 3 月，燃煤电厂首次未参与容量市场拍卖，这进一步表明煤炭发电在市场中的份额持续缩减。英国在退煤政策上的坚定立场彰显了其在全球减排和应对气候变化中的领导地位，英国已经成为全球淘汰煤炭使用的先行者。

在可再生能源领域，英国可再生能源在消费结构、发电量、装机容量等各个维度的绝对量和占比都持续向能源转型目标靠拢。从 2013 年至 2023 年，可再生能源占一次能源消费结构的比重已经从 7% 增长至 20.6%。2023 年，可再生能源在全社会发电量中的份额增至创纪录的 47.3%。在风电方面，从 2013 年至 2023 年，英国风电装机数量从 11282 台增至 30215 台，增加了 167.8%，占一次能源消费结构的比重从 3.2% 上升至 11.1%。截至 2023 年，英国海上风电装机容量达到 15 吉瓦，在欧洲国家海上风电累计装机容量中居于首位。陆上风电装机容量达到 14 吉瓦，超过了天然气发电站的总装机容量。2023 年，风力发电量占发电量的 28.7%，创下历史新高。光伏发电方面，自 2013 年至 2023 年以来，英国光伏装机数量从 2937 台增至 15657 台，增长了 433%，光伏发电占一次能源消费结构的比重从 0.2% 增长至 1.9%。截至 2023 年，英国光伏装机容量达到 15.6 吉瓦（图 2-12）。

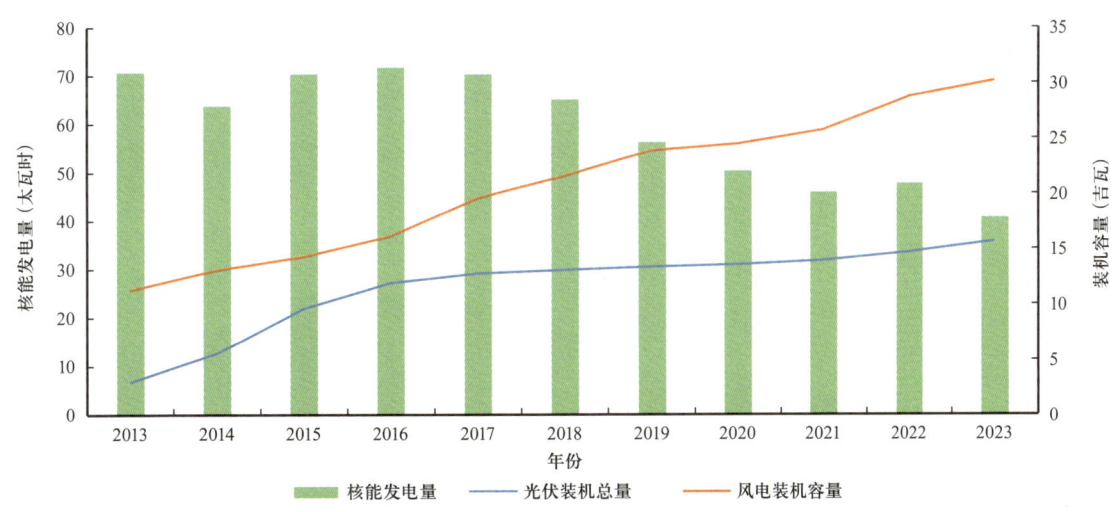

图 2-12　2013—2023 年英国风电和光伏发电装机容量、核能发电量

根据 EI 数据绘制

在核能领域，从 2013 年到 2023 年，英国核能发电量不升反降，从 70.6 太瓦时降至 40.7 太瓦时，降低了 42%，核能占一次能源消费结构的比重从 7.77% 下降至 5.26%。截至 2023 年，英国核电装机容量约为 5.8 吉瓦，共有 9 台在运核电机组，总装机容量 588.3 万千瓦（伍浩松等，2024）；

2台在建机组，总装机容量3.44吉瓦。而英国政府的目标是在2050年实现24吉瓦的核电装机容量，且每年部署一座新核电厂。但从数据上来看，英国核能发电情况并不理想，在建项目一再延期。以欣克利角C项目为例，该项目最早规划于2010年，预计2017年建成，然而由于成本预算一再增加，从180亿英镑上涨至460亿英镑，英国电力公司接连发布延期声明，目前项目完工时间已经推迟到2028年9月，甚至可能到2031年才能完工（李丽旻，2023）。与其他能源技术相比，新型核能因开发规模、资金需求、人力规划及先进核电技术研发等因素，更需要制订可靠的战略计划，然而英国缺乏实现这一雄心所需的详细资金规划和技术战略部署（中国能源研究会核能专委会，2023）。

在能源效率领域，英国政府用标准评估程序（SAP）来监控住宅的能源效率，这是一个基于计算标准供暖制度下年空间和水加热成本的指数，并以1（低效）到100（高效，100分代表零能源成本）的规模来表示。2022年，英国住宅的平均SAP等级为67分，比1996年的45分有所上升，这主要是由于住房存量中最常见的能源效率措施的普及率提高，特别是空腔墙隔热、从标准锅炉升级到冷凝式组合锅炉和全面双层玻璃等措施。同时，根据英国在2021年发布的《制造业领域能源效率》报告，在2016—2021年间，大多数制造商（66%）已采取措施提高能效，包括建筑改进、行为和文化变革以及更换工业设备。几乎所有制造商（98%）都使用电力，而较大比例的制造商还使用天然气（41%）和液体燃料（17%）。但将近36%的制造商仅仅监控能源使用量，而非能源效率。融资问题被视为提高能效的主要障碍，超过半数的企业（51%）表示他们无法负担或获得足够的资金来进行必要的改进。

四、日本

日本是世界能源消费大国，人口1.24亿（截至2023年7月），2023年一次能源消费总量为17.4艾焦（图2-13），位列全球第5位，2022年单位GDP能耗为1.773兆焦/美元，能源自给率13.3%，温室气体排放量10.39亿吨二氧化碳当量，二氧化碳在温室气体排放量中的比重为97.5%。2023年日本一次能源消费中，煤炭和油气消费占比分别为26%和57%，非化石能源在一次能源消费中的占比为17%（图2-14）。

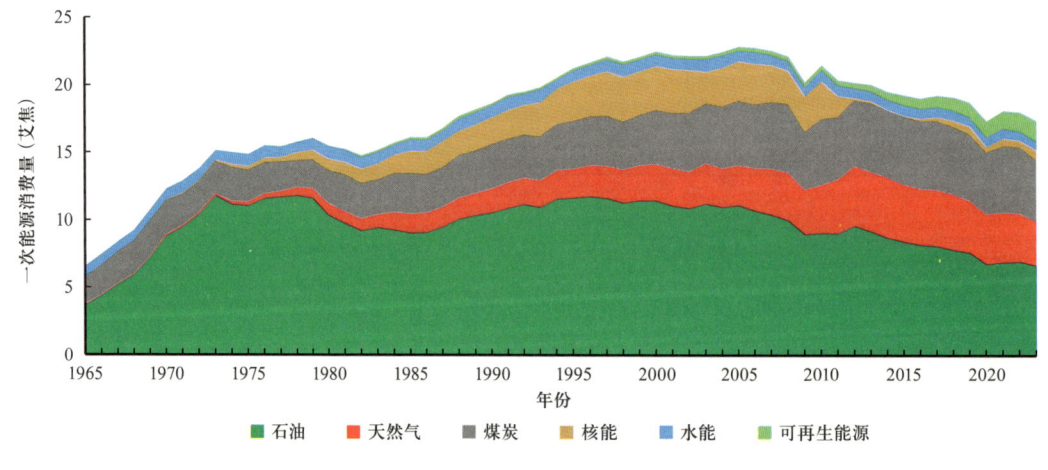

图2-13　1965—2023年日本一次能源消费量

根据EI数据绘制

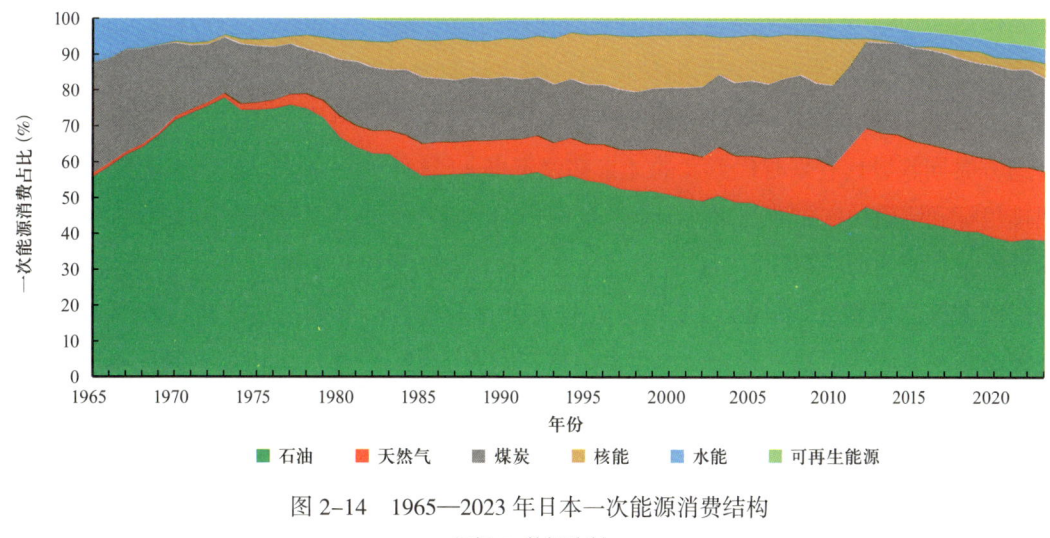

图 2-14　1965—2023 年日本一次能源消费结构
根据 EI 数据绘制

在发达国家的经济体中，日本以其作为经济大国和资源小国的独特身份而著称。长期以来，面对庞大的能源需求，日本主要依赖进口和发展核电来满足这些需求。然而，2011 年的东日本大地震和福岛核电站事故对日本的能源形势产生了深远的影响，使得其能源状况变得前所未有的严峻。在经历了多次战略调整之后，日本基本确立了一个以"3E+S"为核心的能源转型战略，即优先考虑能源的安全性（Safety），同时强调能源稳定供给（Energy Security）、经济效率（Economic Efficiency）和环境适应性（Environment Suitability）之间的协调发展。

1. 能源转型背景

20 世纪以来，日本转型过程可分为"油代煤"时期、能源多元化发展时期、引领全球气候治理时期、能源结构调整时期、能源政策反思时期五大阶段。

（1）"油代煤"时期。日本昭和时代之前能源供应主要依赖煤炭。随着第二次世界大战后日本经济的迅猛增长，20 世纪 60 年代，其国内煤炭产量已无法满足经济发展的需求，迫使日本开始转向煤炭进口。同时，现代工业和交通运输业的快速发展也导致石油需求激增，石油逐渐取代煤炭，成为日本最主要的一次能源来源。尽管如此，日本的石油长期依赖进口，尤其是来自中东等地的原油。从 1965 年到 1973 年，日本的石油消费量从 8789 万吨飙升至 2.81 亿吨，其中约 75% 依赖进口。这种高对外依存度的能源结构，为日本的能源安全埋下了隐患。

（2）能源多元化发展时期。20 世纪 70 年代，两次石油危机严重冲击了日本经济，迫使日本开始重新审视其能源战略，并着手推进能源多元化和节能减排措施。这个时期，日本政府制定了多项政策，鼓励开发核能、天然气及可再生能源等替代能源以降低对石油的依赖。早在 1974 年，日本就推出了一项"阳光计划"，旨在开发新能源和可再生能源资源，既降低对煤炭、石油等传统能源的依赖，又能够减少温室气体的排放（宫笠俐等，2024）；随后在 1978 年，日本又推出了"月光计划"，把从基础研究到开发阶段的节能技术列为国家的重点科研项目，开始将确保能源安全作为重要国策，核电等清洁能源的发展也成了国家的重点发展项目。

（3）引领全球气候治理时期。在 20 世纪 70 年代诸多节能减排政策的推动下，到 20 世纪八九十年代，日本已经发展成为全球节能技术方面的领导者，并且在早期的国际气候变化谈判中发挥了重要作用。1989年日本主持在东京召开的地球环境会议，并提出"地球环保技术开发计划"；1993年政府为发展新能源和可再生能源而制订的"新阳光计划"进一步推动了国家的能源安全。1997年，日本成功举办了第三届联合国气候变化大会（COP3），并在会上发挥了关键作用，促成了各国缔约方共同签署具有划时代意义的《京都议定书》。这份议定书为发达国家设定了具体的温室气体减排目标和明确的实施时间表，为全球共同应对气候变化提供了坚实的基础。自那以后，日本在国际舞台上持续展现其领导力，积极推动全球气候行动的深化和实施。

（4）能源结构调整时期。2003年伊拉克战争引起国际石油价格剧烈波动，日本能源安全再度面临极大的威胁。此次危机之后，日本着手调整其能源结构，意在寻求更加多元化和可持续的能源解决方案。日本政府提出了《基本能源政策》，明确了能源多元化、节能增效和环境保护的三大目标。随后，日本政府又陆续出台了《可再生能源法》《能源基本计划》等一系列政策措施，为能源转型提供了法律和政策保障。到2010年，石油在日本国内一次能源消费中的比重已经降至39.8%，总消费量为9.05艾焦，与1973年的75.5%和11.78艾焦相比，这一显著下降反映了日本在能源结构调整方面取得的显著成就。

（5）能源政策反思时期。2011年，日本福岛核泄漏事故对其能源转型产生了深远的影响。这场灾难导致日本核能发电的比重急剧下降，2011年至2013年日本的核能发电量从2011年的约153.38太瓦时逐步下降至2013年的几乎为零。这一变化迫使日本不得不重新依赖外国化石燃料以保障电力供应的稳定性，从而间接推动了日本能源结构再度向多元化发展的步伐，促使日本减少对单一能源的依赖。随着全球气候变化问题的日益严峻和《巴黎协定》的签订，日本进一步加快了能源低碳转型的步伐。在能源转型的具体实践中，日本致力于推动可再生能源和新能源的快速发展，如氢能和氨能，同时在确保能源供应安全和稳定的基础上，日本审慎地重新评估并推进核能的发展。此外，提升能源效率始终是日本能源政策坚定不移的追求目标（毕珍珍，2024）（图2-15）。

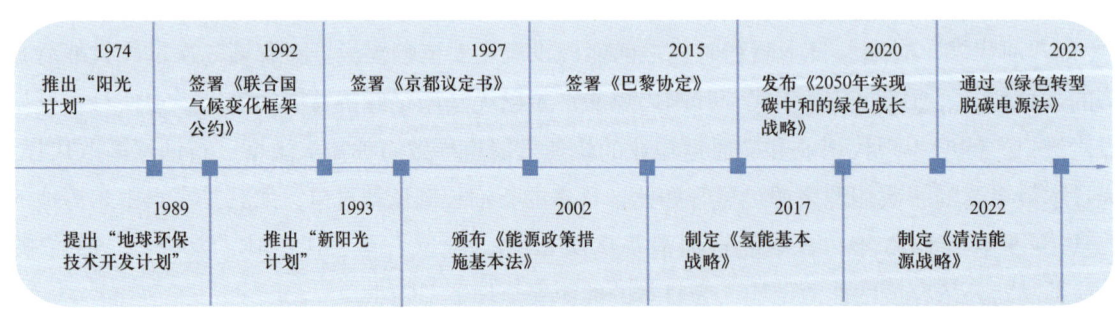

图2-15 日本能源转型里程碑

根据IEA能源转型政策数据绘制

日本的能源转型在多重挑战与机遇并存的背景下展开，各个能源发展阶段的驱动因素不尽相同，进入21世纪后，日本的能源转型主要由能源安全、经济增长、气候变化三大因素驱动。

（1）能源安全需求。在经历过多次能源危机后，日本意识到了通过能源转型来巩固能源安全的重要性。由于资源极度匮乏，日本使用的化石燃料几乎全部依赖进口，而化石燃料在日本一次能源供给中的占比接近90%。国际地缘政治的任何风吹草动，都会直接影响日本整个能源产业链的正常运转。为提高能源自给率，降低能源对外依存度，日本曾经大搞核电"大跃进"。然而，日本大地震和福岛核事故带来的能源冲击打乱了既有能源政策，公众对于日本核能产业失去信心，政府也意识到高度依赖单一能源的危害。因此日本为了保障能源供应和能源使用的安全,不断优化调整能源结构,通过制定和实施一系列政策措施,努力推进能源结构的多元化与清洁化,以构建一个更加稳定、可持续的能源未来。

(2)经济增长需求。能源危机不仅引发了公众对能源安全的担忧,还导致了经济活动的严重受挫。第一次石油危机之后,日本将能源政策的重心转移到了保障能源安全上,特别是将核能作为减少对外部石油依赖的关键替代方案。然而,2011年的福岛核事故迫使日本对其核电政策进行了深刻的反思,开始更加重视可持续发展在能源政策中的重要性。为了减少对煤炭和石油等传统能源的依赖,日本采取了一系列措施来优化其能源供应结构(朴英爱等,2023)。

(3)气候变化需求。国际社会的碳中和趋势是日本能源政策变化的外部压力。2021年5月,日本国会参议院通过了一项展示日本在应对全球气候变化方面决心的法案——《全球变暖对策推进法》,并首次在法律层面上确认了碳中和目标。2021年6月,日本发布了《2050年碳中和绿色增长战略》,这一战略旨在减少温室气体排放,实现其碳中和目标,总共涵盖了14个重要领域,比如风力发电、太阳能发电、地热能和核能等(张帆等,2023)。

2. 能源转型目标

2020年,时任日本首相菅义伟发表了日本到2050年实现温室效应气体净零排放的碳中和宣言。自此之后,日本围绕碳减排、提高可再生能源消费占比、提升能源效率及核能四个关键领域细化了转型发展目标(表2-4)。2021年10月,日本公布了第六次《能源基本计划》。该计划将能源转型综合调整的方向具体化,进一步阐释了多元化的能源供给结构。日本各领域的具体目标表现在以下几个方面:

碳减排方面,根据2021年第六次《能源基本计划》中更新的碳中和目标,日本计划到2030年将温室气体排放量较2013年降低46%,较2018年减少25%。而在此前,原定到2030年的减排目标仅为较2013年降低26%,这一目标的显著提升彰显了日本从福岛核事故后的保守姿态向积极行动的转变。更长远的目标是到2050年实现碳中和。

化石能源方面,第六次《能源基本计划》并未明确指出2030年火电(包括燃煤、燃气、燃油发电)的具体占比。但计划明确提出了将显著降低煤电和气电的比重,并寻求火电低碳化的新路径。回溯至2015年制定的第五次《能源基本计划》,彼时设定了2030年电力结构中火电占比为56%的目标。随着能源转型步伐的加快,这一比例预计将发生显著变化。

可再生能源方面,日本计划到2030年将可再生能源在其电力结构中的占比从22%~24%提升至36%~38%,以此来减少对传统化石能源的依赖并实现经济与环保的双发展。到2050年,日本计划将利用风力发电、太阳能发电及地热能等可再生能源来满足其一半以上的电力需求。具体要求包括:2023年光伏发电目标为1290亿~1460亿千瓦时、2023年陆上和海上风能发电达510亿千瓦时、2040年氢气供应量目标为300万吨/年、2050年氢气供应量目标为2000万吨/年等(日本经济产业省,2023)。

核能方面,日本的目标是在2030年将核能发电占比提高到20%~22%。2011年,福岛核电站发生泄漏事故后,日本政府提出明确的去核目标,将现有核电站运行满40年即报废处置,并不再批准新建核电站,到2030年彻底摆脱核电、实现无核化(张季风,2016)。但随着能源转型的推进,日本重新审视并发展核能，在保证核能安全发展的情况下，设定了到 2030 年将核能在总发电量中的比例提升至 20%～22% 的目标。

能源效率方面，日本长期注重提升能源使用效率，尤其是在经历多次石油危机的冲击后，日本更加意识到了提高能效的重要性，将节能减排和提升能源效率上升为国家战略。在 2019 年，日本设定了一个宏伟的目标：到 2030 年，将能源消费量较 2019 年降低 12.9%。及至 2021 年，依据内阁府发布的《中长期经济和财政估计》（2021 年 7 月版）中的经济复苏情景、社会保障研究所的最新人口预测，以及主要行业的需求评估，日本计划在最终能源消费中实施大约 6200 万吨油当量的节能措施。这意味着，展望 2030 财年，日本的能源需求预计将控制在 2.8 亿吨油当量左右（日本经济产业省，2023）。

表 2-4　日本最新能源转型目标（截至 2023 年 12 月）

领域	最新目标
脱碳	到 2030 年温室气体排放量比 2013 年削减 46%，到 2050 年实现碳中和
可再生能源	到 2030 年，将可再生能源在发电结构中的比重提升至 36%～38%，达到 3300 亿～3500 亿千瓦时的发电量
	2023 年太阳能目标发电量为 1290 亿～1460 亿千瓦时
	2023 年陆上和海上风能发电达 510 亿千瓦时
	2040 年的氢气供应量目标为 300 万吨 / 年，2050 年的氢气供应量目标为 2000 万吨 / 年
核能	以安全和稳定为前提重振核能，核电占发电比重达到 20%～22%
能源效率	到 2030 年能源消费量比 2019 年降低 12.9%

注：根据日本经济产业省数据绘制。

3. 能源转型措施

在能源转型措施上，日本始终坚持"3E+S"原则，以能源安全为前提，能源稳定供给放首位，注重能源的经济效率与环境适应性协调发展（薛冰川，2017）。日本主要通过多元化能源组合，加大可再生能源替代化石能源力度，投资节能技术提高能源效率，最终推动全社会绿色低碳转型。

1）坚持多元化能源组合，改善能源结构

为降低对单一能源和能源进口的依赖，日本不断优化其能源供应和能源消费的结构。在 1973 年第一次石油危机后，日本为了减少对石油的依赖并保障能源安全，开始大力发展核电以降低油气、煤炭在能源消费结构中的占比。为了进一步推动核电、液化天然气及新能源的发展，日本政府于 1980 年发布了《石油替代能源的开发及引进促进法》。然而，地震导致的福岛核泄漏事件迫使日本调整了对核能的政策，不得不关闭众多核电站，降低了核能在能源结构中的占比，但这使得日本再度依赖化石能源，能源自给率骤降。为了摆脱对油气进口和煤炭进口的高度依赖，在审慎发展核能的同时，日本开始加大对风能、太阳能及地热能等可再生能源的发展力度。基于继续改善其能源结构的目的，日本在随后的时间里不仅最大限度地利用可再生能源并给予资金支持，而且还侧重增强能源供应的抗风险能力，推动节能水平的提升。此外，日本还不断研发新兴技术以支持在发展多元化能源的同时保护环境，比如考虑到在可预见的未来仍需部分依赖煤炭发电，提出将发展二氧化碳回收技术以减少因火力发电排放到大气中的温室气体（刘平等，2021）。在调整并丰富其本土能源供应结构的过程中，日本也致力于促进其进口来源的多元化，于2020年发布的《新国际资源战略》遵循保障油气稳定供给的方针，将继续加强与中东国家的能源外交，同时积极与中东以外资源丰富的国家开展外交。

2）鼓励可再生能源发展

近年来，为了推动能源转型，日本本着优先考虑可再生能源的原则，积极扩大可再生能源的引进，为使可再生能源成为主要动力来源而努力。第六次《能源基本计划》指出，日本将扩大太阳能光伏和风能发电规模，并确保选址最优化以带动当地经济共同发展；促进科技创新，在太阳能方面，通过部署安装屋顶式太阳能光伏设施来降低发电成本并发展集中式太阳能发电，与此同时，在风能和地热方面，加快海上风力发电技术创新，开发超临界地热深井技术，利用海域进行可再生能源发电；加强安全规范，稳步落实太阳能光伏技术标准，加强可再生能源发电设施日常巡检。此外，日本推出的《绿色成长战略》着重强调，日本必须充分利用其可再生能源潜力，尤其是其地理位置所带来的海洋风力资源，而且，为了保证可再生能源的稳定性，国家将同步发展海上风电和储能电池产业。该战略还提出，要大力发展氢能发电领域并探索使用氨作为无碳燃料的发电方式，以此推动氢能和氨燃料产业的发展（日本经济产业省，2021）。

为鼓励可再生能源发展，日本力图通过调整投标制度、中长期目标价格等，促进可再生能源供应商按照一定的市场价格合理售电，并整合可再生能源市场，实现经济效益最大化。例如，日本采取了制度措施使得可再生能源发电商获得溢价，以此激励可再生能源投资。2012年，"FIT系统"成立，这是一项要求电力公司以预定价格购买可再生电力的制度。在这种支持下，可再生能源得以迅速发展。此后，日本又于2020年6月决定引入FIP系统，鼓励发电与电力市场价格挂钩。与FIT系统以固定价格购买电力不同，FIP系统是在销售价格上增加一定的溢价（补贴金额），以促进可再生能源的引入。当前，日本电价市场FIT和FIP两个系统并存，由于FIP系统还考虑了保费和平衡成本等津贴，作为迈向可再生能源独立的一步，这些制度也将被用作创造新业务的激励措施，并进一步引入可再生能源。

3）寻求核能新发展

2023年4月14日，日本政府的内阁会议正式批准了该国首部关于促进核聚变能源发展的国家战略规划，该规划指出在国家层面，将成立相关组织积极推动核聚变能源产业的发展并参与到国际研发中；在企业层面，鼓励私营企业广泛参与到聚变能的研发中并将加速企业与学校的核聚变能源合作。日本认为，核聚变能源作为一种潜在的清洁能源，具有巨大的能源产出潜力和较低的环境影响，是未来能源结构转型的关键之一（伍浩松等，2023）。

相对于化石燃料，核能能够提供持续且可靠的电力输出，不受天气或季节变化的影响，这使得它在保障国家能源安全和电力供应稳定性方面发挥着重要作用。在保证安全的情况下，核电厂一旦建成并投入运营，其发电成本相对较低，且运行周期长，能够为电网提供持续的基础电力支持。在发展核能方面，日本采取的具体措施主要为：在保持公众对核电信任、确保核电安全的前提下，促进核电稳定发展；推进建造临时储存核废料设施，减少放射性废料危害；通过公私合作实现核燃料循环利用，进一步推广铀钚混合氧化物（MOX）核燃料的应用；与当地社区建立信任关系，并为当地产业的多元化发展提供支持；促进技术研发，通过国际合作开发小型模块化反应堆技术；建立高温气冷堆制氢相关组件技术；通过国际合作开展核聚变技术研发等。

4. 能源转型成效

在当今国际能源需求不断变化的复杂形势下，日本积极采取行动推动能源转型以确保能源安全、适应气候环境变化，从转型成效上看，日本在几个关键领域都有着不错表现。

在能源结构调整方面，石油在能源消费结构中的占比自1973年后一直呈现下降趋势，从78%下降到2023年的36.4%；传统化石能源（石油、煤炭和天然气）消费的总占比从95%下降到2023年的83%。仅在2011年核事故之后，日本的化石能源使用一度上升，但随后逐渐下降。到了2023年，随着日本加大了对可再生能源的投资和研发，比如太阳能和风能，其可再生能源已经在一次能源消费占比中增加到9%，这些能源不仅减少了对环境的负担，还提高了能源供应的多样性，增强了能源安全。总体而言，日本的能源供应体系正在从依赖传统化石燃料和核能，转向更加清洁、可持续的能源结构。

在可再生能源方面，日本设定的目标是到2030年将可再生能源在一次能源消费量中的占比达到22%~24%，但目前的占比为9%。可再生能源发电方面，2023年度日本光伏发电量已达约682亿千瓦时，装机容量为89077兆瓦，风能发电达66亿千瓦时，装机容量为5343兆瓦，可再生能源总发电量为1004亿千瓦时（图2-16）。尽管日本可再生能源发电取得了较大的进展，但与目标值相比仍有很大的差距。

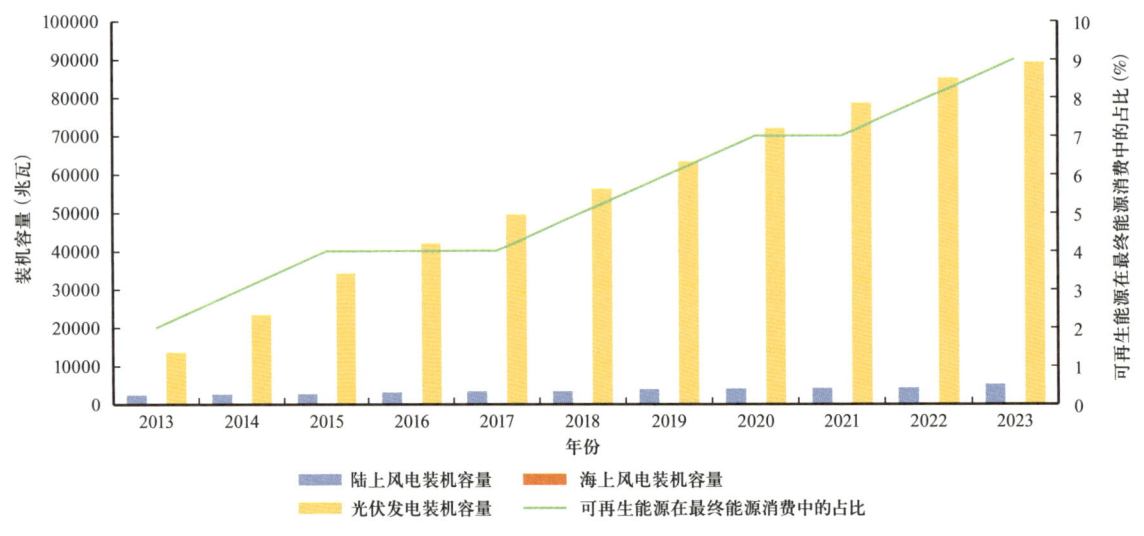

图2-16　2013—2023年日本风电和光伏发电装机容量、可再生能源在最终能源消费中的占比
根据日本经济产业省、IRENA数据绘制

在核能领域，截至2023年12月31日，日本共有33台可运行机组，总装机容量3167.9万千瓦，但仅12台机组处于运行状态，总装机容量1104.6万千瓦；2台在建机组，总装机容量275.6万千瓦（伍浩松等，2023）。日本重启核电已多年，但重启核电的过程仍困难重重，据日本非营利组织"原子力资料情报室"秘书长松久保肇称，"过去十年，如果把核电站的维护成本和政策成本都算在内，至少已经达到23.5万亿日元，核电站发电的成本已经上升到59.5日元/千瓦时"（杨沐岩，2023）。但是，日本将大量资金用于新核电机组的开发与核电站的维护将可能会挤占对其他可再生能源的投资，从而导致日本多元化能源战略发展速度减慢，影响日本整体能源转型的进程。

在能源效率领域，自 1995 年以来，日本国内单位实际 GDP 一次能源供给量呈下降趋势。指标值越低，说明经济体的能源利用效率越高。因此日本国内的能源利用效率在稳步抬升。2022 年日本实际 GDP 同比增长 1.5%，但国内一次能源供应量同比下降 2.1%（其中煤炭和天然气总供应量分别下降 2.8% 和 1.4%），单位实际 GDP 一次能源供给量同比下降 3.6%（3318 吉焦/亿日元），为 1990 年以来的最低水平。此外，2016—2023 年日本的单位 GDP 能耗整体上呈现下降的趋势，截至 2023 年日本的单位 GDP 能耗为 1.15 吨标准煤/万美元，与 2019 年相比下降了 8%。日本设定的目标是到 2030 年将能源消费量较 2019 年水平降低 12.9%，该目标正在稳步推进中。

五、印度

印度是世界能源消费大国，人口 14.38 亿（截至 2023 年 7 月），2023 年一次能源消费总量为 39.02 艾焦（图 2-17），位列全球第 3 位，单位 GDP 能耗为 3.05 千瓦时/美元，温室气体排放量为 31.21 亿吨二氧化碳当量，二氧化碳在温室气体排放量中的比重为 90.16%。印度一次能源消费中，煤炭和油气消费占比分别为 54.4% 和 31.7%，非化石能源在一次能源消费中的占比为 13.9%（图 2-18）。

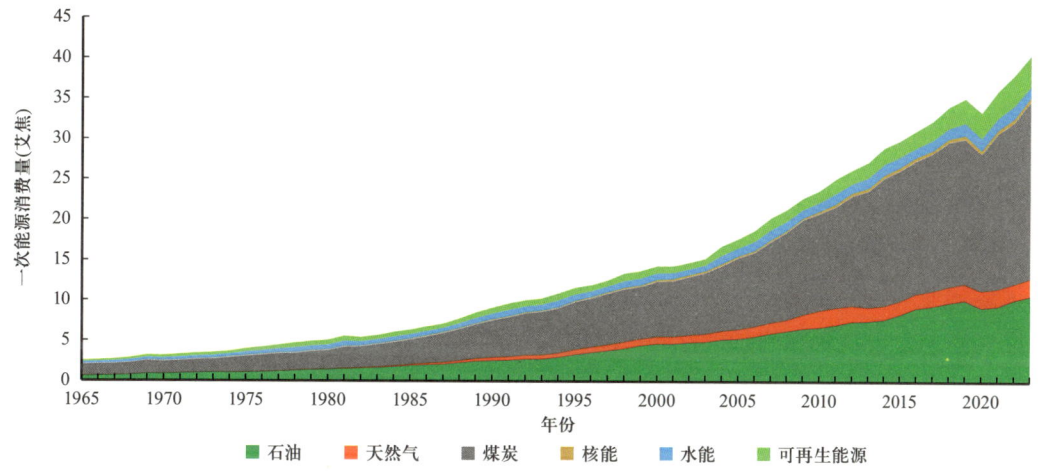

图 2-17　1965—2023 年印度一次能源消费量

根据 EI 数据绘制

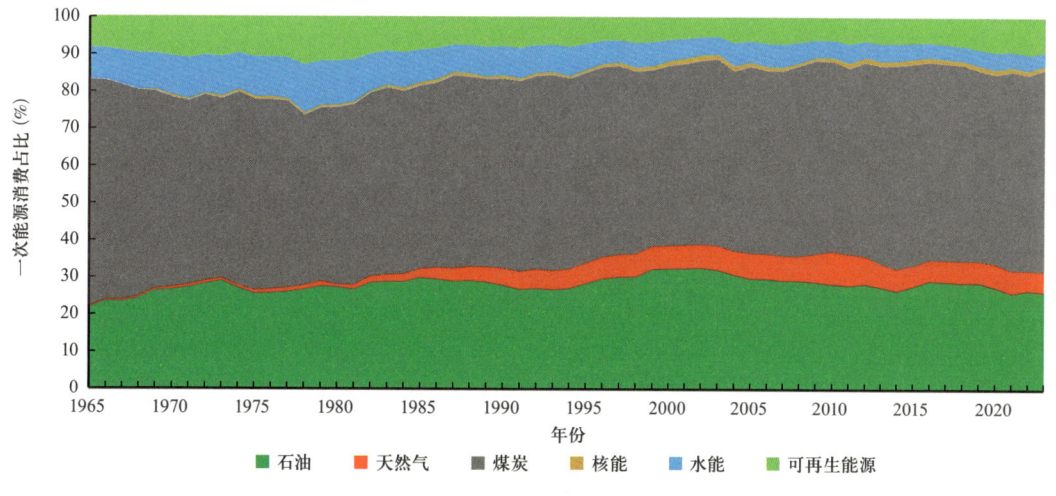

图 2-18　1965—2023 年印度一次能源消费结构

根据 EI 数据绘制

随着国际社会对环境气候的重视以及保障能源供应安全需求,印度也于 2001 年正式拉开气候治理和能源转型的序幕。但总体而言,印度能源转型进程缓慢,始终面临着经济发展与环境可持续发展的两难困境(赵斌等,2024)。

1. 能源转型背景

20 世纪以来,印度的能源转型过程大致可分为煤炭经济时期、多种化石能源并存时期和绿色发展时期,但由于印度特殊的国情,三个阶段并非分离割裂,而呈现出交织重叠的特点。

(1)煤炭经济时期。由于印度早期受殖民侵略及与工业革命脱轨的影响,其国内经济出现了长期的停滞。直至 1947 年,印度宣布独立,开始尝试通过五年经济计划、加强基础设施建设、学习苏联的工业化经验等方式促进国内经济发展。1991 年,印度正式展开经济自由化改革,奠定了印度经济自由化的大方向。在国内经济改革和外部世界经济趋势的双重助推下,印度经济开始快速发展,煤炭消费量开始迅速攀升。截至 2023 年,印度煤炭消费量为 5.2 亿吨,相比于 1990 年增长了近 379%,约占一次能源消费总量的 54%。由于煤炭仍被广泛用于发电和重工业,预计至少到 2030 年,煤炭在印度能源结构中将仍占主导地位,仍是印度经济发展的主要资源。

(2)多种化石能源并存时期。20 世纪 90 年代,随着国内经济发展的需要,印度在增加对煤炭消费量的同时开始大规模使用油气资源,进入了多种化石能源时期。印度对石油的消费量从 1990 年的 5971 万吨快速上升至 2023 年的 2.5 亿吨,增长 3.2 倍;天然气的消费量从 1990 年的 1003 万吨油当量稳步上升至 5374 万吨油当量,增长 4.4 倍。此外,据国际能源署预测,在 2030 年前,印度将有可能成为推动全球石油需求增长的领头羊,主要原因有三个:一是印度工业化和城市化进程不断加快,推动了能源需求的不断增加;二是印度的人口众多,随着公路、铁路和航空等交通方式的不断完善,交通运输业对石油的需求也在持续增长,特别是作为运输业主要燃料之一的柴油;三是印度对石化产品的需求量也在不断增加,这些产品包括塑料、合成纤维、橡胶等。然而,由于印度是一个典型的"缺油少气"国家,其自身油气资源并不丰富,未来可能还需依靠进口满足其油气需求。

(3)绿色发展时期。20 世纪 60 年代至 21 世纪初,印度可再生能源发展较为缓慢,经过将近 40 年的发展,可再生能源消费量仅从 1965 年的 0.2 艾焦增加至 2000 年的 0.86 艾焦。但步入 21 世纪后,随着国际社会对气候问题的关注与日俱增,印度也开始出台更多能源转型政策应对气候变化,并推动能源转型。2001 年,印度成立能源效率局(BEE)以促进《节能法案》的实施,至此开启了印度探索低碳清洁能源的新篇章。2015 年,印度新能源和可再生能源部起草了《国家可再生能源法》,在法律层面正式提出加快发展国内可再生能源,促进经济绿色发展(图 2-19)。

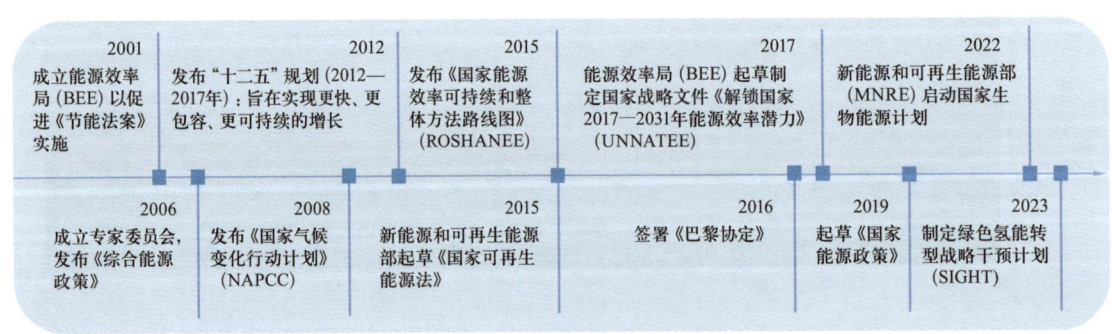

图 2-19 印度能源转型里程碑

根据 IEA 政策数据编制

印度能源转型与其他发达国家相比进程缓慢，回顾印度的能源转型发展历程，深入探索其驱动因素，可大致归纳为能源供应安全需求、世界能源转型趋势和领导人的政治考量三大因素。

（1）能源供应安全。亟待解决的国内能源供应安全是印度能源转型最紧迫的驱动力。近年来，地缘政治冲突持续恶化，受能源危机影响，印度为填补能源需求缺口而大量进口石油和天然气，对外依存度高，对其经济发展造成威胁。2023年，印度石油进口量约为消费量的1.05倍，天然气进口量占消费量的49.52%。此外，极端天气导致的频繁大规模停电也对印度能源供应安全发起挑战。近十年，印度共经历了6次全国范围的停电事故。其中，2012年的"7·30"大停电是印度历史上最严重的一次停电事故，波及超6亿人，造成了巨额的社会经济损失。近三年，由于煤炭短缺和夏季电力需求激增，印度分别于2021年和2022年经历了两次重大停电事故（新浪财经，2024）。虽然印度煤炭储量丰富，但出于无法突破物流运输瓶颈等原因，仍未能实现自给自足。而为解决严重的能源困境问题，致使印度不得不提高煤炭产量、加大进口，造成环境污染的恶性循环。2023年，印度煤炭进口量同比增加7.3%。因此，多重因素交织推动能源供应安全成为印度能源转型的重要因素。

（2）世界能源转型趋势。国际社会能源转型趋势是驱动印度开展能源转型的一大因素。为应对日益严峻的气候问题，世界各国相继围绕碳中和出台行动计划。例如，欧盟发布"Fit for 55"的一揽子提案，将净零排放气候目标转化为具体行动；英国发布《净零战略》和《绿色工业革命十点计划》，聚焦绿色产业发展；美国发布《美国长期战略：2050年实现净零温室气体排放的路径》，确立净零排放实施路径；俄罗斯发布《俄罗斯2050年前实现温室气体低排放的社会经济发展战略》，细化经济脱碳目标计划；日本发布《2050年碳中和绿色增长战略》；韩国发布《碳中和产业核心技术开发计划（草案）》等。在世界能源转型大环境驱动影响下，印度也开始着眼于能源转型，致力于为实现碳中和贡献力量。

（3）领导人的政治考量。领导人的政治考量可能是驱使印度开展能源转型的另一因素。基于国内经济发展痛点等因素，莫迪政府面临着压力不小的执政考验。印度政府在国际社会的气候治理中展现出积极有为的态度开展气候外交，加强国际气候双多边合作、不断增强对外气候援助等，有利于塑造国际形象、凸显执政业绩，以此回应国内期待，长期保持执政地位。

2. 能源转型目标

2021年，印度总理莫迪在第二十六届联合国气候变化大会（COP26）上宣布气候承诺，更新了印度的能源转型目标，主要可分为三大类，即脱碳、发展可再生能源和提高能源效率（表2-5）。脱碳方面，印度首次为脱碳目标设置期限，承诺到2070年实现净零排放；在提高能源效率方面，到2030年碳排放与2005年相比降低45%；在发展可再生能源方面，到2030年可再生能源占能源消费结构比重达50%。2023年，印度政府发布《2022—2032年国家电力计划》（NEP），明确提出到2026—2027年，可再生能源累计装机总量将达到336.6吉瓦；2030年达500吉瓦；2031—2032年达到596.3吉瓦。其中，在2026—2027年间，预计风光装机规模分别达72.9吉瓦和185.6吉瓦，到2031—2032年分别达到121.9吉瓦和364.6吉瓦；在能源效率方面，到2030年碳排放强度较2005年水平下降45%。

表 2-5 印度最新能源转型目标

领域	最新目标
脱碳	到 2070 年,实现净零排放
可再生能源	到 2030 年,可再生能源占能源消费结构比重达 50%
	到 2026—2027 年,可再生能源装机总量达 336.6 吉瓦;到 2030 年,增至 500 吉瓦;到 2031—2032 年,进一步增至 596.3 吉瓦
	氢能:每年开发至少 500 万吨的绿色氢能生产能力
	风电:到 2026—2027 年,风电装机容量达 72.9 吉瓦,到 2031—2032 年增至 121.9 吉瓦
	光伏发电:到 2026—2027 年,装机容量达 185.6 吉瓦,到 2031—2032 年增至 364.6 吉瓦
能源效率	到 2030 年,碳排放强度较 2005 年水平下降 45%

注:根据 IEA 数据绘制。

3. 能源转型措施

1) 加快电力市场多方建设,支撑能源转型目标实现

完善电网基础设施建设,持续推进电力市场发展。2016 年,印度政府提出电力市场改革计划 (Ujwal Bharat),包括加快农村电气化进程、大力发展可再生能源,为电力市场改革奠定基础。2017 年,实施国家智能电表计划,通过批量采购"建设—拥有—运营—转让"模式(BOOT),将 2.5 亿台传统电表更换为智能电表,有利于电网实现信息化、自动化和互动化,加快智能电网建设步伐。2022 年,印度政府批准了绿色能源走廊—邦内输电系统第二阶段计划。项目成本约为 1.4 亿美元,其中中央财政拨款占总成本的 33%,为七个邦共 20 吉瓦可再生能源项目进行并网和输电。这一系列举措有利于完善电网基础设施建设,推进电力市场发展。

构建绿色交通体系,减少交通碳排放。2010 年,印度新能源和可再生能源部启动一项为期两年的临时计划,为电动汽车买家提供高达出厂价 20% 的激励措施,打开电动汽车销售市场。2012 年 8 月,印度重工业和公共企业部发布了《国家电动交通任务计划 2020》,标志着印度将电动交通发展正式纳入国家发展战略。2015 年,印度推出了加速混合动力和电动汽车发展的 FAME 计划,为电动两轮和三轮车、混动和电动汽车及公共汽车提供补贴,支出共计 1.3 亿美元,减轻电动车的制造成本。2019 年,印度政府批准了"国家变革性交通和储能任务",加快建立清洁、互联、共享、可持续和整体的绿色交通体系,进一步推动绿色交通体系建设。

2) 加快发展清洁能源产业,持续开拓非化石能源类型

在综合可再生能源领域,面对持续攀升的化石燃料价格、能源安全问题和气候变化,印度加快发展清洁能源和非化石能源。2018 年,新能源和可再生能源部(MNRE)通过了《国家风光混合政策》,为推广大型并网风能—太阳能光伏混合系统提供了框架。2021 年,印度电力部将光伏和风能发电的州际输电系统(ISTS)费用豁免延长至 2025 年 6 月 30 日,促进了太阳能、风能、水力抽水蓄能电站(PSP)和电池储能系统(BESS)的发展,可再生能源在电力交易所的交易,以及可再生能源电力在各州之间的无缝传输。2021 年,印度政府宣布向印度太阳能公司(SECI)和印度可再生能源发展署(IREDA)分别追加注资 100 亿卢比和 150 亿卢比,为可再生能源发展提供财政支持，助力清洁产业发展。

在风能领域，印度最早在第七个国家五年计划（1985—1990年）中提出增加风力发电量。此后，MNRE制定了一系列政策措施和财政激励措施，以鼓励风电场的发展。2008年，MNRE启动了基于新一代的风力发电激励计划，旨在促进对新的和大型独立风力发电商的投资。

在光伏领域，2008年，印度政府提出将为光伏发电厂提供补贴，以帮助发展可再生能源基础设施。补贴标准为太阳能光伏发电每千瓦时12卢比（约合0.30美元），太阳能光热发电每千瓦时10卢比。2010年，印度政府和各联邦政府提出开展国家太阳能任务（JNNSM）建设。2011年，印度政府颁布了《在印度各地创建太阳能城市的指导方针》，支持中型城镇地方当局评估未来几年大规模部署太阳能技术的需求和潜力，以提前规划光伏产业未来发展计划。2021年，印度政府宣布要加快实现铁路电气化，3.45吉瓦的光伏装机容量正在开发中。

在氢能领域，2023年印度联邦内阁批准了国家绿色氢能计划。该计划的初始投资为1974.4亿卢比（约24亿美元），其中约1749亿卢比用于绿色氢能转型战略干预计划（SIGHT），146.6亿卢比用于试点项目，40亿卢比用于研发，38.8亿卢比用于计划的其他组成部分。

在生物燃料领域，2022年印度石油和天然气部重新修订了于2018年发布的《国家生物燃料政策》，为推动"印度制造"铺平道路，从而通过生产更多的生物燃料来减少油气产品的对外依存度。同年，MNRE启动国家生物能源计划，并通过两个阶段将计划延长至2025—2026年，其子计划包括：废物变能源计划，支持安装大型沼气、生物压缩天然气和发电厂等。

3）加快技术研发与创新，推动实现能源转型

资助中小企业提升节能技术水平，加快中小企业提高能效步伐。2009年，能源与环境局启动"国家中小企业能源效率和技术升级"计划，该计划由印度政府全额资助。在第十一个五年（2007—2012年）计划中，对中小型企业集群进行调研、评估。在第十二个五年（2012—2017年）计划中，对5个能源密集型集群实施100项节能技术示范，并为每个单位提供技术总成本50%的补贴，最高补贴额为100万卢比。

政策拨款支持关键部门制造与生产活动。2020年，印度提出"自力更生的印度"计划。在该计划框架内，与生产挂钩的激励计划（PLI）旨在提高印度制造商的竞争力，吸引对尖端技术的投资，创造效率和规模经济，以及促进出口。对于高级化学电池（ACC）、汽车和汽车零部件、高效太阳能光伏组件部门的技术创新研发活动，五年内核定的财务支持分别为1.81万亿卢比、5.7万亿卢比、4500亿卢比。

4. 能源转型成效

当前印度能源转型成效，各项数据显示其转型实际与目标仍有一定差距。

能源消费结构不佳，可再生能源占比仍较低。总结来看，煤炭在能源消费中的占比总体保持不变，可再生能源比重近年虽呈上升趋势，但增长态势并不可观。印度能源消费结构不佳主要是由于其对煤炭的态度始终与国际社会的期待背道而驰。虽然印度在第二十六届联合国气候变化大会（COP26）提出五大能源转型目标，也出台了许多政策支持可再生能源的发展，但现任印度煤炭部部长阿姆里特·拉尔·米纳在英国《金融时报》的一份声明中表示煤炭将继续在促进印度经济发展中发挥关键作用，概述了到2028年将地下煤矿产量增加两倍的计划，并预计到2030年煤炭机组规

模将增加25%，以满足国内持续增长的能源需求。此外，莫迪政府也极力促进印度国内矿业的私有化和市场化进程，于2020年宣布完全放开政府对采矿业的行政管制。据数据显示，截至2023年，印度可再生能源占能源消费结构的比重为9.34%。然而，其最新目标是到2030年将可再生能源在最终能源消费量中的占比提升至50%，目前的实现程度与目标相比差距较大。

可再生能源产能增速持续放缓，发电装机容量与目标相差甚远。截至2023年，印度目前可再生能源装机总量约为120吉瓦，较2022年仅增加约13吉瓦。若要成功达成于2030年实现可再生能源装机容量达500吉瓦的目标，则印度从2024年开始每年至少需新增约60吉瓦的可再生能源装机容量。然而，近十年时间，印度可再生能源的装机增速总体呈下降趋势，若未来继续保持这一趋势，可再生能源装机容量将不达预期（图2-20）。

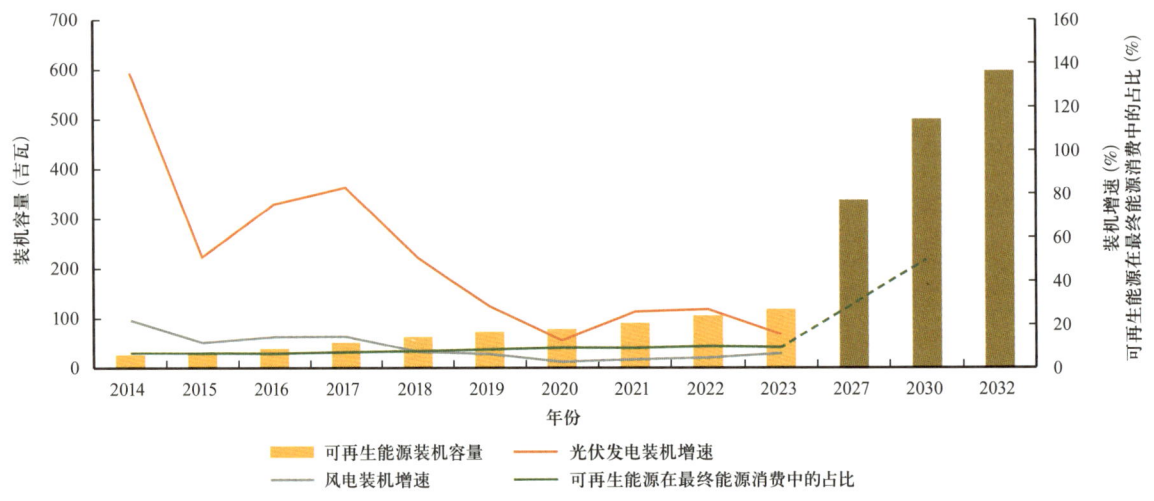

图2-20　2014—2032年印度可再生能源装机容量、光伏和风电装机增速、可再生能源在最终能源消费中的占比
根据EI数据绘制；虚线及棕色柱子表示目标值

能源消费量持续攀升，能效目标难达预期。从1965年至2023年，印度的一次能源消费量出现显著增长，2023年能源消费量达到39.02艾焦。在经济驱动影响下，2021—2023年印度一次能源消费量快速攀升，2023年消费量较2020年增加22.78%。印度设定的目标是到2030年将能源消费量较2005年水平降低45%，约为7.47艾焦，但目前的进展与这一目标相比差距较大。究其原因是印度出现了气候治理让位于经济发展的现象，这主要与印度当前的整体社会经济发展程度有关。截至2023年，印度贫困人口仍居世界第一。在脱贫的重压下，政府必须首先着眼于推动经济增长和提高民众的生活质量，这样才能更有力地分配资源以支持能源结构的转型和发展。展望未来，若印度政府想要按时达成能源转型目标，那么如何平衡解决经济发展需求和气候治理绩效之间的矛盾将是其难以绕开的话题（赵斌等，2024）。

第二节　重点油气生产国能源转型路径

本节将剖析重点油气生产国能源转型路径，其中选取了沙特阿拉伯、阿联酋、卡塔尔、马来西亚、巴西、美国作为研究对象。沙特阿拉伯作为全球已探明石油储量第二高的国家，在能源转型的背景下，正积极寻求传统化石能源以外的经济发展新路径；阿联酋、卡塔尔正从以油气为主导的能源结构转向多元化能源路径；马来西亚、巴西政府积极推动清洁能源转型发展，致力于减少对传统化石能源的依赖；美国作为全球最大的能源生产和消费国，同时也是全球绿色低碳发展的倡导者，其能源转型路径和实践对全球具有借鉴意义。通过对以上国家能源转型路径分析，有助于深入了解重点石油公司能源转型路径选择的基础和内在动因，为理解石油公司能源转型的复杂性和多样性提供特定视角。

一、沙特阿拉伯

沙特阿拉伯是中东第一大经济体，人口3326.4万（截至2023年7月），2023年一次能源消费总量为11.6艾焦（图2-21），位列全球第10位，温室气体排放量7.26亿吨二氧化碳当量，二氧化碳在温室气体排放量中的比重为85.5%。沙特阿拉伯一次能源消费中，自20世纪60年代至21世纪初，石油和天然气占比100%，2001年起开始消费少量煤炭，2017年起开始使用少量可再生能源，但油气占比始终超过99%（图2-22）。

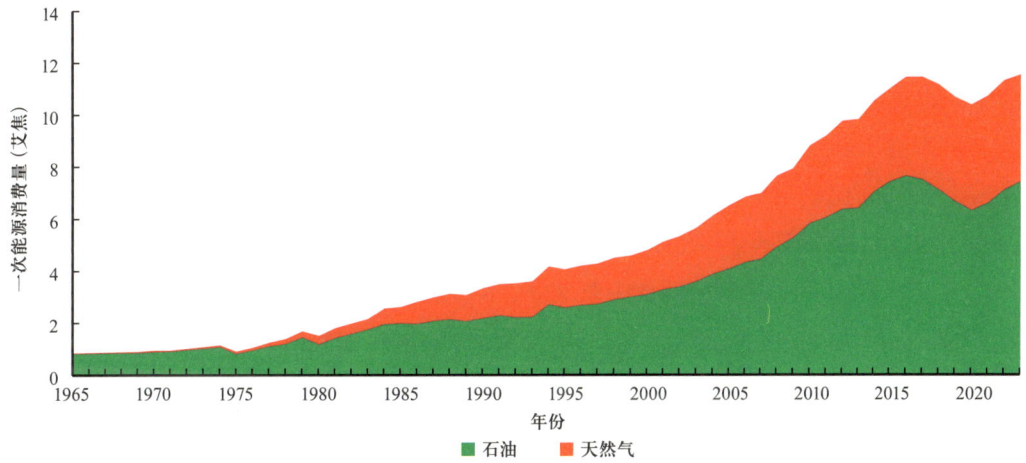

图2-21　1965—2023年沙特阿拉伯一次能源消费量
根据EI数据绘制

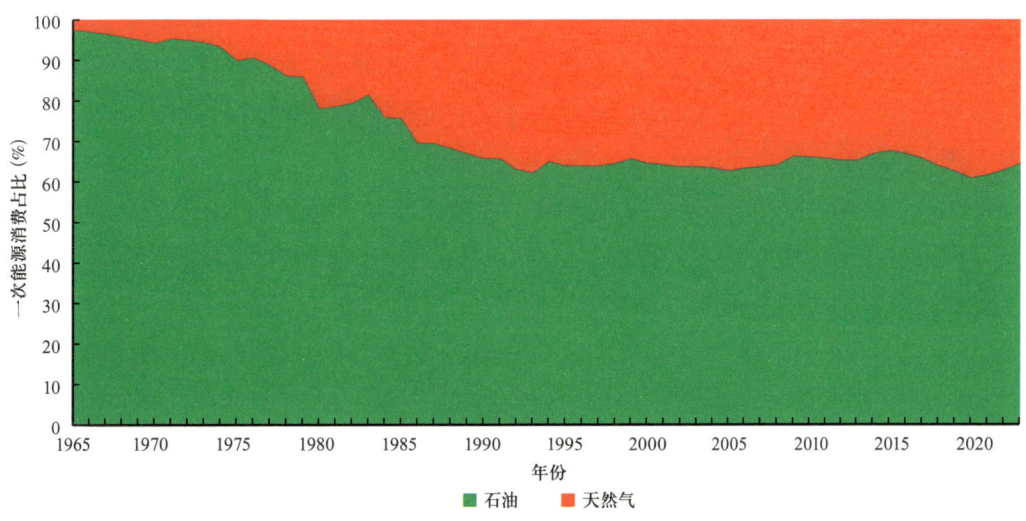

图2-22　1965—2023年沙特阿拉伯一次能源消费结构
根据EI数据绘制

沙特阿拉伯是全球重要的油气资源国与生产国。沙特阿拉伯拥有全球第二高的已探明石油储量，是名副其实的石油王国。在全球能源转型的趋势下，沙特阿拉伯致力于发展新产业，寻求除传统化石能源以外的经济发展之道，是石油生产国进行能源转型的先锋国家，其转型代表了供应国家的趋势，即从石油出口国转变为能源出口国。

1. 能源转型背景

作为石油出口第一大国，沙特阿拉伯能源发展之路与国际石油需求和油价密切相关，20世纪以来，沙特阿拉伯转型过程可分为石油工业起步时期、石油产业引领经济繁荣时期、经济多元化努力时期和绿色改革时期四大阶段。

（1）石油工业起步时期。从1938年，沙特阿拉伯迎来了其石油历史上的一个转折点，当年石油产出首次达到商业规模，标志着这个国家石油工业的正式起步。这一成就不仅开启了沙特阿拉伯的石油时代，也为中东地区乃至全球能源版图的变迁埋下了伏笔。第二次世界大战之后，石油的战略价值愈发凸显。1948年和1951年，沙特阿拉伯分别在加瓦尔地区和萨法尼亚海域发现了全球最大的陆上油田与海上油田，这两大发现极大地提升了沙特阿拉伯的石油产量，也巩固了其在国际能源市场上的地位。在这短短几十年的时间里，沙特阿拉伯经历了从石油产业的起步到成为全球石油产量领头羊的巨大转变。

（2）石油产业引领经济繁荣时期。在石油产业引领下，沙特阿拉伯迎来了经济繁荣的黄金时代。1960年，沙特阿拉伯等中东石油出口国共同创立了石油输出国组织，简称"欧佩克"（OPEC），这标志着中东地区石油生产国开始形成有组织的生产计划制定机构，以抗衡欧美石油巨头的市场影响力。1973年至1980年间，随着第四次中东战争、伊朗伊斯兰革命以及两伊战争等地缘政治冲突的接连爆发，国际油价从每桶3美元飙升至35.69美元，沙特阿拉伯凭借其巨额石油收入，成功步入了经济繁荣期。1981年，沙特阿拉伯的石油出口量已高达32亿桶，确立了其作为"石油王国"的地位。

（3）经济多元化努力时期。从20世纪80年代起，沙特阿拉伯一直致力于经济多元化，以减少对石油收入的过度依赖。20世纪80年代石油市场的波动导致沙特阿拉伯石油收入显著减少，进而增加了财政压力。在此背景下，沙特阿拉伯开始加大在非石油行业及其基础设施上的投资，如道路、学校和医疗设施，以刺激国内经济活动。进入20世纪90年代，沙特阿拉伯政府成立了沙特阿拉伯投资总局（SAGIA），其目标是吸引外国直接投资和技术转移。沙特阿拉伯利用其丰富的石油和天然气资源，在油气出口、发展炼油的基础上向石化业务延伸，加大生产高附加值化学品和其他工业产品，进一步推动经济多元化。

（4）绿色改革时期。2010年，沙特阿拉伯在核能和可再生能源领域迈出了重要一步，沙特阿拉伯宣布成立阿卜杜拉国王核能和可再生能源城，以此推动本土核能和可再生能源的技术研发、政策研究和人才培养。2012年，沙特阿拉伯探索性地启动了一项可再生能源计划，并制定了到2032年前建成54吉瓦可再生能源产能的目标。然而，该计划推行之际遭到保守势力的强烈阻挠，最终被搁置并停止。直到2015年，萨勒曼·本·阿卜杜勒-阿齐兹·阿勒沙特阿拉伯成为国王、其子穆罕默德·本·萨勒曼王子成为沙特阿拉伯王储，沙特阿拉伯的绿色转型才真正开始加速。2016年穆罕默德·本·萨勒曼王子对外宣布："到2030年，我们将不再依赖石油！"在这一任国王和王储的合力指导下，沙特阿拉伯推出了"2030年愿景"，这一愿景以其激进的政策和改革措施而闻名。根据愿景，沙特阿拉伯将不断提高天然气产量，大幅度提高可再生能源在能源结构中的比重，最终实现经济多元化和能源部门本地化（周韦慧等，2021）。2016年以后，沙特阿拉伯政府的能源转型政策和计划进入加速发布期。2017年至2025年，沙特阿拉伯先后推出了"THE LINE"城市项目、《萨勒曼国王可再生能源法案》、《国家可再生能源计划》、《国家环保战略》等，通过这些政策和计划，沙特阿拉伯正在逐步实现"2030年愿景"中的目标，迈向一个更加多元、创新和可持续的未来（图2-23）。

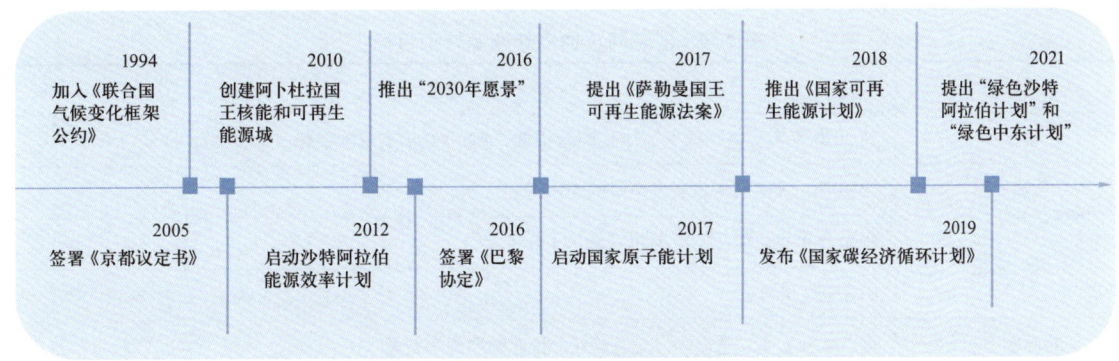

图2-23 沙特阿拉伯能源转型里程碑
根据IEA能源转型政策数据绘制

自20世纪以来，沙特阿拉伯历经四个能源发展阶段，转型过程中始终伴随着石油这一重要因素，多元化经济收入来源、响应资本市场的绿色诉求两大因素是沙特阿拉伯能源转型的主要助推力。

（1）多元化经济收入来源。石油工业是沙特阿拉伯经济的根本，该国八成以上的出口收入和九成以上的政府财政收入都依赖于石油，单一经济结构使得沙特阿拉伯受国际油价波动影响严重。随着全球绿色转型压力增大，各国纷纷进行能源改革，逐步降低对石油的依赖，国际能源格局和能源市场发生重要变化，沙特阿拉伯在石油供应市场的话语权也逐渐降低。2014年下半年国际石油价格暴跌，2015年至2017年沙特阿拉伯经济持续下滑，2017年出现负增长。新冠肺炎疫情阴霾下，油气产业低谷令沙特阿拉伯人口失业率创历史新高，2020年达到7.45%，而在2019年这一数字还仅为5.8%。其过去依靠油气收入建立的社会体系遭受就业压力及财政压力的多重冲击（曹灿等，2023），在此背景下，沙特阿拉伯推出"2030年愿景"，一方面希望以能源转型助推经济转型，拓宽收入来源，改善国家收入结构；另一方面进行国内能源转型也有利于减少本国对石油的消耗，提高石油出口能力，实现利益最大化。

（2）响应资本市场的绿色诉求。沙特阿美上市以后，沙特阿拉伯能源转型也有响应全球资本市场对转型诉求的因素。近年来，国际性金融机构出台了一系列的投融资限制性政策，如国际货币基金组织在其贷款政策中增加了对环境保护和可持续发展的要求，世界银行宣布自2019年起将不再为油气项目提供贷款，欧洲投资银行承诺逐步转而支持可再生能源和绿色技术。这些政策的实施，无疑将对全球能源结构和经济发展产生深远影响。2024年6月国际能源署发布的《世界能源投资报告》显示，2023年可再生能源和电网的总投资首次超过化石燃料投资，2024年全球清洁能源投资预计将达到化石燃料投资的近两倍。在此背景下，沙特阿拉伯需要积极推动低碳产业的多元化发展，以顺应全球金融绿色转型的趋势，吸引银行等投融资机构的关注和支持，以建立和维护在海湾地区新能源市场中的主导地位。

2. 能源转型目标

根据沙特阿拉伯"2030年愿景"和2021年向联合国提交的国家自主贡献承诺（见附表2），沙特阿拉伯最新的能源转型目标可分为四大类，即脱碳、提高天然气占比、发展可再生能源和提高能源效率（表2-6），此外还包括对沙特阿拉伯非石油行业的能源转型目标。

表2-6 沙特阿拉伯最新能源转型目标

领域	最新目标
脱碳	到2030年实现每年减少2.78亿吨碳排放，到2060年实现碳中和
天然气	2030年，天然气将占其发电量的50%
可再生能源	2030年可再生能源发电装机容量达130吉瓦
	扩大氢气出口
能源效率	重点减少工业、建筑业、交通业三个行业的能源消费量
非石油行业	2030年非石油国内生产总值达49700亿沙特里亚尔

注：根据沙特阿拉伯官方数据绘制。

在脱碳方面，基于"2030年愿景"，沙特阿拉伯希望大力发展绿色经济，并承诺到2030年实现每年减少2.78亿吨碳排放，到2060年实现碳中和。在提高天然气能源占比方面，沙特阿拉伯将天然气作为国内能源部门改革的一部分，其目标是增加天然气在其能源结构中的占比，到2030年，天然气占其发电量的50%，从而大大降低国内能源发电的碳排放强度。在发展可再生能源方面，自2016年提出"2030年愿景"以来，沙特阿拉伯在此方面的目标规划不断加码，2019年1月，沙特阿拉伯大幅修订了可再生能源目标，将先前设定的2023年装机容量9.5吉瓦的目标提高到27.3吉瓦，而2030年目标则提高到58.7吉瓦。如今2030年可再生能源发电装机容量目标已进一步翻倍为130吉瓦。此外，沙特阿拉伯还希望扩大氢气出口，成为世界氢能主要供应国。在能源效率方面，沙特阿拉伯提出能源效率计划（SEEP），旨在提高能源使用效率和减少碳排放，SEEP对最低能效产品采取经济补偿的方式来鼓励和激励进口和制造高能效的产品，在发电、海水淡化及输配电领域实施新的能效标准。

除上述目标，沙特阿拉伯希望减少国民经济对石油产业的依赖，制定了到2030年非石油国内生产总值达49700亿沙特里亚尔的目标。沙特阿拉伯也希望能够扩大核电，并于2017年启动了国家原子能计划，提出了规范核能部门的法律和制度框架。目前沙特阿拉伯没有核电站，但沙特阿拉伯计划将原子能纳入其未来的能源结构，并建立国内核工业，以满足工业和住宅部门能源需求的快速增长。

3. 能源转型措施

1）充分发挥天然气在能源转型中的过渡作用

依据到2030年天然气占总发电量一半的目标，沙特阿美计划到2030年将其天然气产量提高50%以上。沙特阿美预计天然气产量将从2023年的1004亿立方米增加到2030年的1551亿立方米,天然气产量占总产量的比例从 2023 年的 14% 上升到 17%。沙特阿美通过逐步扩建伴生气处理设施以及开发大型海上天然气田,不断增加非常规天然气产量。此外,沙特阿美正在扩大其天然气网络,即主要天然气系统(MGS),助力沙特阿拉伯成为全球最大的天然气市场之一,并使国家能源结构向清洁化转型。

2)调整油气出口业务,探索油气合资合作新思路

沙特阿拉伯石油产量在全球占比 13%,石油出口量长期处于较高水平。在全球能源转型大趋势下,为摆脱对油气的过度依赖,沙特阿拉伯在持续出口石油的同时,也积极谋划自身转型与发展,采取调整油气出口业务、与主要出口国强化油气合资合作等举措,致力于实现经济的可持续发展与转型。

在油气出口业务上,沙特阿拉伯调整了其能源出口方向,即加大对亚洲市场的侧重,积极拓展与亚洲国家的合作,同时降低对美国市场的依赖;加强与其他产油国的合作,通过协调产量和出口政策,共同维护全球石油市场的稳定,还与一些国家合作建立石油储备基地或提供石油储备服务,以此增强自身在全球石油市场的影响力和话语权;调整产品结构,如增加炼化产品的出口,加大国内炼油工业的投资,提高炼油能力,增加成品油等炼化产品的出口,以此提高石油产品的附加值,开始关注石油衍生品市场,如石油期货、期权等金融产品,通过参与这些市场的交易,提高自身在石油定价和风险管理方面的能力。

在强化油气合资合作上,沙特阿拉伯与中国的合作十分典型。沙特阿拉伯是中国第二大石油进口来源国,与中国深化能源合作是沙特阿拉伯利用能源优势推动经济多元化发展的关键战略。中国共建"一带一路"倡议与沙特阿拉伯"2030 年愿景"高度契合,为两国在能源贸易、炼化合资合作、新能源开发、基础设施建设、金融和投资领域的合作提供了广阔的空间和机遇。2022 年 12 月,沙特阿拉伯与中国发布联合声明,除明确了两国在传统能源领域的战略合作之外,还将携手探索前景广阔的可再生能源领域,比如联合开发可再生电力项目(韩雪萌,2023)。具体来看,一方面,沙特阿拉伯先后与中国的多个炼油项目达成合作协议,保障了对中国的石油供应;另一方面,中国也在沙特阿拉伯的能源转型中助力,2024 年 6 月石化油服的全资子公司国工公司与沙特阿美签署了沙特阿拉伯国家天然气管网三期管道项目,该项目群包括境内采购和施工,合同金额为 11 亿美元;沙特阿拉伯红海公共基础设施项目和"未来新城"由中国企业参与承建。红海沿岸是沙特阿拉伯"2030 年愿景"规划中的重点发展区域,红海公共基础设施项目的中心环节便是光伏电站的建设。这座光伏电站的核心设备依赖中国供应,一旦建成,它将与周边其他光伏电站携手共进,形成强大的协同效应,共同为红海项目输送清洁、可再生的太阳能电力。

3)制定国家可再生能源发展路线,鼓励打造本土新能源供应链

2018 年,沙特阿拉伯推出《国家可再生能源计划》,以实现本国能源多元化,刺激经济发展,并建立本土的可再生能源供应链和产业。根据该计划,沙特阿拉伯寻求将可再生能源价值链的很大一部分本地化,包括研发和制造,沙特阿拉伯还将通过实施一套全面的改革、法规和政策,以刺激私营部门投资、研发和可再生能源就业,其具体部署的可再生能源包括太阳能光伏发电、太阳能光热发电、风能、地热能和绿氢等。

《国家可再生能源计划》有效推动了众多国内外公司对沙特阿拉伯可再生能源项目进行投资。

国内公司如沙特阿拉伯国际电力与水务公司（ACWA Power），其投资开发位于利雅得北部的 Sudair 光伏发电厂，该发电厂是世界上最大的单一合同光伏发电厂之一，装机容量为 1500 兆瓦，能够为 185000 个家庭供电，每年抵消近 290 万吨二氧化碳的排放量。该公司在沙特阿拉伯建设的 300 兆瓦光伏电站已于 2020 年 4 月投入运营。2020 年 7 月，ACWA Power 和美国工业气体与特种化学品供应商 Air Products 宣布投资 50 亿美元在沙特阿拉伯西北部（红海以北）塔布克省的 Neom 市建设年产能 2.4 万吨（日产能 650 万吨）氢气的绿氢工厂。国外公司方面，法国电力公司、阿布扎比未来能源公司、远景科技集团、晶科能源等都活跃在沙特阿拉伯的可再生能源领域。例如，沙特阿拉伯 2020 年建成了中东地区规模最大的风力发电场——杜马占达（Dumat al-Jandal）风电场，其装机容量达 400 兆瓦，是法国电力公司和阿布扎比未来能源公司共同开发的。

4）利用主权财富基金扩大新能源投资的强度和宽度

由沙特阿拉伯政府全资拥有的沙特阿拉伯公共投资基金（PIF）最早于 1971 年启动，起初主要利用石油美元投资沙特阿拉伯国内的能源和基础设施，以及美国国债等固定收益证券。20 世纪 90 年代至 21 世纪初，随着沙特阿拉伯政府开始多元化经济收入来源，PIF 的投资领域也逐渐广泛。2015 年起，该基金由兼任沙特阿美公司董事长的亚西尔·鲁梅延负责管理，但其实际控制人则是"2030 年愿景"的主导者穆罕默德·本·萨勒曼，因此低碳技术和可再生能源已经成为 PIF 投资选择的优先领域之一，2024 年 PIF 的资产管理规模已超过 9000 亿美元。PIF 主要通过投资科技初创公司的方式，推动沙特阿拉伯的新能源技术创新。例如，PIF 成立了塔萨鲁移动投资公司（Tasaru Mobility Investments），专注于提升沙特阿拉伯汽车和移动出行产业的本地供应链能力；与电力投资公司 ACWA Power 签订了价值 32.5 亿美元的电力购买协议，以支持三大太阳能光伏项目的建设；与远景科技集团、沙特阿拉伯能源设备公司 Vision Industries 共同成立了风电装备合资公司，进行风机及关键零部件的本地化生产制造，助力沙特阿拉伯风电价值链实现本地化生产；斥资数十亿美元成立能源解决方案（EnergySolutions）公司，以推动绿色氢能的生产。未来随着沙特阿拉伯"2030 年愿景"的深入实施，PIF 在新能源、科技和可持续发展领域的投资将进一步加强。

5）寻求国际合作和技术引进

在中东地区，沙特阿拉伯希望通过中东绿色倡议（MGI）将区域利益相关者聚集在一起，共同实现区域油气生产碳排放量减少 60% 以上。为了实现这一目标，MGI 将促进政府最高层的合作，使企业和民间社会能够扩大碳捕获，投资于绿色经济，并鼓励可再生能源的创新和增长。除了地区活动，沙特阿拉伯还积极参与国际能源组织和论坛，与其他国家共同推动全球能源转型。2021 年 4 月沙特阿拉伯与美国、加拿大、挪威和卡塔尔一起加入了"净零生产者论坛"，这些国家油气产量共占全球石油和天然气产量的 40%。为了摆脱对油气收入的依赖，此次论坛提出的"务实的净零排放战略"包括减少甲烷排放、推广循环碳经济的实践、积极开发清洁能源解决方案、加强 CCUS 技术的应用等（穆春唤，2023）。此外，沙特阿拉伯也通过出台优惠政策，如提供税收优惠、土地租赁优惠等，吸引外国企业投资沙特阿拉伯的能源转型项目，鼓励外国企业参与可再生能源项目及科技创新项目，以此与外国企业建立技术合作关系并引进先进的技术和管理经验。

4. 能源转型成效

自"2030年愿景"提出以来，沙特阿拉伯积极开展能源转型，为实现多元化的能源消费结构而开展了大量工作，在可再生能源领域、能源效率领域、天然气能源占比领域和非石油产业经济占比等方面取得显著成效。

在可再生能源领域，沙特阿拉伯2011年的可再生能源总装机容量为3兆瓦，到2022年增加到700兆瓦，截至2023年底则已经增加到2.8吉瓦，此外还有超过8吉瓦和13吉瓦的可再生能源正在开发中。

在能源效率领域，沙特阿拉伯为新工厂和现有工厂制定了能源效率框架，并与政府实体合作实施目标；为建筑行业设计并发布了22项能效标准和法规；为交通运输部门设计并发布了3项能效标准和法规，以推动能效提高。从一次能源消费角度来看，2019—2021年能源消费量得到抑制，但随后又回升至2018年的消耗水平，成效有待提高。

在天然气领域，2023年，天然气装机容量为41485.66兆瓦，截至2023年12月，4座总容量约为5600兆瓦的高效燃气发电厂开始运营；2022年天然气发电量为236.77太瓦时，占总发电量的58%，沙特阿拉伯计划天然气在发电结构中占50%，在2022年就已超额实现这一目标。

在非石油产业领域，沙特阿拉伯非石油GDP增速从2016年的1.82%增长至2023年上半年的4.93%。2023年，沙特阿拉伯经济也取得了一个显著的里程碑——名义GDP超过了1万亿美元大关。这一年，沙特阿拉伯非石油行业GDP增长了4.7%，实现了5009亿美元（18890亿沙特里亚尔），占GDP的50%，证明了该国正成功实现经济多元化。

二、阿联酋

阿联酋位于阿拉伯半岛东部，是全球主要的石油生产国和出口国，人口1064.2万（截至2023年7月），2023年一次能源消费总量为5.13艾焦（图2-24），位列全球第19位，单位GDP能耗为0.31千瓦时/美元，温室气体排放量为3.41亿吨二氧化碳当量，二氧化碳在温室气体排放量中的比重为84%。阿联酋一次能源消费中，煤炭和油气占比分别为2.0%和89.9%，非化石能源在一次能源消费中的占比为8.2%（图2-25）。

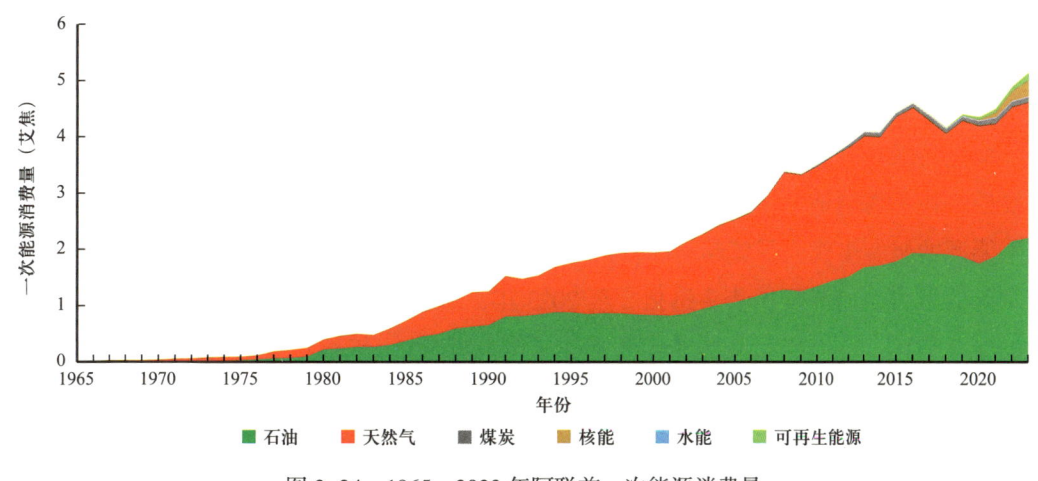

图2-24　1965—2023年阿联酋一次能源消费量

根据EI数据绘制

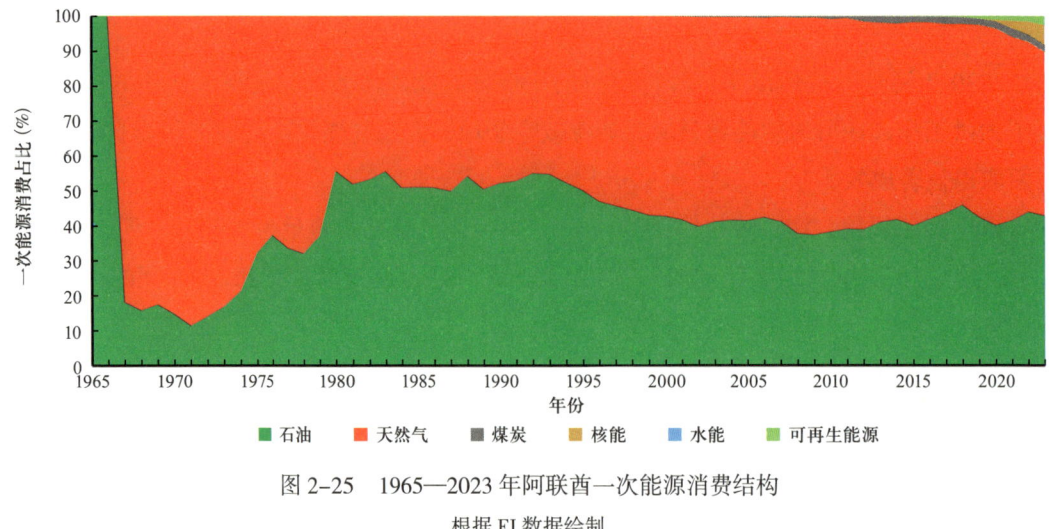

图 2-25　1965—2023 年阿联酋一次能源消费结构
根据 EI 数据绘制

2013 年，阿联酋正式宣布接纳国际可再生能源署（IRENA）作为其总部所在地，这一决定使得阿联酋成为全球首个在中东区域设立此类重要国际组织总部的国家，标志着阿联酋已经开始重视能源转型的重要性。2021 年，阿联酋在中东国家中率先宣布了 2050 年实现碳中和的目标，并在传统能源生产领域加快减碳技术应用，大力发展太阳能、氢能等新能源，推进能源转型国际合作。

1. 能源转型背景

20 世纪以来，阿联酋的能源转型过程可以划分为油气主导时期和绿色能源兴起时期两大阶段。

（1）油气主导时期。阿联酋坐拥丰富的油气与太阳能资源，而煤炭和水资源则相对稀缺。这一时期，阿联酋的经济命脉深深植根于石油和天然气的开采与出口，使之成为全球石油生产和出口领域的重要一员。其中，阿布扎比作为阿联酋的石油心脏地带，自 20 世纪 60 年代初便开启了石油生产的历史篇章，并于 1967 年成为石油输出国组织（OPEC）成员，如今已跃居该组织的第四大产油国，仅次于沙特阿拉伯、伊拉克和伊朗。回顾历史，1967 年前，阿联酋的能源消费几乎完全依赖于石油。然而，随着天然气资源的逐步开发与利用，能源消费结构发生了显著变化。1967 年，天然气在一次能源消费中的占比激增至 81.9%，一举超越了石油，成为主导能源，这一趋势持续至 1979 年。此后，石油与天然气在阿联酋的能源消费结构中形成了势均力敌的局面，共同支撑着国家的经济发展与能源需求。

（2）绿色能源兴起时期。阿联酋作为油气资源大国，深刻认识到绿色经济对于未来可持续发展的重要性。作为海湾地区率先提出并践行绿色经济转型的国家，阿联酋自 2009 年起便迈出了探索可再生能源的坚实步伐，尽管起初的占比微乎其微，仅为 0.0019%。随着能源转型战略的深入实施，阿联酋的可再生能源发展势头迅猛。至 2023 年，可再生能源在一次能源消费结构中的占比已显著提升至 2.53%。2010 年，阿联酋内阁颁布《阿联酋 2021 年愿景》，该愿景不仅致力于摆脱对石油经济的过度依赖，实现资源收入的多元化，更将可持续发展提升至国家未来发展的核心地位。通过推进经济转型，阿联酋力求在减少环境负面影响的同时，保障人民健康福祉，实现经济、社会与环境的和谐共生。在可再生能源的多元化探索中，阿联酋充分发挥了其在太阳能领域的优势。

自2014年起，阿联酋开始大规模利用太阳能光伏发电，推动了清洁能源的广泛应用。此外，尽管2020年才启动第一座核电站，阿联酋依然是中东核电的先行者。核能在能源消费结构中的占比持续攀升，从2020年的0.34%已增长至2023年的5.64%。待2030年巴拉卡核电站全面运营时，核电预计将为阿联酋提供高达四分之一的能源供应（李学华，2023）（图2-26）。

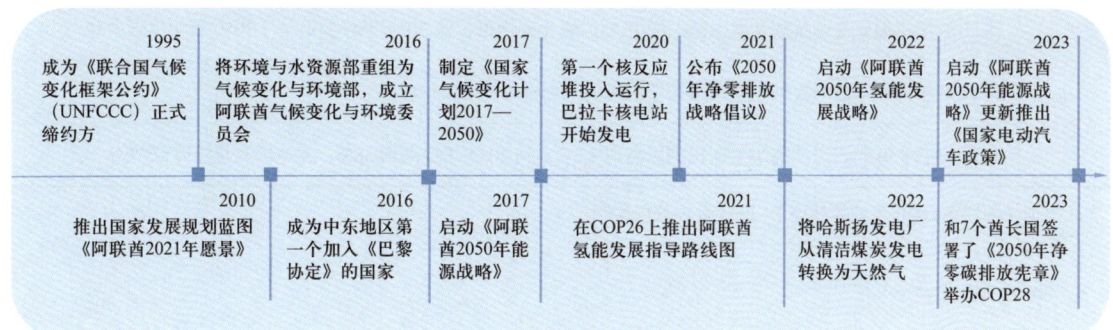

图2-26　阿联酋能源转型里程碑

根据《阿联酋2050年能源战略》（更新版）数据绘制

在阿联酋能源转型的进程中，应对全球气候变化和经济转型与可持续发展的双重动力，携手并进，成为转型的核心引领力量。

（1）应对全球气候变化需求。随着全球气温不断上升，气候变化已成为全球性的重大挑战，威胁到人类的生存环境和发展前景。阿联酋的地理位置和气候特点使其对气候变化尤为敏感。全年气温升高、湿度增大、海平面上升及极端天气事件的增加，直接威胁到阿联酋的自然生态系统和社会经济活动。为了保障国家的长期安全与发展，阿联酋必须主动适应气候变化，而能源转型是实现这一目标的关键步骤。作为国际社会的一员，阿联酋有责任采取行动减缓气候变化的影响。通过能源转型，减少温室气体排放，尤其是来自化石燃料燃烧的二氧化碳排放，是阿联酋对全球气候治理作出的积极贡献。

（2）经济转型与可持续发展的需求。经济转型与可持续发展的需求是阿联酋面临的重大战略抉择，这一过程不仅仅是对环境挑战的响应，更是国家长远发展的必由之路。阿联酋经济长期以来依赖石油和天然气等化石燃料产业。然而，化石燃料的有限性和不可持续性促使阿联酋寻求新的经济增长点。通过向绿色经济转型，阿联酋不仅能够减少对化石燃料的依赖，还能培育新的产业体系，如可再生能源、绿色科技、清洁能源技术等，从而推动经济多元化和可持续发展。同时，能源转型可以为阿联酋孕育新的经济增长点。随着环保意识的提高和绿色消费市场的扩大，可再生能源、绿色建筑、绿色交通、循环经济等绿色产业迎来了前所未有的发展机遇。

2. 能源转型目标

根据2023年修订的《阿联酋2050年能源战略》（UAE National Energy Strategy 2050），阿联酋最新的能源转型目标可分为两大类，即脱碳与发展清洁能源（表2-7）。

在脱碳方面，提出到2030年将温室气体排放量减少至1.82亿吨二氧化碳当量，相比2019年实现19%的减排，并且到2050年实现碳中和。

在发展清洁能源方面，到2050年将清洁能源在整个能源结构中的比例从25%提高到50%，其中，在发电量上，计划到 2030 年将清洁能源发电比例提高到 32%，到 2035 年提高到 38%，发电的碳足迹降低 70%。

表 2-7 阿联酋能源转型目标

领域	最新目标
脱碳	到 2030 年将温室气体排放量减少至 1.82 亿吨二氧化碳当量，比 2019 年减少 19%；2050 年实现碳中和
清洁能源	到 2050 年将清洁能源在整个能源结构中的比例从 25% 提高到 50%
	电力：到 2030 年将清洁能源发电比例提高到 32%；到 2035 年提高到 38%，发电的碳足迹降低 70%

注：根据《阿联酋 2050 年能源战略》（更新版）数据绘制。

3. 能源转型措施

1）发挥天然气在能源转型中的过渡作用

保障能源安全与促进经济繁荣的过程中，阿联酋对天然气的战略价值给予了高度重视。根据 2023 年 7 月阿联酋政府推出的《阿联酋 2050 年能源战略》最新版本，该战略在增加 2050 年碳中和承诺的同时，明确提出天然气在能源消费结构中应稳定到 38% 的目标。此外，天然气制蓝氢被列入战略中，计划到 2031 年蓝氢年产能达到 40 万吨。这表明，阿联酋的净零排放目标并不意味着将完全摒弃化石燃料的使用，天然气作为一种过渡能源，将在阿联酋能源转型过程中继续扮演关键角色。

阿联酋拥有丰富的天然气资源，截至 2023 年初，已探明的天然气储量估计为 8.2 万亿立方米，占全球天然气探明储量的 3.9%，这为其未来的增产提供了坚实的资源基础。为了进一步开发这些资源，阿联酋正在加大国内天然气的开发力度。例如，阿布扎比国家石油公司（ADNOC）宣布开发 Hail 和 Ghasha 海上超酸性天然气项目，预计年产能将达到 100 亿立方米，这将有助于填补 2023 年阿联酋国内的天然气供给缺口。同时，阿联酋也在积极推动 LNG 的出口业务。鲁韦斯（Ruwais）LNG 项目计划在 2028 年投入运营，届时将具备 960 万吨/年的 LNG 出口能力。这些措施不仅展示了阿联酋在油气资源方面的战略规划，也反映了其在实现能源结构多元化、绿色转型的同时，确保能源安全和经济可持续发展的长远目标（张忠民等，2024）。

2）聚焦海外投资合作，引入优质能源转型项目

2006 年，阿联酋通过其国有基金和公司启动了一项投资海外可再生能源项目和研发的计划，旨在提高该领域的国家专业知识并促进可再生能源的普遍发展。马斯达尔（又称阿布扎比未来能源公司，PJSC）是最大的投资者，拥有 The London Array 和 Dudgeon 海上风电项目、约旦风电场、阿曼风电场和合资企业 Torresol 的股份，后者拥有包括 Gemasolar 在内的三个太阳能项目。此外，阿联酋还通过马斯达尔与德意志银行、瑞士信贷、西门子和英国投资集团 Consensus Business Group 合作推出了两个清洁技术基金，包括可再生能源，总额为 5.15 亿美元。此外，阿布扎比国家能源公司 Taqa 还启动了一项投资海外清洁能源项目的计划，例如明尼苏达州的风力发电场和印度的水力发电厂。主权财富基金 IPIC 也通过其在 OMV 和 EDP 等公司的持股拥有可再生能源投资组合。

2013年，阿联酋颁布了《海外可再生能源发展援助计划》，政府已将可再生能源作为其援助的重点，自2013年以来总额超过7亿美元。政府通过阿布扎比发展基金为国际可再生能源署成员国的发展中国家的可再生能源项目（发电和输电）提供3.5亿美元的贷款，还为10个太平洋岛国的可再生能源项目设立了5000万美元的赠款基金，并在塞舌尔、毛里塔尼亚、阿富汗、埃及和摩洛哥实施或正在实施价值超过3亿美元的双边项目。另外，阿联酋还是IRENA的最大资助者，能够在全球范围内提供政策、融资和技术咨询及分析。

现阶段，阿联酋正致力于将气候行动发展成为一个有吸引力的投资机会，采用购电协议（PPA）、吸引外国直接投资（FDI）和公私合作伙伴关系（PPP）等策略来吸引投资。

3）加大可再生能源投资力度，推进能源转型进程

为了更好地实现能源转型目标，《阿联酋2050年能源战略》对其目标进行了修订，并将在2030年前投入1500亿～2000亿迪拉姆的巨额资金，以满足阿联酋的能源需求并支持其经济增长。2021年10月，阿联酋宣布了《2050年净零排放战略倡议》，计划在未来30年内投资6000亿迪拉姆用于清洁能源和可再生能源。

在太阳能领域，受地理位置和气候等自然因素的影响，阿联酋拥有丰富的太阳能资源，在阿联酋的能源转型目标中也提到，到2050年，其50%的电力来自清洁能源，主要由太阳能光伏驱动。阿联酋早在2006年就前瞻性地宣布了马斯达尔城项目，这座位于阿布扎比市中心17千米外的环保先锋城市，占地6平方千米，预计建设耗资约220亿美元。根据规划，该城将全面转型为依赖太阳能、风能等可再生能源的绿色城市，在全球范围内率先达成零碳排放、零废弃、零辐射的目标（张胜杰等，2021）。此外，近年来，在向清洁能源转型的过程中，阿联酋的投资重心主要在太阳能领域。阿联酋不断开拓太阳能光伏领域，主要是通过国际合资合作，推出一系列代表性项目。比如，阿布扎比的沙姆斯1号项目（100兆瓦）是由马斯达尔、道达尔能源和西班牙企业Abengoa共同投资建设的典范；努尔阿布扎比项目（1.2吉瓦）则是由阿布扎比国电携手日本丸红公司和中国晶科能源共同打造；达夫拉太阳能发电厂（2.1吉瓦）则是马斯达尔、阿布扎比国家能源公司、法国电力和晶科能源等合作伙伴的杰作。此外，迪拜的阿勒马克图姆太阳能公园以其规模之大，被誉为全球最大的单体太阳能发电项目，这一清洁能源项目也是由中国企业承建（李学华，2023）。

在氢能领域，阿联酋于2023年7月发布了《2025年国家氢能战略》，阿联酋的愿景是跻身全球主要的低碳氢生产国行列，继续在推动全球能源转型和促进环境管理方面作出开拓性努力，目标是在2031年建国60周年之际成为全球领先的低碳氢生产国。因此，阿联酋指定了五项战略目标，以激活该地区的氢能市场，一是在阿联酋创建强大的氢能经济，推动国家的去碳化进程；二是推动氢能经济，带来外国直接投资、创造就业机会和提升劳动力技能；三是将创新融入阿联酋的产业集群；四是使阿联酋成为全球领先的低碳氢生产国和出口国；五是发展弹性氢供应链，促进国内产业增长。目前，阿联酋的氢气需求量为每年50万吨，大部分用于炼油和化工行业。从2031年到2050年，阿联酋的氢气需求量可能会增长五倍以上，到2050年达到约1010万吨。未来，阿联酋将建立清洁能源区和氢能绿洲，作为加快行业采用低碳氢能、形成氢供应链和维护基础设施的方法。

4）积极发展核能发电，实现能源转型多元化

核能也是阿联酋重点发展的对象。2008年4月，阿联酋发布核能政策，将核电设定为"经过验证、对环境有前景且具有商业竞争力的选择，可以为阿联酋的经济和未来的能源安全作出重大的基本负荷贡献"。根据国际原子能机构的建议，阿联酋指定阿布扎比执行事务管理局组织实施核能计划，该机构在2009年设立了阿联酋核能公司（ENEC），以评估和推进阿联酋境内（主要是阿布扎比酋长国）的核电项目。2016年10月，ENEC和韩国电力公司签署合资协议，合作开发核能项目，双方还成立了负责核电站运行的公司。另外，ENEC旗下的巴拉卡（Barakah）发电厂是一个开创性的成就，标志着阿联酋进入商业核能发电领域。目前巴拉卡发电厂有三个正在运行的核电机组，每个机组的发电能力为1.4吉瓦。第四个核电机组目前正在开发中，一旦投入运行，它们将用于满足阿联酋25%的电力需求，同时还可以每年减少2100万吨碳排放。

4. 能源转型成效

近年来，阿联酋在发展清洁能源方面持续向设定的能源转型目标靠近。

在发展清洁能源领域，阿联酋清洁能源在消费结构、发电量、装机容量等各个维度均在向目标持续靠近。其中，在能源消费结构上，据EI《世界能源统计年鉴》数据，阿联酋清洁能源消费占比持续上升，2023年占比为8.17%，同比上升约3个百分点，距2050年占比达50%的目标仍相距甚远。在发电量方面，2023年清洁能源在发电量中占比为27.94%，接近于2030年将清洁能源发电比例提高到32%的目标（图2-27）。

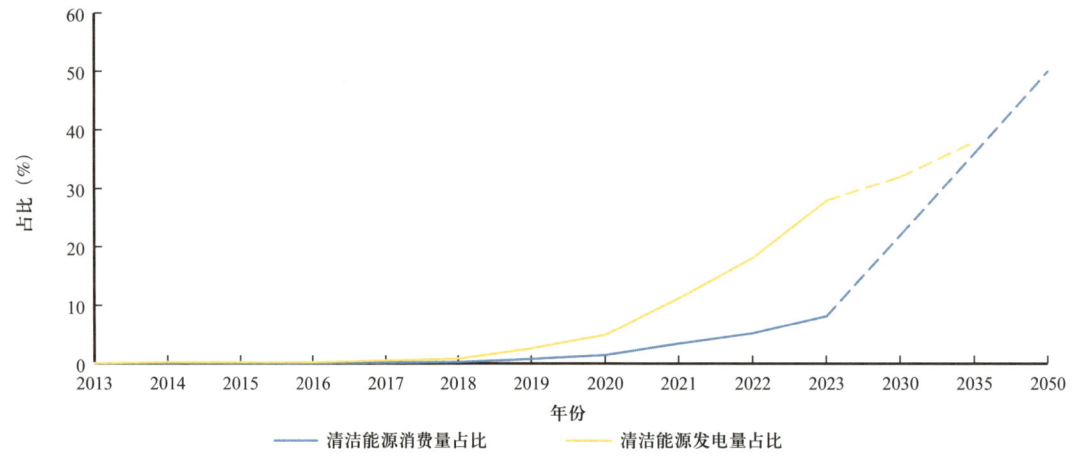

图2-27 2013—2050年阿联酋清洁能源消费量、发电量占比情况

根据EI数据绘制；虚线表示目标值

三、卡塔尔

卡塔尔是中东地区天然气生产国，人口297万（截至2023年7月），2023年一次能源消费总量为2.22艾焦（图2-28），位列全球第42位，单位GDP能耗为2.63千瓦时/美元，温室气体排放量为1.64亿吨二氧化碳当量，二氧化碳在温室气体排放量中的比重为80.68%。卡塔尔一次能源消费中，油气消费占比高达99%，非化石能源在一次能源消费中的占比为1%（图2-29）。

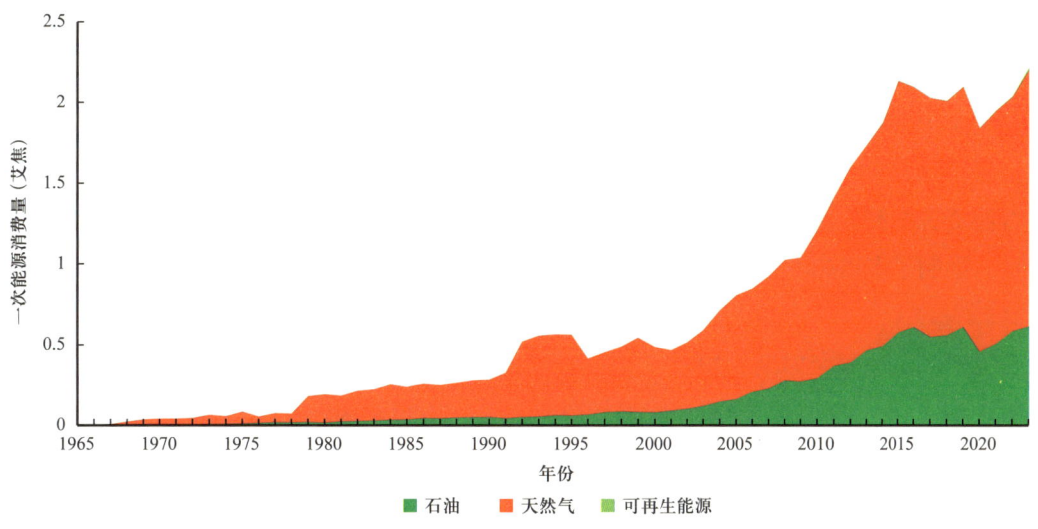

图 2-28　1965—2023 年卡塔尔一次能源消费量
根据 EI 数据绘制

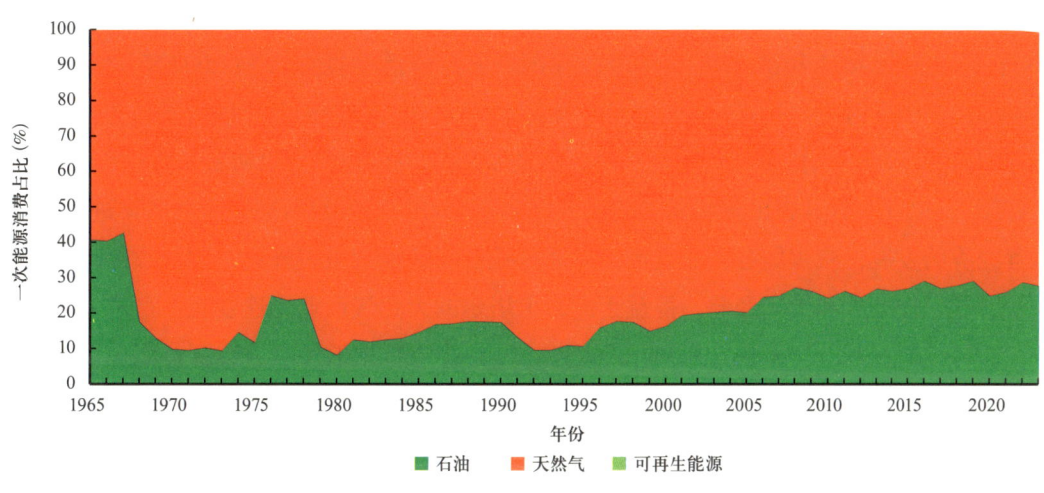

图 2-29　1965—2023 年卡塔尔一次能源消费结构
根据 EI 数据绘制

1. 能源转型背景

20 世纪 30 年代以来，卡塔尔的能源转型过程分为石油工业开端期、石油工业桎梏期、天然气工业繁荣期、可再生能源工业的萌芽与多元时期四个阶段。

（1）石油工业的开端。1939 年，卡塔尔在 Dukhan 油田发现了石油，但由于第二次世界大战的影响，石油开发只得暂停，油井也被封闭。1947 年，卡塔尔的石油工业迎来了新的曙光，三处新油田的勘探成功为这个国家的石油历史翻开了崭新的一页。1949 年底，卡塔尔的石油工业已初具规模，年产量达到 10.914 万吨，并首次实现石油出口，其最初出口原油主要销往亚洲的日本。在 20 世纪 60 年代初期，卡塔尔的海上油田勘探事业取得了重大突破，先后于 1960 年和 1963 年发现了 Idd Al-Shargi 和 Maydan Mahzam 油田。随后，1970 年发现的 Bul Hanine 油田更是令人瞩目，成为迄今为止卡塔尔最大的海上油田，为该国石油产业的蓬勃发展注入了新的动力和活力。1961 年，卡塔尔加入了石油输出国组织，进一步巩固了卡塔尔在全球石油市场的地位（汪志远，2020）。

（2）石油工业桎梏时期。1971年，卡塔尔迎来了独立的光辉时刻，石油工业在英国殖民时期经过短暂的快速发展后，由于受到第一次石油危机和战争等因素的影响，陷入产量下滑局面。在这期间，卡塔尔于1974年彻底收回了英国石油公司对其石油资源的全面控制权，并成立了卡塔尔石油生产总公司。1977年，卡塔尔又从荷兰壳牌石油公司手中购得所有股权，完成了石油工业国有化，实现对石油资源的独立管理。进入20世纪80年代，石油输出国组织给予卡塔尔的固定配额低于卡塔尔产量，限制了卡塔尔石油生产和出口的数量，使得卡塔尔单纯依赖石油出口的局限性问题被逐渐放大。

（3）天然气工业繁荣时期。20世纪70年代，卡塔尔发现了世界上最大的天然气田——北方气田，但由于技术和市场限制，未能立即进行商业开发。20世纪80年代，卡塔尔开始进行天然气商业开发，制定了三个阶段的发展目标，包括提高天然气产量、向邻国出口以及将液化天然气出口到全球市场，随着1992年RasGas公司的成立与运营，三个阶段得到有序发展。从20世纪90年代到21世纪初，卡塔尔不断完善外商投资、运营相关法律和管理条例，建立了开放和透明的商业环境。例如《工业发展法》（卡塔尔法令1995年第19号）、《商业公司法》（卡塔尔法令1998年第8号）、《国外资本经济活动投资法》（卡塔尔法令2000年第13号）、《国外资本经营活动投资法实施细则》（卡塔尔法令2001年第26号）、《修改外国资本经营活动投资法》（2004年）等法律法规的颁布和实施，加强了对外商投资的法律监管，确保外资企业的运营符合卡塔尔的经济利益和国家安全。与此同时，卡塔尔积极融入国际经济体系，先后加入关税与贸易总协定（GATT）和世界贸易组织（WTO），以此提升其在国际贸易领域的地位和影响力。20世纪后期，卡塔尔推进产业私有化，鼓励私营经济的发展，减少国有企业负担，并通过提供优惠政策吸引外资，如税收豁免、信贷优惠等，从而引进先进技术和管理经验。得益于此，卡塔尔的天然气产业迅速发展，产量大幅上升（汪志远，2020）。2019年，卡塔尔正式退出欧佩克，以更好地专注于天然气生产。如今，卡塔尔拥有多个世界上最大的LNG生产设施，已经成为全球最重要的LNG出口国之一，其天然气产业的发展对全球能源市场有着显著的影响。

（4）可再生能源工业的萌芽与多元时期。作为一个油气资源丰富的国家，卡塔尔并不缺乏能源。然而，面对人均碳排放量位居世界前列的情况，卡塔尔意识到必须提升可再生能源在能源消费中的比重，减少传统能源的碳排放，从而实现碳中和的目标。因此，卡塔尔开始注重可再生能源的发展，尤其是光伏发电，利用其得天独厚的丰富光照资源，光伏发电成为优选的供应能源之一。此外，2024年，卡塔尔还启动了《国家可再生能源战略》（QNRES），进一步保障创造更绿色、更繁荣的未来的承诺，以推进可持续发展目标，促进国家的能源转型进程（图2-30）。

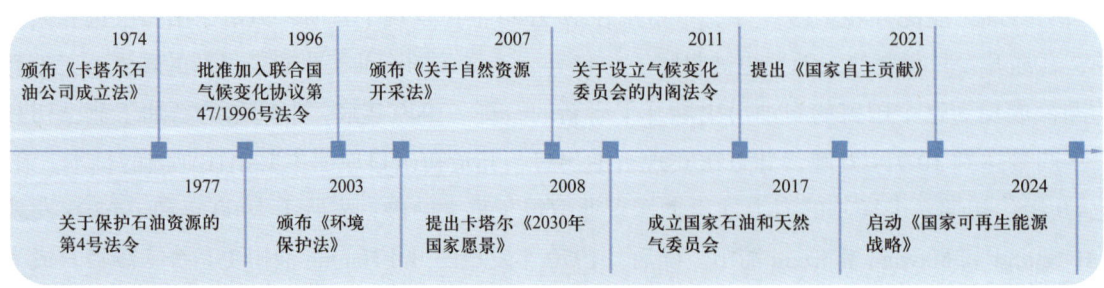

图2-30　卡塔尔能源转型里程碑

根据IEA能源转型政策数据绘制

卡塔尔进行能源转型的驱动因素是多方面的，包括对清洁能源的需求、经济利益的需求、外交关系的需求以及国家安全与可持续发展的需求。

（1）清洁能源需求。随着全球对环保和气候变化的重视程度日益加深，清洁能源的需求日益攀升。天然气作为一种高效且低碳的能源，其二氧化碳排放量远低于石油和煤炭，因此被视为化石燃料中污染最轻的选择，对低碳转型起着至关重要的作用。此外，风能和太阳能等能源虽清洁环保，但由于受天气和昼夜变化的影响，发电存在一定的波动性。而天然气则能够迅速响应需求的变化，成为可再生能源在"间歇期"时可靠的补充能源。因此，卡塔尔加大了对天然气的开发和利用力度，同时也在探索可再生能源，如太阳能，以实现能源结构的优化。

（2）经济利益需求。卡塔尔通过能源转型追求经济利益，对天然气的战略选择，一度挽救了20世纪90年代初期濒临破产的卡塔尔石化公司（QAPCO）。随着卡塔尔对天然气的重视与投入增加，卡塔尔成功转型为全球LNG出口大国之一，这一转变不仅带来了巨大的经济收益，还使卡塔尔成为全球能源市场的重要参与者。通过与碧辟、埃克森美孚、道达尔能源、三井集团和丸红株式会社等国际能源巨头的合作，卡塔尔建立了天然气出口设施，促进了经济的迅速增长。

（3）外交关系需求。在面临与沙特阿拉伯、阿曼、阿联酋等周围国家外交关系紧张的时刻，卡塔尔选择在全球广泛外交，与不同的国家政府签署战略合作协定，加大对北方气田的投入力度。通过与有合作意愿的油气公司共同进行上游资源的开发，以此摆脱外交困境（秦熙，2023）。

（4）国家安全与可持续发展需求。卡塔尔通过启动《国家可再生能源战略》，重点关注光伏发电的广泛利用，旨在减少对化石燃料的依赖，提高能源安全。这一战略不仅考虑了经济利益，还兼顾了环境保护和空气质量的改善，通过促使国家发电来源多元化，推进卡塔尔的可持续发展。

2. 能源转型目标

根据卡塔尔提出的《2030年国家愿景》、《国家发展策略》（NDS2和NDS3）及《国家可再生能源战略》，卡塔尔的能源转型目标主要可分为三大类，即扩大LNG生产、发展可再生能源以及脱碳（表2-8）。在扩大LNG生产方面，卡塔尔计划到2030年将LNG年产量提升至1.42亿吨（汪强，2024）。在发展可再生能源方面，卡塔尔提出，到2030年，集中可再生能源装机容量达4吉瓦，主要侧重于光伏技术，并将分布式光伏发电装机容量增加到约200兆瓦；可再生能源发电量占比将达到18%，设立600座电动车充电设施，建设世界上最大的可容纳478辆电动巴士的停车场，并安装11000块太阳能电池板。在脱碳方面，卡塔尔计划，到2030年，碳排放强度较2019年降低25%。

此外，卡塔尔对于使用燃气发电和降低发电成本也有所部署。在燃气发电方面，预计到2030年，联合循环燃气轮机（CCGT）热力发电的份额将下降到72%，开式循环燃气轮机（OCGT）热力发电的份额将下降到3%。老化的热电站在未来十年内逐渐退出舞台，将由新的可再生能源项目和以天然气为燃料的高效率热力发电取代。在经济成本方面，卡塔尔预计，到2030年将平均发电成本降低15%，太阳能光伏的平准化度电成本（LCOE）下降到约1.0美分/千瓦时，风能的平准化度电成本（LCOE）下降到约4.0美分/千瓦时。虽然卡塔尔并未对氢能产量、设施建设等提出具体的目标和举措，没有针对氢能的规划，但卡塔尔仍将氢能作为能源转型的方向。

表 2-8 卡塔尔最新能源转型目标

领域	最新目标
天然气	到 2030 年，LNG 年产量达到 1.42 亿吨
天然气	到 2030 年，联合循环燃气轮机热力发电的份额降至 72%，开式循环燃气轮机热力发电的份额降至 3%
可再生能源	到 2030 年，部署约 4 吉瓦的集中式可再生能源装机容量，可再生能源在电力结构中的占比达到 18%
可再生能源	到 2030 年，分布式光伏发电装机容量增加至约 200 兆瓦
可再生能源	到 2030 年，部署 100% 的电动汽车，设立 600 座充电设施，建设世界上最大的可容纳 478 辆电动巴士的停车场，并安装 11000 块太阳能电池板
脱碳	到 2030 年，碳排放强度较 2019 年降低 25%
经济成本	到 2030 年，将平均发电成本降低 15%，太阳能光伏的平准化度电成本降至约 1.0 美分 / 千瓦时，风能的平准化度电成本降至约 4.0 美分 / 千瓦时

注：根据卡塔尔《2030 年国家愿景》《国家发展战略》及《国家可再生能源战略》数据绘制。

3. 能源转型措施

1）多部门分工管理油气能源

卡塔尔将国家工作重点放在天然气开采、生产及相关产业，由卡塔尔能源公司控制卡塔尔的整个油气行业，包括油气及油气产品的生产、运输、储存及市场销售。卡塔尔的能源部长卡比不仅负责制定与能源相关的决策，而且是卡塔尔能源公司的首席执行官，主导能源部门与国际合作伙伴进行交流，吸引国外专业的能源公司加入合作，包括埃克森美孚、壳牌和道达尔能源等。卡塔尔天然气有限公司负责四个天然气液化企业（Qatargas Ⅰ—Ⅳ）的运营，RasLaffan 有限公司负责三家大型液化天然气企业（RasGas Ⅰ—Ⅲ）的运营，卡塔尔天然气运输公司则主要负责天然气出口的部分。

2）国有油气公司广泛开展全球合作推动天然气增储上产

为了推进 LNG 产能的提升，卡塔尔以其国家石油公司卡塔尔能源公司为媒介参与同全球石油公司的合作。目前，卡塔尔能源公司正在开发北方气田东部项目（North Field East，NFE）和每年 1600 万吨的北方气田南部项目（North Field South，NFS），并且已经与多家跨国公司签订长期 LNG 供应协议，包括道达尔能源、壳牌、埃尼、中国石化、中国石油和康菲石油公司等（蒲云超，2024），确保了能源需求国的能源安全和稳定供应。卡塔尔能源公司为了拓宽全世界范围内的油气勘探蓝图，与多家油气公司签署了收购协议，包括收购埃克森美孚在埃及两个海上勘探区块 40% 的权益、埃尼和道尔能源在黎巴嫩近海 4 号区块和 9 号区块 30% 的权益等，确保了卡塔尔油气产量的供应与提升。

3）加快向可再生能源过渡与发展的进程

2021 年，卡塔尔水电总公司（Kahramaa）宣布卡塔尔《国家可再生能源战略》，将大规模可再生能源装置与使用由天然气驱动的高效火力发电相结合，提高大规模可再生能源的应用，加强分布式发电能力的部署，通过本土化电力，减轻集中式电网基础设施的压力，增强能源弹性。该战略强调了定期修订电力结构目标的重要性，并建议为了反映估计电力需求和技术成本的变化，应每三年修订一次电力结构目标。除此之外，卡塔尔建立更深层次的可再生能源人才库，从而满足可再生能源行业在规划、设计、工程、采购与建设（EPC）及运营等所需项目阶段的增长计划，鼓励私营部门参与可再生能源价值链中的业务，大力支持研究、开发和创新，比如促进可再生能源技术在卡塔尔的适应化应用，启动试点项目来探索新技术和方法，并在项目扩大规模前进行风险管理。

4. 能源转型成效

虽然近年来卡塔尔努力发展可再生能源领域，但其一次能源消费仍以油气为主，可再生能源占比仍然较低，且卡塔尔是全球重要 LNG 出口国，不会完全放弃对油气领域的开发，反而会积极扩大天然气生产。

在天然气领域，最近两年，卡塔尔的 LNG 年产量能够保持在 7700 万吨 / 年的水平，距离 2030 年达到 1.42 亿吨的目标已经完成了 54%。在天然气发电方面，2023 年，天然气的发电量占卡塔尔全部电力产量的 99.7%，与此形成鲜明对比的是，太阳能、风能和核能等低碳或清洁能源在发电方面对卡塔尔的贡献接近零，可见天然气在卡塔尔能源转型处于过渡期间的地位之重，而这种不平衡的能源结构也凸显了卡塔尔的电力生产领域向可再生能源的方向发展的紧迫性。

在可再生能源领域，目前，卡塔尔的可再生能源在电力结构中占比 5%，距离 2030 年达到 18% 的目标还相差甚远。2022 年，卡塔尔首个太阳能发电项目——Al Kharsaah 太阳能光伏电厂建成，已建成的集中式光伏发电装机容量约 800 兆瓦（在建 875 兆瓦），分布式装机容量约 9 兆瓦，距离 2030 年要达到 200 兆瓦的目标还有较大差距。卡塔尔水电总公司负责人称，卡塔尔可再生电力消费市场规模小，本地私营部门专业知识较为缺乏，本地企业参与大型和分布式项目能力有限，要实现 2030 年目标需要进行大量投资，预计投资额将达 76 亿美元。在移动出行方面，2023 年，卡塔尔已建设 200 个电动汽车快速充电站，已完成 2030 年目标的三分之一，展示了其在构建现代化、环保型交通系统方面的积极努力。

四、马来西亚

马来西亚是东南亚能源消费大国，人口 3512.6 万（截至 2023 年 7 月），2023 年一次能源消费总量为 4.81 艾焦（图 2-31），位列全球第 25 位，温室气体排放量为 3.21 亿吨二氧化碳当量，其中二氧化碳在温室气体排放量中的比重为 88.7%。马来西亚一次能源消费中，煤炭和油气消费占比分别为 21% 和 72%，非化石能源在一次能源消费中的占比为 7%（图 2-32）。

马来西亚在东南亚的油气生产国中属于能源转型较为积极的国家。2001 年《第八个马来西亚计划》中提出的"五燃料"政策（5FDP），旨在减少马来西亚对石油作为能源来源的过度依赖，并推动能源多元化。该政策确定了除了传统的石油、天然气、水能和煤炭之外的其他能源来源，包括生物质、沼气、城市垃圾、太阳能、风能和小型水力发电。该政策的实施进一步增强了马来西亚开发和促进可再生资源利用。

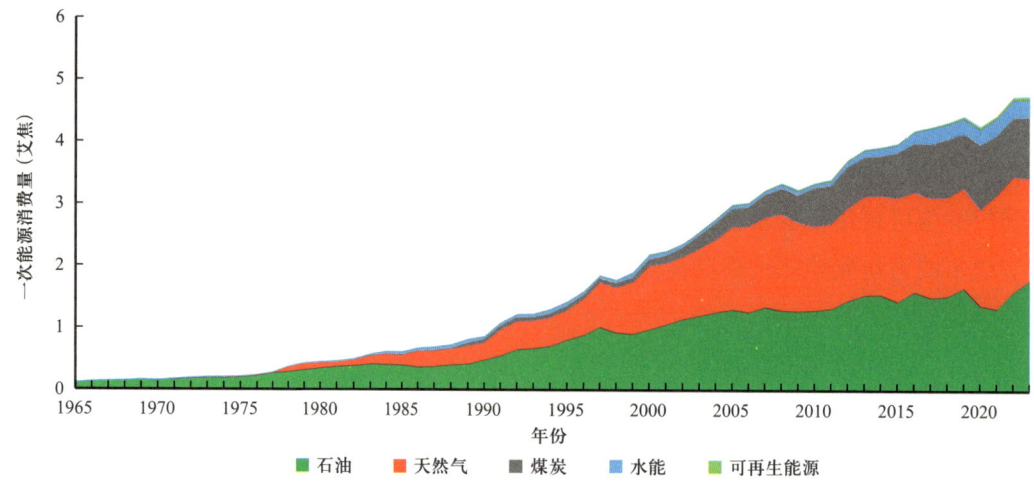

图 2-31　1965—2023 年马来西亚一次能源消费量
根据 EI 数据绘制

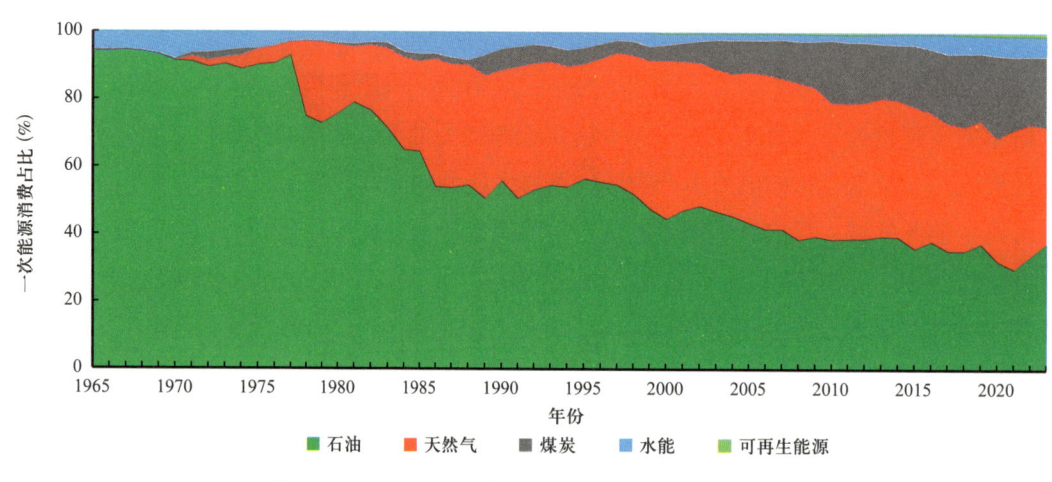

图 2-32　1965—2023 年马来西亚一次能源消费结构
根据 EI 数据绘制

1. 能源转型背景

马来西亚的能源转型是一个持续的过程,主要分为传统能源依赖期、初步转型期和高速转型期。

（1）传统能源依赖期。20 世纪至 21 世纪初,马来西亚能源消费结构以石油、天然气和煤炭为主。自从 20 世纪 60 年代中期开始,石油始终占据马来西亚能源消费结构的主导地位,这一现象一直持续到 2004 年。随着大量天然气资源的发现,马来西亚的能源消费逐步过渡到"气主油辅"的阶段。2005 年,该国天然气的消费量首次超越了石油,达到 3141.7 万吨油当量,而同期石油的消费量为 2800.1 万吨油当量。这一转变标志着马来西亚能源消费结构的重要变化。此外,1965—1999 年间煤炭消费量稳步上升,2000 年之后上升幅度较大,直至 2020 年有所回落后趋于稳定。在此期间,1973 年和 1979 年的两次石油危机,对于高度依赖传统能源的马来西亚造成了一定的冲击。1975 年,国家石油政策出台,规定了马来西亚国家石油公司拥有勘探、开发和生产马来西亚石油资源的专有权,旨在控制石油资源的有效利用。1979 年,马来西亚接着制定了《国家能源政策》,

旨在确保充足、安全和具有成本效益的能源供应，提高能源利用率并开始重视环境保护（Chua SC et al.，2010）。1980年，马来西亚颁布了《国家耗竭政策》（National Depletion Policy），以保护和节约该国的能源资源，延长国家油气资源使用年限。

（2）初步转型期。21世纪开始，马来西亚开始讨论能源多元化的必要性，提出使用核能、生物燃料等作为未来能源选择。作为1979年《国家能源政策》的补充，2001年马来西亚发布《第八个五年计划》，提出实施"五燃料"政策，旨在将该国的能源平衡转向五种能源，即石油、天然气、煤炭、水能和可再生能源。然而，该政策并没有按计划实施，政策与实践之间的明显差异清楚地表明了从传统能源向可再生能源成功转型的障碍，由于目标未达标，政府建议将其延续到《第九个五年计划》。为支持其燃料多元化政策，马来西亚政府于2006年启动了《国家生物燃料政策》，以减少对化石燃料的依赖。同时马来西亚开始重视环境保护，于2002年颁布《国家环境政策》，以改善环境质量、促进自然资源的可持续利用。此后，《国家绿色技术政策》（NGTP）于2009年启动，作为促进经济可持续增长的第一步，通过绿色科技促进经济发展，减少对环境的影响，提高生活质量。2010年启动了《国家可再生能源政策和行动计划》（NREPAP），旨在增加本土可再生能源的使用，以确保能源稳定，同时促进可持续的社会经济增长。

（3）高速转型期。2010年之后，马来西亚进入高速能源转型期，于2015年5月启动了《第十一个五年计划》，作为实现2020年愿景的最后一步，强调了解决气候变化问题的重要性，并制定了弹性经济发展蓝图。随后在新冠肺炎疫情和乌克兰危机破坏了全球能源市场的稳定的背景下，2021年开始相继提出了《第十二个五年计划》《2022—2040年国家能源政策》《低碳国家愿景》。2023年明确发布《国家能源转型路线图》（NETR）和《氢能经济和技术路线图》，设想在马来西亚发展氢能经济，进一步落实国家能源转型（图2-33）。

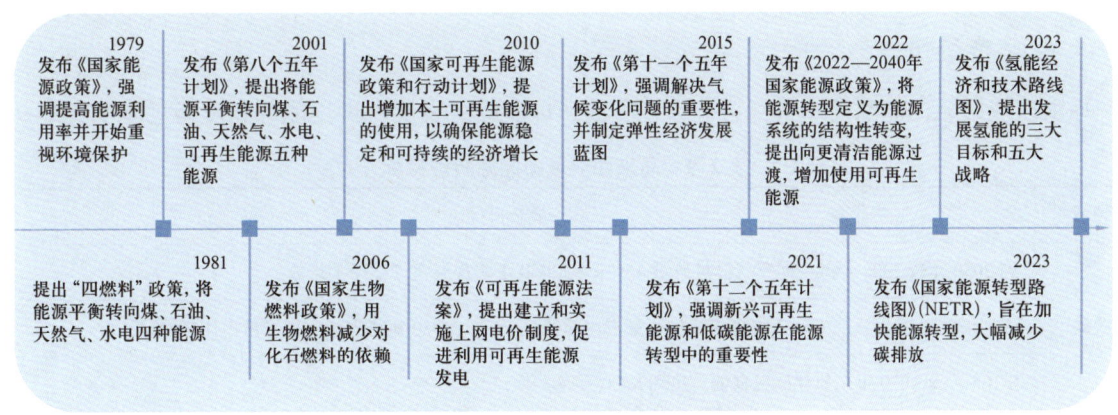

图 2-33 马来西亚能源转型里程碑

根据马来西亚《国家能源转型路线图》数据绘制

马来西亚能源转型是由一系列内部和外部因素共同驱动的复杂过程。国内需求、国际承诺，以及贸易合作都是推动这一转型的关键因素。

（1）国内需求。近年来的经济进步和人口扩张导致马来西亚电力等能源消费量大幅增加，为了应对该国的人口增长，政府积极采取措施，鼓励使用可再生能源作为替代燃料来源。根据该国能源委员会（EC）的数据，在2015年至2020年期间，马来西亚的能源需求从16822兆瓦增加到18808

兆瓦，即每年增长2.3%。预计在2021年至2030年期间，需求将以每年0.9%的速度增长，在2030年至2039年期间以每年1.7%的速度增长。根据2020年发电发展计划，马来西亚的净需求预计将在2021年至2030年期间以每年0.6%的速度增长，在2031年至2039年期间以每年1.8%的速度增长。到2030年，将需要6077兆瓦的额外容量来满足需求增长（Tenaga S，2021）。

（2）国际承诺。马来西亚是温室气体排放量增长最快的国家之一，1990—2006年温室气体排放量的年复合增长率为7.9%。作为《联合国气候变化框架公约》的缔约方，马来西亚积极参与气候行动倡议，促进温室气体减排和能源转型。2015年，马来西亚签订《巴黎协定》，宣布了国家的降碳承诺，即到2020年，在2005年的基础上，自愿削减高达40%的国内生产总碳排放强度（吴欣然，2024）。为了遵守国际协议，马来西亚颁布了多项政策，以确保目标能够按约定实现。

（3）贸易合作。自2013年中国提出"一带一路"倡议以来，马来西亚积极参与共建，马来西亚丰富的自然资源与中国在可再生能源技术方面的先进经验，为双方在绿色能源项目上合作提供了良好基础。目前，马来西亚已与中国企业在可再生能源领域展开了多项合作项目。例如，在太阳能领域，马来西亚与中国企业合作建设了光伏电站，其中一个位于吉打州南部的瓜拉基蒂，该项目不仅提高了马来西亚的可再生能源产能，还为当地创造了就业机会。另外，马来西亚与中国企业在电动汽车、可再生能源和电池等方面展开合作，以推动马来西亚新能源汽车产业的发展，减少交通领域的碳排放。此外，马来西亚还注重与东盟国家加强电网互联合作，确保电力供需安全，并积极推动建立东盟能源交易中心（董芮，2023）。通过这些合作项目，马来西亚不仅获得了先进的技术和资金支持，还加强了其在新能源领域的研发能力和市场竞争力，有力地推动了该国的能源转型进程。

2. 能源转型目标

马来西亚最新的能源转型目标可分为三方面，即脱碳、发展可再生能源和发展氢能（表2-9）。

表2-9 马来西亚最新能源转型目标

领域	最新目标
脱碳	到2030年较2005年减少温室气体排放量45%，到2050年实现温室气体净零排放
脱碳	逐步淘汰燃煤电厂，2040年将煤炭装机容量占比降低至19%，2050年将煤炭装机容量占比降低至0
脱碳	CCUS：到2050年二氧化碳封存能力达到8000万吨/年
可再生能源	到2025年可再生能源发电量占总发电量的比例达到31%，到2035年可再生能源发电量占比达到40%，到2050年可再生能源发电量占比达到70%
可再生能源	光伏发电：2030年实现7吉瓦光伏装机，2040年实现27吉瓦光伏装机，2050年实现57吉瓦光伏装机
可再生能源	生物质能：到2050年将生物质能精炼能力提高到35亿升，到2050年生物质能装机容量达到1.4吉瓦
氢能	通过实施《氢能经济和技术路线图》，到2030年将减少0.4%~1.3%的温室气体排放量
氢能	绿氢出口到2030年为马来西亚贡献490亿~610亿林吉特的经济产值，创造超过4.5万个就业岗位
氢能	到2050年，本地绿氢产量达到250万吨/年，带来上千亿林吉特收入，并创造20万个就业机会

在脱碳方面，根据 2021 年 10 月马来西亚政府颁布的《第十二个五年计划》(2021—2025 年)，马来西亚到 2030 年温室气体排放量较 2005 年减少 45%，到 2050 年实现温室气体净零排放的目标。为了实现碳中和目标，计划逐步淘汰燃煤电厂，到 2040 年将煤炭装机容量占比降低至 19%，2050 年将煤炭装机容量占比降低至 0 (RMK12, 2021)。在 CCUS 方面，到 2050 年二氧化碳封存能力达到 8000 万吨/年。

在可再生能源方面，根据《国家能源转型路线图》(NETR)，马来西亚计划到 2025 年可再生能源发电量占总发电量的比例达到 31%，到 2035 年可再生能源发电量占比达到 40%，到 2050 年可再生能源发电量占比达到 70%。同时政府已拨款 5000 万林吉特，用于在政府建筑物的屋顶安装太阳能电池板，《国家能源转型路线图》中预计马来西亚 2030 年将实现 7 吉瓦光伏装机，2040 年将实现 27 吉瓦光伏装机，到 2050 年将实现 57 吉瓦光伏装机。在生物质能方面，到 2050 年将生物质能精炼能力提高到 35 亿升，到 2050 年生物质能装机容量达到 1.4 吉瓦。

在氢能方面，马来西亚的氢能发展目标主要体现在其《国家能源转型路线图》和《氢能经济和技术路线图》中。根据规划，至 2030 年，马来西亚预计通过氢能发展能够实现温室气体排放量减少 0.4%~1.3% 的目标，而且其绿氢的出口将为国家经济贡献 490 亿~610 亿林吉特的产值，并创造超过 4.5 万个就业机会；至 2050 年，马来西亚的绿氢年产量有望达到 250 万吨，为社会创造约 20 万个新的工作岗位。

3. 能源转型措施

1）大力发展氢能产业

为加快能源转型，马来西亚政府在 2023 年 9 月发布了《国家能源转型路线图》，将氢能确定为推动能源转型的六大关键领域之一，利用氢能支持其向低碳经济过渡。同年 10 月，马来西亚政府正式出台了《氢能经济和技术路线图》，该文件明确了氢能产业未来发展的详细目标和行动纲领，具体内容包括未来将加大对氢能产业的资金投入和科研开发力度，争取构建一个氢能经济生态圈并打造一条完善的氢能产业链。该路线图明确了马来西亚发展氢能的三大核心目标：一是将氢能定位为马来西亚新能源经济的基石，致力于在全球氢供应链中构建强大的影响力；二是通过推动氢能在能源储存和联合循环燃气轮机中的广泛应用，实现能源结构的可持续转型，并显著提升清洁能源在国家能源结构中的占比；三是积极投资氢能技术，以解决国内消费、能源安全、国际能源贸易的可持续性和脱碳问题。利用其丰富的水力资源，大力发展绿氢产业，并在 2019 年建立了东南亚首座综合氢气工厂，标志着该地区在绿氢生产领域迈出了重要的一步。

2）发展清洁电力系统

根据《国家能源转型路线图》，马来西亚的可再生能源发展主要集中在太阳能、风能和水能等领域，光伏、风电和水电是马来西亚电力系统清洁转型的关键路径。马来西亚正在积极推广太阳能发电，这包括建设大规模的太阳能发电厂，以及鼓励家庭和企业安装太阳能板。例如，通过实施 LSS PETRA 计划扩大太阳能光伏发电能力，目标是推动 2000 兆瓦的太阳能光伏发电能力。风能作为一种清洁能源，也在 NETR 中得到了重视。马来西亚计划在沿海和内陆地区建设风电场，以增加风能的发电量。水能方面，马来西亚将充分利用本国丰富的水资源，开发水力发电项目，增加水能在能源结构中的比例。

3）加大对电动汽车、CCUS等技术领域的资金投入

为了满足能源转型融资需求，马来西亚政府计划到2050年投资1.2万亿~1.3万亿林吉特，并启动国家能源转型基金（NETF），设立金额达20亿林吉特的初始种子基金，探索助力混合金融平台，以加快资金的调动，确保金融资源能够流向产生低市场回报的能源转型项目，例如电动汽车价值链、氢能以及CCUS技术。马来西亚政府还将根据能源转型项目的财务回报和融资类型，使用多种资金池来支持能源转型项目，以打造新的增长源，促进航空航天、电气电子、智慧农业、创意产业等发展，推动产业向自动化、机械化和高附加值转变，吸引更多高科技投资。

4）鼓励低碳环保的生活理念

为了推进能源转型，马来西亚推出了一系列激励居民低碳环保生活的措施。2016年推出能源净计量计划（Net Energy Metering，简称NEM），旨在促进太阳能应用并降低能源成本。该计划允许符合条件的马来西亚国家能源公司（TNB）用户在各自的建筑物屋顶上安装太阳能光伏发电系统，并允许他们将多余的电力卖回电网。随后，马来西亚在2019年宣布了能源净计量计划2.0（NEM 2.0），根据NEM 2.0，光伏系统产生的剩余电量首次以"一对一"补偿基准送回电网，并于2022年公布了能源净计量计划3.0（NEM 3.0），NEM 3.0提供了更多的配额和机会。2022年9月，马来西亚政府发布了《2022—2040年国家能源政策》，这一政策为公平的能源转型奠定了坚实的基础。该政策制定了四个战略：一是提升石油和天然气、生物能源、太阳能、水电和新的清洁能源的附加值，利用工业、住宅和商业部门的推动改善能源需求管理，促进社会经济可持续发展及能源系统的结构性转变；二是抓住市场机遇，如发展船舶和飞机使用的清洁燃料；三是加强能源部门对环境可持续发展的贡献，鼓励企业使用可再生能源，以及实施碳足迹核算、报告和认证；四是通过建立边界条件、落实保障措施，以确保能源安全，实现财政可持续性。之后为促进《国家能源政策》的深入实施，马来西亚政府又相继出台了一系列支持政策。例如，在2022年9月，马来西亚政府颁布了《低碳国家愿景》，该政策的核心目标在于使主要能源供应逐步转向更为清洁的可再生能源。该政策不仅提倡在增加可再生能源利用的同时，限制新燃煤电厂的建设，还鼓励民众使用电动汽车，增加公共交通的占比，并改进碳足迹核算与可持续性报告机制。

4. 能源转型成效

目前，马来西亚的能源转型还处于初级阶段，尽管制定了雄心勃勃的能源转型目标，并加快实施能源转型举措，但能源转型成效还有待提高。

在可再生能源方面，自2010年以来，马来西亚的可再生能源装机容量已经从几乎为零增长到了超过3吉瓦，其中光伏发电装机容量达到1.9吉瓦，可再生能源发电量占比达到19%（图2-34），这标志着在可再生能源部署方面取得了积极成效，但距2050年目标仍有较大差距。自2022年颁布《国家能源政策》以来，可再生能源在一次能源结构中的占比从2018年的7.2%提高到17%，新增了20.7万个就业岗位，且大部分在绿色经济领域。此外，马来西亚还建立了大型可再生能源项目，如与马友乃德（UEM）和易恩孚太阳能公司（ITRAMAS）合资的企业共同推动的东南亚最大规模的光伏发电站，不仅有助于提高可再生能源的产能，还为当地创造了大量的就业机会。

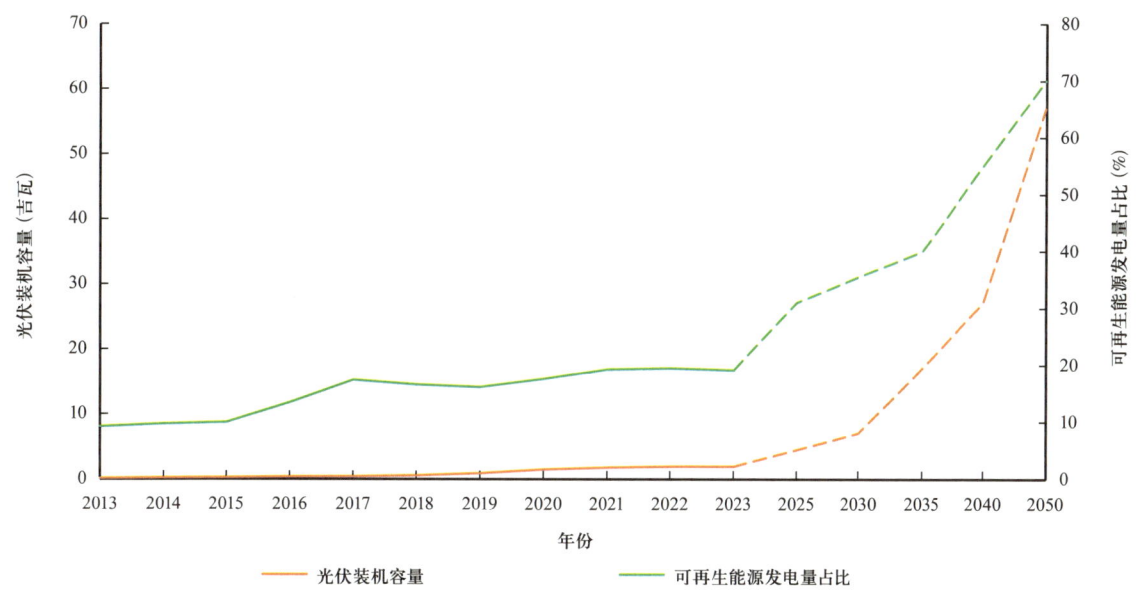

图 2-34 2013—2050 年马来西亚光伏装机容量、可再生能源发电量占比

根据 EI 数据绘制；虚线表示目标值

在氢能方面，马来西亚仍处于布局和建设阶段。2024 年，马来西亚砂拉越州政府开发商砂拉越经济发展局（SEDC Energy）表示，正在开发氢能枢纽，并有两大规模生产项目。第一个项目是该公司与韩国财团——三星工程、乐天化学和浦项制铁合作的，计划将氢气转化为氨气出口到韩国，第二个项目是该公司与日本公司住友商事、新日本石油公司（Eneos）合作的，旨在通过液态有机氢载体甲环己烷（MCH）进行出口。这两个项目将于 2027 年投产，年产能分别为 15 万吨和 9 万吨。此外，该公司还计划在砂拉越州首府古晋建造 1900 吨的绿氢项目和加氢站，预估将会为此投入 8300 万～1.05 亿美元。

五、巴西

巴西是南美最大的经济体和石油生产国，人口 2.11 亿（截至 2023 年 7 月），2023 年一次能源消费总量为 13.87 艾焦（图 2-35），位列全球第 7 位，温室气体排放量为 5.25 亿吨二氧化碳当量，其中二氧化碳排放量占温室气体排放量的 85.9%。在巴西一次能源消费中，煤炭和油气消费占比分别为 4% 和 45%，非化石能源在一次能源消费中的占比为 50%（图 2-36）。

巴西作为南美洲最大的经济体和可再生能源领域的领军者，在能源转型进程中也保持着领先地位，其在全球能源转型指数（ETI）排行榜中位列第 12 名，领先于英国（第 13 名）和美国（第 19 名）等发达国家（见附表 3；WEF，2024）。面对全球气候变化和能源安全的挑战，巴西政府积极推动清洁能源发展，致力于减少对传统化石燃料的依赖。

1. 能源转型背景

巴西能源转型是一个多元化、综合性和持续性的过程，涵盖了从传统能源向可再生能源的多元化转变，主要可以划分为能源依赖进口时期、能源结构多元化时期与可再生能源快速发展时期三个阶段。

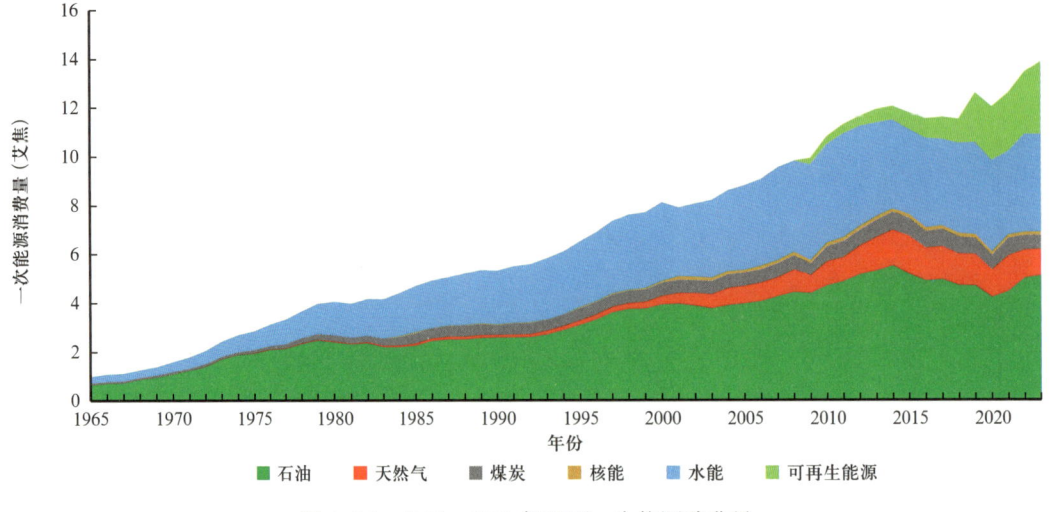

图2-35　1965—2023年巴西一次能源消费量
根据EI数据绘制

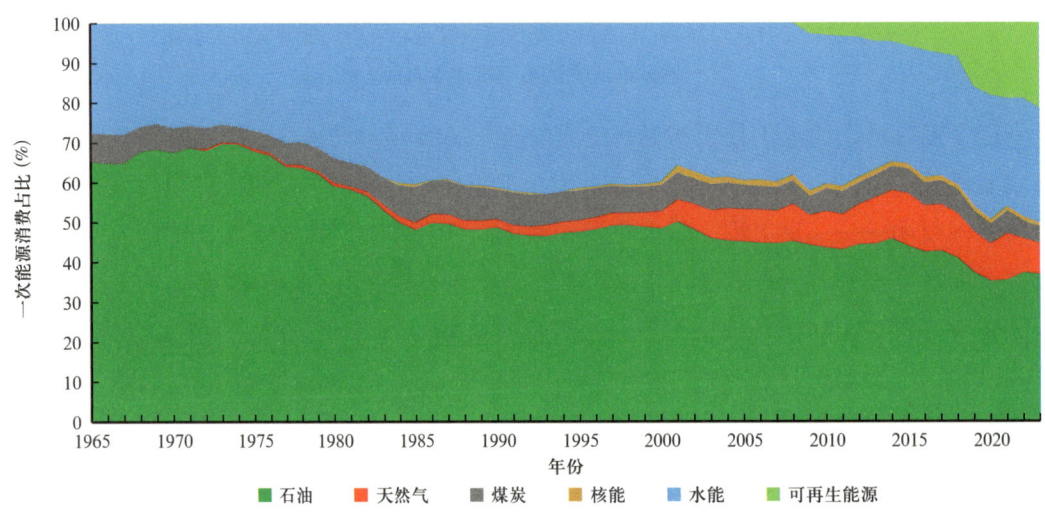

图2-36　1965—2023年巴西一次能源消费结构
根据EI数据绘制

（1）能源依赖进口时期。20世纪初，巴西的石油与煤炭均依赖进口以满足国内需求。20世纪初至70年代，由于国内石油资源的勘探和开发尚未形成规模，巴西石油十分依赖进口。这一时期，巴西的石油工业正处于起步阶段，尽管其在东北部海域发现了石油资源，但实际的开采程度不高，仍然需要大量进口石油来满足国内需求。此外，由于巴西煤炭资源相对有限且开采成本较高，在20世纪初期，巴西煤炭自给自足程度并不高，部分煤炭也需要进口。

（2）能源结构多元化时期。进入20世纪70年代，巴西着手推进能源结构多元化发展，在提高油气产量的同时，注重水能、核能和可再生能源的发展。1973年爆发的中东石油危机使巴西政府认识到，确保能源安全已成为维系国家安全的重要因素之一。随着技术的不断进步，巴西逐渐将油气勘探和开发的重心转向海上，尤其是深水领域。巴西利用国家石油公司在20世纪80年代中期展开了深水油田开采技术创新和开发计划，经过数十年的钻研与投入，巴西在深水石油勘探与生产的领域内崛起为全球领跑者，在1998年就创造了1853米超深层采油的世界纪录。20世纪70年代巴西政府强制推行E20乙醇汽油，并要求所有加油站都提供乙醇，同时对正常汽车发动机做微调和改进使其可使用 E20 乙醇汽油（张新生，2008）。1973 年伊泰普水电站开始建立，这是巴西水电建设的标志性工程。1975 年巴西制定了核电技术自主化政策，计划通过二次创新的方式实现核电自主化。1984 年巴西第一座核电站安格拉一号投入使用。同时，巴西也开始关注可再生能源（如风能、太阳能等）的开发和利用，但此时仍处于起步阶段。

（3）可再生能源快速发展时期。进入 21 世纪，巴西的能源转型步伐明显加快，特别是可再生能源领域的发展。近年来，巴西为了促进国内可再生能源产业的发展，巴西政府提高了对太阳能电池板等进口产品的关税，为可再生能源发电项目提供稳定的收入来源，并通过固定上网电价政策确保可再生能源电力能够按照约定的价格销售。2007 年巴西出台《半导体和显示器工业科技发展支持计划》，旨在促进巴西可再生能源产业链的发展和技术创新。2015 年出台《净计量电价政策》，该政策允许分布式可再生能源发电系统的发电商将多余的发电量售回巴西国家电网，以换取账单抵扣。这一政策极大地促进了分布式可再生能源的发展，特别是太阳能光伏系统的普及。2020 年《2050 年国家能源计划》出台，这一计划为巴西可再生能源的长期发展提供了明确的方向和目标。2023 年提出了一项名为《未来燃料》的法案，旨在促进交通行业的能源转型。2024 年巴西实施了新工业政策（NIB），该政策强化了巴西对能源转型的承诺，并为可再生能源和可持续技术提供了更多激励措施（图 2-37）。

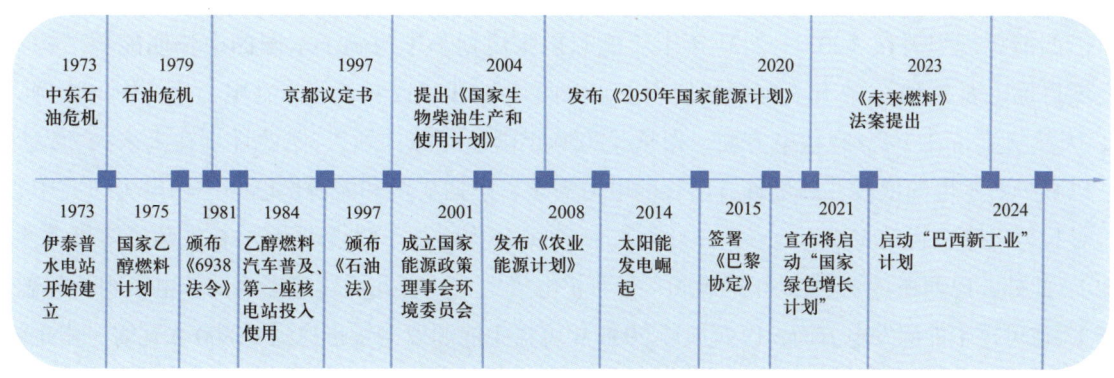

图 2-37 巴西能源转型里程碑

巴西能源转型受到多方因素的影响，但其主要驱动因素可以归纳为全球气候变化趋势、政策与法规推动、能源安全与多元化需求、技术创新支持四个方面。

（1）全球气候变化趋势。巴西的能源转型在一定程度上受全球气候变化的影响。面对愈加严峻的气候变化形势，世界各国纷纷将减少温室气体排放纳入政策议程，积极研究各种应对方法（赵奎，2012）。巴西作为国际社会的一员，也承担着减少碳排放、保护环境的责任。巴西政府和民众也开始更加重视可再生能源的利用，以减少对环境的污染和破坏。另外，巴西是世界上水电占比最高的国家之一，水力发电在其能源结构中占据重要地位。然而，气候变化导致的降水不规律和干旱频发，使得水力发电站的发电量受到严重影响。如 2021 年巴西遭遇了 91 年来最严重的干旱，导致多个水电站无法有效发电。这种不确定性使得巴西需要寻找其他稳定的能源来源，以满足不断增长的能源需求。

（2）政策与法规推动。巴西能源转型受到国际与国内相关政策法规的影响。国际社会达成了包括《巴黎协定》在内的一系列环保约束共识，导致传统油气业务发展面临的环保压力逐步增加，驱使巴西逐步实施能源转型。在国内，《未来燃料》法案、"国家绿色增长计划"、税收优惠等一系列法案与政策也推动着巴西可再生能源的快速发展。

（3）能源安全与多元化需求。石油危机后，巴西政府意识到能源安全与多元化的重要性。能源多元化有助于优化巴西的能源结构，降低单一能源供应带来的风险。可再生能源有助于减轻国际能源市场波动的影响。通过发展多种能源形式，巴西可以灵活应对不同能源市场的变化，确保能源供应的稳定性和可靠性。因此，巴西不断提升能源自给率，提高石油产量，还大力发展风能、太阳能等可再生能源。

（4）技术创新支持。随着巴西生物能源技术创新、智能电网技术与储能技术的发展，巴西能源转型有了更多可能性。生物能源技术创新方面，巴西利用甘蔗渣等农业废弃物制造乙醇作为汽车的动力来源。除了甘蔗乙醇外，巴西还在探索其他生物能源技术，如生物质发电、生物柴油等。智能电网技术与储能技术使得可再生能源电力能够更加稳定、可靠地接入电网，为巴西能源转型提供了有力支持。而储能技术的应用则可以平衡电网负荷，提高电网稳定性。另外，技术创新还促进了能源产业与其他产业的跨界融合与协同创新。例如，可再生能源与信息技术、智能制造等领域的深度融合，推动了能源互联网、智能微电网等新兴业态的发展。这些新兴业态的出现，为巴西能源转型注入了新的活力和动力。

2. 能源转型目标

巴西能源规划署在《2022—2031年十年能源扩张规划》中明确了本国的中长期能源结构转型及发展目标（表2-10）。在化石能源的使用上，巴西计划到2031年使煤炭在电力生产中的比例降至1%，天然气维持在7%。在核电方面，根据《2050年国家能源计划》，巴西计划在未来大力发展核电，以减少对水电的依赖并满足日益增长的电力需求。巴西矿业和能源部已与巴西电力研究中心合作，寻找可以建造新反应堆的地点，并计划在未来30年内增加1000万千瓦的核电装机容量（仲蕊，2022）。此外，巴西还计划到2030年建成4台新核电机组，并在此后建造更多的核电机组（郭志峰，2015）。在可再生能源发电方面，巴西预计2030年可再生能源发电量将达到约800太瓦时，占全国电力产量的87%以上，到2031年实现可再生能源在终端能源消费中的占比提升至48%；风能方面，巴西力争到2030年实现30吉瓦的风电装机容量；在水力发电上，2031年目标装机容量为124吉瓦；氢能方面，巴西在《2022—2031年十年能源扩张规划》中特别强调，将海上绿氢平台作为国家氢能战略的关键一环。在能源效率上，巴西计划在2030年将电力消费量降低10%（EPE，2022）。

表2-10 巴西最新能源转型目标

领域	最新目标	
化石能源	2031年煤炭在电力生产中占1%，天然气占7%	
核电	2031年核发电量增长至340亿千瓦时	
可再生能源	2031年在最终能源消费中占比48%	
	电力：2030年可再生能源发电量达约800太瓦时，占电力产量的87%以上	
	风电：装机容量2030年达到30吉瓦	
	水电：装机容量2031年达到124吉瓦	
	国家氢能战略：可能拥有海上绿氢平台	
能源效率	2030年巴西电力消费量下降10%	

注：根据巴西《2022—2031年十年能源扩张规划》、Rystad Energy报告数据绘制。

3. 能源转型措施

1）积极进行国际合作

巴西与印度、美国共同建立全球生物燃料联盟，通过整合全球市场来扩大生物能源消费。在2023年第二十八届联合国气候变化大会（COP28）期间，巴西加入由丹麦、国际可再生能源署和全球风能理事会发起的全球海上风电联盟，希望通过合作扩大海上风电装机容量。2025年，巴西将在贝伦市举行COP30，鼓励其他国家调整能源结构，为全球经济脱碳和应对持续气候变化作出贡献。在担任G20主席国后，巴西与国际能源署签署了《能源加速工作计划》，由矿业和能源部负责协调能源转型工作，扩大能源转型融资，促进公平、包容转型，优先发展可再生能源燃料市场。巴西与多个国家和国际组织签署合作协议，共同推动能源转型和可持续发展。例如，巴西与中国签署了《中国—巴西应对气候变化联合声明》，两国确立了共同的绿色愿景，致力于推动全球向可持续、低碳经济的转型（时元皓，2023）。双方在绿色产业、可再生能源等领域的合作也将进一步拓展、深化，为全球应对气候变化增添了更多合作的可能。中国国家电力投资集团公司（国家电投）在巴西投资并主导建设了多个光伏电站项目，如马兰加图光伏电站和帕纳蒂电站。中国国家电网巴西电力公司与巴西米祖水泥制造公司合作，共同投资建设了包括氢能制取、储运、应用在内的全链条绿氢站，为巴西能源转型注入了新动力。巴西研发组织"认证、研究与创新网络"与一家氢能开发企业对中国进行联合访问，与中国领先的制氢技术公司举行战略会谈，以加强双方在绿氢技术研发和创新方面的合作。另外，巴西还与多个国家合作进行石油勘探，如中国海油与巴西国家石油公司和壳牌合作，赢得巴西南部石油勘探区块的特许经营权。

2）出台政策引导能源转型

巴西国家能源政策委员会（CNPE）于2024年8月6日批准了《国家能源转型政策》，该政策旨在刺激本国绿色经济发展，主要涉及工业、交通、石油和天然气、电力、采矿等领域，预计将在清洁和可再生能源上投资约2万亿雷亚尔（约合4000亿美元）。另外，巴西政府计划成立一个由联邦政府、州政府、民间社会和相关领域企业代表组成的国家能源转型论坛，每年向国家能源政策委员会提交关于能源政策的建议书。2023年，巴西制定了新增长加速计划（PAC），明确2023年至2026年期间投资4175亿雷亚尔（约820亿美元）用于能源转型行动，并预计还将投资209亿雷亚尔（约41亿美元）开发低碳燃料。为了进一步推动交通行业的能源转型，巴西政府于2023年提出了《未来燃料》法案。该法案涵盖"国家可持续航空燃料计划"和"国家绿色柴油计划"等一系列国家计划，旨在促进交通行业发展可再生能源、减少碳排放（时元皓，2023）。其中，"国家可持续航空燃料计划"鼓励可持续航空燃料的研究、生产和使用，要求航空运营商在一定时间内减少温室气体排放量；"国家绿色柴油计划"则推动使用由可再生材料生产的高效燃料，以减少对化石燃料的依赖。巴西能源监管机构Aneel批准了针对多能互补电站的新法规，希望通过完善相关法律和监管体系，促进风电、光伏发电等可再生能源的发展（董梓童，2021）。巴西政府通过简化签证申请流程、提供福利和生活保障、鼓励创新与创业等措施，以吸引和留住全球新能源领域的专业人才。同时，政府也向国会提交了一系列能源领域的措施，如将"E30"汽油中乙醇的最高比例由27%调整为30%，以及出台碳捕获和储存的规定等。

3）全面推动可再生能源发展，部署CCUS技术

巴西政府于2024年1月22日宣布一项新工业政策，该政策强化了巴西对能源转型的承诺，并为可再生能源和可持续技术提供了更多激励措施，其激励措施的主要对象是光伏、绿氢和电力存储投资者。为鼓励风电产业发展，巴西实施了固定上网电价政策，该政策通过为可再生能源发电项目提供固定的电力销售价格，确保投资者在项目运营期间能够获得稳定的收益。为促进生物能源的发展，巴西政府采取了一系列的税收优惠措施和财政上的资助。巴西政府还对燃料乙醇等生物燃料的生产和销售给予工业产品税收减免，这一政策促进了燃料乙醇等可再生能源的利用和发展。另外，巴西政府对新能源电动车及充电桩的增值税给予了较低的税率，以降低新能源电动车的销售价格和消费者的购买负担，这一政策旨在鼓励更多消费者选择新能源电动车，推动绿色交通的发展。虽然巴西已恢复征收新能源汽车的进口关税，但仍为新能源汽车设定了一定的免税配额，企业在一定时期内可享受进口免税优惠。为了加快充电基础设施的建设，巴西政府对安装充电桩的企业和个人提供财政补贴，补贴金额根据充电桩的类型和安装地点而定，旨在鼓励更多的充电桩建设。政府还计划在全国范围内建设更多的快速充电站，以提高电动车的使用便利性。此外，巴西政府推出了"绿色贷款计划"，为购买新能源电动车的消费者提供低息贷款。这一计划不仅覆盖个人消费者，还包括企业和公共交通部门，鼓励采用更环保的交通工具。政府通过国家政策性银行设立专项基金，为可再生能源项目提供低息贷款和融资支持，促进项目的落地和实施。巴西环境部和经济部共同推出"国家绿色增长计划"，这一计划优先支持各类绿色项目，旨在激发创业活力，推动可持续创新（毕梦瀛等，2023）。国家氢能计划旨在利用海上风电等可再生能源扩大生产绿氢，推动氢能产业的发展。

在部署CCUS技术方面，巴西制定了国家碳捕集和封存政策（PNMC）。该政策于2010年颁布，为该国CCUS项目的开发和实施提供了框架。为了进一步支持CCUS项目，巴西实施了各种财政激励措施。国家经济和社会发展银行为CCUS计划提供融资选择，提供低息贷款和长期还款计划。2021—2022年，巴西在CCUS部署方面取得了重大政策进展，包括更新国家自主贡献和引入重要立法，如建立二氧化碳地质封存法律框架的法案，以及设立国家温室气体减排系统的法令。2023年8月巴西参议院还通过了一项建立CCUS监管框架的法案，下一步将在众议院进行表决，巴西有望成为第一个颁布CCUS立法的南美国家，是该国致力于实现净零未来的一个重要里程碑。目前，巴西在桑托斯盆地拥有一个运营中的CCUS设施，2022年注入规模已达1060万吨，累计注入4080万吨，计划在2025年实现累计注入8000万吨（巴西国家石油公司，2023）。巴西国家石油公司继续朝着到2025年注入4000万吨二氧化碳的目标前进（冯雪姣，2023）。

4. 能源转型成效

在可再生能源领域，巴西可再生能源在消费结构、发电量、装机容量等各个维度的绝对值和占比都持续向能源转型目标靠拢。在水电、风电、太阳能等领域均取得了显著进展。

在能源消费结构方面，巴西一次能源消费量中，可再生能源消费占比持续上升，2023年占比为21.4%，同比上升2个百分点，距2031年占比48%的目标相差约27个百分点。巴西可再生能源在能源总供应中的份额一直保持在较高水平，到2023年达到49.1%。相较于2004年的43.5%上升了12.8%（EPE，2024）。

在发电量方面，水力发电始终是巴西的核心优势产业，截至2023年，其在全国电力结构中的占比达到58%，彰显了其能源领域的主导地位（董梓童，2024）。然而，巴西的非水可再生能源如生物质能、风电和光伏发电的快速发展也不可忽视，当前已占据35%以上的份额。整体而言，巴西的可再生能源发电比例已攀升至93%，占据着主导地位。

在可再生能源发电装机容量方面，巴西风电和光伏发电的装机容量持续增长。其中，2023年巴西风电的累计装机容量达到28.6吉瓦，其中以陆上风电为主。巴西广阔的海洋蕴藏着更为巨大的潜能，据世界银行分析，巴西海上风电装机潜力超过1200吉瓦。虽然当前装机容量仍然有限，但巴西已在海上风电的起步阶段迈出重要步伐，为未来开辟出一片辽阔的清洁能源蓝海。巴西2023年水电累计装机容量为103吉瓦，其目标是到2031年达到124吉瓦，虽然与目标值相差不大但仍需要巴西不断努力；2023年光伏发电累计装机容量为37.8吉瓦（图2-38），为可再生能源发展贡献出力量。

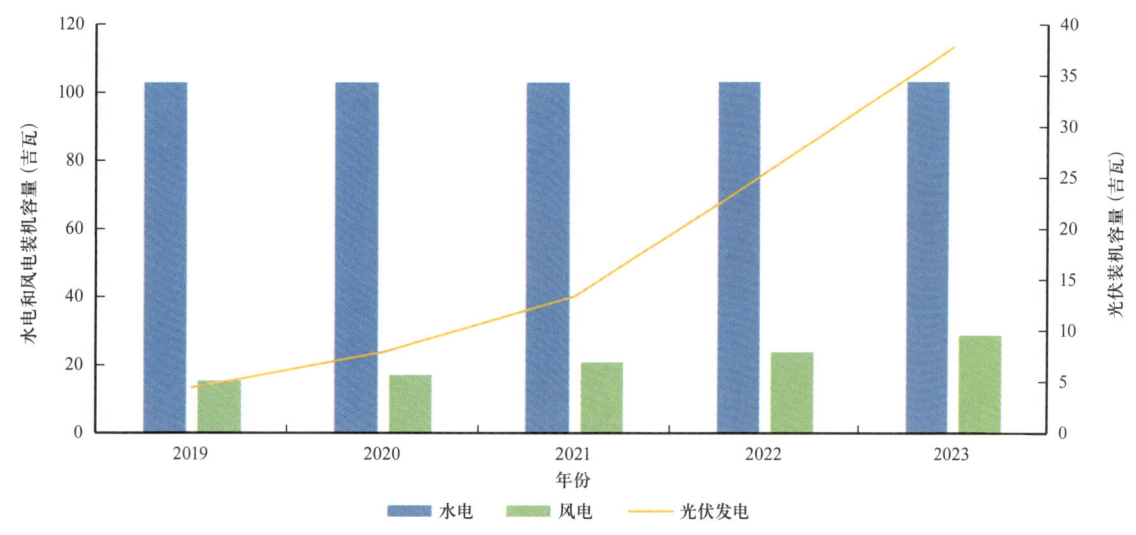

图2-38　2019—2023年巴西水电、风电和光伏发电装机容量
根据EPE《2024 Statistical Yearbook of Electricity》数据绘制

在能源效率领域，2021—2031年期间，巴西人均能源消费预计将以每年1.9%的速度增长，能源需求增长逐渐慢于经济增长，表明其能源效率正在逐渐提高。

在化石能源领域，巴西天然气与煤炭在能源消费结构中的占比下降，展现出其能源转型成效良好。2023年巴西天然气一次能源消费占比为8%，较2016年下降了33%。2023年，巴西天然气进口量为65亿立方米，同比下滑28%，较2021年的169亿立方米下降62%，是2003年以来的最低水平（董梓童，2024）；此外，2023年巴西煤炭一次能源消费占比为4%，较2016年也下降了33%。

六、美国

美国是全球最大的能源生产国和消费国之一，人口3.43亿（截至2023年7月），2023年一次能源消费总量为94.28艾焦（图2-39），位列全球第2位，温室气体排放量为51.30亿吨二氧化碳当量，二氧化碳在温室气体排放量中的比重为90.4%。美国一次能源消费中，煤炭和油气消费占比分别为9%和72%，非化石能源在一次能源消费中的占比为19%（图2-40）。

石油公司能源转型路径

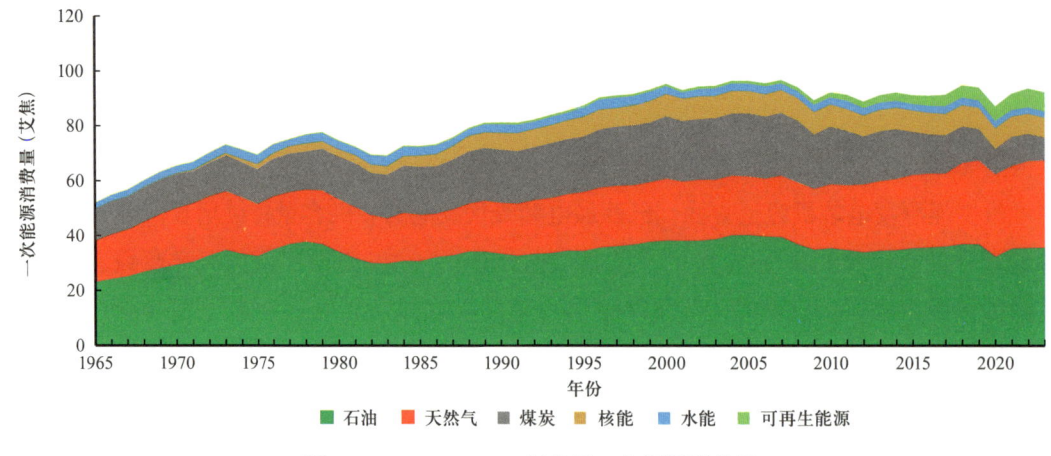

图 2-39 1965—2023 年美国一次能源消费量
根据 EI 数据绘制

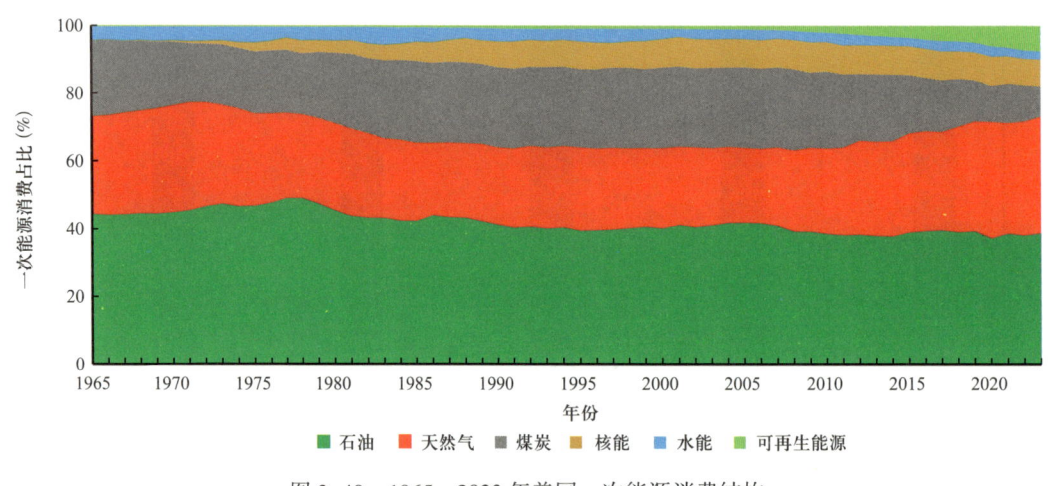

图 2-40 1965—2023 年美国一次能源消费结构
根据 EI 数据绘制

作为全球主要的石油消费国，20 世纪 70 年代的石油危机使美国对于能源安全和能源独立的关注急剧增加，促使美国政府开始探索替代能源，并推动一系列立法来减少对进口石油的依赖，促进能源转型。

1. 能源转型背景

20 世纪以来，美国能源转型过程可分为工业革命时期、页岩革命时期、政策波动时期和清洁能源转型时期四大阶段。

（1）工业革命时期。美国拥有全球最丰富的煤炭储量、世界排名第八的石油探明储量和世界排名第五的天然气储量，其能源消费有多种选择。从历史上来看，1776 年《独立宣言》签署时，木材是美国最主要的能源来源。直到 1885 年，煤炭后来居上，成为美国能源的主要来源，再到 1950 年被石油超越。自 1950 年以来石油一直是美国消耗最多的能源，这主要受汽车工业的影响。20 世纪初，内燃机的开发和汽车的普及使美国成为"车轮上的国家"，作为主要交通燃料的石油需求大增，推动美国石油产业飞跃发展。

（2）页岩革命时期。自 20 世纪 70 年代开始，美国国内石油产量快速下滑，美国石油对外依存度在 2005 年达到了 67% 的历史高位。直至小布什政府执政期末，美国终于实现了页岩油气开采技术的革命性突破，奠定了美国化石能源独立的根基。2010 年后，美国先后实现页岩气、页岩油的大规模量产。2016 年，美国首次出口天然气，2018 年，美国首次成为石油净出口国。直至今日，全球 90% 以上的页岩油产量都来自美国（金之钧，2019）。

（3）政策波动时期。油气工业所带动的经济增长和就业机会，使得美国第三次能源转型态度摇摆不定。例如，美国在 1998 年宣布加入《京都议定书》，但在小布什总统上台后，美国政府以"减少温室气体排放将会影响美国经济发展"为由，于 2001 年宣布退出《京都议定书》。美国曾于 2016 年加入《巴黎协定》，却在特朗普执政时宣布退出《巴黎协定》。

（4）清洁能源转型时期。2021 年，拜登就任美国总统后立即宣布重返《巴黎协定》，并提出了 2030 年温室气体排放比 2005 年降低 50%～52% 的目标。在奥巴马政府时期和拜登政府时期，美国推出了最多清洁能源转型政策。其中最具有影响力的包括 2021 年的《两党基础设施法》和 2023 年的《通胀削减法案》（图 2-41）。

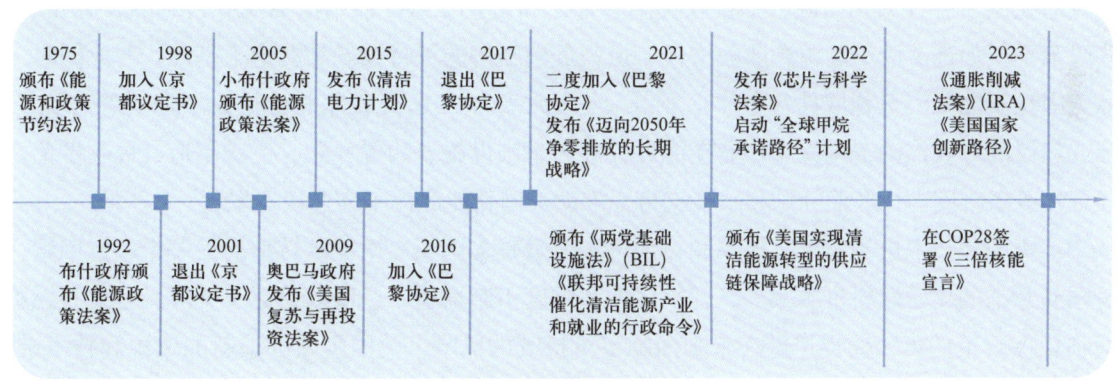

图 2-41　美国能源转型里程碑
根据 IEA 能源转型政策数据绘制

美国历次能源转型的驱动因素可以概括为：能源安全需求、经济和就业增长需求、资源和技术进步需求、社会意识与公众压力。

（1）能源安全需求。美国对于能源安全的关注，推动美国在稳定石油供应的同时，逐渐提高可再生能源的消费比重。美国之所以长期保持以石油为主的消费结构，得益于早期建立的"石油美元"机制和后期页岩革命带来的能源独立。第二次世界大战后，美国抓住战后国际货币金融体系重建的机遇，确立了让"美元与黄金挂钩，各国货币与美元挂钩"的布雷顿森林体系，尽管 20 世纪 70 年代布雷顿森林体系解体，但美国又找到了石油美元这一结算机制，牢固树立美元在全球货币贸易体系中的地位。20 世纪 70 年代的两次石油危机，使得石油进口大国美国遭受了严重的供应短缺和价格飙升。美国与沙特阿拉伯达成了协议，沙特阿拉伯所有的石油出口必须全部以美元作为计价和结算货币。同时，沙特阿拉伯将出口石油获得的美元盈余用来购买美国政府债券，从而使美元再度回流美国。这一交易结算机制，使得美国在国际石油贸易中由被动变为主动。也是从这一时期开始，美国政府开始通过政策引导生产端和消费端，以加强能源安全。最早，尼克松总统宣布了"能源独立计划"，以支持能源自给自足的政策目标。卡特政府时期，美国的能源独立政策关注点开始变化，从能源价格管制和关注节能开始逐渐转向新型替代能源。到小布什政府时期，以新能源为核心的新型战略产业被政府纳入了宏观规划中，2007年布什政府出台了新的能源法案，即《能源独立与安全法》，对汽车油耗标准作出了更严格的规定，大幅增加生物燃料乙醇的使用量，发展替代能源被提高到"国策"的地位，对美国联邦机构建筑和商业建筑的能耗标准作出了新的规定，大范围推广节能产品，取消对油气企业的税收优惠和补贴等。奥巴马政府至特朗普政府时期，能源独立政策体系日趋成熟，政府在提高传统能源利用效率、扩大国内油气资源开发、加大可再生能源预算投入等方面重点发力。因此2007年以后，天然气消费量和可再生能源消费量快速增加（杜宝贵等，2018）。

（2）经济和就业增长需求。美国第三次能源转型的起点可以追溯到2008年金融危机之后，美国产业空心化问题自经济下行期得到极端放大，通过产业复兴方式完成经济复苏目标成为奥巴马政府的执政目标，新能源产业因其潜在的创新能力和就业创造能力而受到重视。政府和私营部门开始大力推动新能源产业的发展，以促进经济复苏和就业增长。奥巴马政府时期，美国逐步完成页岩革命，能源生产形势发生了显著变化，以风电和光伏为代表的新能源产业开始得到重视和大力扶持。美国政府实施了各种激励措施，如税收优惠、补贴和研发支持，鼓励清洁能源技术的发展和应用。这些政策不仅促进了清洁能源产业的增长，也为美国经济的可持续发展奠定了基础。与此同时，为保障美国在新能源汽车领域具备全球竞争力，美国政府自2016年以来相继推出十多项措施以立法、目标或建议的方式推动美国汽车产业在能耗标准、基础设施、购置补贴、生产制造、税收抵免及燃油经济性等多维度进行产业补贴和政策支持，推动美国新能源汽车产业快速发展。

（3）资源和技术进步需求。资源和技术进步因素是美国第三次能源转型的另一个关键因素。随着美国易开采的化石燃料资源减少，开采成本和难度不断增加，经济效益逐步下降，且化石燃料开采面临环保政策约束，使得产量在未来面临不可持续的风险，美国亟须寻求新的资源和技术进步。而与此同时，美国在太阳能、风能、电池和储能技术及智能电网方面的迅速进步，使得可再生能源的应用变得更加广泛和经济可行。太阳能方面，美国太阳能电池的效率显著提升，从20世纪70年代的约6%提高到2021年商用太阳能电池效率可达到20%以上，而大规模生产和技术进步使光伏组件的生产成本大幅降低，从2000年的每瓦约5美元下降到2023年的每瓦不到0.5美元。风能方面，美国海上风电技术的进步，如浮动式风电平台，使得风电开发不再局限于陆地和近海，扩大了可利用的风能资源。此外，固态电池、液流电池等新型储能技术的发展，提供了更高效、更安全的储能解决方案。电动汽车与电网的双向互动技术（Vehicle-to-Grid，V2G）使得电动汽车不仅是用电设备，还能作为储能设备参与电网调节。这些技术进步不仅提高了能源系统的效率和可靠性，还推动了能源结构的转型，为实现可持续发展的目标提供了重要支撑。

（4）社会意识与公众压力。美国历次能源转型的过程中，社会意识与公众压力发挥了重要的驱动作用。在美国，环保不只是环境保护或者产业经济问题，也是敏感的政治问题。20世纪80年代的"沃伦抗议事件"是美国"环境正义"的重要推手之一。1982年，北卡罗来纳州的沃伦县居民抗议政府将有毒化工垃圾填埋场建在社区附近，引发了全国性的种族抗议活动。这一事件使得环境问题与种族问题结合，推动了"环境正义"成为大量美国人心中的重要价值观之一。国际能源署的统计显示，2015年到2019年，国际石油公司通过的与气候相关的股东决议一共有250份，占了股东提案总数的95%以上。美国传统能源公司的股东们纷纷要求公司向低碳、新能源转型，这一方面是受到公众环境正义的道德捆绑，另一方面也有现实的长期利益考量。美国政府通过一系列政策和行政命令,如《应对国内外气候危机》和《通过联邦可持续性催化清洁能源产业和就业的行政命令》,推动了清洁、包容和公正的过渡行动。这些措施,结合了经济需求和技术发展,共同推动了美国能源转型的进程,为实现 2050 年净零排放的长期目标奠定了基础。

2. 能源转型目标

美国最新的能源转型目标可分为脱碳、开发核能和发展可再生能源三大类,并且在不同的能源转型目标下美国能源部都发表了重要的报告文件,以推动相应转型目标的实现(表 2-11)。

表 2-11 美国最新能源转型目标(截至 2024 年 6 月)

领域	最新目标
脱碳	2030 年将温室气体排放量比 2005 年水平减少 50%~52%,到 2030 年将范围 1 和范围 2 的温室气体排放量从 2008 年的水平减少 65%;2050 年实现净零排放
核能	计划到 2050 年新增 200 吉瓦的核电装机容量,每年新增 13 吉瓦的新核电装机容量
可再生能源	可再生能源装机容量到 2030 年达到 845 吉瓦
	预计到 2030 年清洁氢产量达到 1000 万吨/年,到 2040 年清洁氢产量达到 2000 万吨/年,到 2050 年清洁氢产量达到 5000 万吨/年
	到 2035 年部署 15 吉瓦的浮式海上风电,并将深水浮式海上风电成本降低 70% 以上
	到 2030 年每千瓦时 0.2 美元公用事业规模太阳能光伏;到 2030 年每千瓦时 0.04 美元商业太阳能光伏;到 2030 年每千瓦时 0.05 美元住宅太阳能光伏;到 2030 年,在美国西南部至少有 12 小时热能储存的集中太阳能发电系统中,每兆瓦时 50 美元集中太阳能发电;到 2050 年,光伏发电装机容量达 1600 吉瓦

在脱碳方面,2021 年 11 月美国能源部发布《迈向 2050 年净零排放的长期战略》报告,指出到 2030 年,美国计划将温室气体排放量较 2005 年水平降低 50%~52%,并在 2030 年时将范围 1 和范围 2 的温室气体排放量较 2008 年的水平减少 65%。

在核能开发方面,2023 年 3 月美国能源部发布《先进核能商业化路径》报告,提出到 2050 年新增 200 吉瓦核电装机容量的目标,这需要在 2030 年启动先进核能的商业化部署,并在 2040 年前达到年均新增 13 吉瓦核电装机容量的增速(DOE,2023)。

在发展可再生能源方面,为了实现 COP28 的全球目标,美国计划将其可再生能源容量从 2020 年的约 300 吉瓦增加到 2030 年的 845 吉瓦。2021 年 9 月美国能源部发布《光伏未来研究报告》,指出,太阳能在美国电网脱碳过程中具备巨大的潜力,预计到 2035 年,太阳能光伏可贡献 40% 的电网电力,而 2020 年这一占比仅为 3%。风能、核能、水电、生物发电和地热分别占总发电量的 36%、11%~13%、5%~6%、1%,到 2050 年,光伏发电装机容量达 1600 吉瓦(DOE,2021)。根据美国能源部 SunShot 目标,美国设定了到 2030 年各类太阳能发电成本目标,其中公用事业规模太阳能光伏每千瓦时 0.2 美元、商业太阳能光伏每千瓦时 0.04 美元、住宅太阳能光伏每千瓦时 0.05 美元,以及在美国西南部至少有 12 小时热能储存的集中太阳能发电系统每兆瓦时 50 美元。2023 年 3 月美国能源部发布的《推进美国海上风能》战略指出能源部将支持政府能源政策,加速部署海上风能,旨在实现 2023 年部署 30 吉瓦海上风电的目标,并为 2050 年实现 110 吉瓦以上的海上风电目标设定国家发展路径,具体包括:计划在 2035 年将深水浮式海上风电成本降低 70% 以上,并部署 15 吉瓦的浮式海上风电。2023 年 6 月美国能源部发布《美国国家清洁氢能战略路线图》,旨在加速清洁氢的生产、处理、交付、存储和应用，计划到2030年清洁氢产量达到1000万吨/年，到2040年清洁氢产量达到2000万吨/年，到2050年清洁氢产量达到5000万吨/年。此外，美国还设定了在十年内实现清洁氢气生产成本降至1美元/千克（与2021年基线相比降低80%）的目标。

3. 能源转型措施

1）推动清洁电力实施

近年来，太阳能发电和风电成本的下降、联邦和地方支持政策及消费需求增长，共同推动了美国清洁电力的加速实施。美国能源部和国家可再生能源实验室（NREL）预测，在《通胀削减法案》激励措施下，核能可再生能源等清洁电力在总发电量中的占比将从2022年的41%提高到2030年的71%～90%。为了加速清洁电力发展，美国政府正积极推进区域间输电投资，快速推进可再生能源电力连接。通过清洁电力税收信贷、输电许可加速、电池储能投资灵活性及积极的电力需求响应，美国可再生能源发电量占比预计从2023年的22%上升到2028年的34%。《通胀削减法案》还为储能项目提供高达50%的联邦税收抵免，以及30%的住宅清洁能源税收抵免。美国的储能项目在经济性改善、市场改革、设备成本下降和激励措施下不断扩张，2023年美国已成为全球第二大电池储能市场，投资达110亿美元。虚拟电厂（VPP）作为分布式能源资源的聚合网络，增加了电网容量，支持快速电气化，并减少电网成本。美国能源部贷款计划办公室（LPO）计划到2030年开发80～160吉瓦虚拟电厂，是现有数量的3倍。2023年，贷款计划办公室有177个活跃申请者，总申请额达1571亿美元，每周新增超过2个申请。

2）支持核电持续运行

核电是美国电力结构中重要的多样性来源，维护了美国可再生能源系统的稳定运行。随着煤电厂退役、电气化和发电脱碳进展，现有核电站的可靠性变得更加关键。为支持核反应堆的持续运行，美国在州和联邦层面引入了多项政策。《两党基础设施法》建立了民用核能信贷计划，提供60亿美元资金援助可能关闭的核电站。《通胀削减法案》为财务困难的核电站运行提供税收抵免，每兆瓦时发电补贴高达15美元，适用于2024—2032年运行的设施。联邦政府还制定了多项措施以降低先进反应堆设计的风险，并激励新核电项目的建设。"先进反应堆示范计划"为部署先进核设计示范项目提供32亿美元资金。此外，贷款计划办公室（LPO）在美国新核电项目中发挥关键作用。贷款计划办公室已向Vogtle核电项目提供高达120亿美元的贷款担保，并承诺还将再提供高达15.2亿美元的贷款担保，以恢复Holtec Palisades核电站的运行。

3）发展清洁能源供应链

2022年2月24日美国能源部发布了《美国实现清洁能源转型的供应链保障战略》，这是美国为减少对中国的依赖、保障国家安全和产业竞争力而首次出台的全面性战略。该文件对11项能源关键技术供应链进行了评估，并提出了62项行动建议，旨在打造一个具备安全性、弹性和多样性的清洁能源产业基础，清洁氢和海上风电是美国清洁能源供应链的建设重点。2024年3月，美国能源部宣布根据《两党基础设施法》拨款，投入7.5亿美元支持52个清洁氢能技术开发及制造项目，旨在加速发展本国清洁氢能供应链，助力实现氢能的大规模部署。2023年3月美国能源部发布海上风电战略，提出到 2030 年将海上风电成本从每兆瓦时 73 美元降至 51 美元，并发展国内供应链；到 2035 年将浮式海上风电成本降低至 45 美元/兆瓦时，建立设计和制造领导地位；提供可靠输电解决方案；扩大热电联产技术，实现广泛电气化和脱碳。

4）推进 CCS 技术商业化

在美国《清洁能源与安全》法案中，关于 CCS 技术的规定涵盖了多个关键领域，旨在推动该技术的商业化和广泛应用。首先，法案要求环保署与相关部门合作，制定一项全面战略，以解决商业规模部署 CCS 技术面临的法律、监管和技术障碍。为了推动该技术的发展，法案授权行业组织通过公投创建碳储存研究公司，负责为符合条件的项目提供财政支持，以加速 CCS 技术的商业化部署。同时，法案为新建燃煤电厂设定了碳减排标准，要求 2020 年之后获得许可的燃煤电厂必须实现至少 65% 的二氧化碳减排。为了进一步激励企业采用 CCS 技术，法案还提供了额外的财政奖励机制，对于实现不同减排目标的设施，提供额外的津贴支持。此外，根据 45Q 的规定，CCS 项目可以享受相应的税收抵免，以鼓励公众减少二氧化碳排放。具体来说，该条款为捕集并安全封存的二氧化碳提供财政支持。对于通过地质封存安全储存的二氧化碳，企业每捕集一吨可以获得 20 美元的抵免，而如果捕集的二氧化碳用于提高油气采收率，则每吨可获得 10 美元的抵免。随着 2018 年两党预算法案的通过，这一抵免数额有所提升，封存相关的抵免可达到每吨 50 美元，而用于提高油气采收率的碳捕集项目每吨可获得 35 美元的抵免。这些抵免的适用范围主要针对每年捕集至少 50 万吨二氧化碳的设施，对于直接空气捕集设施的门槛则为 1000 吨。为了确保二氧化碳被妥善封存，法规要求这些气体必须储存在安全的地质构造中，如深层盐水层或不可开采的煤层。美国环保署和能源部负责制定相关规定，以确保封存过程中的安全和有效性。整体而言，法案通过法律和经济激励的双重手段，推动 CCS 技术的发展和应用，助力清洁能源经济的转型。

4. 能源转型成效

近年来，美国在脱碳和发展可再生能源方面都朝着既定目标前进，并取得了显著进展，但与其制定的核能开发目标还存在较大差距。

在可再生能源领域，从 2013 年到 2023 年，可再生能源消费量占一次能源消费的比重从 7.14% 增加至 11.66%。光伏装机容量从 2013 年的 13 吉瓦增至 2023 年的 139 吉瓦，在一次能源消费中的比重从 0.17% 提升至 2.39%。风电装机容量从 2013 年的 60 吉瓦增至 2023 年的 148 吉瓦，占比从 1.79% 升至 4.26%。自 2017 年以来，美国的海上风电产业开始崛起，大型项目陆续开工建设，并在大西洋、太平洋和墨西哥湾沿岸划定了新的风能区域。截至 2023 年底，美国已部署 42 兆瓦的海上风电，并在 2024 年初，新英格兰地区的首批大型海上风电场开始向电网输电。根据美国能源部和国际能源署的预测，美国可再生能源容量预计将从 2020 年的约 300 吉瓦增至 2030 年的 845 吉瓦，增长将近两倍。值得关注的是，美国每年生产 1000 万吨氢气，主要用于石油精炼、氨和化工行业。美国是世界上少数几个拥有捕集二氧化碳的氢气设施的国家之一。根据《清洁空气法案》，美国环保署要求通过与氢气共燃来减少化石燃料的使用。2023 年，美国一座联合循环电厂实现了 38% 的氢气共燃比例。

在核能领域，从 2013 年到 2023 年，美国核能发电量不升反降，从 83.05 太瓦时降至 81.62 太瓦时，降低了 1.72%；占一次能源消费结构的比重从 8.44% 下降至 7.76%（图 2-42）。一方面，美国有相当数量的核反应堆被关闭，国际原子能机构（IAEA）的数据显示，自 2012 年以来，美国已有 13 个反应堆（总计 10.2 吉瓦的装机容量）被关闭，大约占全球退役反应堆的 20%。另一方面，美国的新建核电项目面临挑战，包括大型核电项目的复杂性导致的时间和成本超支风险，以及新建核电站长时间停顿后工业能力的丧失。例如西屋公司（Westinghouse）的 AP1000 反应堆在美国建设以来，就经历了时间和成本的超支。此外，2017 年由于追加预算、税费不确定性、合作伙伴退出等原因，西屋公司放弃 V.C. Summer 项目。而作为美国核电标志性项目的 Vogtle 项目（包括 2023 年 7 月投入运行的 3 号和 2024 年 4 月投入运行的 4 号两个单元，共 220 万千瓦）尽管已开始运行，但每千瓦电的成本已超过 10000 美元。大型核电项目的高成本和建设风险使美国工业对在国内建设额外的大型核电站望而却步。

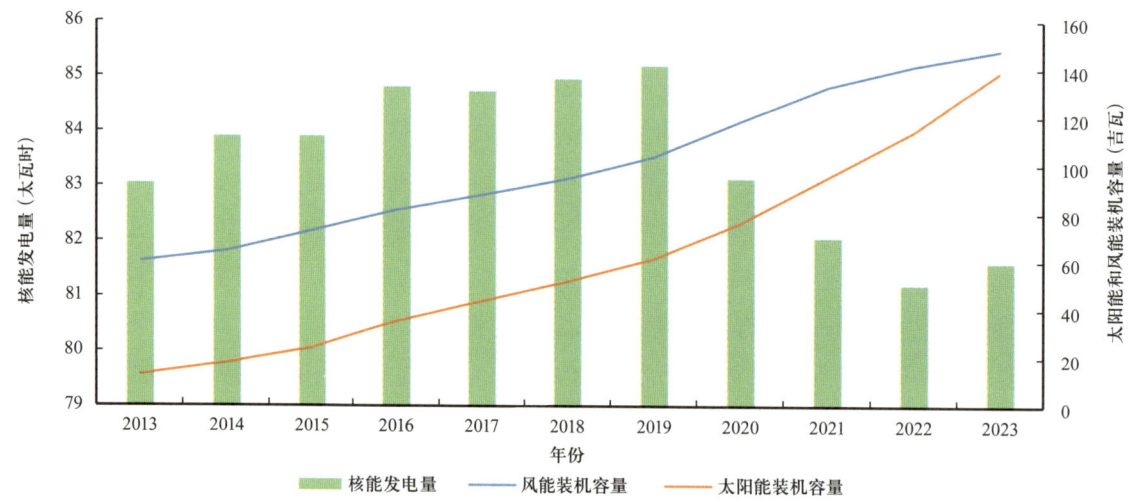

图 2-42　2013—2023 年美国风能和太阳能发电装机容量、核能发电量

根据 EI 数据绘制

第三章

重点石油公司能源转型路径与成效

石油公司应对气候变化和实现碳中和已进入"共建"阶段,而实现碳中和核心是推动能源结构转型。石油公司作为全球能源供应的主要力量,承担油气行业应对气候变化、推动能源转型、实现碳中和的主要责任。本章选取了七大国际石油公司和五家典型的国家石油公司,其转型战略及目标、能源转型措施、能源转型成效具有代表性,是洞察石油公司能源转型不同路径实践的最佳选择。

第一节 国际石油公司能源转型路径与成效

本节选取埃克森美孚、雪佛龙、壳牌、道达尔能源、碧辟、埃尼和艾奎诺七大国际石油公司❶作为研究对象。这七大国际石油公司凭借在资金、技术、全球化布局、全产业链业务等方面的优势,不仅是传统油气领域的领导者,因其能源转型中投资策略、资产结构调整、低碳新能源业务布局、技术研发等方面颇具代表性和影响力,也是石油公司能源转型的引领者和重要推动者。

一、埃克森美孚

埃克森美孚(ExxonMobil)是全球最大的上市石油公司之一,拥有涵盖油气上中下游的完整产业链,业务遍及全球60多个国家/地区,共有员工约62000人。埃克森美孚在2024年美国《石油情报周刊》世界最大100家石油公司综合排名中位列第4,在2024年《财富》世界500强中位列第12。截至2023年底,埃克森美孚石油探明可采储量15.3亿吨,天然气探明可采储量23.2亿吨油当量;2023年,埃克森美孚石油产量约1.22亿吨,天然气产量约790亿立方米,油气产量合计约1.86亿吨油当量;原油加工量2.03亿吨,产品销售量2.48亿吨,天然气液化能力2120万吨;实现营业收入3346.97亿美元,净利润360.1亿美元;范围1与范围2温室气体排放量为9800万吨二氧化碳当量。

1. 转型战略及目标

1)转型战略

相对于欧洲国际石油公司,埃克森美孚的能源转型步伐一直被认为是保守的,这源于其对石

---

❶ 排名参考美国《石油情报周刊》2024年世界最大100家石油公司综合排名。

油和天然气重要性，以及对全球能源市场长期基本面的看法。2023年底，在亚太经济合作组织（APEC）首席执行官峰会中，埃克森美孚董事长兼首席执行官达伦·伍兹强调："石油和天然气对人类社会的贡献是史无前例的，尤其是在推动经济发展、减少贫困以及提升生活水准方面，石油和天然气的作用无可比拟。"四年前，在其发布的《世界能源展望2040》报告中，埃克森美孚预测到2040年石油与天然气在世界能源供应量中占比为57%。近年来，地缘政治紧张、供应风险等因素引起的能源安全问题，进一步强化了埃克森美孚对油气资源的重视。2023年，埃克森美孚发布了《世界能源展望2050》报告，报告强调到2050年石油和天然气仍将是全球能源系统的重要组成部分，在世界能源供应量中占比仍将达54%。长期以来，埃克森美孚一直坚定油气在中长期能源消费结构中的重要作用，这也构成了其制定发展战略、业务规划的基础。近年来，全球能源转型加速推进，在内外部压力影响下，埃克森美孚公布了促进能源转型、应对气候变化的目标与举措。总体而言，埃克森美孚以油气业务为重心的能源转型战略可概述为：满足能源转型过程中不断变化的、对可靠和可负担的能源和产品的需求，坚定油气在公司业务中的核心地位并保持行业领先的竞争优势，优先考虑上游油气业务的脱碳，发展与自身能力相一致的低碳与新能源业务（图3-1）。

2）转型目标

基于能源转型战略，2023年12月，埃克森美孚发布了新版战略规划，更新了对油气上游、产品解决方案、低碳解决方案三个业务板块的发展目标和举措（表3-1）。

表3-1 埃克森美孚能源转型目标

分类	领域	目标
油气上游	油气产量	2027年达到2.1亿吨油当量
	LNG产量	2027年达到2700万吨/年
	盈利能力	2027年：布伦特油价≤35美元/桶，90%的油气投资收益超过10%；天然气价格为6美元/百万英制热单位时，新投资LNG项目收益超过10%
产品解决方案	盈利能力	2027年的盈利约160亿美元，较2019年增长3倍以上
	销售量	高价值产品销售量达到2019年的2倍
	排放强度	2030年温室气体排放强度下降20%~30%
低碳解决方案	投资	2022—2027年间，超过200亿美元
	温室气体排放强度	运营资产降低20%~30%；上游降低40%~50%
	甲烷排放强度	运营资产降低70%~80%
	燃除强度	运营资产下降60%~70%

注：根据埃克森美孚年报数据绘制。

油气上游。扩大低成本、高回报的油气生产以满足对能源安全的需求。埃克森美孚的目标是到2024年油气产量达1.9亿吨油当量，2027年增长约10%至2.1亿吨油当量，超过50%的产量将来自圭亚那、巴西、二叠盆地和液化天然气四个核心领域，其中二叠盆地油气年产量达到1.0亿吨油当量，圭亚那油气年产能超过6000万吨油当量，LNG产量增至约2700万吨/年。盈利方面，通过投资低成本、高利润的优质资产，于2027年实现较低的盈亏平衡油价，在布伦特油价≤35美元/桶

第三章 重点石油公司能源转型路径与成效

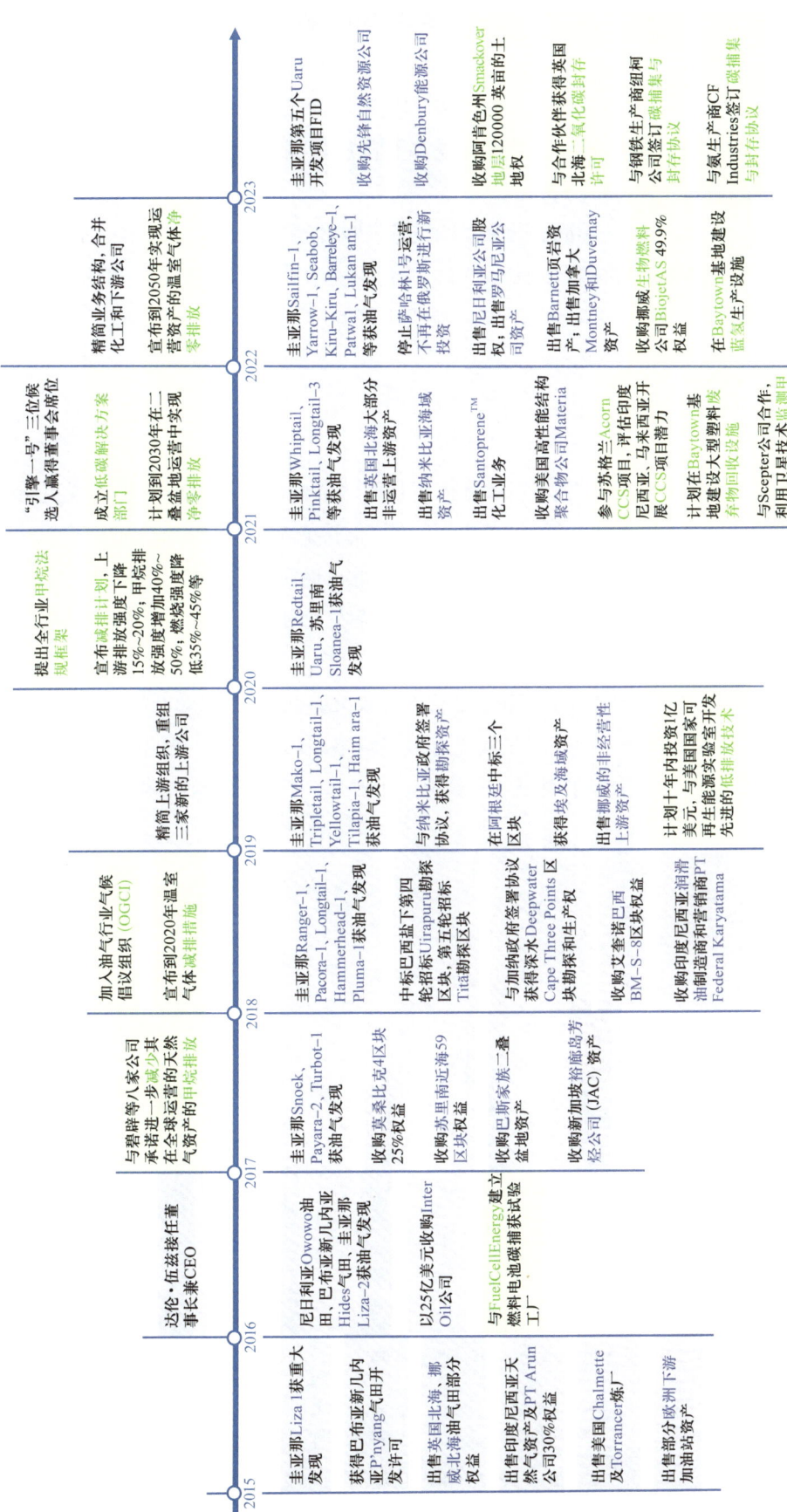

图 3-1 2015—2023 年埃克森美孚能源转型大事记
根据埃克森美孚年报、网站数据绘制

的情况下，九成油气投资产生的收益超过10%；在天然气价格为6美元/百万英制热单位时，新投资LNG项目收益超过10%。

产品解决方案。2027年的盈利约160亿美元，较2019年增长3倍以上，实现超过100亿美元的增长；高价值产品（低排放燃料、高性能化学品和高质量润滑油）销售量达到2019年的2倍；2030年温室气体排放强度下降20%～30%。

低碳解决方案。2022—2027年间，投资力争超过200亿美元；以2016年为基准年，到2030年，运营资产温室气体排放强度降低20%～30%，上游温室气体排放强度降低40%～50%，运营资产甲烷排放强度降低70%～80%，运营资产燃除强度下降60%～70%。

2. 能源转型措施

1）资本支出

在国际石油公司中，埃克森美孚一直保持较高强度的资本支出。2020年埃克森美孚曾计划年度资本支出达300亿～350亿美元，但受国际油气价格低迷影响，2020年、2021年实际资本支出大幅削减约35%。在全球油气市场基本面趋好、乌克兰危机促使能源安全广受关注、能源转型需加快推进呼声增强等背景下，自2021年起，埃克森美孚持续上调其资本支出计划，以期实现增加油气供应、满足全球需求、完成中长期减排等目标。根据2023年12月公布的资本支出计划，2024—2027年，埃克森美孚计划每年资本支出220亿～270亿美元，较2021年200亿～250亿美元的资本支出计划增长20亿美元。油气上游一直是埃克森美孚资本支出的重点，近年来约占公司资本支出的75%，其中绝大部分资本支出用于美国二叠盆地、圭亚那、巴西和全球液化天然气项目的勘探与开发（图3-2）。

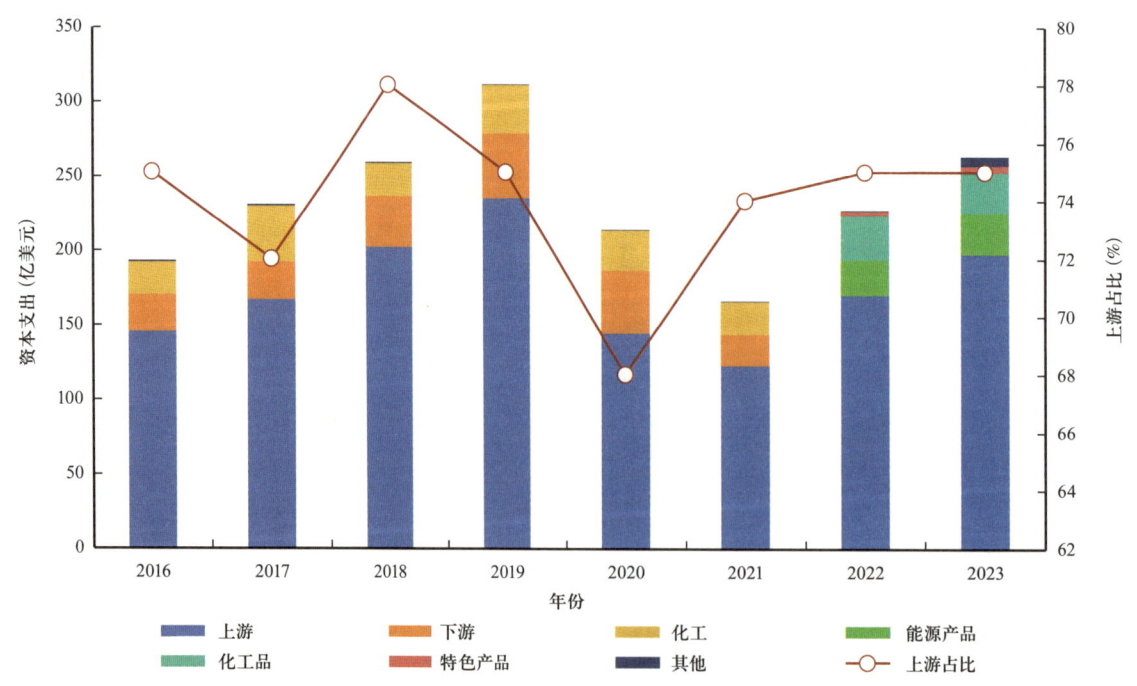

图3-2　2016—2023年埃克森美孚资本支出结构

根据公司年报数据绘制

低碳解决方案业务资本支出计划也随着CCUS、生物燃料、氢能、锂矿等业务的拓展而不断增加。埃克森美孚计划2022—2027年为低碳解决方案业务支出200亿美元（不包括收购Denbury能源公司的49亿美元），较两年前150亿美元的计划增长33%，其中约50%的资本支出将用于减少公司本身运营资产温室气体排放。

2）资产结构

埃克森美孚坚定地执行其能源转型战略，巩固油气在资产结构中的核心地位，通过资产/公司的收并购与剥离，聚焦高回报、低成本、低排放的优势区域与领域，不断提高竞争力；整合炼油产品、化工产品、高附加值（更高利润、更低排放）产品，通过规模和技术优势，不断提高盈利能力；基于自身能力拓展多元化低碳业务，实现碳减排，重点开展油气业务减碳、CCUS、生物燃料、氢能、锂等业务。

（1）油气业务。

近年来，埃克森美孚油气上游业务归核化趋势更加明显。2018年以来，埃克森美孚上游勘探支出下降约一半，但勘探业务却取得了积极的成果。2019—2023年间，得益于圭亚那持续的油气发现，上游勘探创造了近130亿美元的价值（Wood Mackenzie，2024）。埃克森美孚的勘探策略聚焦于两个方面，一是侧重于包括已取得勘探成功的盆地在内的新区，如圭亚那和东地中海盆地；二是侧重于在产油气田邻近的盆地，通过协同效应降低日后的开发成本，如安哥拉的下刚果盆地和加拿大的Jeanne d'Arc盆地。开发方面，埃克森美孚绝大部分的开发支出集中在美国二叠盆地、圭亚那和巴西深水、LNG领域，至2030年，上述领域的产量贡献也将超过公司总产量的50%。

加大资产剥离，重心回归本土。2019年，埃克森美孚宣布一项大规模的资产剥离方案，计划到2021年剥离150亿美元的资产，在2025年前剥离250亿美元的资产，涉及欧洲、东南亚、非洲、中东等地区11个国家。2019年，埃克森美孚以45亿美元向Var Energi ASA公司（埃尼与挪威HitecVision公司成立的联合公司）出售挪威上游资产；2021年，以10亿美元向HitecVision公司出售英国北海资产，以3.6亿美元向Savannah能源公司出售乍得、喀麦隆上中游资产。在此期间，埃克森美孚也持续地出售位于美国的非二叠盆地资产及一些下游资产，至2021年，150亿美元资产剥离的目标已完成。2022年，埃克森美孚以14.7亿美元向Whitecap资源公司出售其拥有的XTO能源加拿大公司，涉及资产包括加拿大蒙特利、都沃内等地区的页岩资产；以12.8亿美元向Seplat石油开发公司出售整个尼日利亚近海浅水业务；以10.6亿美元向Romgaz公司出售罗马尼亚资产；同时继续剥离美国非核心资产合计约20亿美元。此外，受乌克兰危机影响，埃克森美孚于2022年退出在俄罗斯的Sakhalin-1项目，退出俄罗斯市场。2023年，埃克森美孚将其在伊拉克西古尔纳-1油田（West Qurna 1）的剩余股份出售给伊拉克巴士拉石油公司，退出伊拉克市场。通过非核心资产的剥离，一方面埃克森美孚可以将重心转向美国本土，形成低成本、低风险和高收益的资产组合；另一方面，集中在本土二叠盆地的资产也有利于和CCUS基础设施等形成协同，达到降低上游碳排放的目标（图3-3）。

聚焦核心领域，优化资产组合。在加快非核心资产剥离的同时，埃克森美孚通过自主勘探、收并购等方式，聚焦二叠盆地、圭亚那深水、巴西深水、LNG等领域，不断增强资源基础，优化资产组合。

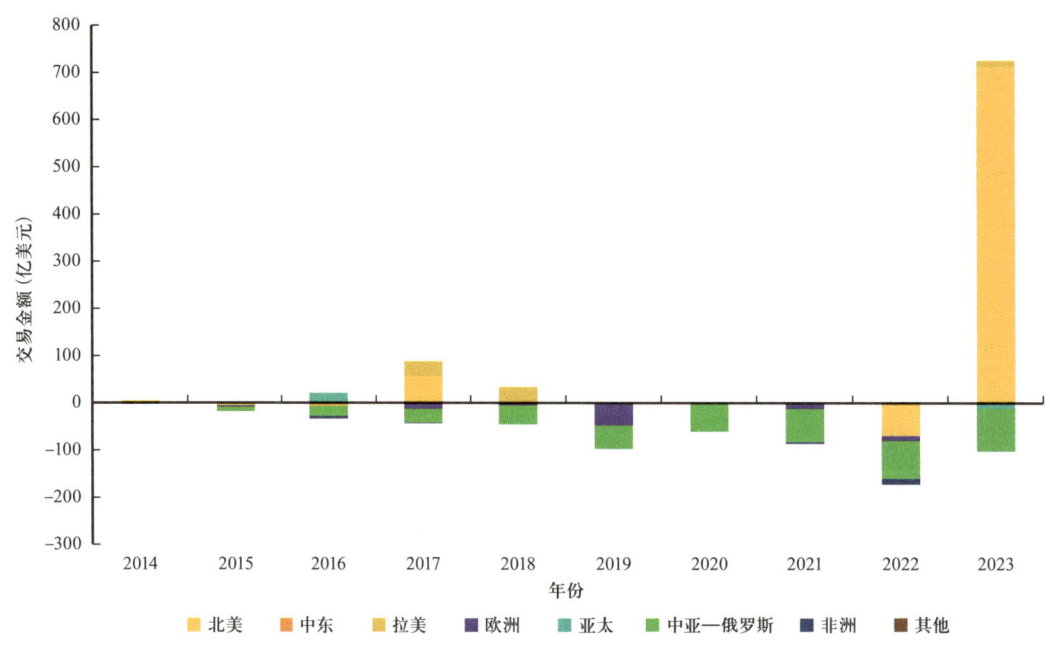

图 3-3　2014—2023 年埃克森美孚油气上游资产收并购与剥离地区统计

根据 S&P Global 数据绘制

二叠盆地页岩油气。随着技术进步，美国页岩油气资产生产成本大幅下降，产量大幅上升，其中二叠盆地页岩油气因成本低、单井初始产量及最终采出程度高等原因，被认为是最具韧性的油气资产，即可以灵活地应对油价波动和需求变化带来的产量变化。在 2009 年以 410 亿美元收购 XTO 能源公司后，埃克森美孚加快了回归本土、布局页岩油气资产的步伐。2014—2017 年，埃克森美孚多次收购二叠盆地的资产，其中 2017 年以 56 亿美元及 10 亿美元或有现金支付方式收购了沃斯堡巴斯家族 25 万英亩土地的租赁权，使其在二叠盆地的资源量增加至 8.2 亿吨油当量。2023 年，埃克森美孚以 645 亿美元收购先锋自然资源公司（2024 年 5 月已完成收购），这是 1999 年埃克森和美孚合并以来最大的一笔交易，也是 2015 年壳牌以 700 亿美元收购 BG 公司之后，全球最大规模的收并购交易。这笔交易体现了埃克森美孚"扩大低成本、高回报的油气生产，降低运营中资产碳排放"的转型战略。首先，埃克森美孚在特拉华盆地和米德兰盆地拥有 57 万英亩净面积，而先锋自然资源公司在米德兰盆地拥有 85 万英亩净面积，并且区块连片且品质高，收购之后，埃克森美孚将拥有资源量约 21.9 亿吨油当量，在二叠盆地的年产量将直接翻倍至 6500 万吨油当量，2027 年或将增长至 1.0 亿吨油当量，成为二叠盆地最大的生产商。其次，二叠盆地资产将成为埃克森美孚生产成本最低、盈利能力最强的资产之一。根据 Wood Mackenzie 的分析，埃克森美孚在二叠盆地有近 7000 口井位可在油价低于 35 美元/桶时实现 10% 的收益，有近 1100 口井位可在油价 35～40 美元/桶之间实现 10% 的收益，公司总井位的平衡油价低于 45 美元/桶。而先锋自然资源公司有超过 7000 口井位可在油价 38～45 美元/桶时实现 10% 的收益，有近 3080 口井位需油价高于 45 美元/桶才能实现 10% 的收益。埃克森美孚收购先锋自然资源公司后，可通过规模及技术优势使二叠盆地的生产成本进一步降低，从而达到公司 2027 年 90% 油气投资可在 35 美元/桶时实现 10% 的收益的目标。再次，埃克森美孚在二叠盆地的资产碳排放强度要远低于先锋自然资源公司资产，通过与现有的 CCUS 基础设施、碳减排技术结合，可使先锋自然资源公司资产提前 15 年实现净零排放（先锋自然资源公司原计划于 2050 年实现运营中资产的净零排放)。

圭亚那深水油气。深水油气勘探开发是埃克森美孚上游核心战略领域之一,也是其资产组合中的重要组成部分。经过十多年的布局,埃克森美孚的深水油气资产多位于大西洋两岸石油富集区带以及地中海天然气富集区带,其中圭亚那深水油气无疑是最为成功的。2014—2023 年间,埃克森美孚在全球的十大勘探发现中有八个位于圭亚那(表 3-2)。在这期间,埃克森美孚领导的勘探联合体在圭亚那斯塔布鲁克区块共发现 34 个油气田,油气可采储量合计 19.28 亿吨油当量,占圭亚那油气总可采储量的 97.5%。2015 年埃克森美孚在斯塔布鲁克区块发现 Liza 油田,该油田一期项目(Liza-1)于 2017 年通过 FID,2019 年底实现投产。Liza-1 项目离岸约 190 千米,水深 1500~1900 米,采用 FPSO 方式生产,年产能 600 万吨。从发现到首产,该油田仅用 4 年半时间,打破了全球深水油气从勘探发现到建产的平均时间纪录。2024 年 4 月,埃克森美孚通过了斯塔布鲁克区块第六个项目——Whiptail 的 FID,项目计划于 2027 年投产,进一步推动了到 2027 年在圭亚那建成 6000 万吨/年生产能力目标的实现。值得一提的是,圭亚那深水油田不仅生产成本低(油价 35 美元/桶时收益率大于 10%),而且温室气体排放强度只有埃克森美孚上游资产平均排放强度的 30%。

表 3-2 2014—2023 年埃克森美孚全球十大勘探发现统计(以权益可采储量排序)

年份	国家	盆地	油田	总可采储量（万吨油当量）	权益可采储量（万吨油当量）	油气类型
2015	圭亚那	圭亚那	Liza	19575	8808	油
2014	俄罗斯	西伯利亚	Pobeda	25247	8411	油气
2019	塞浦路斯	西伯利亚	Glaucus	10849	6507	气
2019	圭亚那	埃拉托色尼	Halmara	10959	4932	气
2019	圭亚那	圭亚那	Yellowtail	9808	4411	油
2023	圭亚那	圭亚那	Fangtooth Southeast	9479	4274	油
2022	圭亚那	圭亚那	Lau Lau	9452	4260	气
2018	圭亚那	圭亚那	Longtail	9329	4192	油
2018	圭亚那	圭亚那	Hammerherd	8411	3795	油
2022	圭亚那	圭亚那	Salifin	7562	3397	气

注:根据 Wood Mackenzie 数据绘制。

巴西深水油气。巴西是南美洲最大的原油生产国,深水油气资源丰富,是全球深水/超深水油气勘探开发技术的领跑者,也是埃克森美孚布局全球深水业务的重要一环。埃克森美孚是第一家在巴西开展油气业务的公司,早在 1912 年巴西标准石油公司就被授权在该国开展油气业务,但起初主要从事油品销售业务。1999 年,埃克森和美孚合并后,在巴西巴拉那州的库里提巴市建立了全球商务中心,目前该商务中心有约 2000 名员工,为 70 多个国家/地区的各种业务线提供信息技术、会计、财务以及客户和支持服务。2004 年埃克森美孚进入桑托斯盆地盐下勘探区块,但由于勘探失利而退出。2013 年和 2015 年,埃克森美孚重新进入巴西深水领域,并分别获得两个勘探区块的作业权。受圭亚那勘探发现的激励,埃克森美孚大举进入巴西深水领域,2016 年至今,通过多轮次的竞标，埃克森美孚目前共持有 28 个海上区块的权益（26 个勘探区块、2 个开发区块），并在其中的 17 个区块担当作业者，权益面积超过 1 万平方千米。在巴西深水的布局，充分体现了埃克森美孚对巴西深水勘探潜力的信心以及坚持公司上游业务战略的定力。

 典型案例

埃克森美孚在圭亚那的勘探历程

圭亚那钻探活动始于 20 世纪 40 年代，仅钻探少量探井，未获油气田发现，随后勘探陷入停滞。埃克森 1999 年进入圭亚那深水斯塔布鲁克（Stabroek）区块，2015 年发现 Liza 深水油田，自此带动了圭亚那及其周边海域的勘探热潮。2015—2022 年间，埃克森美孚、图洛、雷普索尔和 CGX 能源等作业者在圭亚那海域共获得 40 个油气田发现，油气可采储量合计 20.1 亿吨油当量。埃克森美孚在圭亚那盆地的油气勘探主要经历了 3 个阶段：

（1）1957—1982 年：超前布局圭亚那盆地苏里南海域。

埃克森早在 1957 年就联合壳牌和道达尔获得苏里南海域 Esso Et Al 勘探区块，直至 1977 年才钻探 Demerara A2-1 井，虽然储层质量存疑且缺乏构造圈闭，但认为圭亚那盆地具有较好的烃源岩潜力。随着壳牌和道达尔在钻井失利后减持部分股份，埃克森于 1982 年退出苏里南海域，至此这一地区的勘探暂时告一段落。

（2）1999—2015 年：再进圭亚那盆地并坚守圭亚那海域。

20 世纪 90 年代初，埃克森对南美洲北部进行了系统的区域研究和盆地分析，认识到圭亚那—苏里南深水区的潜在价值，随后在 90 年代末决定重返圭亚那盆地及周边海域。1999 年 6 月，埃克森通过议标从圭亚那政府手中获得斯塔布鲁克区块 100% 权益，该区块位于圭亚那海域 1000~3000 米水深范围，面积为 4.7 万平方千米，占盆地总面积的五分之一。由于圭亚那与苏里南/委内瑞拉的领海争端，导致其勘探一度停滞长达 8 年。在国际仲裁解决领海争端后，埃克森美孚得以正式开展勘探工作，于 2008—2012 年完成了二维和三维地震采集，初步确定有利勘探目标。2009—2014 年间，壳牌曾获得参与斯塔布鲁克区块 25%~50% 的权益，但由于 1971—1975 年在圭亚那浅水区钻探了 5 口失利探井，认为深水区同样存在风险，在 2014 年钻探首口风险探井之前主动放弃区块 50% 的权益。这部分权益后来被中国海油、赫斯公司获得。2015 年，由埃克森美孚领导的勘探联合体钻探圭亚那首口深水野猫井——Liza 1 井，获得重大油气发现，成为圭亚那盆地深水的首个油田发现，坚定了石油公司在盆地深水领域的勘探信心。

（3）2015 年至今：地质认识和地震技术助推系列发现。

在获得 Liza 勘探发现后，其勘探部署总体为向三维地震覆盖区四周推进。2016—2018 年，向 Liza 油田的西北方向开展钻探活动，以地震技术识别有利成藏组合为主，发现 Payara、Ranger 等油田。2018—2019 年，向 Liza 油田西南方向钻探，发现 Hammerhead 油田。2019—2021 年，向 Liza 油田东北方向钻探，发现 Mako 油田。2017—2022 年，向 Liza 油田东南方向甩开勘探，地震技术和地质认识综合识别目标砂体起到关键作用，获得

28个与Liza油田相似的上白垩统砂岩成藏组合油气田，在Liza油田东南部形成了规模效应，为后期开发奠定了基础。

埃克森美孚等国际石油公司在圭亚那的勘探特点体现了其区域地质认识坚定勘探信心、新技术的运用助推勘探突破、勘探新认识引起周边勘探热潮、合作伙伴共担风险共享收益、商务运作/谈判实现双方共赢等经验，可为中国石油公司更好地开展海外勘探业务提供借鉴和参考。

——引自刘小兵、窦立荣，2023，《国际大油公司深水油气勘探实践及启示——以圭亚那斯塔布鲁克区块为例》。

LNG。埃克森美孚的LNG资产组合主要分布在卡塔尔、澳大利亚、美国、巴布亚新几内亚、莫桑比克等国家。在产项目为埃克森美孚提供了充足的产能，埃克森美孚在卡塔尔的9条LNG生产线上有1430万吨/年的权益产能，在澳大利亚Gorgon LNG项目的3条生产线上有390万吨/年的权益产能，在巴布亚新几内亚PNG LNG项目的2条生产线上有230万吨/年的权益产能，在莫桑比克Coral South FLNG项目中有90万吨/年的权益产能。此外，埃克森美孚积极推进项目的建设，以期快速实现产能的倍增，其在美国Golden Pass LNG、卡塔尔北方气田扩建项目的权益产能合计约670万吨/年。在最新的公司计划中，埃克森美孚计划到2027年提高LNG供应量至2700万吨/年（图3-4），产生超过70亿美元的经营现金流。

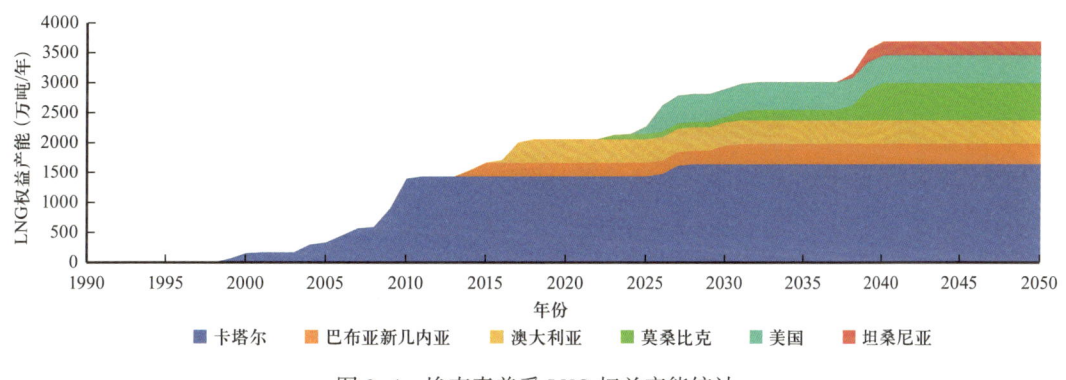

图3-4 埃克森美孚LNG权益产能统计
根据S&P Global数据绘制

（2）产品解决方案。

埃克森美孚的产品解决方案业务包括三个部门：以生产运输燃料、生物燃料、芳烃族化合物等为主的能源产品部门，以生产烯烃、聚乙烯、聚丙烯、化工中间体为主的化学产品部门，以生产成品润滑剂、基础油、蜡、合成纤维、树脂等为主的专业产品部门。这三个部门提供的各类产品，同样是埃克森美孚能源转型战略中"满足不断变化的能源需求"的重要组成。产品解决方案业务强调通过持续降低的生产成本、持续增长的高价值产品、持续优化的投资组合、行业领先的可持续性来实现公司能源产品的充足供应和盈利增长。高价值产品强调更高的价值和更低的排放，多指低排放燃料、高性能化学品和高质量润滑油。预计到2027年，这些产品虽然只占到埃克森美孚各类产品销售额的10%，但营收却占到40%。埃克森美孚计划到2027年，产品解决方案业务整体盈利能力达到160亿美元，较2019年增加约100亿美元。

此外，产品解决方案业务也设定了减排的目标，到2030年温室气体排放强度较2019年下降20%~30%，并为所有运营的资产制定了减排路线图，同时也在加快蓝氢、可再生柴油等业务的布局。

在能源产品部门，埃克森美孚通过资产集中化和一体化、布局战略性项目实现生产优化和盈利目标。近年来随着陆续退出欧洲、东南亚、西非地区的一些非核心炼厂，其业务更加集中，目前运营的炼厂共计13个，较2019年减少5个，其中85%的炼厂与化学品生产是一体化运营的，这可以为不同产品的生产优化提供更大的便利。在战略性项目方面，因看好未来生物柴油发展，埃克森美孚在全球布局有12个生物柴油生产项目（包括已投产运营项目），有望实现20%以上的收益率。在化学产品部门，埃克森美孚通过新技术的应用如催化剂技术，实现产品的升级与生产成本的降低；布局战略性项目如美国Corpus Christi炼厂和Baton Rouge炼厂的聚丙烯项目、美国Baytown炼厂扩建项目、可回收塑料业务等，实现产品的多样性与盈利能力的提升，预计到2027年，化学产品部门的利润将超过30亿美元。在专业产品部门，埃克森美孚通过产品差异化、技术、营销等方式巩固市场地位并实现盈利。专业产品部门的投资组合包括"美孚1号"合成润滑油、基础油、橡胶、树脂等产品，在全球市场中占有较大的份额。以技术优势，开发具有独特优势的专业产品，深耕细分市场，实现预期盈利也是该部门的关键发展策略。比如Proxxima™系列新型树脂，重量更轻、强度更高、韧性更强，用于建筑业、制造业等多个领域，在节省材料、节省能耗、降低排放等方面较其他公司产品有着独特的优势。

典型案例

埃克森美孚Baytown炼化综合生产基地

埃克森美孚Baytown炼化综合生产基地位于休斯敦以东约25英里，始建于1919年，是全球最大的一体化、技术最先进的炼油与化工综合生产基地之一，包括炼油、烯烃、化工、塑料四个生产厂和一个技术与工程公司。Baytown炼油厂是美国第五大、全球第十大炼油厂，原油年加工量约3000万吨，加工来自美国得克萨斯州、加拿大、中东、非洲、南美等地的原油，生产包括汽油、煤油、柴油、石油焦、润滑油等全系列石油产品。Baytown烯烃厂1979年投产，1997年、2018年完成扩建，是全球最大的乙烯厂之一，年产能150万吨，主要生产乙烯、丙烯和丁二烯；烯烃厂还通过550兆瓦的热电联产设施生产综合基地所需的电力与蒸汽。Baytown化工厂主要生产芳香烃、丙烯及C_4—C_5烯烃、聚丙烯、丁基聚合物、聚α-烯烃、高性能聚合和塑性体、中间流体、蜡等。Baytown塑料厂主要生产线性低密度和高密度聚乙烯产品。技术与工程公司是埃克森美孚最大的全球技术中心之一，为所有化工产品，如烯烃、芳香烃、中间体、合成材料、催化剂、润滑油等提供技术研发与技术支持。2022年，Baytown生产基地投产了北美最大的塑料垃圾回收装置，年处理塑料8000万磅（3.6万吨），该装置使用Exxtend™技术分解难以回收的塑料，并将其转化为生产新产品的原材料。埃克森美孚计划将此技术应用于其在美国、比利时、荷兰、新加坡和加拿大的化工装置中，预计到2026年底，在全球形成10亿磅（45万吨）的处理能力。此外，2023年埃克森美孚宣布将在Baytown生产基地建设其首个低碳氢项目，年产能约 2830 万立方米。该项目采用天然气制氢，产生的二氧化碳将被捕集并储存于地下；生产的低碳氢将为 Baytown 烯烃厂提供燃料，预计整个工厂的二氧化碳排放量可减少 30%。塑料回收和低碳氢都是埃克森美孚近年来为适应能源转型而制定的重要措施。

（3）低碳解决方案。

2021 年，埃克森美孚成立了低碳解决方案业务部门，并制定了三个阶段的发展目标。"0～1"阶段：建立与目前政策、技术和基础设施条件相匹配的基础项目，投资新的低碳技术，降低成本，在未来几年实现年收入约 10 亿美元。"1～10"阶段：基础项目规模增长 10 倍，技术进步和规模效应带来 10%～20% 的成本下降，年收入约 100 亿美元。"10～100"阶段：技术突破使减排成本下降 30%～70%，业务规模增长至千亿美元，很可能比公司的基础业务还要大。2021 年，埃克森美孚公布的减排目标因不够积极而广受诟病。2022 年，埃克森美孚更新了碳减排目标，设定相对 2016 年，至 2030 年运营资产温室气体排放强度降低 20%～30%，上游温室气体排放强度降低 40%～50%，运营资产甲烷排放强度降低 70%～80%，运营资产燃除强度下降 60%～70%。现阶段，低碳解决方案业务专注于公司运营资产范围 1 和范围 2 的减排，并重点开展 CCUS、氢能、生物燃料等业务，这与其"0～1"阶段目标相一致。此外，依托产业链、技术、经验等方面的优势，埃克森美孚为客户提供相应的服务，帮助客户实现减排目标。

运营资产碳减排。降低运营资产的碳排放量、排放强度是国际石油公司普遍采取的能源转型举措，对埃克森美孚也不例外。埃克森美孚对油气业务、产品解决方案业务涉及的资产都制定了详细的减排路线图。以二叠盆地油气资产为例，埃克森美孚设定了到 2030 年实现范围 1 和范围 2 温室气体净零排放的目标，近年来，也采取了多项措施降低生产过程中的温室气体排放，如将二叠盆地的所有钻机都改为电驱，在 2023 年部署了第一个电驱压裂单元等。甲烷排放方面，埃克森美孚设定了到 2030 年公司范围内甲烷排放强度下降 70%～80% 的目标，针对甲烷排放占到公司总排放量 16% 的二叠盆地资产，公司主要提出以下规划减少甲烷的排放：一是完全消除常规燃除，截至 2022 年底已在二叠盆地实现；二是计划到 2025 年在二叠盆地实现对甲烷的持续监测。埃克森美孚成立了甲烷排放跟踪中心（Center for Operations and Methane Emissions Tracking，COMET），计划到 2025 年实现对 180 万英亩区域的 700 个甲烷排放监测点的实时监测，公司也与多家伙伴合作开发地面、空中（监测气球）和卫星技术，提高甲烷监测能力并快速消除甲烷排放。三是逐步淘汰气动装置（采用天然气为气源）。埃克森美孚自 2020 年起，就开始着手淘汰非常规油气生产中的气动装置，并计划在 2025 年前淘汰所有的以天然气为气源的气动装置。

发展与自身能力适应的低碳业务。与欧洲国际石油公司明显不同的是，除降低运营资产碳排放外，埃克森美孚非常谨慎地在其能源转型相关领域布局，重点考虑与公司业务能力相适应、与已有业务能协同的 CCUS、氢能、生物燃料等业务。

在 CCUS 领域，埃克森美孚已有 30 多年的开发和应用经验，CCUS 也是其利用自身优势进一步拓展业务规模，实现能源转型战略目标最重要的举措。目前，公司运营中的项目主要位于美国、澳大利亚和卡塔尔，二氧化碳捕集能力约 900 万吨/年，占全球总能力的六分之一，在行业中处于领先地位（图 3-5）。

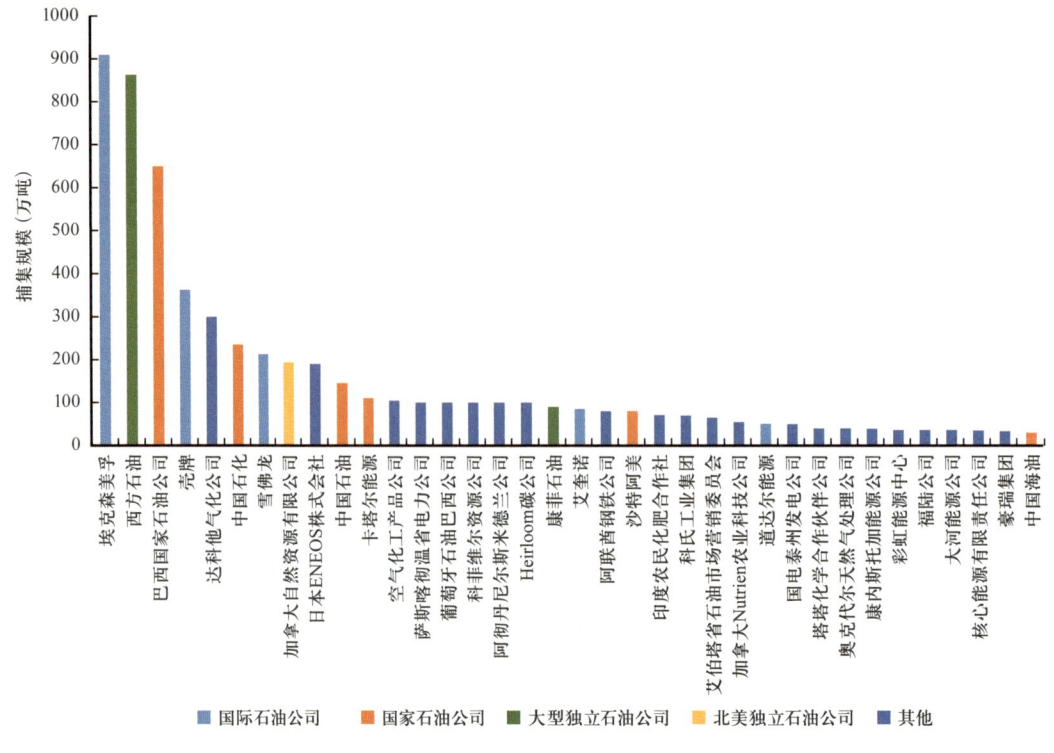

图 3-5　全球主要运营商 CCUS 捕集规模统计

根据 Wood Mackenzie 数据绘制

埃克森美孚通过自主研发和合作的方式，快速部署 CCUS 业务，同时，积极开展 CCUS 技术的研发。2021 年低碳解决方案业务部成立后，公司又宣布了 10 个新的 CCUS 项目，其中包括位于美国怀俄明州的 Shute Creek CCUS 扩建项目。埃克森美孚还十分重视与外国政府及各类组织间的合作，在荷兰开展二氧化碳运输与海底封存中心（Port of Rotterdam CO_2 Transportation Hub）及工业集群脱碳（H-vision）方面的研究；在比利时开展建设跨国 CCS 设施的可行性研究。2023 年 7 月，在收购 Denbury 能源公司之后，埃克森美孚进一步整合了 CCUS 的碳源、碳汇与基础设施，计划在墨西哥湾沿岸开展大规模的 CCUS 中心建设，目前已经与一些主要的碳排放企业签订了二氧化碳捕集、运输与封存的协议。如埃克森美孚与美国氨生产商 CF Industries 签署协议，每年在其位于路易斯安那州的工厂捕集约 200 万吨的二氧化碳；与林德公司签订长期协议，每年在其位于得克萨斯州博蒙特新建的制氢厂捕集约 220 万吨的二氧化碳；与北美的钢铁生产公司 Nucor 签订长期协议，每年在其位于路易斯安那州康文特的工厂捕集约 80 万吨的二氧化碳。此外，埃克森美孚持续加强在 CCUS 领域的技术研发，如开展二氧化碳捕集过程和材料研究，提高捕集效率，降低捕集成本；与物流供应商合作开展二氧化碳海上运输、二氧化碳管道及储存材料完整性研究；与大学和研究机构合作，开展储层建模、二氧化碳封存监测等方面的研究。

 典型案例

埃克森美孚收购 Denbury 能源公司

2023 年 7 月 13 日，埃克森美孚宣布通过全股票方式以 49 亿美元收购位于得克萨斯州的 Denbury 能源公司。Denbury 能源公司在美国墨西哥湾沿岸、落基山脉地区的多个州拥有 16.5 万英亩的净面积、2728 万吨油当量的证实储量，以及 EOR 和常规资产 234 万吨油当量/年的合计产量。但对于埃克森美孚来说，看中 Denbury 能源公司是因其是全美领先的 CCUS 运营商，拥有 1300 英里的二氧化碳管道及 10 个二氧化碳封存点（合计约 20 亿吨地质封存能力）。1300 英里的管道中约 70% 位于墨西哥湾沿岸的路易斯安那州、得克萨斯州和密西西比州，这些州是美国最大的二氧化碳排放地区，也靠近埃克森美孚在 Baton Rouge 和 Beaumont 的炼油和化工资产、在 Baytown 的蓝氢项目，与埃克森美孚的现有 CCUS 业务具有很强的协同效应。此次收购可助力埃克森美孚成为全美最重要的 CCUS 运营商、以 CCUS 为重要措施实现减排和能源转型目标。此外，Denbury 能源公司设定了激进的范围 1、范围 2 的减排目标，收购该公司不会影响埃克森美孚目前的转型目标。

氢能是埃克森美孚适应能源转型、发展低碳业务的重要部分，目前公司的氢（灰氢）产量主要来自其全球各地的炼油厂。基于大规模的炼化装置，埃克森美孚计划下一步重点发展蓝氢项目。2023 年，埃克森美孚宣布将在其位于得克萨斯州的 Baytown 炼化综合生产基地建设全球最大蓝氢综合项目，其中蓝氢产能 86 万吨/年，氨产能 100 万吨/年，预计在 2027—2028 年投产。该项目中每年产生的约 1000 万吨的二氧化碳将被捕集并永久封存；生产的蓝氢将为 Baytown 烯烃工厂提供燃料，预计可使整个生产基地的二氧化碳排放量减少 30%。2024 年 6 月，埃克森美孚与液化空气公司签署协议，由其建造四套大型的空气分离装置为 Baytown 蓝氢项目供应氧气和氮气（用于合成氨），埃克森美孚可使用液化空气公司现有的管道输送氢气。

相比传统燃料，生物燃料可减少约 70% 的碳排放量。埃克森美孚认为在航空、海运和重型卡车运输行业的带动下，全球生物燃料需求将迅速增长，到 2050 年达到 4 亿吨/年，是 2021 年的四倍，是未来重要的替代能源。埃克森美孚利用其技术和基础设施优势积极推动生物燃料布局，目前在全球布局有 12 个生物柴油项目（包括已投产运营项目），计划在 2025 年生物燃料的产能达到 180 万吨/年，2030 年达到 900 万吨/年。在技术方面，埃克森美孚通过联合研究方式开展了大量的生物燃料合成基础性研究。2017 年，埃克森美孚于威斯康星大学麦迪逊分校续签联合研究协议，开展纤维素生物质转化为生物燃料的多步骤方法。2018 年，埃克森美孚与 Synthetic Genomics 公司联合开展藻类生物学的基础研究，致力于通过藻类生物合成生物燃料，并计划到 2025 年形成 45 万吨/年的藻类生物燃料产能。在利用基础设施方面，典型的项目如埃克森美孚旗下子公司帝国石油在加拿大 Strathcona 炼油厂的生物柴油项目正在建设中，产能规模约 90 万吨/年，预计在 2025 年建成投产，将成为加拿大规模最大的生物柴油项目。此外，埃克森美孚也通过收购的方式扩大其生物燃料产能和销售规模。2022 年，埃克森美孚收购了挪威生物燃料公司 Biojet AS 49.9% 的股份以及每年 37 万吨生物燃料的承销协议，Biojet AS 计划建设 5 个工厂生产生物燃料，挪威 Follum 的工厂将于 2025 年投产。

作为关键矿物，锂在能源转型中起到重要作用。2023 年初，埃克森美孚收购了阿肯色州南部 12 万英亩 Smackover 地层的使用权，该地层的锂资源被认为是在北美地区最丰富的。由此，埃克森美孚进军锂矿开采和电池生产领域。埃克森美孚在油气勘探、钻采工程和化学加工等方面的经验使其能够从地下约 3000 米的储层中采出富含锂的卤水，利用直接锂提取（DLE）技术从卤水中分离锂，进一步转化为电池级材料，而剩余的卤水将被回注到地层中。2023 年 11 月，埃克森美孚在Smackover地层的第一口井完钻，更多用于评价储层的井正在钻探中。埃克森美孚计划在2027年实现商业生产，到2030年，每年生产供100万辆电动汽车使用的锂。2024年6月，埃克森美孚与电动汽车电池开发商SK On签署了一份不具约束力的谅解备忘录（MOU），计划采购10万吨的Mobil™锂用于生产锂电池。除此之外，2023年7月，埃克森美孚旗下子公司帝国石油与加拿大E3锂公司合作，尝试在加拿大艾伯塔省的勒杜克油田测试可以直接提取锂的技术。

3）管理模式

埃克森美孚多次对公司的组织架构进行调整优化，进一步促进其核心战略的实现。2018年，埃克森美孚完成了下游业务的重组，将炼油、润滑油和市场营销部门合并，旨在应对油气价格的波动，增加燃料和润滑油业务的盈利。2019年，埃克森美孚又对上游进行了重组。重组前，公司下设上游、下游和化工三大业务板块，上游板块包括勘探、开发、生产、天然气与电力四个独立公司，并分别按资产和功能细分了若干业务单元。重组后，上游业务板块变为"上游油气公司""上游业务开发公司""上游一体化解决公司"三家公司，其中上游油气公司主要负责现有项目运营，将按非常规、重油、天然气/LNG、深水和常规油气五大类资产类型进行全球资产价值链管理；上游业务开发公司负责战略管理和资产优化，包括勘探开发、兼并与剥离、上游资产组合管理；上游一体化解决公司负责提供技术与专业化商务支持，包括钻井、研发、天然气与电力市场优化、全球资源配置等。通过此举，埃克森美孚上游业务可实现战略管理专业化、资源配置共享化，进而提升资产组合优化能力与上游盈利能力。

2021年，因在能源转型、应对气候变化中较为消极的表现，埃克森美孚饱受诟病，对冲基金Engine No.1也在争夺董事会席位，在内外部压力的影响下，埃克森美孚宣布成立低碳解决方案部门，专注于开发减少碳排放的技术，初期侧重于CCUS和生物燃料技术开发与应用。2022年初，埃克森美孚将化工和下游业务进行了合并重组以进一步提高管控效率，随后按照油气上游、产品解决方案、低碳解决方案三大核心业务形成了三个业务板块（图3-6）。油气上游业务板块致力于加强竞争力，管理和维持行业领先的投资组合，并显著降低其排放；产品解决方案板块专注于发展高价值产品，提高竞争力并在可持续性方面处于领先地位；低碳解决方案板块利用公司的上下游规模与技术优势来减少现有业务的排放，并在CCUS、氢和生物燃料方面开展新的业务。通过几次组织架构的调整，埃克森美孚提高了公司管理与核心资产的匹配程度，提升了管理效率，提高了投资回报。

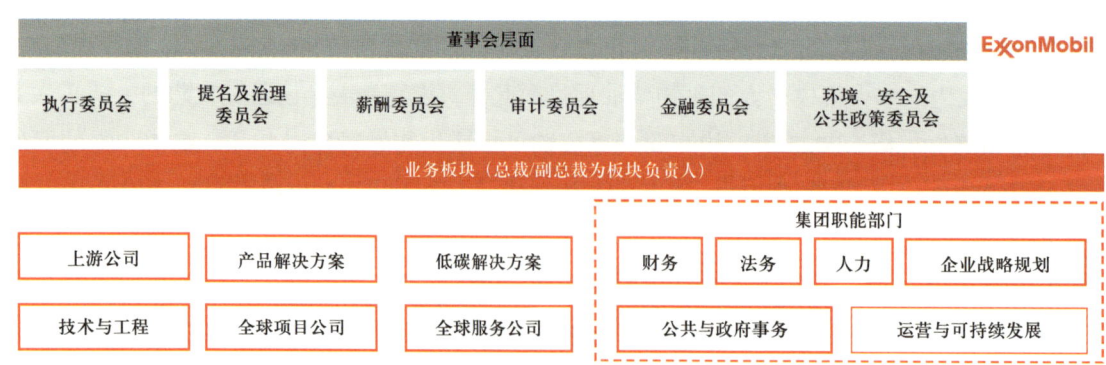

图3-6 埃克森美孚组织架构示意图

根据公司网站资料绘制

4）技术研发

埃克森美孚非常重视技术在公司各项业务发展中的重要作用，也自称是一家技术型的石油公司。埃克森美孚在美国、加拿大、印度、比利时、卡塔尔、马来西亚、中国建有9个技术中心，针对油气上游、下游和化工、能源转型等公司业务产业链的各个环节提供研发、技术、财务、信息等全方位的支持。其中，位于中国上海的研发中心主要针对润滑油产品、橡胶、轮胎、塑料等专业产品提供应用支持和创新解决方案。新产品、新方法和新技术使埃克森美孚不断提高竞争力，保持行业领先的优势。以油气勘探为例，埃克森美孚长期以来一直研发和应用地震数据的采集、处理和解释技术，全波场反演、四维成像等技术在美国致密油、加拿大油砂、安哥拉深水油气生产、圭亚那勘探发现中发挥了重要作用，尤其是在圭亚那，上述技术的应用，更加精确地识别出区块内的一系列砂体，钻井成功率提高到85%~89%，推动了一系列的重大发现。

除9个技术中心外，埃克森美孚还与全球超过80家知名大学、国家实验室和机构开展合作，雇佣超过2万名科学家和工程师，重点研究和开发新的解决方案以帮助其提升能源产品供应能力并降低排放。如与麻省理工学院合作开展新能源和能效提升技术，与斯坦福大学联合开展CCUS、储能、制氢、机器学习、新型聚合物等技术，与得克萨斯大学奥斯汀分校联合开展CCUS、新型电池等技术，与佐治亚理工学院开展新型膜分离技术以减少炼厂碳排放，与美国能源部国家实验室合作开展CCUS、生物燃料及生命周期分析的研究。

在能源转型相关技术方面，埃克森美孚重点关注技术的上升空间或发展空间，以及技术给公司带来的竞争优势。在技术的发展及获取方式上，公司也有清晰的定位。对有很好的发展前景、公司也具有竞争优势的突破性技术，以自主开发为主、与外部研究机构联合为辅，如CCUS领域的直接空气捕集技术、氢气生产的替代方法等。对有很好的发展前景、但公司不具有竞争优势的技术，以合作研发为主，如与三菱重工合作开发燃烧后二氧化碳捕集技术，并整合在公司的CCUS项目与服务中，进一步降低成本。对已经成熟但公司不具有竞争优势的技术，通过购买和获取许可的方式从成熟技术供应商获取，如氨的生产技术。在可再生能源领域，同样采用购买技术装备，收购公司的方式获取相关的技术。

3. 能源转型成效

埃克森美孚遵循其能源转型战略，各业务板块转型成效显著。油气上游业务方面，2021年以来，公司油气产量基本稳定在1.84亿吨油当量/年左右，但结构性变化明显，油气产量更加向核心区域/领域集中。2023年美国二叠盆地油气产量合计3038万吨油当量，同比增长10.9%；在页岩油气产量增长的带动下，2023年公司在美国的石油产量同比增长3.5%，较2021年增长11.4%；在圭亚那已投产的3艘FPSO，在2023年产量已超过1942万吨油当量，预计2027年产能将达到3486万吨油当量/年；参股卡塔尔北方气田LNG扩容项目，巴布亚新几内亚LNG项目FEED持续推进，有望在2025年作出FID，美国Golden Pass LNG项目建设按计划开展，有望在2025年实现首列生产线投产。在产量增长的同时，成本持续优化，如二叠盆地、圭亚那油气资产可以在35~45美元/桶油价下实现约10%的收益。产品解决方案业务，随着欧洲、亚太地区部分非核心炼油、化工资产的剥离，资产结构进一步优化，盈利能力进一步稳定，2023年在油价同比下跌的情况下，产品解决方案业务实现净利润164.9亿美元。低碳解决方案业务，收购Denbury能源公司使其在美国的 CCUS 竞争优势更加明显，布局锂生产业务使其低碳业务产品线更加丰富，氢、生物燃料也在其美国、加拿大、新加坡等地的炼厂中按计划推进。温室气体排放方面，2022 年公司在二叠盆地实现了消除燃除，近年来公司的温室气体排放量、排放强度稳步下降（表 3-3）。

表 3-3　2021—2023 年埃克森美孚能源转型成效

分类	领域	2021 年	2022 年	2023 年
油气上游	油气产量（亿吨油当量）	1.87	1.87	1.86
	LNG 产量（万吨）	2051.82	2051.82	2122.65
产品解决方案	盈利能力（亿美元）	−244.5	209.2	164.9
	销售量（万吨）	766.6	781.0	759.7
低碳解决方案	温室气体排放强度（%）	24.4	23.4	23.3
	甲烷排放强度（%）	0.04	0.03	0.02

注：根据埃克森美孚年报数据绘制。

二、雪佛龙

雪佛龙（Chevron）成立于 1879 年，是一家大型一体化石油公司，业务领域涵盖油气生产、燃料油和润滑油制造、化工品生产、可再生能源及其他低碳业务，业务遍及全球 60 多个国家/地区，共有员工 40212 人。雪佛龙在 2024 年美国《石油情报周刊》世界最大的 100 家石油公司综合排名中位列第 6，在 2024 年《财富》世界 500 强中位列第 29。截至 2023 年底，雪佛龙石油探明可采储量 8.19 亿吨，天然气探明可采储量 7.29 亿吨油当量；2023 年，雪佛龙石油产量约 0.91 亿吨，天然气产量约 790 亿立方米，油气产量合计约 1.56 亿吨油当量；原油加工量 0.78 亿吨，产品销售量 1.36 亿吨；天然气液化能力为 1658 万吨/年；实现营业收入 1969.13 亿美元，归属母公司的净利润为 213.69 亿美元；范围 1 与范围 2 温室气体排放量为 2.54 亿吨二氧化碳当量。

1. 转型战略及目标

1）转型战略

雪佛龙致力于成为"全球最受尊敬的能源企业"，提出要"安全地"实现业绩增长和能源转型。相较于其他国际石油公司，雪佛龙的能源转型步伐显得较为审慎。雪佛龙在 2023 年的《气候变化韧性报告》中明确指出，低碳能源是未来能源发展的必然方向，但在迈向低碳未来的过程中，石油和天然气仍将继续发挥不可或缺的作用。秉承这一信念，雪佛龙采取了稳健的转型策略：在持续稳固其油气业务的基础上，有序开展氢能、生物燃料以及 CCUS 等低碳和负碳技术的开发与推广，逐步转变其能源结构。在中短期内，雪佛龙以实现油气业务的低碳减排为主，强调在运营过程中降低碳排放，保持其在油气生产领域低碳排放强度的行业领先地位，同时增强可再生燃料的生产能力；未来，雪佛龙会将重心转向探索和投资 CCUS、氢能及地热等技术领域，寻求转型的新机遇（图 3-7）。

2）转型目标

雪佛龙强调在保证盈利稳定的同时，实现业务脱碳。在 2021 年，雪佛龙公布了与其战略同步的脱碳目标。2024 年投资者日，进一步补充了与提升股东价值相匹配的业绩目标（表 3-4）。

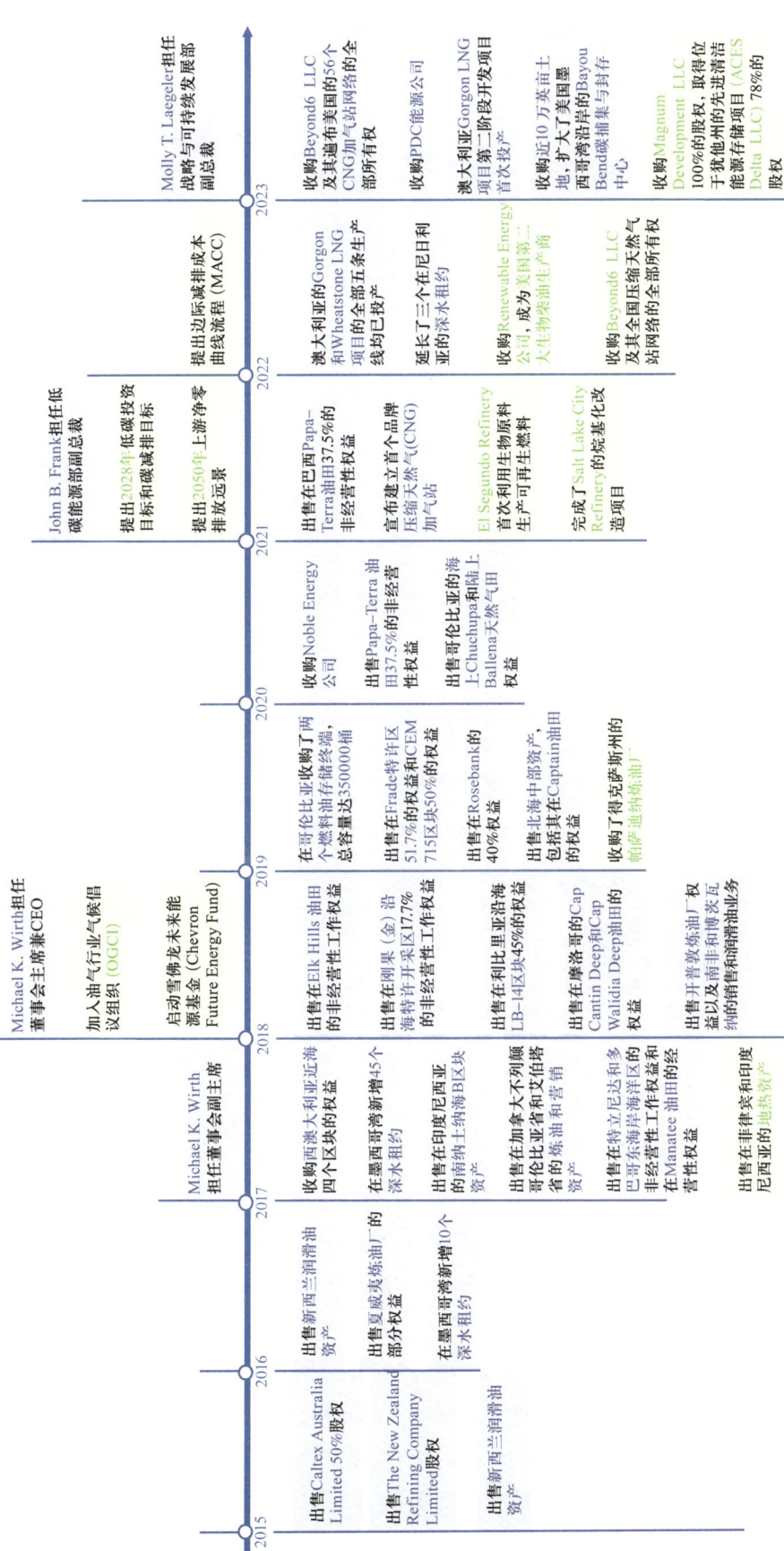

图 3-7　2015—2023 年雪佛龙能源转型大事记

根据雪佛龙年报、官网数据绘制

表 3-4 雪佛龙能源转型目标

分类	领域	2024—2027 年	2028 年	2030 年	2050 年
经营业绩	自由现金流的年平均增长率（%）	>10	—	—	—
	资本投资回报率（%）	>12	—	—	—
油气上游	油气产量年均复合增长率（%）	>3	—	—	—
	上游年均桶油利润增长（%）	>50	—	—	—
	二叠盆地权益产量（万吨油当量/年）	2450	—	—	—
	墨西哥湾产量（万吨油当量/年）	增至>1494	—	—	—
低碳解决方案	可再生燃料产能（万吨/年）	—	—	453	—
	氢能产能（万吨/年）	—	—	15	—
	CCUS 和碳抵消产能（万吨/年）	—	—	2500	—
脱碳	碳减排量（万吨/年）	—	3000	—	范围 1、2 碳中和
	投资组合碳排放强度（克二氧化碳/兆焦）	—	71	—	范围 1、2 碳中和
	上游原油业务碳排放强度（千克二氧化碳当量/桶油当量）	—	24	—	范围 1、2 碳中和
	上游天然气业务碳排放强度（千克二氧化碳当量/桶油当量）	—	24	—	范围 1、2 碳中和
	上游甲烷排放强度（千克二氧化碳当量）	—	2	—	范围 1、2 碳中和
	空燃温室气体排放强度（千克二氧化碳当量/桶油当量）	—	3	完全消除空燃	范围 1、2 碳中和
	下游炼油环节碳排放强度（千克二氧化碳当量/桶油当量）	—	36	—	范围 1、2 碳中和

注：根据雪佛龙 2023 年年报数据、雪佛龙 2023 年气候变化韧性报告数据绘制。

资本支出方面，雪佛龙计划于 2022—2028 年累计支出约 100 亿美元用于低碳项目投资，其中约 20 亿美元用于降低石油和天然气业务的碳排放强度，其余约 80 亿美元用于可再生燃料、氢能和 CCUS 等低碳投资。财务业绩方面，雪佛龙的目标是于 2024—2027 年实现自由现金流年均增长率超过 10%，资本投资回报率超过 12%。上游方面，计划 2024—2027 年实现油气产量年均复合增长率超过 3%，且 2024—2027 年上游年均桶油利润水平比 2015—2019 年年均值增长 50% 以上；二叠盆地权益产量在 2023 年 3735 万吨油当量/年的基础上增长至 2027 年的 6225 万吨油当量/年；墨西哥湾油气产量到 2026 年产量超过 1494 万吨油当量/年。LNG 方面，公司计划在 2025—2030 年间通过多元化供应来源和运输协议，建立一个全球化 LNG 供应网络。脱碳方面，到 2028 年，每年减少 3000 万吨二氧化碳当量的排放，同时将其投资组合的碳排放强度较 2016 年降低超过 5%，达到 71 克二氧化碳/兆焦。具体到业务层面，上游油气勘探开发业务的碳排放强度降至 24 千克二氧化碳当量/桶油当量，下游炼油业务的碳排放强度降至 36 千克二氧化碳当量/桶油当量。到 2030 年，在上游业务中彻底消除空燃；到 2050 年，实现范围 1 和范围 2 的碳中和。低碳解决方案方面，雪佛龙致力于满足客户日益增长的可再生燃料需求，雪佛龙的目标是到 2030 年，可再生燃料（涵盖可再生柴油、可持续航空燃料、生物柴油及其他高级生物燃料）的产能提升至453万吨/年，氢能产能达到15万吨/年，同时碳抵消服务和CCUS规模增至2500万吨/年。

2. 能源转型措施

1）资本支出

2014—2023年，雪佛龙的资本支出总额呈现出与全球油价波动同步的增减态势。上游业务一直是雪佛龙资本支出的核心，上游资本支出始终维持在总资本支出额的80%以上。分阶段来看，2014—2021年，雪佛龙采取灵活的资本支出策略，以适应原油市场的剧烈波动。2014年中期，原油价格开始持续下行，极大冲击了各大石油公司的经营业绩，为了缓解这一压力，公司实施了降低日常运营成本和优化资产组合等举措，也导致其资本支出总额逐年缩减。特别是在2016年，面对原油价格持续下滑的形势，雪佛龙将注意力集中在完成现有项目的建设上，放缓对新项目的投资，这一策略导致2016年的资本支出相较于2015年减少了38.6%。2021年，雪佛龙提出将于2022—2028年间投资高达百亿美元用于低碳项目，2022—2023年间，雪佛龙的资本支出稳步回升，总额达到158.29亿美元（图3-8）。从地域分布来看，资本支出的增加主要集中在美洲，特别是2023年收购了美国犹他州清洁能源储存项目ACES Delta LLC 78%的权益之后。2024年，公司继续聚焦上游业务，在上游领域的资本支出为140亿美元，下游业务支出为15亿美元，其他方面的资本支出约为5亿美元。此外，雪佛龙还投入了20亿美元用于降低雪佛龙传统业务的碳排放，并推动新能源业务的发展。

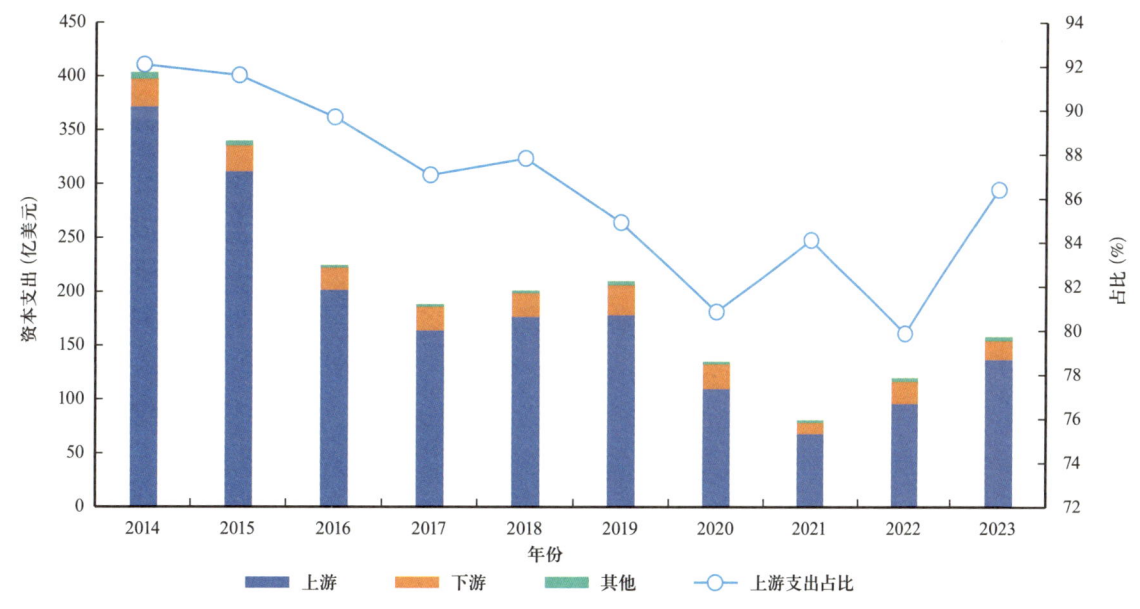

图3-8 2014—2023年雪佛龙资本支出结构
根据公司年报数据绘制

上游业务向本土回归。在勘探方面，2014年，公司在美洲地区的勘探投入占据了其资本支出总额的43.4%；2023年，这一比例达到65.4%。这一变化与雪佛龙的战略调整相一致，即专注于成本效益较高、储量落实的盆地，以实现长期价值的稳健增长。在开发方面，雪佛龙同样展现出对本土市场倾斜的趋势。2014年，雪佛龙的开发支出重点区域是美国和澳大利亚，分别占据资本支出总额的29.7%和26%，其次是美洲其他地区、非洲和亚洲，开发支出占比均处于11%~16%之间。

而欧洲的开发支出则相对较低，仅占3.2%。2023年，雪佛龙在美国的开发支出占比显著提高，达到74.7%，与此同时，其他地区的开发支出均降至10%以下，体现了雪佛龙剥离全球范围内的非核心资产、加强本土市场投资的战略调整。

重点收购美国大型页岩油气资产，在2014—2023年间，雪佛龙完成了两笔超大规模收购。一是在2020年，公司以130亿美元的价格收购了诺贝尔能源（Noble Energy）公司，雪佛龙称本次收购将为其增加约18%的探明储量（以2019年为基线），平均收购成本不到5美元/桶油当量，潜在油气资源量高达9.55亿吨油当量。这些资源包括位于以色列近海盈利性强的"现金牛"资产，以及位于美国丹佛—朱尔斯堡盆地和二叠盆地的页岩油气资源。二是在2023年，雪佛龙以76亿美元的价格全股票交易收购了PDC能源公司，进一步巩固并扩展了公司在美国丹佛—朱尔斯堡盆地和二叠盆地页岩油气业务领域的实力，强化了雪佛龙在美国页岩油气领域的领先地位。

 典型案例

雪佛龙加大对美国页岩油气资产获取

近年来，雪佛龙实施了多笔重要收并购，增强了其在美国陆上的规模实力。2020年，雪佛龙以130亿美元（包括债务）的价格全股票收购了独立石油公司诺贝尔能源，为其增加了低成本、高质量、区域互补的资产。根据诺布尔能源公司2019年底的探明储量，本次收购使雪佛龙2019年底的探明石油和天然气储量增加约18%，平均收购成本低于5美元/桶油当量。两家公司上游资产战略契合度高，在美国，补充了位于二叠盆地面积多达9.2万英亩的与雪佛龙区块连续且相邻的区块，强化了雪佛龙在二叠盆地的优势地位，除此之外还增加丹佛—朱尔斯堡盆地和鹰滩的区块，同时增加了专注于二叠盆地和丹佛—朱尔斯堡盆地的一体化中游业务。在海外，增强了雪佛龙在东地中海和西非的布局。

2023年，雪佛龙以76亿美元的价格全股票交易收购了专注于美国丹佛—朱尔斯堡盆地的PDC能源公司，交易采用全股票的形式。PDC能源公司资产主要位于丹佛—朱尔斯堡盆地，面积达到27.5万英亩，且与雪佛龙现有业务相邻，将实现运营、中游业务及资本的协同。除此之外，PDC能源公司在二叠盆地还拥有2.5万英亩的资产。PDC能源公司为雪佛龙增加了探明储量1.5亿吨油当量，其中56%为石油和天然气液，47%为已开发储量，增幅高达10%；增加油气产量1450万吨油当量/年，其中63%为石油和天然气液。

2）资产结构

雪佛龙的资产组合多样且极具竞争优势，其上游资产涵盖了常规油气、深水油气、页岩油气及液化天然气，下游资产主要包括炼油和化工设施。为了持续增强其资产组合的市场地位，雪佛龙不断探索并投资前沿技术，增强低碳技术的研发和部署。同时，公司通过提升能源利用效率和实施温室气体管理策略，有效地减少了运营活动的碳排放，以适应能源转型的需求。

（1）油气业务。

重点增加低风险油气资产比重。雪佛龙在保证油气产量稳定的同时，积极提升低风险油气资产的比例，在提高经济效益的同时，稳步推进油气业务的低碳转型。自2014年以来，雪佛龙的油气产量持续攀升，近年来一直稳定在1.5亿吨油当量左右。其中，天然气产量占比逐年上升，自2018年以来一直稳定在40%以上（图3-9）。雪佛龙一直强调要"安全地"实现能源转型，聚焦低风险油气资产、保持充裕的现金流一直是公司的重点，为实现这一目标，雪佛龙采取了两方面的策略：一是围绕现有油气田，降低勘探成本。通过在成熟油气田边缘进行勘探活动，将新发现的资源与现有基础设施相联通，以此扩大生产规模，保障低成本、低风险的油气产量稳步提升。二是积极通过收并购策略，引入高品质油气资产。在2022年至2023年间，雪佛龙的探明可采石油储量增长了约2.84亿吨，主要集中在二叠盆地和埃及近海的Nargis区块。在资产收购方面，雪佛龙表现卓越，成功收购诺贝尔能源公司和PDC能源公司，显著增强了其在丹佛—朱尔斯堡盆地和二叠盆地的业务实力。2023年10月，雪佛龙宣布了对赫斯的收购计划，赫斯在圭亚那斯塔布鲁克区块、北达科他州巴肯页岩区块、墨西哥湾深水区块和泰国湾的业务均处于行业领先地位，并在环境、社会和公司治理（ESG）方面有着卓越的表现和透明度。截至2024年第二季度，雪佛龙与赫斯的合并事宜尚待法律仲裁的最终裁决。一旦合并完成，雪佛龙的油气产量和自由现金流增长速度有望一举超越公司2023年设定的五年发展目标。

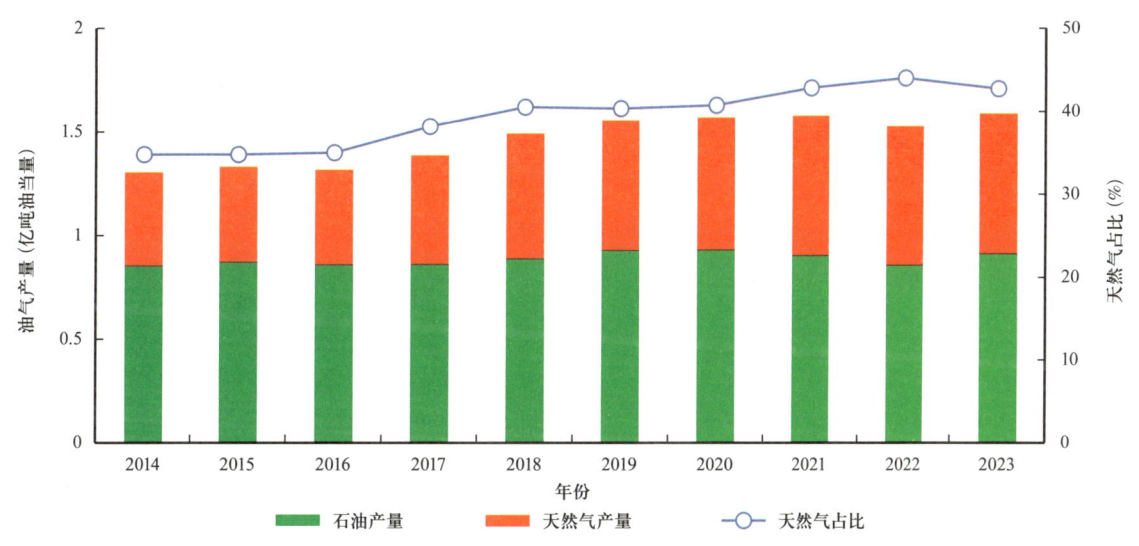

图3-9 2014—2023年雪佛龙油气产量
根据公司年报数据绘制

多元化布局前沿领域。雪佛龙积极采取多元化战略，推动页岩油气、深水、LNG等前沿领域的发展。在页岩油气领域，雪佛龙将开发页岩油气作为公司的重要战略方向。2014年，雪佛龙成为首家获得"负责任页岩开发中心"认证的公司，并于2016年10月再次获得认证，展现了其对可持续发展的承诺。页岩油气资源占雪佛龙可采资源总量的一半以上，主要分布在美国、加拿大和阿根廷，其中，美国的项目占地216.4万英亩，加拿大的项目占地23.5万英亩，阿根廷的项目占地18.5万英亩。2023年，雪佛龙在美国的米德兰盆地和特拉华盆地通过扩边和发现增加了2360万吨油当量页岩油气探明可采储量，同时在丹佛—朱尔斯堡盆地增加了670万吨油当量探明可采储量。在深水领域，2023年，雪佛龙在墨西哥湾新增了490万吨油当量深水油气探明可采储量，公司在墨西哥湾参与多个大型项目，例如Mad Dog项目、Anchor项目、Jack & St. Malo项目、Caesar深水项目、Deep Blue项目、Thomsen项目，其中，Anchor项目生产平台已于2024年投产。2024—2054年，雪佛龙在美国墨西哥湾的峰值产量有望达到375万吨油当量/年，将进一步提升公司在深水油气领域的市场地位。在LNG领域，雪佛龙是澳大利亚最大的LNG生产商，业务主要集中在西澳大利亚近海，是Gorgon和Wheatstone两大LNG项目的运营商，分别持有47.3%和64.1%的权益，项目产能分别为1560吨/年和980吨/年。

（2）下游业务。

积极推进下游炼油厂转型。为了降低投资组合的碳排放强度，雪佛龙不断提高可再生燃料的产能，积极推进从传统炼油商向生物精炼商转型。在发展可再生柴油、可持续航空燃料及可再生基础油和润滑油业务方面，雪佛龙充分发挥现有技术和能力的优势，携手行业伙伴，通过战略性的收并购来拓展业务范围。2022年雪佛龙收购了可再生能源集团公司（Renewable Energy Group），本次收购不仅加速了公司实现到2030年将可再生燃料产能提升至450万吨/年的目标，还使雪佛龙跃升为美国第二大生物柴油生产商。此外，雪佛龙持股50%的子公司雪佛龙菲利普斯化学有限责任公司，在美国得克萨斯州和卡塔尔投资的大型综合聚合物项目已顺利完成全资交付。这两个项目预计将在2026年底投入运营，将进一步巩固雪佛龙在下游炼油和化工领域的领导地位。

典型案例

雪佛龙收购可再生能源集团公司

2022年6月13日，雪佛龙完成以每股61.50美元的全现金交易方式收购可再生能源集团公司（Renewable Energy Group）的所有流通股，总交易金额约为24.75亿美元。收购完成后，雪佛龙成为美国第二大生物柴油生产商，可再生燃料产能将于2030年增至450万吨/年；雪佛龙也将可再生燃料业务的总部设在衣阿华州的艾姆斯。可再生能源集团公司是北美地区一家生物柴油和可再生柴油等可再生燃料、可再生化学品及其他产品的生产商和供应商，拥有多个生物精炼厂，利用蒸馏酒用的玉米和废弃食用油、不可食用的动物脂肪，以及大豆或低芥酸菜籽油等原料生产生物柴油。可再生能源集团公司位于美国和欧洲的11家生物精炼厂产能合计170万吨/年。此外，可再生能源集团公司前总裁兼首席执行官CJ Warner也在同期加入雪佛龙董事会，助力雪佛龙在新能源领域的发展。

（3）低碳新能源。

重点投资低碳解决方案。雪佛龙的低碳业务重点涵盖CCUS、氢能和地热。在CCUS方面，雪佛龙凭借数十年的碳捕集项目运营经验，在全球范围内推广CCUS技术，旨在降低现有资产的碳排放，助力炼油、石化、电力、钢铁和水泥等行业减少排放。

例如，雪佛龙在澳大利亚的Gorgon CCS项目中积累了丰富的经验，该项目每年能够封存大约200万吨二氧化碳。2023年，公司扩大了Bayou Bend CCS项目的规模，使其成为美国最大的碳捕集项目之一，总封存规模超过10亿吨。在氢能领域，雪佛龙自2005年起便涉足氢能零售市场，为其下游业务中氢气等替代燃料的生产积累了丰富的理论基础和技术资源。公司数十年来持续投资氢气研发，拥有超过75项专利，这些成果源自早期的商业风险投资。目前，雪佛龙每年通过传统业务生产约 100 万吨氢气，并计划在加利福尼亚州的里士满炼油厂采用 CCS 技术生产蓝氢，以满足重型运输、工业和电力部门对氢气的需求。公司还计划与汽车公司 Hyzon Motors 和可再生燃料公司 Raven SR 合作，在里士满利用垃圾填埋场废物生产氢气。2023 年，雪佛龙收购了犹他州氢气枢纽 ACES Delta 的多数股权，该枢纽用于储存和调度由可再生能源产生的氢气，同时，雪佛龙成功升级了埃尔塞贡多炼油厂的柴油加氢装置，使其能够处理 100% 的可再生原料或传统原料，预计在整个生命周期内减少 59% 的碳排放量。在地热方面，雪佛龙通过合作和入股的方式，与其他公司共同开发地热能源。例如，雪佛龙与瑞典投资公司 Baseload Capital 合作，共同推进美国地热项目的开发，并通过其技术风险投资部门 Chevron Technology Ventures 投资了地热技术公司 Eavor。

择机收购美国本土低碳新能源资产。相比其他国际石油公司，雪佛龙在低碳新能源领域的并购活动并不十分活跃。但为了加快能源转型进程，雪佛龙从 2021 年来开始注重择机收购低碳新能源资产，以快速切入新能源赛道。尤其是在 2022 年，雪佛龙的收购规模高达 31.9 亿美元。从资产所在地来看，雪佛龙收购的新能源资产几乎全部集中在美国本土，这与其上游勘探开发业务的发展趋势相吻合，即聚焦于美国本土的发展。从收购的新能源类型来看，雪佛龙重点并购生物质能相关资产，2021—2022 年间，雪佛龙对生物质能资产的收购金额达 37.5 亿美元。

3）管理模式

在转型治理方面，雪佛龙通过加强董事会监督，增强执行管理能力，优化组织协调，来管理潜在的气候变化相关风险，把握能源转型机遇。

在执行管理层面，雪佛龙通过公司领导团队和下属部门通力合作，管理与气候变化相关的潜在风险，把握能源转型机会。每个执行委员会需定期举行会议，董事们提供监督和建议，帮助雪佛龙驾驭不断变化的环境，利用自身优势持续安全地提供低碳能源。在组织协调层面，雪佛龙致力于精简组织结构，加强执行力，加快实现公司提高回报和降低碳排放目标的步伐。2021 年，雪佛龙成立低碳燃料事业部，业务重点包括可再生燃料、CCUS 和碳抵消、氢能及新兴技术的商业化机会。2022 年，雪佛龙将其上游、中游和下游业务部门合并形成石油、产品和天然气部（OPG），从而能够以更加综合的方式进行资本配置、资产类别优化和价值链优化。作为此次变更的一部分，公司整合形成两个上游板块——美洲勘探与生产和国际勘探与生产。雪佛龙还把战略与可持续性、企业事务和商业发展职能整合到新的战略、政策与发展部，从而简化组织架构（图 3-10）。

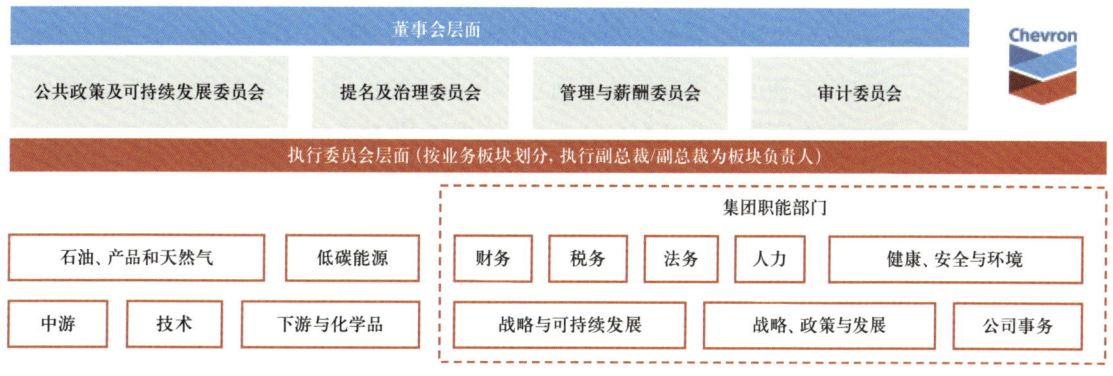

图 3-10 雪佛龙董事会组织架构示意图

根据公司年报资料绘制

4）技术研发

雪佛龙的技术研发目标是研究、推广和应用可负担的创新技术解决方案，以提升能源系统韧性。

持续调整研发投入强度。2014—2023年，雪佛龙的研发投入规模总体呈下降趋势。但研发投入强度（即研发费用占营业收入的比重）呈现两个先升后降的周期性变化趋势，研发投入强度目前在0.16%的水平（图3-11）。与其他石油巨头相比，雪佛龙的研发支出金额和占比处于中等水平，且远低于另一美国石油巨头——埃克森美孚。

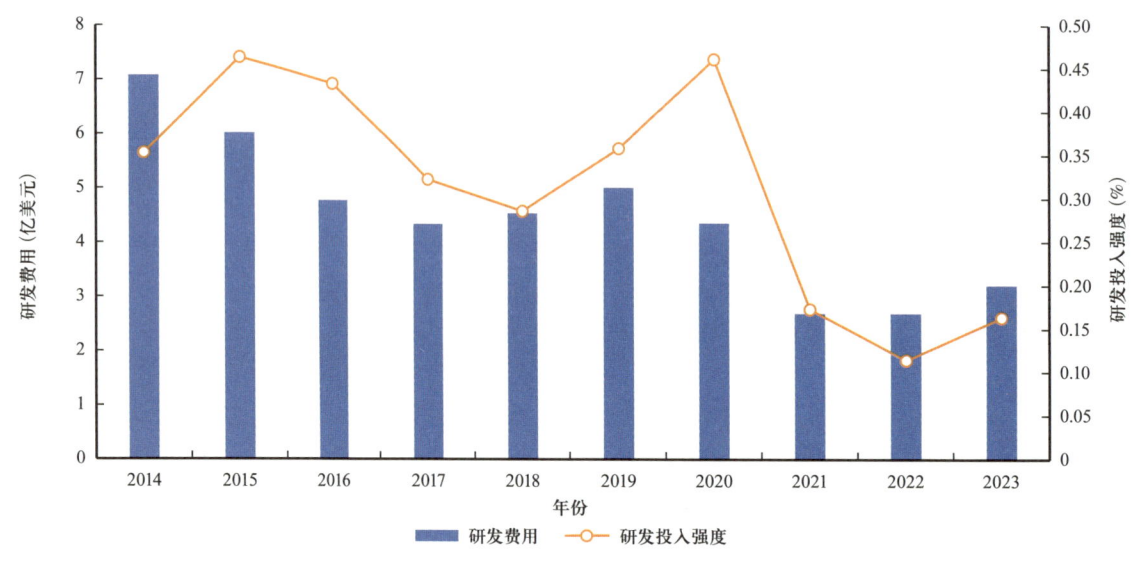

图3-11　2014—2023年雪佛龙研发投入
根据公司年报数据绘制

自主研发与合作研究相结合。在自主研发方面，雪佛龙拥有强大的研发团队和技术平台，2023年公司新增241项专利授权或申请，拥有超过4400项专利。雪佛龙技术中心（Chevron Technical Center，简称CTC）负责支持全球运营，开发并推广创新技术解决方案，以支持公司业务的发展。CTC的研发团队专注于开发新技术，例如碳减排技术、可再生能源技术、低碳能源技术、新材料技术、人工智能与大数据分析等前瞻技术。在合作研发方面，雪佛龙与全球多家高校、研究机构和初创企业建立了合作关系，共同开展研发项目合作。例如，雪佛龙与斯坦福大学合作开发太阳能技术，与麻省理工学院合作开发人工智能和机器学习技术，与澳大利亚昆士兰大学合作开发碳捕集和封存技术，与氢能、生物质能初创公司合作开发新技术，与壳牌、道达尔能源等行业内的其他公司合作建立技术联盟，与美国能源部、世界自然基金会等政府和非政府组织合作推动可持续发展等。

重点投资四大技术方案。雪佛龙重点投资的技术包括深水油气勘探开发技术、页岩油气和致密油勘探开发技术、CCUS、氢能技术四大类。在深水油气勘探开发技术方面，雪佛龙重点投资三维建模技术、高强度钻井技术、海上浮式生产设施、海底管道技术、开发和改进水下生产系统、远程监控和控制技术。在页岩油气勘探开发技术方面，公司重点投资改进多段水力压裂技术、水平钻井技术、压裂液优化技术、钻井液循环利用技术、岩石力学分析技术和生产优化技术。在CCS领域，雪佛龙一方面成立了休斯敦CCS中心，联合10多个行业合作伙伴合作开展CCS项目研究试点，以降低传统业务的碳排放强度，并帮助美国最大的碳集中源之一得克萨斯州休斯敦的工业设施脱碳。

另一方面，雪佛龙也通过投资研发 CCUS 技术的公司来推动低碳转型。例如，在 2023 年投资了英国清洁技术公司 Immaterial，该公司拥有开发专有定制单片结构金属有机框架吸附剂的技术，适用于碳捕集和氢储存领域，旨在支持降低重污染行业的碳排放强度。同年，雪佛龙还投资了碳捕集解决方案的供应商美国 Ardent 工艺技术有限公司，其提出的利用创新的模块化膜系统进行气体分离技术，有助于降低工作流程中的碳排放强度。在氢能领域，雪佛龙投资了 Aurora Hydrogen 能源公司，该公司正在开发一种利用微波能量生产氢气的技术，该技术不会产生任何二氧化碳排放。除此之外，雪佛龙还投资了正在开发模块化、分布式氨生产和裂解系统的 Starfire 公司、低碳氢技术开发商 Syzygy 公司以及为航运业开发氢燃料电池动力系统的 ZEI 公司。

加强温室气体监测管理。自 2016 年以来，雪佛龙已经部署了 14 种先进的甲烷检测技术。这些技术根据监测工具可分为卫星监测、飞机监测、设施站点定期监测（无人机或移动实验室）、设施站点连续监测（固定摄像头、传感器等）、人工泄漏检测（手持筛查）。通过不断改进检测技术，提高检测效率和准确性，并更好地识别排放源。雪佛龙在安哥拉、阿根廷、澳大利亚、哈萨克斯坦、尼日利亚、美国丹佛—朱利斯堡盆地、墨西哥湾和二叠盆地开展的"发现并修复"行动，实地探测和测量甲烷排放，同时，检测结果也被用于验证设备性能和指导维修工作。2023 年，雪佛龙与甲烷检测公司 GHGSat 签订合同，对全球 18 个陆上资产进行监测，进一步强化了其在温室气体减排方面的努力。

3. 能源转型成效

比起全面押注可再生能源，雪佛龙的能源转型更加稳健务实。总体来看，雪佛龙在降低运营碳强度方面取得了显著的进展，同时在可再生能源、CCUS 及碳抵消等领域的新兴业务的布局也初见成效。

在业绩成效方面，雪佛龙的油气产量和财务业绩表现良好。雪佛龙的战略重点在于提高其投资组合的回报率，比起一味增产，雪佛龙更加注重项目的经济效益。在 2019—2023 年间，雪佛龙成功实现了传统油气领域的降本增效，在缩减勘探开发支出与运营成本的同时，依然保证了油气产量的稳定。根据睿咨得能源（Rystad Energy）的统计，2023 年，雪佛龙已成功将其现有项目的平均盈亏平衡价格降至每桶 40 美元以下，同时，在雪佛龙批准的新项目中，有超过 60% 的项目拥有低于 40 美元/桶的盈亏平衡油价；在布伦特油价为 50 美元/桶的情况下，公司仍然可以保证稳定的盈利。目前，雪佛龙自由现金流的年复合增长率为 5.2%，考虑到公司收并购的需求，距离实现 2027 年自由现金流年平均增长率超过 10% 的目标还有较大的距离。同时，2022 年、2023 年，公司的资本回报率分别为 20.3%、11.9%，已经实现了其 2027 年资本回报率达到 12% 的目标。

在脱碳成效方面，雪佛龙脱碳成效显著，且已几乎全面实现 2028 年脱碳目标。雪佛龙在上游勘探、生产环节实现了大幅度的减排，与 2019 年相比，其上游原油勘探生产碳排放强度下降了 32.7%，上游天然气勘探生产碳排放强度下降了 14.2%，上游甲烷排放强度下降了 33.3%。除了上游天然气勘探生产碳排放强度暂未达到 24 千克二氧化碳/桶的目标外，其他环节均全面达成 2028 年的脱碳目标，但距 2030 年、2050 年的全面碳中和目标仍有很大的差距。

在可再生燃料方面，雪佛龙的目标是到 2030 年实现可再生燃料产能达到 453 万吨/年，截至 2023 年底，雪佛龙在全球范围内共有 11 座生物精炼厂，其中，10 座生物柴油精炼厂产能达 165 万吨/年，1 座可再生柴油炼厂产能达 35 万吨/年。雪佛龙称根据其现有的炼油系统，已实现了 2030 年产能目标的约 50%。此外，随着 2022 年雪佛龙对可再生能源集团公司的收购，雪佛龙拥有了盖斯玛（Geismar）可再生柴油厂，目前该厂仍处于扩建阶段，已于 2024 年获得路易斯安那州 1 亿美元专项债券支持，完工后雪佛龙的可再生燃料综合生产能力将达到 245 万吨 / 年，距离其目标的实现更进一步（表 3-5）。

表 3-5 2019—2023 年雪佛龙能源转型成效

分类	领域	2019 年	2020 年	2021 年	2022 年	2023 年
业绩成效	油气产量（亿吨油当量）	1.52	1.53	1.54	1.49	1.56
	自由现金流（亿美元）	131.98	16.55	211.31	376.28	197.80
	资本投资回报率（%）	2.0	-2.8	9.4	20.3	11.9
脱碳成效	投资组合碳排放强度（克二氧化碳当量 / 兆焦耳）	72.7	71.4	71.3	71.0	71.1
	上游原油碳排放强度（千克二氧化碳当量 / 桶油当量）	33.3	28.2	28.6	25.2	22.4
	上游天然气碳排放强度（千克二氧化碳当量 / 桶油当量）	30.4	26.8	28.6	27.5	26.1
	上游甲烷排放强度（千克二氧化碳当量 / 桶油当量）	2.4	2.0	2.1	1.9	1.6
	空燃温室气体排放强度（千克二氧化碳当量 / 桶油当量）	4.7	3.8	4.3	3.5	2.8
	下游炼油环节碳排放强度（千克二氧化碳当量 / 桶油当量）	35.9	38.6	37.9	37.0	36.0

注：根据公司年报数据绘制。

三、壳牌

壳牌（Shell）是一家全球性的石油公司，业务遍布全球 70 多个国家，共有员工 10.3 万人。壳牌在 2024 年美国《石油情报周刊》世界最大 100 家石油公司中位列第 9，在 2023 年《财富》世界 500 强排行榜中位列第 9。截至 2023 年，壳牌石油探明可采储量 6.3 亿吨，天然气探明可采储量 7 亿吨油当量；2023 年，壳牌石油产量 0.75 亿吨，天然气产量 771 亿立方米，油气产量合计约 1.37 亿吨油当量；原油加工量 6085 万吨，天然气液化能力 3820 万吨；营业收入 3232 亿美元，净利润 196 亿美元；范围 1 与范围 2 温室气体排放量 5700 万吨二氧化碳当量。

1. 转型战略及目标

1）转型战略

壳牌是典型的能源转型拥护者。壳牌于 2018 年发布《能源转型报告》，于 2021 年启动"赋能进步"战略，提出壳牌将创造更高的价值，提供更丰富、更清洁的能源解决方案，力争于 2050 年前实现净零排放。同时，壳牌于 2021 年、2022 年连续发布《能源转型进展报告》，对公司能源转型的战略目标、措施、进展等进行详细阐述，并承诺此后每三年进行一次更新。壳牌最新的能源转型战略强调"平衡转型"，即在满足油气需求和未来能源体系建设中寻求平衡。壳牌的能源转型基于公司业务的三大支柱，分别是上游、转型和增长。上游支柱在满足石油和天然气供应的同时创造现金和回报，为股东分配和能源转型提供资金；转型支柱包括一体化天然气和化工品等，提供可持续的现金流，支持对增长业务的投资；增长支柱包括服务站、商业客户的燃料、电力、氢能、生物燃料、电动汽车充电、基于自然的解决方案以及 CCS（图 3-12）。

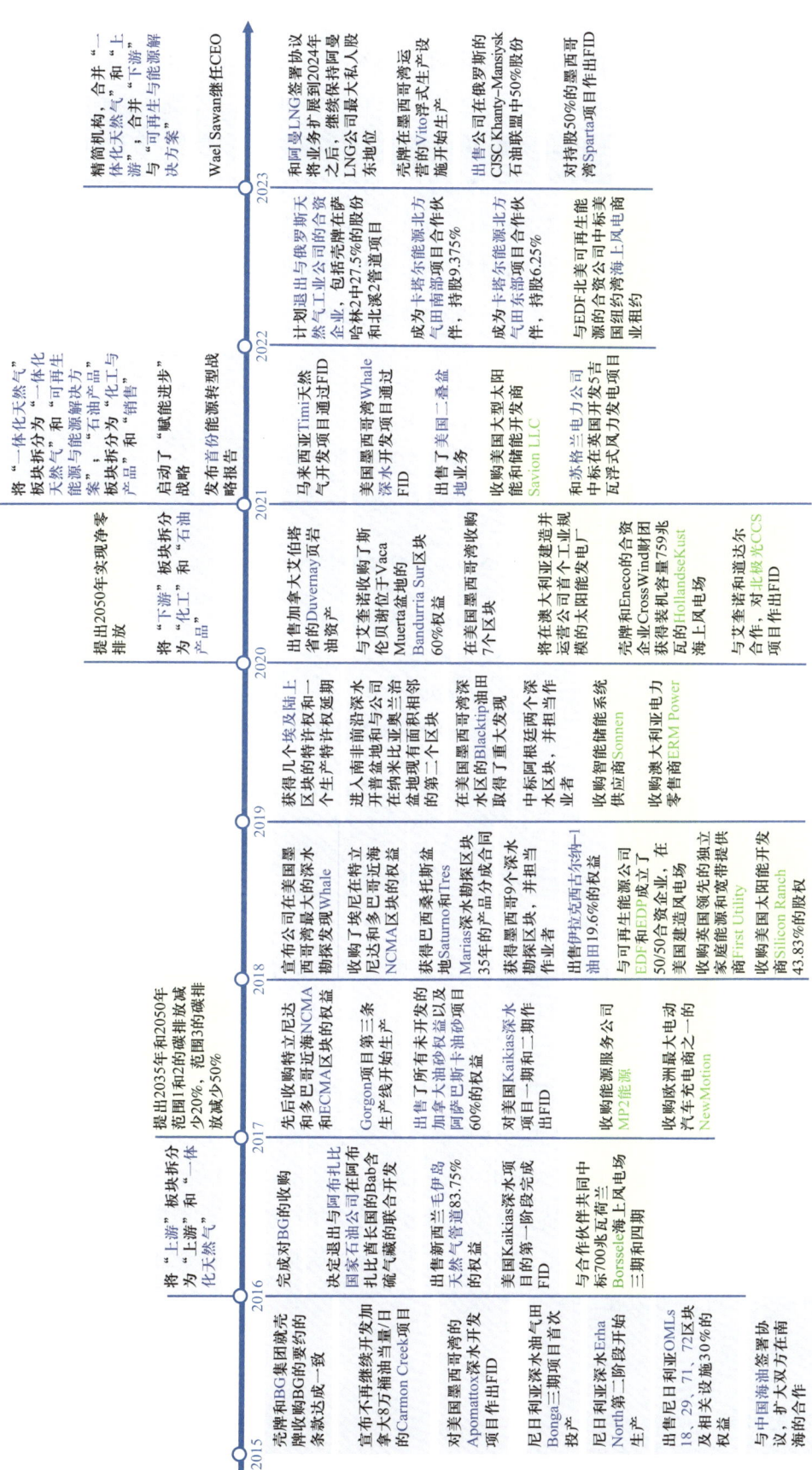

图 3-12 2015—2023 年壳牌能源转型大事记

据壳牌历年年报、可持续报告及官网数据绘制

2）转型目标

壳牌预计，随着人口与经济的增长，能源需求将持续攀升，世界必须寻求一种平衡的路径，从化石燃料逐步向低碳能源过渡。未来，在发展中国家人口增长和生活水平提高的推动下，交通和工业部门的能源需求将继续增长，LNG市场在2030年前将持续保持增长态势，预计2040年，LNG占全球天然气市场的份额将从2023年的13%增至超过20%。壳牌能源转型战略的核心是2050年前实现净零排放，其整体战略覆盖公司全部业务，涉及一体化天然气、上游、下游、可再生能源和能源解决方案。壳牌根据对未来能源需求的预判，制定了各个领域的转型目标（表3-6）。

表3-6 壳牌能源转型目标

分类	领域	目标
一体化天然气	LNG液化能力	到2030年LNG液化能力增加1100万吨/年
	LNG液化量	2030年较2022年增长25%～30%
	LNG销售量	LNG销售量较2022年增长20%～30%
上游	石油产量	到2030年石油产量稳定在0.7亿吨/年
	天然气产量	实现增长
下游、可再生能源和能源解决方案	低碳燃料	① 2030年壳牌低碳燃料（生物燃料和氢能）产量提升8倍 ② 2030年低碳燃料销售与运输燃料销售之比大于10% ③ 2030年在全球清洁氢销售中实现两位数的市场份额
	电动汽车充电	2030年拥有20万个充电桩
	下游	减少石油产品销售
脱碳	碳排放	① 2025年上游消除常规空燃；保持甲烷排放强度低于0.2%；2030年实现甲烷净零排放 ② 2030年范围1&2的排放较2016年减少50%；2030年出售产品的碳排放强度较2016年下降15%～20% ③ 2035年CCS能力达到2500万吨/年 ④ 2050年实现碳中和

注：根据公司年报数据绘制。

一体化天然气领域，继续保持全球领先地位，降低碳排放强度，目标是到2030年天然气液化能力增加1100万吨/年，LNG销售量较2022年增长20%～30%。上游领域，稳定石油产量，降低运营排放，到2030年将石油产量稳定在0.7亿吨/年的水平；增加天然气产量。下游、可再生能源和能源解决方案领域，提供更多低碳解决方案，减少石油产品的销售，2030年低碳燃料（生物燃料和氢能）产量提升8倍，低碳燃料销售与运输燃料销售之比提高至10%以上；2030年在全球清洁氢销售中实现两位数的市场份额；扩大充电网络，2025年拥有15万个充电站。脱碳方面，壳牌的目标包括2050年所有销售的能源产品实现净零排放（范围1、范围2和范围3）；2030年运营资产范围1和范围2的排放较2016年减半；2030年出售产品的碳排放强度较2016年下降15%～20%；2035年CCS能力达到2500万吨/年。

2. 能源转型措施

1）资本支出

总资本支出结构保持稳定，2014—2020年，壳牌推行降本增效，审慎投资，资本支出呈显著下降趋势，2021年后，随着行业回暖，资本支出有所回升，上游投资占比保持增长，但总支出仍低于 2014 年的水平。未来，壳牌将继续严格把控投资规模和方向，专注于具有持久竞争优势的领域。受 2022 年乌克兰危机、地缘政治博弈加剧等因素的影响，能源市场持续动荡，能源短缺风险增加，壳牌于 2023 年放缓了对一体化天然气和可再生电力与能源解决方案的投资。2023 年，壳牌总资本支出为 244 亿美元，其中上游支出 83.43 亿美元，占总资本支出的 34%；一体化天然气支出保持稳定，维持在 42 亿美元，占总资本支出的 17%；可再生电力与能源解决方案支出略有回落，支出 27 亿美元，同比下降 23%，占总资本支出的 11%（图 3-13）。

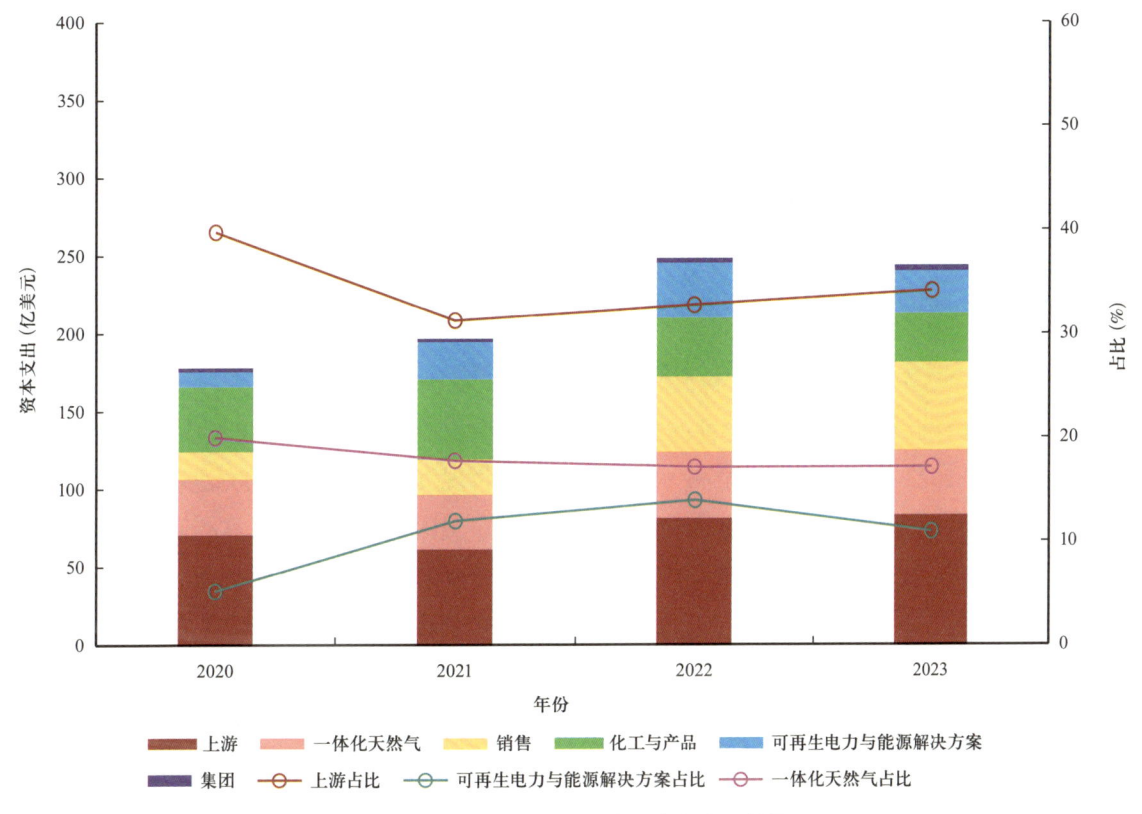

图 3-13　2020—2023 年壳牌资本支出结构

根据 S&P Global 数据绘制

勘探支出集中在美国和非洲地区，壳牌未来的勘探活动将专注于已有油气发现的盆地，2025 年后将不再进入新的前沿地区进行勘探，并明确了对高利润深水资源的重视。过去十年，壳牌的勘探投资大幅下降，从 2014 年的 71 亿美元下降到 2016 年的 32 亿美元，自此之后，勘探支出便基本维持在该水平。美国是壳牌勘探支出最多的国家，过去十年间壳牌在美国的平均勘探支出占壳牌全球勘探支出的 42%；2015 年壳牌在美国的勘探支出曾达到 34 亿美元的高点，2023 年为 12 亿美元，占总勘探支出的 38%；壳牌在美国的勘探活动主要集中在美国墨西哥湾。近两年，壳牌对非洲的勘探支出有所增加，2023 年达到 5.36 亿美元，占总勘探支出的 18%，是近十年最高水平；壳牌在非洲的勘探活动主要位于纳米比亚、埃及和毛里塔尼亚。2023 年，壳牌在美国和非洲合计勘探支出占总勘探支出之比达到 56%。除此之外，南美洲和欧洲各自占比 12%，墨西哥和加拿大合计占比 10%，亚洲占比 9%，大洋洲占比 2%（图 3-14）。

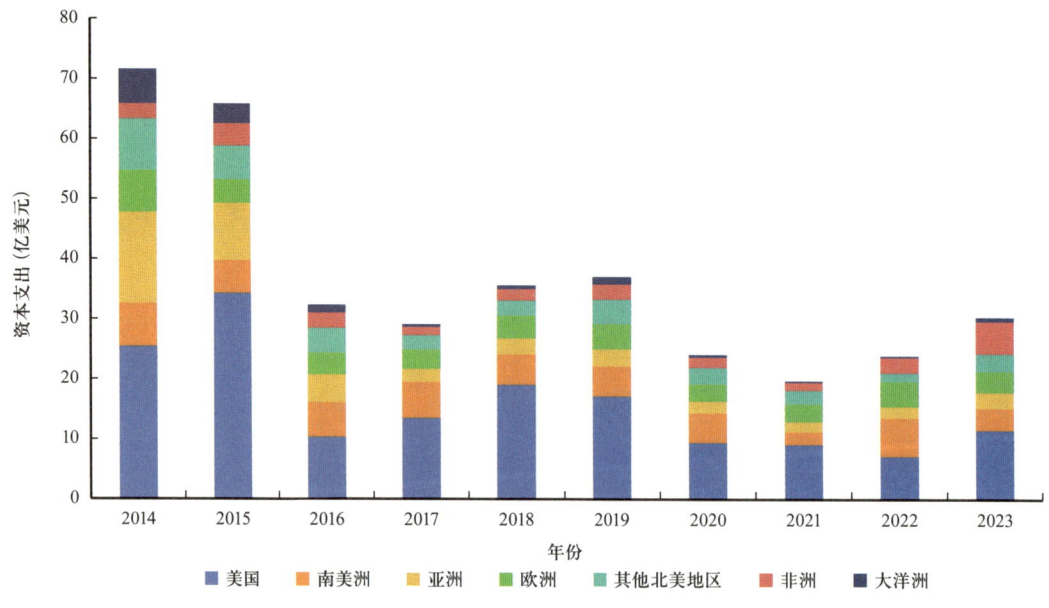

图 3-14　2014—2023 年壳牌分区域勘探资本支出
根据 S&P Global 数据绘制

未来，壳牌将继续保持对油气业务的投资，计划 2024 年和 2025 年的年度资本支出保持在 220 亿～250 亿美元，2023—2025 年，上游和一体化天然气的付现资本支出约为 400 亿美元（相当于 133 亿美元/年），其中近 80% 的勘探支出将分配给包括巴西、美国墨西哥湾、尼日利亚、哈萨克斯坦、英国、阿曼、马来西亚和文莱在内的核心区域，总预算的 70% 以上将用于深水勘探。2024—2025 年，壳牌在低碳燃料上的资本支出预算约为 10 亿美元/年；在电动汽车充电领域的预算为 5 亿美元/年。

2）资产结构

壳牌整体业务呈归核化发展，注重高回报与低排放，利用传统优势，突出发展深水；借助在 LNG 生产及贸易领域的领先地位，大力发展 LNG 业务；推进传统炼厂改造升级，产品清洁化转型；多元化发展低碳与新能源业务，重点关注生物燃料和电动汽车充电领域。

（1）油气上游。

区域布局归核化特征明显。壳牌通过持续资产优化，退出了高碳排放、低收益国家和项目，聚焦核心区域。近年来，壳牌陆续退出了俄罗斯、伊拉克、加蓬、新西兰、泰国、爱尔兰、丹麦、印度和菲律宾等国，公司所在的油气生产国数量从 2016 年的 30 个减少到 2023 年的 21 个。除了完全退出的国家外，壳牌还剥离了位于包括加拿大、美国、埃及、阿曼、挪威、英国和尼日利亚等国家的具有较高碳排放的资产；2015 年来，壳牌陆续剥离了加拿大油砂业务，先后暂停和出售了 Carmon Creek 油砂项目、加拿大自然资源公司股份、Athabasca 油砂项目 60% 的股份；2021 年，壳牌以 95 亿美元的价格出售了美国二叠盆地 Delaware 区块的致密油资产（2020 年全年产量约 916 万吨）及超过 600 英里的原油和天然气管道及设施，同年还出售了加拿大 Duvernay 页岩油资产；2022 年壳牌宣布退出俄罗斯所有的项目（2021 年全年产量 687 万吨），出售了加利福尼亚的 Aera 能源及部分北海资产。经过多年的资产优化，壳牌 2023—2025 年的上游和一体化天然气板块盈亏平衡点下降至 30 美元/桶。2023 年，壳牌油气产量排名前五的国家是巴西、澳大利亚、美国、卡塔尔和阿曼，五国合计产量占公司总产量的 61%，高于 2021 年的 58%（图 3-15）。

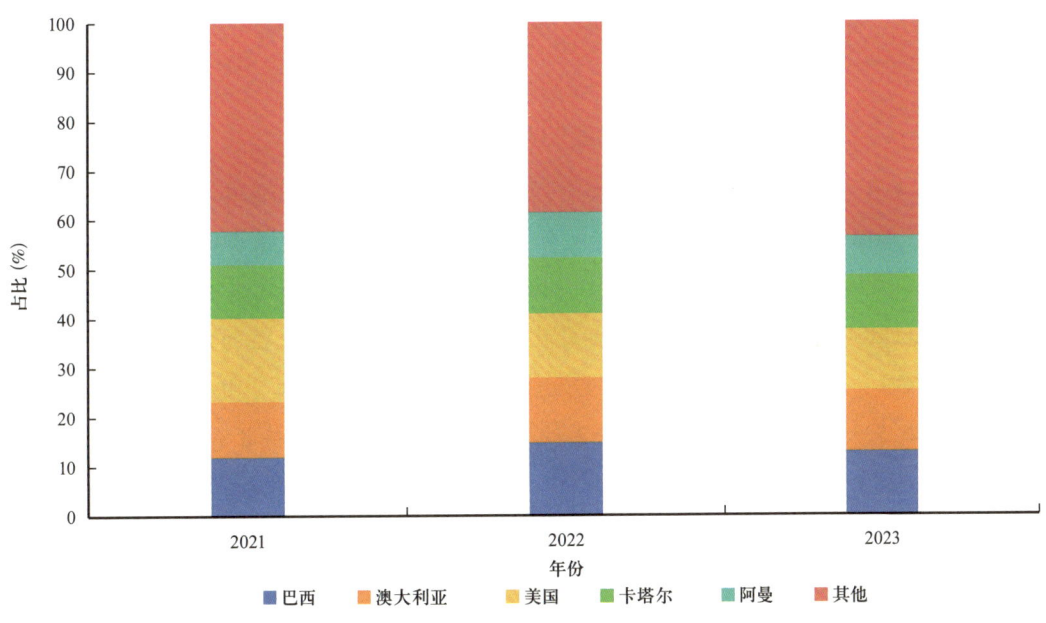

图 3-15 2021—2023 年壳牌油气产量区域分布
根据 S&P Global 数据绘制

优化传统油气资产组合。在壳牌通过持续的资产剥离对投资组合进行优化调整的同时，公司的产量也因此下降，但天然气产量稳步提高。2016 年至今，壳牌共出售了超过 620 亿美元的资产，其中超过 450 亿美元来自上游和一体化天然气板块。2023 年，壳牌油气产量为 1.37 亿吨油当量，比 2016 年 1.8 亿吨油当量的峰值产量下降了近 24%，为十年最低水平；其中，壳牌石油产量 0.7 亿吨，占油气产量的 55%，较 2019 年 0.9 亿吨的峰值产量下降了 20%；天然气产量 7.7 亿立方米，占油气总产量的 45%。根据 S&P Global 预测，未来壳牌的天然气产量占比将逐步提升至 2026 年的 49% 和 2030 年的 53%（图 3-16）。

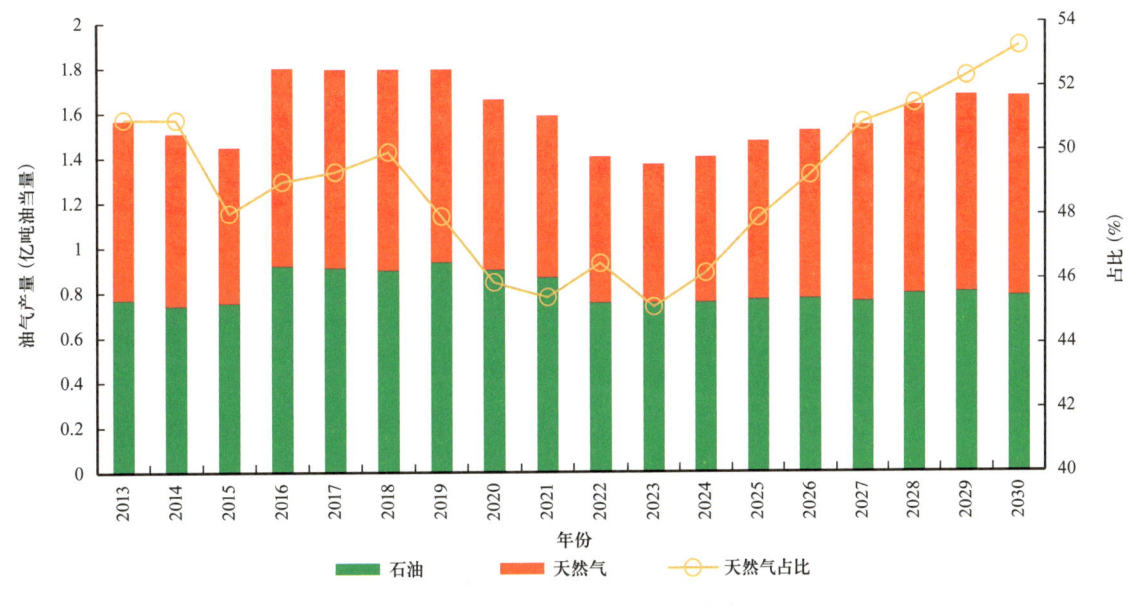

图 3-16 2013—2030 年壳牌油气产量
根据 S&P Global 数据绘制

典型案例

壳牌剥离加拿大油砂业务

2017年3月，壳牌宣布将向加拿大自然资源公司的子公司出售其在加拿大阿萨巴斯卡油砂项目（AOSP）中60%的权益及包含Carmon Creek和其他未开发的油砂租约在内的Peace River油砂区全部资产；同时，壳牌和加拿大自然资源公司将分别以12.5亿美元的价格从马拉松石油公司的一家附属公司收购持有AOSP 20%权益的马拉松石油加拿大公司（MOCC），净交易价格为72.5亿美元。交易之前，AOSP项目由壳牌加拿大能源公司、雪佛龙加拿大公司和加拿大马拉松石油公司共同拥有，分别持股60%、20%和20%。AOSP项目包括艾伯塔省麦克默里堡以北的壳牌阿尔必安砂（Shell Albian Sands）采矿和开采作业，以及艾伯塔省埃德蒙顿东北部的Scotford重油加工和Quest CCS项目，项目产能均1267万吨/年。壳牌全资子公司持有的Scotford炼油厂和化工厂不包括在此次剥离中；Peace River油砂区的日产量约为74万吨。

上述所有交易结束后，加拿大自然资源公司成为AOSP上游采矿资产的运营商，壳牌继续担任AOSP Scotford重油加工项目和Quest CCS项目的运营商。剥离加拿大油砂项目是壳牌长期战略重塑的重要举措，在低油价时期实现债务削减，并通过剥离高碳资产减少能源转型中存在的阻力，将着重关注自由现金流和资本回报率更高的项目，聚焦公司包括一体化天然气和深水在内的具有竞争优势的业务。

突出在深水领域的优势。壳牌是深水油气领域的引领者，在设计、建造和运营不同深度的世界级深水油气田方面具有悠久的历史和领先的技术，未来将继续深耕该领域。近年来，壳牌的深水油气产量一直保持在约5478万吨油当量的水平，在七大国际石油公司中排名第一（图3-17）。2023年壳牌深水油气产量占总产量的39%，高于2018年的31%，在同行中仅次于艾奎诺；在2023年投资者日上，壳牌宣布2023—2025年新上产的项目将贡献超过2490万吨油当量，其中约40%将来自深水。壳牌在深水领域谋篇布局，于2016年收购了英国天然气集团（BG），通过本次收购，壳牌获得了巴西的深水资产，公司的深水产量因此增长了近一倍。巴西和美国墨西哥湾是壳牌最大的深水投资组合，壳牌已成为美国墨西哥湾最大的油气运营商、巴西深水的最大生产商，2023年两个地区的合计产量占公司深水总产量的71%，其余深水产量主要来自澳大利亚、挪威和尼日利亚。据S&P Global测算，壳牌的深水产量在中期内将保持在5478万吨油当量/年的水平，预计2028年起产量将有所上升，新增产量将主要来自马来西亚和尼日利亚。壳牌还十分注重减少深水项目的碳排放，通过海上平台电气化、技术改进等措施控碳，使其更加符合能源转型理念。壳牌的马来西亚Timi项目，是公司首个利用光伏和风能混合发电为井口平台供能的项目，该平台为无人操作平台，较传统钻井平台轻60%，有效减少运营中的碳排放；壳牌作业的挪威的Ormen Lange气田利用挪威电网的清洁水电为其水下生产设施供能，大大降低了气田生产的碳排放。此外，壳牌对墨西哥湾Vito平台进行了改造，该平台峰值产量为498万吨/年，改造后，平台体积大幅缩小，随之产生的成本比原始设计降低了

70%以上，碳排放减少约80%，墨西哥湾的Whale和Sparta项目也将复刻Vito的设计，来达到降低成本与碳排放量的目的。

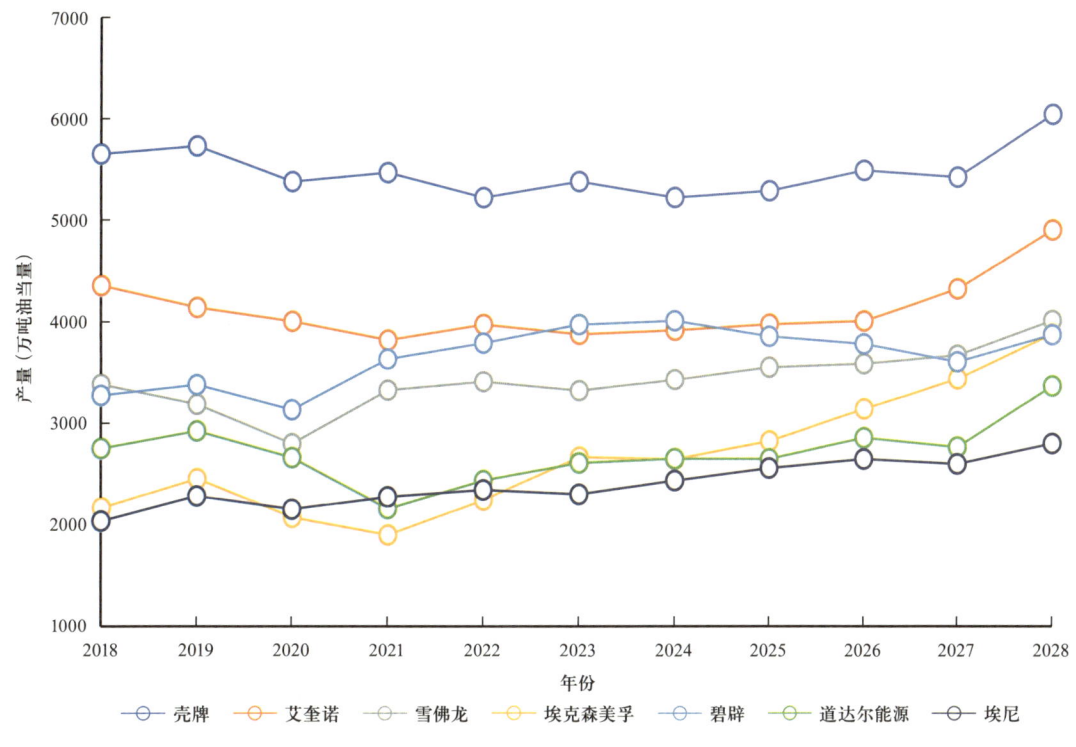

图 3-17 2018—2028年国际石油公司深水油气产量

根据S&P Global数据绘制

大力发展LNG。壳牌将一体化天然气业务从上游业务中剥离出来，作为实现平衡能源转型的关键组成部分。相对于煤炭、石油，天然气具有温室气体排放量低的优势，而且LNG投资组合具有较长的商业生命周期，在保障能源供应的同时也确保了长期现金流，壳牌还通过开展LNG贸易获取额外价值，使LNG业务的平均资本回报率额外增加2%～4%。壳牌在LNG领域处于全球领先地位，在全球LNG贸易中占比20%，在国际石油公司中LNG资产规模最大，价值最高，LNG业务占壳牌上游净现值（NPV）的36%，未来壳牌也将继续深耕该领域。早在2015年，壳牌抓住低油价战略机遇收购了BG公司，将原BG公司的上游天然气及输配、供应、发电等业务与既有天然气业务合并，形成优势互补，彻底打通了天然气全产业链，在全球业务布局、多元化资源组合、长中短约贸易方面建立了领先优势，通过收购，壳牌天然气储量和产量分别增长29%和22%，LNG产能提高27%，一举成为全球LNG行业的领导者。2023年，壳牌的权益液化能力总计3820万吨/年，液化量总计2830万吨/年，LNG销售量6700万吨/年。预计其LNG产能在2022—2030年将增长25%～30%，产能增长来自多个项目，如加拿大LNG项目（权益产能560万吨/年）、尼日利亚LNG生产线（200万吨/年）、卡塔尔北方气田东部扩建项目（NFE，200万吨/年）和北方气田南部扩建项目（NFS，150万吨/年）（图3-18）。此外，壳牌还在寻求扩大其全球海上运输LNG加注服务，截至2023年，已在10个国家的15个港口提供加注服务。

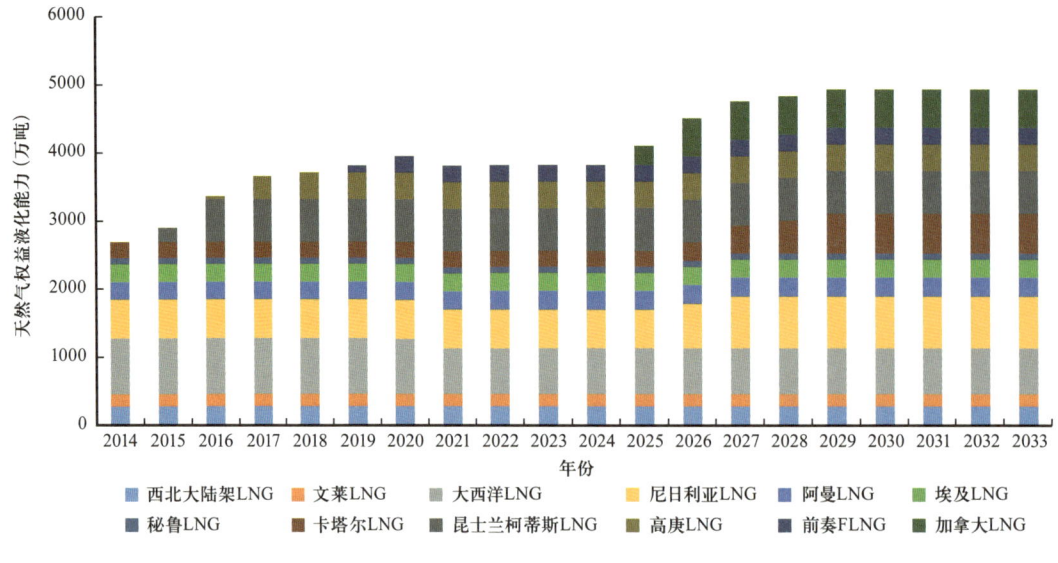

图 3-18　2014—2033 年壳牌天然气权益液化能力
根据 S&P Global 数据绘制

 典型案例

壳牌 Prelude FLNG

Prelude FLNG（前奏 FLNG）是全球首个产能超过 150 万吨/年的大型浮式液化天然气设施，由壳牌（67.5%）、国际石油开发帝石控股公司 INPEX（17.5%）、韩国天然气公司（10%）和台湾中油（5%）共同持股。该项目于 2011 年作出 FID，2019 年完成了首批液化天然气运输。Prelude FLNG 位于西澳大利亚布鲁姆东北 475 千米处，水深约 250 米；船体为双层钢结构，长 488 米、宽 74 米，重约 60 万吨；其海底系统包括 14 个海底立管和 6 个脐带缆，船上配有三组液化天然气处理设施，用于处理天然气并将其液化；同时配备有 7 个海上装载臂，其中 4 个是液化天然气装载臂，3 个是液化石油气（LPG）装载臂。Prelude FLNG 的设计产能为每年 360 万吨液化天然气、130 万吨凝析油和 40 万吨液化石油气；目前气源主要来自 Prelude 气田，未来将增加 Crux、Bratwurst 和 Concerto 气田的天然气供应。

壳牌自 20 世纪 90 年代开始开发浮式液化天然气技术（FLNG），该技术实现了在海上完成天然气生产、液化和储存，再将液化天然气直接从 FLNG 设施转移到 LNG 运输船的整个流程。FLNG 技术为各国天然气资源开发提供了更加环保的方式，由于不像陆上天然气厂需要开展庞大的基础设施工程，FLNG 的碳排放足迹显著小于陆上液化天然气厂。

（2）油气中下游。

优化炼厂布局，推进化工园区建设。壳牌的下游业务包括化工产品、炼油，以及原油和石油产品贸易。近年来，壳牌对化工产品和炼油产品业务持续进行优化，形成了更为集中的资产组合；2020 年以来，壳牌剥离了五家炼厂，关闭了一家炼厂，并将一家炼厂改建为用于接收和储存能源产品的进口终端。壳牌优化后的下游将专注于北美和中国，同时还将在欧洲建设规模适当的能源和化工园区，减少炼厂产生的排放，为客户提供更清洁的产品，壳牌正在将美国的 Norco 炼厂、加拿大的 Scotford 炼厂、荷兰的 Pernis 炼厂和德国的 Rheinland 炼厂转型为能源和化工一体化园区。2024年，壳牌对 Rheinland 能源化工园的改造升级项目作出 FID，将 Rheinland 能源化工园区 Wesseling 工厂的加氢裂化装置改造成生产高质量的发动机和变速箱用油的基础油生产装置，到 2025 年，Wesseling 工厂将停止加工汽油、航空燃料和柴油。此外，该工厂投入运行时，生产装置将实现高度电气化，预计每年将减少范围 1 和范围 2 的排放约 62 万吨。

（3）低碳与新能源。

在生物燃料领域，作为全球最大的生物燃料贸易商之一，壳牌聚焦可持续航空燃料（SAF）、生物柴油、生物乙醇和可再生压缩天然气（R-CNG），满足了全球约 6% 的生物燃料需求。壳牌在巴西的合资企业 Raízen（壳牌持股 44%）是全球最大的生物乙醇生产商；壳牌在荷兰鹿特丹化工园区的生物燃料工厂预计将于 2025 年后投产，产能达到 82 万吨/年，届时将成为欧洲最大的生物燃料厂。2023 年，壳牌斥资 20 亿美元收购自然能源公司（Nature Energy），成为欧洲最大的可再生天然气（RNG❶）生产商。

在电动汽车充电领域，壳牌积极布局全球充电市场，2023 年在美国收购了电动汽车充电网络商 Volta，进入美国最大的公共电动汽车充电网络，通过 Volta 获得了美国 31 个州的 3000 多个运营中的充电站和 3400 多个正在开发中的充电站；在全球最大的电动汽车市场——中国开设了全球最大的电动车充电站；壳牌在深圳机场设有 258 个快速充电桩，充电桩部分采用屋顶太阳能供电，每年可产生 30 万千瓦时的可再生电力。

 典型案例

壳牌扩张电动汽车公共充电网络

壳牌是国际石油公司中电动汽车充电业务发展最快的公司，充电业务遍布全球 30 个国家/地区，绝大多数投资集中在中国、新加坡、英国、荷兰、瑞士、德国和美国。壳牌预计未来的电动汽车充电市场将从家用充电桩向公共充电桩转变，因此于 2021 年 1 月收购了英国电动汽车公共充电商 Ubitricity，通过此次收购，壳牌在欧洲和英国获得了超过 1 万个灯柱式充电桩。同时，壳牌拓展与零售商、酒店和停车场等战略合作伙伴的合作，为客户提供方便高效的充电业务。2021 年，壳牌在伦敦富勒姆开设了第一个电动汽车充电中心，首次将现有加油站的汽油和柴油泵全部替换为超快速充电桩，专门为电动汽车提供服务。该充电站共有 9 个 175 千瓦的高功率、超快速充电桩，可以在 30 分钟内为大多数车辆充至 80%。富勒姆充电站采用可持续设计，将绿色低碳理念融入其中，顶棚为木质结构，屋顶内置太阳能电池板，充电桩全部使用经过认证的可再生电力（所有壳牌充电站购买和售出的电力均为可再生电力）。

在氢能领域，壳牌的短期发展目标是为自身运营脱碳，远期目标是实现大规模商业供应。壳牌拥有多个正在建设中的项目：在荷兰，壳牌于 2022 年底开始建造 Holland Hydrogen 1 项目，该项目

---

❶ RNG，也称为生物甲烷，在化学性质上与传统天然气相同，可用于输配基础设施，助力商业道路运输、海洋、供暖和重工业等难以脱碳的行业减排。

中使用的200兆瓦的电解槽将由Hollandse Kust海上风电场供电，项目建成后将成为欧洲最大的可再生氢工厂，Holland Hydrogen 1将助力壳牌和鹿特丹化工园区实现脱碳，未来还将进一步助力交通和工业领域减少碳排放；在阿曼，壳牌收购了阿曼绿色能源公司35%的权益，该公司致力于从海水中生产氢气，拥有25吉瓦的光伏和风能装机容量，设计氢产能约180万吨/年。壳牌还是氢能加速计划（H2 Accelerate）的创始成员之一，未来将继续与伙伴合作，利用氢能作为燃料为欧洲的长途公路运输业脱碳。

在可再生能源发电领域，壳牌持有的资产以海上风电和光伏发电为主，约占其总产能的59%，相关业务的发展主要通过战略性收并购实现。壳牌于2018年收购了美国太阳能开发商Silicon Ranch 44%的权益，本次收购标志着壳牌首次进入全球可再生能源行业；2019年，壳牌收购了澳大利亚可再生能源开发商ESCOPacific 49%的股份；2021年收购美国可再生能源公司Savion；2022年，壳牌与Eneco组建合资公司Ecowende，共同开发荷兰Hollandse Kust VI海上风电场；2023年，壳牌宣布在巴西开发17吉瓦的海上风电，并于8月收购了印度可再生能源公司Spring Energy。2024年，壳牌收购了生产绿氢的阿曼绿色能源公司35%的权益；目前，壳牌运营中的可再生电力装机容量为2.5吉瓦，在建装机容量为4.1吉瓦。

在CCUS领域，壳牌近期的重点是在现有项目中部署CCUS技术，以减少自身及其产品的排放（如鹿特丹化工园区）；长期愿景是在政策和法规的支持下，实现CCUS的大规模商业开发。壳牌在全球40多个CCUS项目中建立了合作伙伴关系，其中近70%位于欧洲，在项目总数方面领先于其他国际石油公司。截至2023年底，壳牌参与的加拿大Quest CCS项目（壳牌持股10%）已捕集并储存了880多万吨二氧化碳。在挪威，壳牌参与的北极光CCS项目（壳牌持股33.3%）于2023年签署了每年运输和储存120万吨二氧化碳的合同。在澳大利亚，截至2023年底，Gorgon CCS项目（壳牌持股25%，由雪佛龙运营）已储存超900万吨二氧化碳。在英国，壳牌于2023年退出了Northern Endurance Partnership（NEP）。

3）管理模式

壳牌不断探索最佳管理模式，为提升管理效率、强化上游业务并探索"油气+"业务和管控新模式，壳牌在2023年对其组织架构进行了重组。重组后，壳牌沿用集团、业务板块和业务单元三级管控架构，但业务板块、职能部门、执行委员会成员数量均有所减少。业务结构方面，壳牌拆分原有"一体化天然气、可再生及能源解决方案"板块，将一体化天然气和原有上游业务合并为"上游与一体化天然气"板块，使得油气业务一体化更加契合，且该板块将以超90%的利润和80%的经营现金流成为壳牌盈利的绝对主力板块。可再生及能源解决方案与原有的下游业务合并为"下游与可再生及能源解决方案"板块；在可再生能源领域，壳牌参与移动出行，其中充电业务与公司现有的油气销售终端网络具有高度协同性，因此壳牌此次重组尝试将下游与可再生及能源解决方案合并，油品、化工品、可再生能源、低碳解决方案、一体化电力等终端产品集成到同一板块，有助于实现业务统筹规划和统一管理，更好地为客户提供综合能源一站式服务，实现"油气+"业务和管控新模式。组织架构方面，职能部门由4个减少为3个，执行委员会成员将由9人降至7人；取消"战略、可持续发展与公共关系"部门，战略、新业务开发和可持续发展相关事项将统一归口至首席财务官负责，企业公关关系相关事项由首席执行官负责，从而精简管理流程，优化资本分配决策流程（图3-19）。

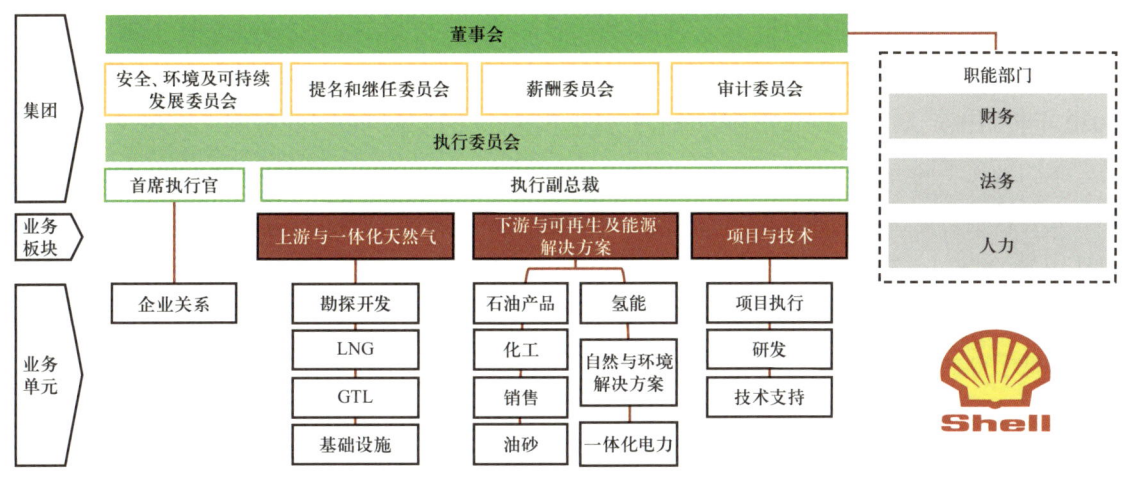

图 3-19 壳牌组织架构示意图
根据公司网站资料绘制

4)技术研发

壳牌在全球设有三个技术开发中心,分别位于美国、荷兰与印度,约有专业技术人才 3300 名;2014 年壳牌在中国上海开设了一个新的技术中心,致力于润滑油和机油的研发,该中心主要面向印度、印度尼西亚、韩国、泰国和越南等国家的市场。壳牌在研发方面的投资约为 10 亿美元 / 年,技术研发涵盖了化学、物理、工程、电子和计算科学等领域。技术开发方面的投入确保了公司能在不断变化且具有挑战的外部环境中开发出尖端技术,如用于捕集二氧化碳的 CANSOLV 技术、先进的储能和氢能技术等。壳牌的研发投资中有较大一部分用于实现公司的减碳目标,2023 年在低碳产品及服务上的投资占总研发投资的 49%。壳牌的风险投资公司 Shell Ventures 采用少数股权投资的方式,主要投资处于新技术开发早期的初创企业和中小企业,助力公司通过开发新技术和颠覆性的商业模式,加速能源转型。壳牌的 Game Changer 计划主要通过与能源相关新技术开发初期的初创企业开展合作,为这些企业提供专业知识和资金,帮助企业证明其技术和解决方案的商业可行性,共同实现概念验证。

壳牌是全球顶尖的深水技术领导者,早在 1978 年壳牌的 Cognac 平台就成为当时全球首个在 1000 米水深作业的钻采一体化平台。多年来,壳牌在不同水深的油气作业平台的设计、建造和运营方面取得了卓越的成绩,从全球首个张力腿平台 Auger 到全球最深的海上浮式储油卸油装置 Stones(水深 3200 米),不断突破创新。壳牌在墨西哥湾的最新油气平台 Whale,位于美国休斯敦西南约 320 千米处,水深 2600 米,已于 2025 年 1 月正式投产,峰值产量将达 498 万吨 / 年,该平台复制了壳牌 Vito 平台的设计,体积较小,在生命周期内的碳排放强度将比 Vito 减少约 30%。

壳牌在 LNG 领域拥有一系列全球领先的技术,如双循环混合制冷剂技术(DMR),可以在复杂环境下保证 LNG 产量最大化,该技术成功应用在俄罗斯 Sakhalin LNG 项目、全球最大浮式 LNG 生产项目 Prelude 及加拿大 LNG 项目上。在天然气处理方面,壳牌的 SCOT ULTRA 和 Thiopaq 技术能够将天然气处理过程中去除的硫化氢转化为硫元素,进一步用于硫酸和化肥生产。

3. 能源转型成效

壳牌多数的能源转型措施取得了显著成效,符合公司战略规划的目标,但也有部分转型目标的实现由于种种原因出现了暂时的背离。一体化天然气领域,受到退出俄罗斯萨哈林项目影响,壳牌 2023 年 LNG 产能为 3820 万吨/年，同比增加 27%，LNG 产量为 2830 万吨/年，同比下降 5%；LNG 销售量为 6700 万吨/年，同比增长 2%。上游领域，2023 年，壳牌石油产量为 0.75 亿吨，与到 2030 年将石油产量稳定在 0.7 亿吨的水平目标相符；受到资产剥离的影响，天然气产量为 771 亿立方米，同比下降 5%。下游、可再生能源和能源解决方案领域，2023 年 LNG、电力、生物燃料和管道气合计销售量占总销售量的 52%，较 2016 年的 43% 增加了 9 个百分点，石油产品销售量占总产品销量的 48%，较 2016 年减少了 9 个百分点，符合减少石油产品销售的战略目标；2023 年共有 5.4 万个充电桩，近三年保持较大幅度规模增长。脱碳领域，2023 年碳排放强度为 0.05%，连续多年保持低于 0.2%（表 3-7）。

表 3-7　2021—2023 年壳牌能源转型成效

分类	领域	2021 年	2022 年	2023 年
一体化天然气	LNG 液化能力（万吨/年）	3100	3000	3820
	LNG 液化量（万吨/年）	3100	2970	2830
	LNG 销售量（万吨/年）	6400	6600	6700
上游	石油产量（亿吨）	0.87	0.75	0.75
	天然气产量（亿立方米）	898	814	771
下游、可再生能源和能源解决方案	低碳燃料	—	—	—
	电动汽车充电桩（个）	7000	2.7 万	5.4 万
脱碳	碳排放强度（%）	0.06	0.05	0.05
	CCS	—	—	—

注：根据公司年报数据绘制。

四、道达尔能源

道达尔能源（TotalEnergies）是一家全球性石油公司，业务涵盖整个能源价值链，拥有员工 10.3 万人。道达尔能源在 2024 年美国《石油情报周刊》世界最大 100 家石油公司综合排名中位列第 10，在 2024 年《财富》世界 500 强中位列第 23。截至 2023 年底，道达尔能源石油探明可采储量 6.5 亿吨，天然气探明可采储量 14 亿吨油当量；2023 年，道达尔能源石油产量 0.7 亿吨，天然气产量 679.4 亿立方米；天然气液化能力 1730 万吨/年；全年营业收入 2371.3 亿美元，净利润 213.8 亿美元；运营设施范围 1 和范围 2 温室气体排放量为 3500 吨二氧化碳当量。

1. 转型战略及目标

1）转型战略

道达尔能源采取"双增长"的转型战略，即在通过油气业务保持盈利的同时，实现可持续发展。其能源转型以油气业务和综合电力业务为战略支柱，其中，油气业务以大力发展液化天然气（LNG）为侧重点，同时重点投资低盈亏平衡和低温室气体排放的资产；综合电力业务是公司能源转型的核心，也是道达尔能源所设想的通往低碳未来的必经之路，道达尔能源在其《世界能源展望

2024》中提出,除非现有的脱碳技术可以在全球范围内快速部署,否则,即便所有作出"2050碳中和"的国家都完成了其减排承诺,也无法实现《巴黎协定》所商定的温控目标。基于此,道达尔能源提出了三项转型重点:一是扭转世界能源供应结构,使用电力满足世界能源需求,而非化石能源;二是扭转电力供应结构,使用可再生能源和天然气发电,而非煤炭;三是减少化石燃料生产中的甲烷排放。道达尔能源在《2022年战略与展望》中提出:公司将以位列全球前五大可再生能源公司为目标,加速发展以可再生能源为主的电力业务。道达尔能源基于其对未来世界能源结构的判断,在保证其油气业务稳定的同时,大力发展综合电力业务(图3-20)。

2)转型目标

道达尔能源力图实现的"公正、有序和公平"的能源转型,最终的目标是到2050年实现范围1、范围2和范围3的碳中和。在国际能源署设定的2℃能源转型情景下,未来还需要大量油气资源来满足能源消费需求,同时还需要大量天然气和可再生能源用于电力供应,因此道达尔能源在油气和低碳与新能源的目标规划上呈现出稳油、增气、低碳的特征(表3-8)。

表3-8 道达尔能源能源转型目标

分类	领域	2025年	2030年	2050年
石油产品	石油产品销售量(万吨/年)	—	6336	—
	石油产品销售占比(%)	—	30	15~20
天然气产品	天然气产品销售占比(%)	—	50	—
低碳与新能源	低碳与新能源净投资占比(%)	33	33	—
	低碳与新能源销售占比(%)	—	20	50
	可再生能源发电装机容量(吉瓦)	35	100	400
	可再生能源发电规模(太瓦时)	>50	130	500
低碳与新能源	企业与个人客户数量(百万个)	—	10	—
	充电站数量(万个)	15	—	—
	生物燃料产量(百万吨/年)	SAF 0.21	SAF 1.5	—
	生物甲烷产量(太瓦时)	2	20	—

注:根据道达尔能源可持续与气候报告数据绘制。

(1)综合能源方面。

道达尔能源致力于在逐步提高能源总产量的同时,降低化石能源在生产结构中的比重。具体目标包括将能源生产总量从2023年的15拍焦耳/日提高到2030年的20拍焦耳/日,相当于每年增长4%。逐步优化能源产品生产结构,2030年的能源生产结构中,石油占40%,天然气占40%,以电力为主的低碳能源占20%。到2050年,根据道达尔能源的净零排放目标,其油气产量将下降至0.5亿吨油当量/年,其中天然气占比70%,届时能源产品的产量将由可再生能源和低碳能源来满足,可再生能源占比将达到50%,生物燃料、氢气和电子燃料占比25%,而油气产量占比将降至25%(图3-21)。

石油公司能源转型路径

2015	出售南非道达尔煤炭公司，退出煤炭生产和销售
	安哥拉深水17号区块累计生产20亿桶石油，成为道达尔资产最丰厚、日产超过70万桶的资产
	澳大利亚LNG项目Gladstone年产720万吨，以长协销往亚洲
	改造La Mede炼油厂成为法国第一家生物炼油厂
2016	剥离煤炭业务
	收购美国天然气生产商Tellurian 23%权益，开发综合天然气项目及LNG接收站Driftwood
	刚果(布) Moho Nord深水项目投产，产能为10万桶油当量/日
	收购电池制造商Saft获取储能技术
	收购比利时天然气供应商绿色电力供应商Lampiris
	与Corbion合资生产和销售生物塑料
2017	将上游业务拆分为勘探生产板块和天然气、可再生能源与电力板块
	设立子公司Total Spring，面向法国工业客户提供天然气和绿色电力产品
	收购Engie上游LNG业务，年液化能力250万吨，再气化能力1400万吨
	收购Maersk Oil获得2P/2C储量10亿桶油当量，日产量16万桶油当量
	收购荷兰天然气汽车燃料供应商PitPoint，涉足LNG、氢气燃料供应和电动汽车充电点
	启动日本本州岛27兆瓦光伏发电厂
2018	购买Arctic LNG 2 21.5%权益，年产能1980万吨
	收购美国电力公司Samson Offshore Anchor获得深水资产及墨西哥湾深水Ballymore发现石油
	收购法国天然气和电力供应商Direct Energie 73%权益，拓展电力运输服务
	收购可再生能源开发商EREN，更名为Total Eren，发展风电
	开发挪威Northern Lights CCS项目
2019	将天然气、可再生能源与电力板块更名为一体化天然气、可再生能源与电力板块
	成立专门投资天然碳汇(森林、红树林等)的自然解决方案部门
	南非Brulpadda深水勘探作业发现大量凝析油
	巴西Mero项目第一阶段启动，FPSO液化能力为18万桶日
	获得巴西深水区块C-M-541和苏里南Block 58
	开展E-CO2MET项目，利用德国数克尔本工业区捕集的二氧化碳和可再生能源制取的绿氢生产甲醇
	与Orsted, Elicio投标敦刻尔克600兆瓦海上风电项目
2020	在天然气、可再生能源板块(GRP)内部新增沼气、氢气部门
	苏里南深水区块Block 58、南非11B/12B区块再次油气发现
	巴西Mero项目第二阶段，产能力为18万桶/日
	剥离文莱、塞拉利昂和利比里亚上游非核心资产
	收购苏格兰海岸的Seagreen海上风电公司51%权益，装机容量1500兆瓦
	开发卡塔尔光伏发电厂Al Kharsaah，容量800兆瓦
	收购法国Global Wind Power，获得1吉瓦陆上风电资产组合
2021	道达尔(Total)更名为道达尔能源(Total Energies)，表明其向可再生能源和低碳能源解决方案的转型
	中标苏里南深水区块Block 58、南非11B/12B区块再次油气发现
	巴西Mero项目第四阶段FID，安哥拉区块CLOV2期17号区块投产日
	剥离委内瑞拉、缅甸及安哥拉地区及加蓬成熟非核心上游作业区资产
	收购Adani Green Energy 20%股份，获得印度可再生能源资产
	收购法国沼气生产Fonroche Biogaz
	与美国可再生能源开发商174 Power Global合资开发1.6吉瓦太阳能储资产组合
2022	纳米比亚2913B区块Venus重大发现
	参与卡塔尔北方气田东部和LNG项目年产350万吨
	退出委内瑞拉高排放重油项目，缅甸及安哥拉14和14K成熟非作业区块
	收购美国风电光伏公司Clearway Energy，获得25吉瓦可再生能源资产
	与巴西Casa dos Ventos合资开发12吉瓦可再生能源投资组合
	收购美国Core Solar，开发4吉瓦太阳能资产组合
2023	将一体化天然气、可再生能源与电力板块拆分为一体化LNG和综合电力板块
	启动GGIP多能源项目：从伊拉克Ratawi油田低成本、低排放采油，1吉瓦光伏发电场供电
	阿曼10号区块LNG项目投产
	将加拿大Surmont和Fort Hills资产全部处置完毕
	收购波兰沼气生产PGB，使产能增至1.1太瓦时/年，成为欧洲第二大沼气生产商
	启动欧洲炼油绿氢试点：诺曼底炼厂由Air Liquide供氢，Leuna炼厂由VNG供氢

图 3-20 2015—2023 年道达尔能源能源转型大事记
根据道达尔能源历年年报、可持续报告及官网数据绘制

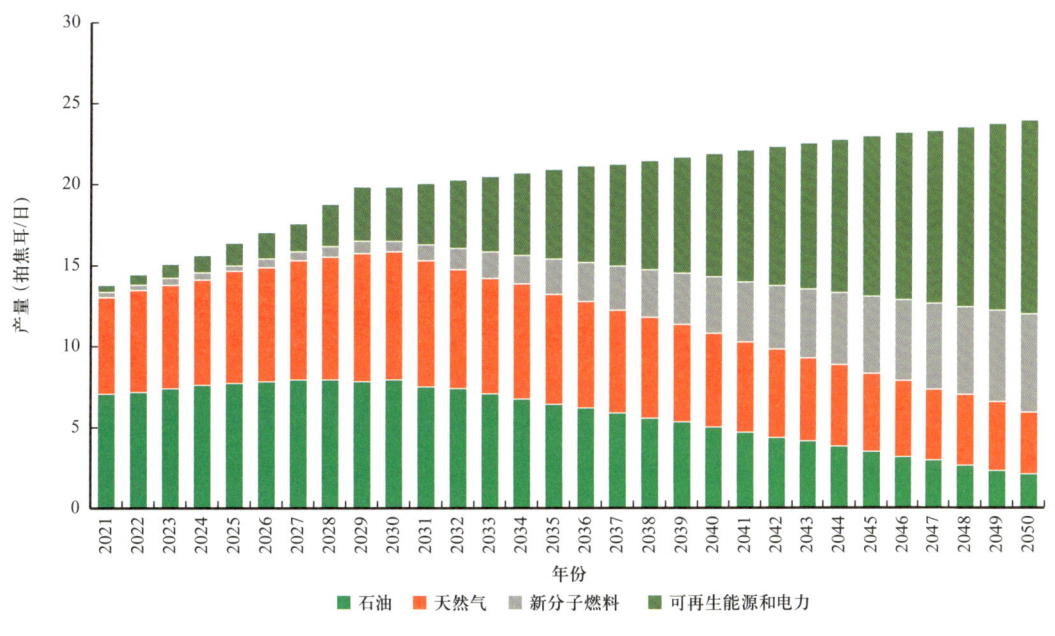

图 3-21　2021—2050 年道达尔能源能源产量结构与规模

根据 Wood Mackenzie 数据绘制

（2）油气方面。

道达尔能源的目标是减少石油产品的销售，扩大 LNG 液化能力及其在油气产量中的比重。石油产品方面，到 2030 年，石油产品销售额较 2019 年相比减少 40%；石油产品销售占总销售额的份额由 2015 年的 66% 减少到 2030 年的 30%，并于 2050 年下降到 15%～20%。天然气方面，在 2025 年之前将 LNG 液化能力扩大到 5000 万吨/年；到 2030 年，将天然气在销售结构中的份额提高到 50%，加强公司在 LNG 行业前三名中的地位，建成涵盖从生产、贸易到燃气轮机发电和零售的整个天然气价值链。产量方面，到 2050 年实现油气产量减产至 2030 年产量的四分之一，即 5000 万吨油当量/年，其中 LNG 产量达 2500 万～3000 万吨/年，其余部分由低成本石油构成。大部分石油将用于石化工业，每年生产约 1000 万吨的聚合物。

（3）低碳与新能源方面。

在可再生能源发电方面，道达尔能源计划到 2025 年实现总装机容量达到 35 吉瓦、到 2030 年达到 100 吉瓦，到 2050 年达到 400 吉瓦，可再生能源电力占能源总量的 50%，跻身全球前五大可再生能源发电生产商。发电量到 2030 年增加到 100 太瓦时以上，每年投资约 40 亿美元，占总能源的 20%；到 2050 年达到 500 太瓦时。同时，加快发展储能业务，到 2030 年部署 5 吉瓦的电池储能系统（BESS）存储容量。

在充电及电动出行方面，道达尔能源计划到 2028 年，在欧洲部署 1000 个高功率充电站；在 2024—2028 年间投资超过 10 亿美元用于电动出行，综合电力投资组合的平均资本回报率超过 12%，其经营活动现金流从 2023 年的 20 亿美元增长到 2028 年的 40 多亿美元，净自由现金流为正。在客户端，到 2025 年部署 15 万个电动汽车充电站，到 2030 年拥有 1000 万电力客户。

在生物燃料方面，道达尔能源的目标是实现生物燃料总产能于 2025 年达 200 万吨/年，于 2030 年达 500 万吨/年；生物甲烷产能于 2025 年达 2 太瓦时/年，于 2030 年达 20 太瓦时/年；可持续航空燃料（SAF）产能于 2025 年达 21 万吨/年，于 2030 年达 150 万吨/年。生物塑料方面，目标是到 2030 年生产 100 万吨的可再生生物塑料，占市场消费量的 30%。

在碳封存及碳汇方面，道达尔能源的目标是到 2030 年为其客户提供超过 1000 万吨 / 年的二氧化碳封存能力，到 2050 年二氧化碳封存能力超过 5000 万吨 / 年。在 2020—2030 年间平均每年 1 亿美元预算的支持下，道达尔能源的目标是建立 1 亿吨二氧化碳当量排放指标，并从 2030 年起发展每年至少生产 500 万吨二氧化碳当量排放指标。

2. 能源转型措施

1）资本支出

2014 年以来，道达尔能源总资本支出呈现先降后升的趋势，范围在 107 亿～263 亿美元内波动，平均每年支出 169 亿美元，总体与油价同向波动。根据其 2016 年之后每年公布的投资计划，道达尔能源对用于维持油气业务的资本支出占比不断下降，而用于发展低碳与新能源的资本支出占比逐年提升。

总资本支出方面，2017—2021 年的五年间，道达尔能源在光伏发电和海上风电领域资本支出超过 100 亿美元。2021 年，道达尔能源将用于电力和可再生能源方面的资本支出提高到 30 多亿美元，占总资本支出的 25%。2023 年，道达尔能源资本支出 168 亿美元，其中 35% 用于以电力为主的低碳能源，大规模投资推动了道达尔能源低碳能源的快速发展。2023 年，道达尔能源可再生电力装机容量增加 6 吉瓦，电动汽车充电站增加 6 万个，包括 1000 多个大功率充电站。同时，道达尔能源的电力产量达到 33 太瓦时，其中包括 19 太瓦时的可再生电力。2023 年，道达尔能源在其最新的 2024—2030 年的年度资本支出计划中提出，将资本支出的规模由 130 亿～160 亿美元 / 年扩大至 140 亿～180 亿美元 / 年，其中，用于清洁电力和低碳业务的资本支出将占总资本支出的 33%，用于开发新油气项目的资本支出占比 30%（图 3-22）。

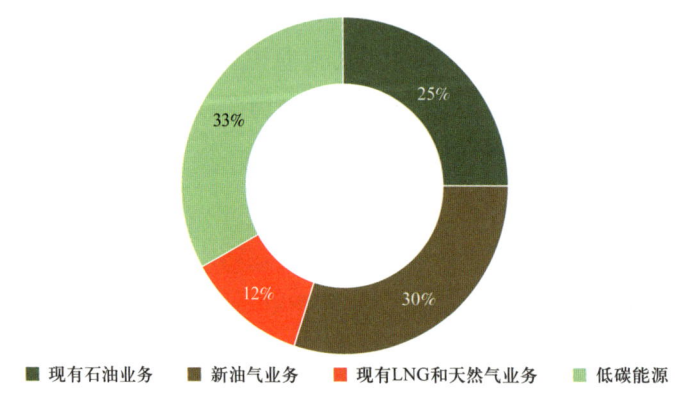

图 3-22　2030 年道达尔能源资本支出结构
根据道达尔能源 2023 年可持续与气候报告数据绘制

低碳与新能源方面，预计 2023—2050 年间道达尔能源总投资将达 9000 亿美元，并且其中装机规模以光伏为主，风电为辅。道达尔能源将依靠项目融资和权益出售相结合来管理庞大的投资规模。项目融资主要依靠提高杠杆，其风能和太阳能项目的平均杠杆率达 70%，道达尔能源通过高杠杆融资快速获得资金，扩大投资规模，然后在项目建成后出售风电光伏等资产 50% 的权益，以加快现金变现并提高回报。随着 2030—2040 年风电光伏项目陆续投产，道达尔能源的资产规模不断扩大，自由现金流稳定增长。

2）资产结构

道达尔能源参考国际能源署设定的 2℃能源转型情景，认为在未来 20 年里，约三分之一的能源消费需求仍需由油气资源满足，因此，油气业务短时间内仍是道达尔能源的业务核心，尤其是低成本、低碳强度的优质资产。此外，道达尔能源正在打造一个具有成本优势的低碳与新能源资产组合，将可再生能源（太阳能、陆上风电、海上风电）和灵活调峰资产（联合循环燃气轮机、储能）相结合，保障低碳电力的可持续供应。

（1）油气上游。

2014—2023 年，道达尔能源已成为油气资产的净收购方，通过资产收并购和勘探开发调整油气资产组合，以追求新的天然气资产为主，同时大力开发低成本、低盈亏平衡油价和低碳排放量的优质资产。

以南美、中东和北非为主，多元化布局国际勘探业务。道达尔能源的资源分布广泛，但出于对经济效益的考虑，其资产主要集中在南美、中东和非洲地区（图 3-23）。包括位于巴西和墨西哥湾的高回报资产、位于阿联酋的低成本资产、位于伊拉克的综合能源资产、位于利比亚的 Waha 和纳米比亚的 Venus 的高产量资产，以及位于马来西亚的天然气勘探机会。同时，考虑到资产集中所带来的风险问题，道达尔能源提出在任何一个国家或地区的资本支出不能超过集团总资本的 10%。道达尔能源上游油气资产地域分布较其他国际石油公司相比较为广泛，主要资产包括哈萨克斯坦 Kashagan、澳大利亚 Ichthys 和 Gladstone LNG、阿布扎比常规陆上和海上、安哥拉深水、巴西 Mero、尼日利亚深水 OML 130、挪威 Johan Sverdrup 和刚果（布）深水 Haute Mer D 区。未来道达尔能源或将进一步退出非核心国家，如文莱、意大利、加蓬、印度尼西亚、玻利维亚等，以及出售部分低利润、排放密集型资产。

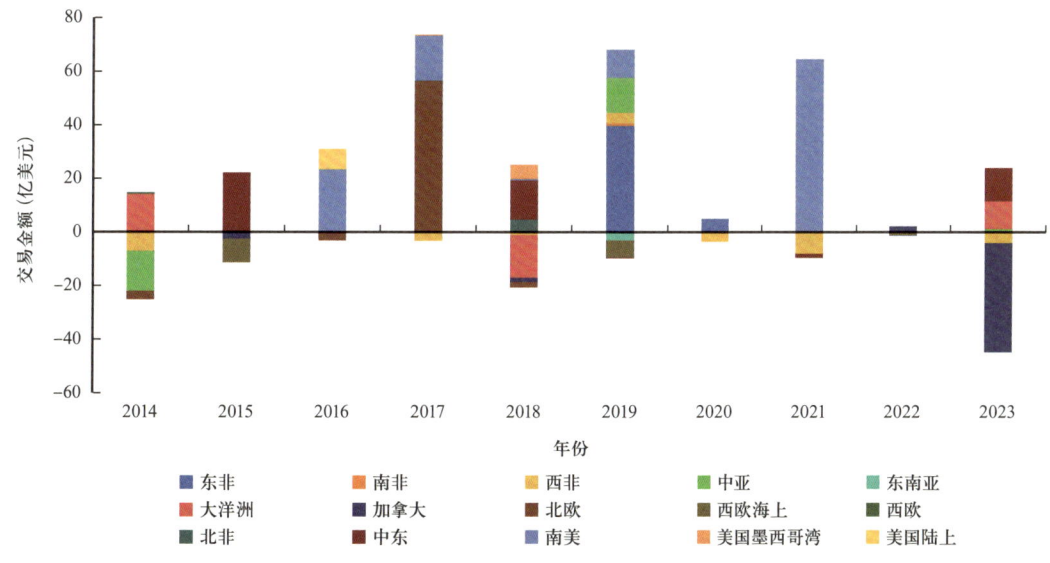

图 3-23　2014—2023 年道达尔能源油气上游资产收并购与剥离地区统计

根据 S&P Global 数据绘制

追求高经济效益和低碳排放并行的优质资产。道达尔能源提出新的油气项目需要同时考虑低成本（低于 20 美元/桶）、低盈亏平衡油价（低于 30 美元/桶）和低碳排放强度（低于 18 千克二氧化碳当量/桶油当量）三方面的因素。典型项目是乌干达的Tilenga和EACOP项目，这两个项目的碳排放量低至13千克二氧化碳当量/桶，远低于同类项目的19千克二氧化碳当量/桶的碳排放量，技术成本低至11美元/桶。2024年，道达尔能源参与的巴西Atapu和Sepia海上油田的业务开始扩建，两个项目将分别增加一艘FPSO，采用全电动配置，并引入废热回收、封闭火炬、货油舱气体回收和变速驱动等技术，以最大限度地减少温室气体排放。2023年，道达尔能源的总体投资组合盈亏平衡点为22.2美元/桶，生产成本约为5.5美元/桶油当量，范围1和范围2的温室气体排放强度为18千克二氧化碳当量/桶油当量。同时，综合考虑油气资产的平均生命周期，道达尔能源还将处置回收周期较长的资产。

聚焦深水和LNG，剥离重油油砂。道达尔能源不断加大深水和LNG在其资产组合中的比重，逐步剥离高碳排放的重油油砂项目（图3-24）。深水方面，道达尔能源的深水资产遍布包括安哥拉、巴西、南非、刚果（布）、纳米比亚和塞内加尔在内的多个国家，目前旗下典型的在产深水项目包括安哥拉ZINIA PH2和CLOV PH2、巴西梅罗1期和2期以及纳米比亚的Venus，开发中的项目包括巴西Mero 3期和4期、美国墨西哥湾Ballymore和安哥拉Kaminho项目。LNG方面，道达尔能源在巴布亚新几内亚、莫桑比克、墨西哥、也门及澳大利亚的项目支撑LNG项目基础产能的增长（图3-25）。为了强化LNG业务、提高液化能力，道达尔能源于2017年收购了Engie的上游LNG业务，项目拥有250万吨/年的液化能力和1400万吨/年的再气化能力，包含10艘LNG运输船；2019年，道达尔能源收购了Anadarko在莫桑比克的天然气及LNG资产。2019—2020年与Adani Group在印度Dhamra合作，共同开发LNG再气化终端，并开展天然气分销业务。2022年，道达尔能源参与的美国路易斯安那州的Cameron LNG项目和卡塔尔北方气田（North Field）LNG项目开始扩建。重油/油砂方面，受到碳减排压力的影响，道达尔能源从2015年开始减持加拿大的油砂资产，并于2023年将加拿大Surmont和Fort Hills的油砂资产全部处置完毕，同时，道达尔能源还于2021年退出了委内瑞拉Orinoco重油区块开发项目。

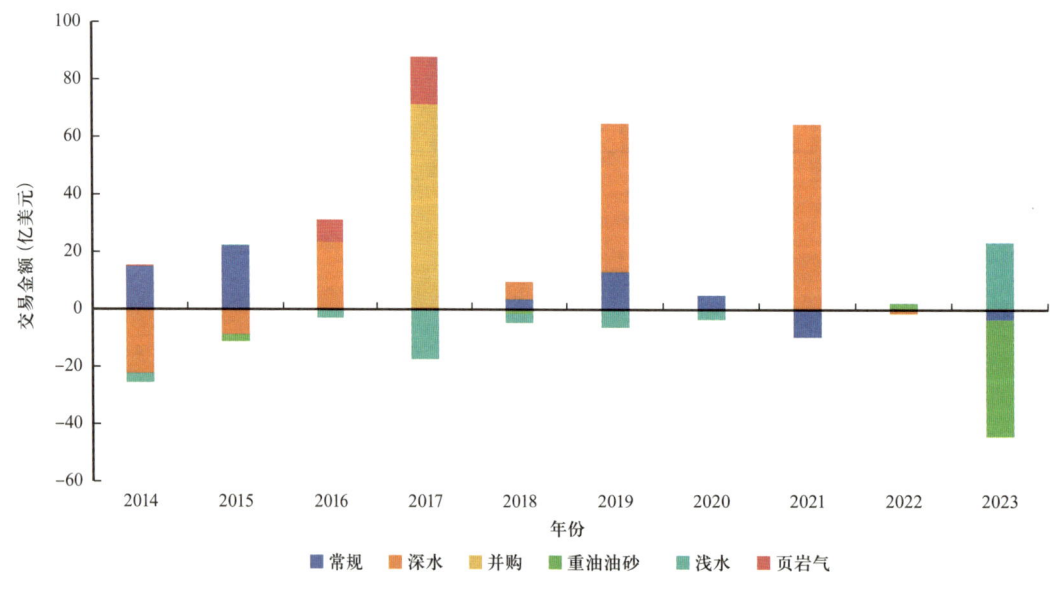

图3-24　2014—2023年道达尔能源油气上游资产收并购与剥离类型统计

根据S&P Global数据绘制

第三章 重点石油公司能源转型路径与成效

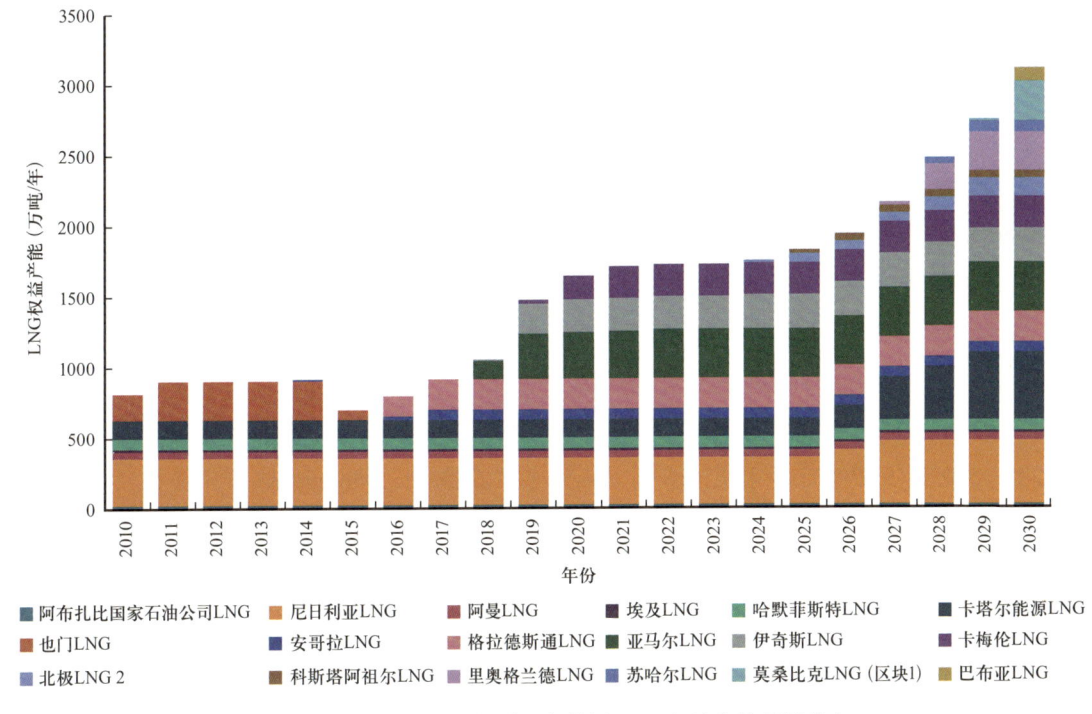

图 3-25 2010—2030 年道达尔能源 LNG 权益产能项目分布
根据 S&P Global 数据绘制

（2）油气中下游。

为降低对化石资源的依赖，转变传统高能耗、高排放的加工方式，道达尔能源顺应欧盟出台的有关生物精炼及生物燃料的法律、标准和各种激励措施，积极扩大可持续航空燃料（SAF）的生产，并逐步缩减其石油产品零售额，以适应欧洲日益缩减的石油需求。道达尔能源油气中下游的低碳能源转型以两大举措为主：一是使用清洁电力和氢能等低碳新能源替代原有的工厂高碳排放电力，降低碳排放成本的同时提高合规性；二是将传统炼厂转型升级为生物精炼厂，扩大生物精炼、生物柴油、可持续航空燃料、电子天然气和塑料回收业务；此外，在销售环节，道达尔能源也将传统油气产品与低碳新能源产品相结合，实现销售结构的优化。

传统供电向低碳新能源转型。道达尔能源计划以绿氢为炼厂供能，到 2030 年用绿氢替代其欧洲炼油厂每年消耗的 50 万吨氢气，预计每年可减少约 500 万吨二氧化碳的排放，这是道达尔能源于 2030 年实现范围 1 和范围 2 温室气体排放较 2015 年水平减少 40% 的目标的重要一步。道达尔能源在欧洲拥有六个炼厂，分别是 Antwerp（比利时）、Leuna（德国）、Zeeland（荷兰）、诺曼底、Donges 和 Feyzin（法国），所有炼厂都在使用氢气燃料。其中，诺曼底炼厂于 2023 年与法国工业和医疗气体供应商 Air Liquide 签署了协议，从 2026 年下半年开始，Air Liquide 将每年向诺曼底炼厂提供 1 万吨绿氢和 5 千吨蓝氢，此项目预计每年最高可减少 15 万吨二氧化碳排放量。

传统炼厂向生物炼厂转型。道达尔能源正在将非一体化的炼厂如 La Mède 和 Grandpuits 等转化为生物精炼厂。2020 年，道达尔能源宣布了法国的 Grandpuits 炼厂改造项目，项目计划以生物甲烷和光伏发电电解制得的绿氢等低碳气体为燃料，通过加工处理废弃物生产生物燃料，并采用先进的塑料回收技术，实现循环经济。预计该厂将于 2025 年中投入运营。该项目转型后将主要生产生物燃料，包括可持续航空燃料、可再生柴油和可再生石脑油，年产能可达 40 万吨。

> ### 典型案例
>
> **道达尔能源将法国 Grandpuits 炼厂转型为生物精炼厂**
>
> 2020年9月,道达尔能源宣布计划将法国 Grandpuits 炼厂转变为生物精炼厂,并将附近的 Gargenville 储库,一同建设成综合生物燃料、可再生能源发电、储能、绿氢、生物甲烷和塑料回收等多项业务的零原油工业中心,预计于2025年中投入运营。
>
> 生物燃料:生物精炼厂超过75%的原料来自废弃食用油和动物脂肪,道达尔能源与德国农业废弃物和饲料食品供应商 SARIA 于2022年9月合作确保原料供应。该厂的生产能力为每年40万吨,其中包括21万吨可持续航空燃料(SAF)(预计到2027年将扩展至28.5万吨)、5万吨可再生柴油和7万吨可再生石脑油。Gargenville 储库将在 SAF 存储和输送至巴黎机场方面发挥关键作用,并将继续为法国政府提供石油产品的运输和储存服务。
>
> 发电储能:生物精炼厂由两个光伏太阳能发电厂供电,Grandpuits 发电厂装机容量为28兆瓦,Gargenville 发电厂装机容量为24兆瓦,已于2022年底投入运营。发电厂还包括一个容量为43兆瓦的储能系统(ESS),于2023年3月投入运营,该设施通过平滑生产和消耗的高峰来帮助调节国家电网。
>
> 低碳气体:道达尔能源于2022年11月与法国液化空气集团合作,将生物精炼厂的残余生物气作为制氢原料,年产能超过2万吨,同时生物甲烷年产能力为80000兆瓦时。生产设施中将配备二氧化碳捕集设施,每年可捕集超过11万吨的二氧化碳。
>
> 塑料回收:道达尔能源与英国塑料回收公司 Plastic Energy 合作建设可再生塑料厂,通过热解工艺每年转化1.5万吨塑料废物,生产食品级可再生塑料,加速道达尔能源实现到2030年生产100万吨可再生塑料的目标。2023年3月法国废弃物回收公司 Paprec 与道达尔能源签署协议并承诺提供柔性包装和薄膜废物等塑料废物,配套的机械塑料废物回收设施计划于2026年投产,每年将生产3万吨塑料,其中50%为可再生塑料,目标是为制药和化妆品行业提供高性能包装。

油气销售与低碳新能源结合。在下游油气销售环节,道达尔能源在发展传统油气燃料销售的同时,不断扩展新能源产品业务。2017年,道达尔能源设立子公司 Total Spring,向法国市场提供天然气和绿色电力产品,这一举措显著加快了道达尔能源在天然气和可再生能源发电领域的扩张步伐。同年5月,道达尔能源收购了荷兰 PitPoint B.V. 公司,该公司是欧洲第三大天然气汽车燃料供应商,还在沼气、氢气燃料供应和电动汽车充电站有所布局,此次收购不仅扩大了道达尔能源下游零售网络,更是其迈向成为欧洲天然气汽车燃料市场领导者的关键一步。

(3)低碳与新能源。

乌克兰危机以来,面对大宗商品价格上涨和利益相关者的压力,欧洲石油公司不得不修改能源转型计划并重新考虑资本配置,道达尔能源以综合电力业务为转型重点,通过不断剥离非核心油气上游资产,为公司转型筹资。

资产组合多元，区域分布广泛。道达尔能源的可再生能源资产组合丰富，就类型来看，以光伏和风电为主，兼顾氢能和储能。道达尔能源提出全面发展可再生能源，承诺加大除地热能外的可再生能源领域的投入与布局，同时，利用可再生能源推动综合电力业务的发展，到 2030 年，每年投资约 40 亿美元用于综合电力部门，将其发电量增加到 100 太瓦时以上。就区域布局来看，道达尔能源的可再生能源投资组合主要集中在美国和印度两个核心市场（图 3-26）。在美国，道达尔能源于 2022 年收购了美国第五大可再生能源公司 Clearway Energy 50% 的权益，本次收购将助力 2050 年道达尔能源在美国累计可再生能源装机容量与碳封存能力达到约 25 吉瓦。在印度，道达尔能源于 2020 年与阿达尼绿色能源公司（Adani Green Energy Limited，AGEL）成立合资企业 AGEL 23，联手开发大型风电光伏项目，预计到 2050 年道达尔能源在印度的可再生能源投资组合装机容量将达到 9 吉瓦。

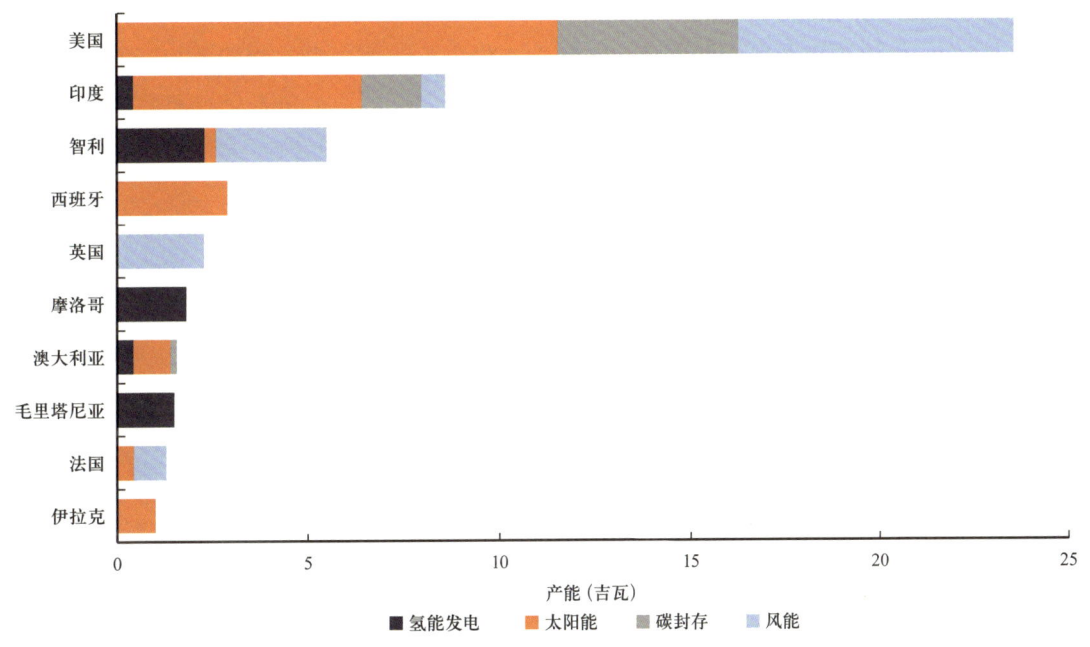

图 3-26　2050 年道达尔能源累计可再生能源装机容量与碳封存能力前十大国家

根据 Rystad Energy 数据绘制

在风电光伏方面，道达尔能源利用各地资源禀赋的地区优势，在全球范围内积极布局可再生能源领域。2021 年，道达尔能源从 Sunchase 和 MAP RE/ES 手下收购了 2.2 吉瓦的太阳能资产和 800 兆瓦的储能资产，同年，道达尔能源与 174 Power Global 合作，在美国开发 12 个累计装机容量为 1.6 吉瓦的太阳能和储能项目；2022 年，道达尔能源收购 Core Solar，获得了 4 吉瓦的太阳能和储能资产；2023 年，道达尔能源与海上风电开发商 Corio Generation 和纽约电力生产商 Rise Light & Power 合作，共同开发纽约和新泽西海岸附近的 Attentive Energy 海上 3 吉瓦的风电项目。此外，道达尔能源还积极探索并投资浮式海上风电资产，2020 年，道达尔能源收购了位于威尔士凯尔特海的开创性浮式风电项目 Erebus 80% 的权益，项目的装机容量为 96 兆瓦；同年，道达尔能源与 Macquarie's Green Investment Group 合作，在韩国开发 5 个大型浮式海上风电项目，潜在累计装机容量超过 2 吉瓦。

氢能方面，道达尔能源拓展氢能供应的同时，与众多下游站点加盟商及交通运输行业的合作伙伴进行战略合作。在上游，道达尔能源（55%）和卢克石油（45%）合资在位于荷兰的 Zeeland 炼厂开发蓝氢项目，预计将于 2025 年底投产，并将在生产氢气的蒸气甲烷重整装置（Steam Methane Reformer，SMR）安装碳捕集系统，捕集的二氧化碳将在液化后运往道达尔能源位于荷兰北海的平台，并封存于地下。2022 年道达尔能源与印度阿达尼集团成立合资企业 Adani New Industries Limited（ANIL），计划到 2030 年每年生产 100 万吨的绿氢，并通过 30 吉瓦的可再生能源发电设施来支撑。在下游，道达尔能源通过其参与的合资企业 H2 Mobility Germany❶，积极部署加氢站，已在德国部署 83 个加氢站，其中 23 个位于道达尔能源自营的网点。

电动汽车充电方面。欧洲各国接连表现出禁止燃油车的意向，虽然在各大汽车营销商的压力下，燃油车禁令的推进屡屡放缓，但显然电动汽车已成为未来发展的新方向，道达尔能源积极开拓新市场，扩张电动汽车产业链条，布局电动汽车充电网络。目前，道达尔能源已通过收并购发展了一整条电池充电以及储能业务产业链。具体来说，道达尔能源旗下各电力子公司根据不同的专业分工协同合作，由法国工业电池制造商 Saft 负责提供电池，德国电池储能系统开发运营商 Kyon Energy 负责管理开发，德国分布式可再生能源供应商 Quadra Energy 负责销售推广储能业务，由 Total EV Charge 负责管理推广电动出行业务。此外还通过与合作伙伴建立合资企业来开发生产新的电池。

典型案例

道达尔能源收购工业电池制造商 Saft

道达尔能源在 2016 年以 9.5 亿欧元收购了法国高科技电池制造商 Saft，使其在太阳能发电和分布式发电技术方面得到了补充。Saft 的优势在于高科技工业电池领域，特别是在镍镉电池、高性能一次性锂电池、锂离子电池系统等方面处于全球领先地位。这些技术优势使得 Saft 能够为极端环境（如火星探测器）和高可靠性要求的应用（如轨道交通）提供定制化的电池解决方案，并且可在可再生能源和电网管理方面发挥重要作用。此次收购后，Saft 公司将继续开展多个储能项目。例如，Saft 为夏威夷一座 12 兆瓦太阳能电站提供了锂离子电池系统，并为 Solon 集团的储能项目提供锂离子储能电池。此外，Saft 还在芬兰部署了一个大型电池储能项目，该项目将成为北欧地区规模最大的电池储能设施之一。

此外 Saft 通过整合双方资源以推动新能源和储能技术的发展，采取了多项具体措施：

扩大制造能力：Saft 在中国珠海开设了 ESS（储能系统）制造中心，增强了其服务全球 ESS 市场的能力，并支持公司向可再生能源转型，预计该制造中心的年产能将从 1.2 吉瓦时提高到 2.4 吉瓦时。

合作开发和销售：Saft 与中国天能集团成立了合资公司——天能帅福得能源股份有限公司（TSE），共同开发、制造并销售先进的锂电池、电动自行车、电动汽车组件和电池组，以及储能解决方案。这不仅提升了双方的技术实力，还拓展了市场覆盖范围。

---

❶ H2 Mobility 由六家工业企业联合成立，包括 Air Liquide、Daimler AG（现为 Mercedes-Benz Group AG）、Linde plc、OMV Group、壳牌和道达尔能源，旨在推动德国氢能基础设施的发展。

扩展储能技术应用领域：Saft在轨道交通和航空领域快速扩张。例如，为常州轨道交通1号线项目提供MSX电池系统，并赢得成都地铁公司的合同，为不同地铁线路供应车载电池系统。此外，Saft还成为中航工业旗下中航西飞民用飞机公司MA700先进涡桨支线飞机的主要电池供应商。

收购Go Electric：Saft通过收购美国电网基础设施供应商Go Electric，加强了其在微电网和分布式能源复原解决方案方面的价值链完整性。Go Electric的技术结合储能解决方案，使客户充电站点能够在停电时独立运行，并整合更多分布式可再生能源，降低能源使用成本。

加大投资和创新研发：道达尔能源确立了加大投资力度和加强创新研发作为推动减碳技术和新能源发展的两大杠杆。这些措施有助于抵消公司运营产生的剩余碳排放，并促进新能源和储能技术的发展。

道达尔能源目前正在欧洲主要道路和城市地区布局高功率充电站，其目标是到2025年在欧洲各地运营15万个充电站，充电10分钟可提供约100千米的续航里程。到2030年，在高速公路和主要道路上设立300个服务站，在城市设立600个配备高功率充电器（High Power Chargers，HPC）的服务站，按照这一规划，每150千米就有一个HPC，可满足长途旅行的充电需求。此外，道达尔能源也一直在寻求成为技术领先的电动汽车业务领头羊，2018年，道达尔能源收购了法国智能充电解决方案领导者G2mobility，成立了一个致力于电动出行的组织Total EV Charge，其专业领域包括设计智能终端、优化能源使用管理和综合销售服务。2020年9月，道达尔能源与Groupe PSA联手宣布成立合资企业汽车电池公司（ACC），在欧洲生产电动汽车用高性能电池。ACC将在波尔多的一个研发中心和法国内萨克的一个试验点开发新的锂离子电池技术，一旦研发阶段完成，位于法国Douvrin和德国Kaiserslautern的两家工厂将开始大规模生产，目标是总储能到2030年达48吉瓦时，约占欧洲市场的10%。

生物燃料方面，道达尔能源通过收并购和合作快速切入生物燃料市场，不断提高生物燃料的产能，为能源转型铺路。道达尔能源的La Mède精炼厂是法国第一家世界级的生物精炼厂，每年可生产50万吨生物燃料、2.5万吨生物石脑油（Bionaphtha）、6万吨航空燃料（Avgas）和5万立方米卡车用AdBlue®添加剂（用于减少氮氧化物排放）。2021年初，道达尔能源收购法国可再生天然气领头羊Fonroche Biogaz公司，公司可再生天然气装机容量为500吉瓦时，本次收购帮助道达尔能源一举成为法国生物燃料的主要生产商之一。同年，道达尔能源和清洁能源公司（Clean Energy）合作，利用位于得克萨斯州Friona奶牛场的牲畜粪便生产生物甲烷，年产能可达40吉瓦时。2022年初，道达尔能源和Veolia合作，利用超15个国家/地区的废物处理厂和水处理设施生产生物甲烷，进一步在全国范围内铺设其生物燃料生产网络。2023年，道达尔能源旗下的法国最大沼气厂BioBearn投产，年产能达160吉瓦时。同年3月，道达尔能源宣布收购波兰领先的沼气生产商PGB，本次收购使道达尔能源的沼气年产能增至1.1太瓦时，成为欧洲第二大沼气生产商。

碳汇方面，道达尔能源提前规划储备所需碳信用额度，发展碳汇用以抵消范围1和范围2的碳排放，道达尔能源于2019年成立了一个专门投资天然碳汇（森林、红树林等）的部门——自然解决方案部门（Nature-Based Solutions，NBS），该部门从2020年起每年划拨1亿美元年度预算投资碳汇，截至2023年底，该部门已为道达尔能源储备了1100万吨碳信用额度。预计到2030年，累计碳信用额度将达到4400万吨，主要项目地区包括刚果（布）、加蓬和澳大利亚。其中，2021年3月，道达尔能源和Foret Ressources Management与刚果（布）签署了一项大规模的农林管理项目的合作协议，在巴特凯高原种植4万公顷的森林，可吸收1000多万吨二氧化碳。

CCUS方面，道达尔能源早在2010年就在法国南部Lacq开发了欧洲首个CCS的试点项目，使用欧洲首创的氧燃烧技术捕集蒸汽发生器中的碳，然后运输并储存在枯竭的储层中；2017年与艾奎诺和壳牌在挪威大陆架开发北极光项目（Northern Lights）；2024年，道达尔能源宣布以1.48亿美元收购Talos Low Carbon Solutions（TLCS）公司，收购完成后，道达尔能源将获得Talos Low Carbon Solutions所持有的大型墨西哥湾二氧化碳封存项目Bayou Bend 25%的权益，大大减少其在美国墨西哥湾沿岸工业设施的直接排放。同时，道达尔能源将捕集的二氧化碳与其先进的生物燃料技术相结合，拓展二氧化碳的应用。2019年，道达尔能源在德国启动了利用敦刻尔克捕集的二氧化碳和绿氢生产甲醇项目（E-CO2MET），项目预计将于2025年投入运营，每年可捕集和利用150万吨二氧化碳；2021年，道达尔能源在其德国Leuna炼厂附近开发试点，将绿色氢气和捕集的二氧化碳转化为可持续航空燃料。

3）管理模式

2016年9月，道达尔能源成立气候战略小组并公布了第一份气候报告，2017年，道达尔能源将原有的"天然气和新能源部门"与"创新和能源效率部门"合并，成立天然气、可再生能源与电力部门（Gas Renewables &Power，GRP），2020年在GRP板块内部新增了沼气业务部门，旨在全球投资开发和运营能够从工业和农业有机物中生产生物甲烷的设施；同时新增了氢气商业部门，因为在欧盟的可再生能源战略下，氢能会是链接一级能源和终端使用者的桥梁。沼气和氢气业务均属于低碳气体业务单元（图3-27）。

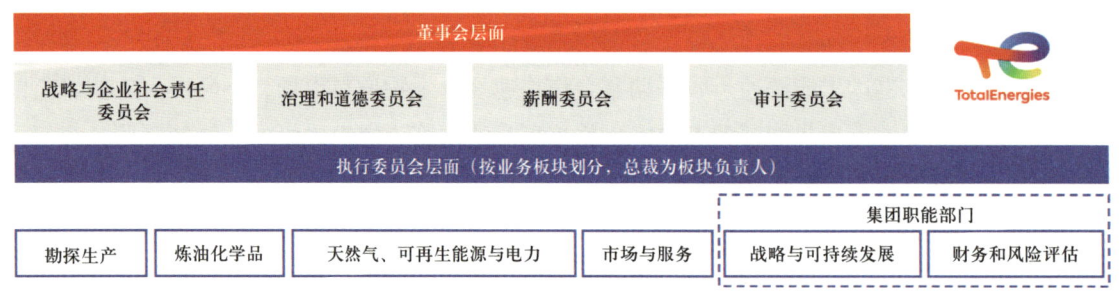

图3-27　2024年道达尔能源组织架构示意图
根据公司网站资料绘制

4）技术研发

道达尔能源在技术研发方面，既进行了积极的自主研发，还与其他多行业的工业企业及高校合作进行研发，以及在数字化转型上进行投资和合作。

研发支出方面，对能源转型的研发支出占比逐年递增，2021年后，道达尔能源50%以上的研发支出用于新能源（可再生能源、生物质、电池等）和减排技术（甲烷、CCUS、水、生物多样性等），2022年该比例达到了58%，2023年达到了65%（图3-28）。

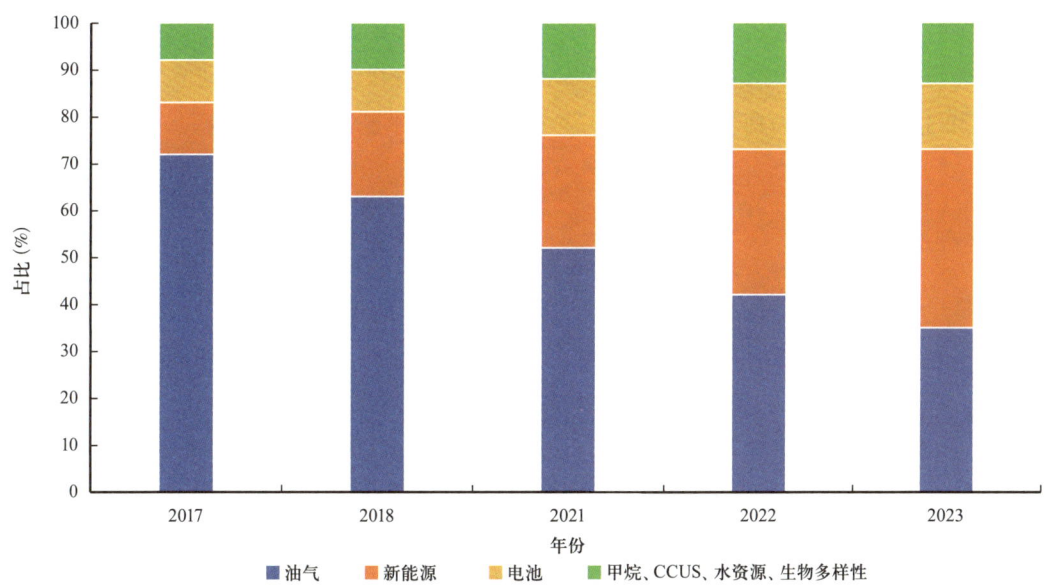

图 3-28 2017—2023 年道达尔能源研发支出占比
根据道达尔能源 2024 年可持续与气候报告数据绘制

为了优先进行自主研发，道达尔能源于 2021 年 9 月建立了自有的研发中心 One Tech，包括 3400 名工程师、科学家和技术人员，例如在德国 Leuna 炼厂附近开发氢气与捕集的二氧化碳反应生成甲醇的试点装置，预计在整个生产链中将获得约 30% 的能源效率提升。

为了加快研发转型，道达尔能源还与多行业的公司和学术研究人员建立了合作伙伴关系，例如 2022 年道达尔能源与丹麦技术大学（Technical University of Denmark，DTU）签署协议，在丹麦建立"道达尔能源—DTU 清洁能源卓越中心"，以开展三项主要任务：建设下一代混合电力平台、提供多元能源培训和建立研究合作关系。该中心将重点关注研发可靠、盈利、低排放的能源解决方案，减少可再生能源的间歇性，并加速工业设施的脱碳；并将进行下一代混合电力平台的建设，包括测试电池储能系统和绿色氢气生产。

此外道达尔能源还投资数字和人工智能（AI）专业知识，以开发内部解决方案，加快其能源转型及其客户的能源转型。2019 年道达尔能源就开设了一座数字化工厂，于 2020 年开始运营，汇集了多达 300 名开发者和数据科学家，开发公司所需的数字解决方案和新能源并减少其对环境的影响，以改善其运营活动以及为客户提供服务（尤其是管理能源消耗）。例如数字工厂开发的"E2"数字解决方案可以实时估计钻机中不同设备的能源消耗以及相关的温室气体排放，可以直接访问这些数据，并将其无缝集成到运营决策中。E2 于 2020 年部署在 Maersk 旅行者号上，在一年内节省了约 7% 的燃料，并避免了 1000 吨二氧化碳的排放。

作为全球为数不多掌握乳酸—丙交酯—聚乳酸全产业链完整技术以及回收解聚技术的企业之一，道达尔能源在扩大生物燃料产能的同时，积极开发以生物塑料为主的生物产品。2016 年，道达尔能源和乳酸及乳酸衍生物开发公司 Corbion 合作，成立 50∶50 合资公司道达尔科碧恩（TotalEnergies Corbion），在泰国建设了一家产能达 7.5 万吨/年的世界级聚乳酸工厂，并结合双方优势生产和销售聚乳酸聚合物。聚乳酸是一种可生物降解的聚合物，通过发酵糖或淀粉获得。聚乳酸主要用于食品包装、一次性餐具和纺织品，以及石油和天然气、电子、汽车、3D 打印等许多其他行业。除此之外，道达尔能源不但探索其他形式的生物塑料及其生产和应用。2019年，道达尔能源收购了可再生聚丙烯生产商Synova，并先后在法国和美国建立了处理能力分别为1.5万吨/年和3.3万吨/年的塑料垃圾回收厂。道达尔能源不断改进生产流程，生产具有高附加值的生物塑料。

3. 能源转型成效

总体来看，道达尔能源的能源转型取得了显著的成效。产品销售结构逐步优化，低碳与新能源销售量占比稳步上升，可再生能源发电装机容量、发电规模以及生物燃料产能迅速增长（表3-9）。

表3-9　2015—2023年道达尔能源转型成效

分类	领域	2015年	2019年	2020年	2021年	2022年	2023年
石油产品	石油净投资（亿美元）	130	90	60	70	100	60
	石油产品销售量（千桶/日）	2.4	2.3	1.8	1.8	1.7	1.6
	石油产品销售占比（%）	65	53	47	44	41	43
天然气产品	天然气净投资（亿美元）	70	70	50	30	20	50
	天然气产品销售量（万吨）	1300	3400	3800	4200	4800	4400
	天然气产品销售占比（%）	33	40	45	48	50	47
低碳与新能源	低碳与新能源净投资（亿美元）	0	10	20	40	40	60
低碳与新能源	低碳与新能源销售占比（%）	2	7	7	8	9	10
	可再生能源发电装机容量（吉瓦）	0	3	7	10	17	22
	可再生能源发电规模（太瓦时）	2	11	14	21	33	33
	企业与个人客户数量（万个）	<200	600	800	900	900	900
	充电点数量（万个）	0	0	2.2	2.6	4.2	6
	生物燃料产量（万吨）	—	20	30	50	20	30
	生物甲烷产量（太瓦时）	—	—	—	<1	1	1

注：根据道达尔能源2024年可持续与气候报告数据绘制。

石油天然气方面，石油产品销售占比已经从2015年的65%下降至2023年的43%，天然气从2015年的33%提高到了2023年的47%；2023年天然气液化能力已经达到4400万吨/年，有望实现2025年到5000万吨/年的目标。

可再生能源方面，道达尔能源持续保持对低碳和可再生领域的大力投资，2023年，道达尔能源总资本支出168亿美元，其中35%用于以电力为主的可再生能源，大额的投资推动道达尔能源可再生能源的快速增长，其清洁电力装机总量由2022年的17吉瓦增长至2023年的22吉瓦；电力产量达到33太瓦时，其中包括19太瓦时的可再生电力；电动汽车充电站增加60000个，其中包括1000多个大功率充电站，已经实现了2025年目标的40%。近年来，生物燃料的产量稳定在30万吨/年上下，其中，生物甲烷的产量维持在1太瓦时。

总体减排目标方面，道达尔能源取得了显著成效：与2015年相比，其运营范围的工厂碳排放削减了 24%，为实现 2030 年减排 40% 的目标奠定了基础。2023 年，上游石油与天然气范围 1 和范围 2 碳排放量降至 3500 万吨二氧化碳当量，已实现其 2025 年减排目标。2023 年甲烷排放量 3.4 万吨，与 2020 年相比下降 47%，有望提前实现 2025 年甲烷排放量降低 50% 的目标。

五、碧辟

碧辟（bp）成立于 1909 年，是世界最大的石油公司之一，总部位于英国伦敦，业务遍布 61 个国家，共有员工 8.7 万人。碧辟在 2024 年美国《石油情报周刊》世界最大 100 家石油公司综合排名中位列第 14，在 2024 年《财富》世界 500 强中位列第 25。截至 2023 年底，碧辟石油探明储量 5.11 亿吨，天然气探明储量 4.19 亿吨油当量；2023 年，碧辟石油产量 5552.7 万吨，天然气产量约 700 亿立方米，油气产量合计 1.16 亿吨油当量；原油加工量 0.7 亿吨，天然气液化能力 2300 万吨，产品销售量 1.39 亿吨；实现营业收入 2130.32 亿美元，实现净利润 152.39 亿美元；碧辟运营及权益的范围 1 和范围 2 温室气体净排放量为 6550 万吨二氧化碳当量。

1. 转型战略及目标

1）转型战略

碧辟的能源转型启动较早，其转型策略相较于业界其他企业显得尤为激进。尽管在最近的几年里，碧辟已经适度放缓了其转型的步伐，但仍是石油行业里最激进的能源转型拥护者。1997 年，碧辟的时任首席执行官约翰·布朗试图重塑英国石油公司（bp）的品牌，通过将碧辟的首字母缩写"bp"与"超越石油"（Beyond Petroleum）一词联系起来，提出公司的使命是在环境友好的前提下，满足当前的能源需求，同时开发未来更可持续的能源。此后的 20 多年里，碧辟采取了一系列措施，从一家专注于油气生产的国际石油公司，转变为一家专注于为客户提供解决方案的综合性能源公司，通过建立高质量的投资组合来应对市场变化并实现其能源转型目标。2020 年 2 月，在碧辟新任首席执行官伯纳德·鲁尼（Bernard Looney）的带领下，碧辟制定了业内最为激进的转型战略，包括油气减产，缩减油气勘探投资、剥离油气资产等举措。2023 年 9 月，伯纳德·鲁尼突然宣布辞任，2024 年 1 月，碧辟首席财务官默里·奥金克洛斯（Murray Auchincloss）正式接过首席执行官一职。相较于前任首席执行官，默里·奥金克洛斯更加注重碧辟的业绩和投资回报，承诺对碧辟的能源转型将采取"更务实"的方法，并重新重视油气业务的发展。面对外界对碧辟能源转型战略转变的质疑，2024 年 3 月，碧辟时任董事长龙海歌（Helge Lund）在致股东的信中强调：世界急需一个更加平衡、安全、可负担且低碳的未来能源体系，碧辟仍将坚持"由国际石油公司向综合能源公司转型"的战略目标。

2024 年 7 月，碧辟发布《世界能源展望 2024》，强调了能源转型的重要性，提出在"净零情景"下，2050 年全球 50% 的能源消费是电力消费，风能和太阳能将在全球电力供应结构中占比 70%。然而，短时间内低碳能源远远无法满足全球能源消费的需要，世界各国仍无法摆脱对化石燃料的依赖。2023 年，全球化石燃料消费量创下新高，其中石油需求量首次超过 49.8 亿吨，碧辟预计石油需求将在 2025 年达峰。总而言之，碧辟认为清洁能源的前景广阔，但暂时行业低迷，短期内，碧辟在推进能源转型的同时，将会重新聚焦传统的石油和天然气业务（图 3-29）。

图 3-29 2015—2023 年碧辟能源转型大事记
根据碧辟历年年报、可持续报告及官网数据绘制

2）转型目标

碧辟的远景目标是成为一家综合能源公司，到2050年或之前实现净零排放，并帮助世界实现"净零"。针对碧辟的三大业务板块：石油生产与运营、客户与产品、天然气与低碳能源，碧辟提出了其三大战略支柱：韧性油气、便利零售和移动出行以及低碳能源，并以生物质能、便利零售、电动汽车充电、氢能以及可再生能源发电为其五大转型增长引擎，推动碧辟可持续发展（表3-10）。

表3-10 碧辟能源转型目标

分类	领域	2025年	2030年
韧性油气	油气产量（亿吨油当量/年）	1.15	1
	上游生产设施稳定性（%）	96	>96
	单位油气生产成本（美元/桶）	6	—
	有效炼油能力（%）	约96	>96
	生物燃料产能（万吨/年）	226.3	452.6
	沼气产量（亿立方米/年）	31.02	62.04
	沼气供应量（亿立方米/年）	24.82	43.43
	液化天然气产能（万吨/年）	2500	3000
便利零售和移动出行	便利零售站点（个）	3000	3500
	电动汽车充电站（个）	40000	100000
低碳能源	氢气产量（万吨/年）	—	50~70
	可再生能源发电能力（吉瓦）	20	50
	低碳能源资本支出（亿美元）	30~50	40~60

注：根据公司年报数据绘制。

在油气方面，碧辟提出回调2020年提出的"重塑碧辟"转型战略中制定的激进的产量削减计划，将2025年和2030年油气产量削减目标从1亿吨油当量和0.75亿吨油当量分别上调至1.15亿吨油当量和1亿吨油当量，较之前分别增加0.15亿吨油当量和0.25亿吨油当量，主要增加北美非常规油气和墨西哥湾深水油气的产量。碧辟还提出到2025年，上游生产设施稳定性以及有效炼油能力均提高至96%，将上游单位生产成本降至6美元/桶。此外，作为其韧性油气的一部分，碧辟提出到2025年和2030年，生物燃料产能分别提高至226.3万吨/年和452.6万吨/年，沼气产量提高至30亿立方米和60亿立方米，液化天然气产能提高至2500万吨/年和3000万吨/年。

在便利零售和移动出行方面，碧辟的目标是到2025年拥有3000个零售点，到2030年拥有3500个零售点；电动汽车充电站数量于2025年突破4万个，于2030年突破10万个。

在低碳能源方面，碧辟的氢气产量目标是于2030年达到50万~70万吨/年；可再生能源发电能力于2025年达到20吉瓦，于2030年达到50吉瓦；低碳能源资本支出2030年达到40亿~60亿美元。

2. 能源转型措施

1）资本支出

在国际石油公司中，碧辟的资本支出处于中下游水平。受碧辟减产战略的影响，近年来其油气资本支出明显缩减；同时，由于便利零售和移动出行业务的快速发展，客户和产品支出增长明显。2015—2023 年，碧辟的总资本支出规模维持在 130 亿～250 亿美元/年之间，其中，上游生产和运营的资本支出占据了相当大比重，尤其在 2018 年之前，这一比例一直保持在 80% 以上。随着公司能源转型战略的深入实施，上游业务的资本支出占比逐步降低。自 2022 年起，这一比例已经稳定在 60% 以下。受到业绩压力的影响，碧辟 2022 年提出回调产量削减的目标，2023 年碧辟的油气业务支出占比小幅回升；同时其低碳业务投资占比也保持缓慢增长，在 2020 年激进转型目标的刺激下，其低碳投资于 2021 年达到了 15.61 亿美元的峰值，占总资本支出的 12%（图 3-30）。根据碧辟 2023 年年报公布的资本支出计划，碧辟 2024—2025 年资本支出计划保持在 160 亿美元/年，与近年支出水平保持一致。

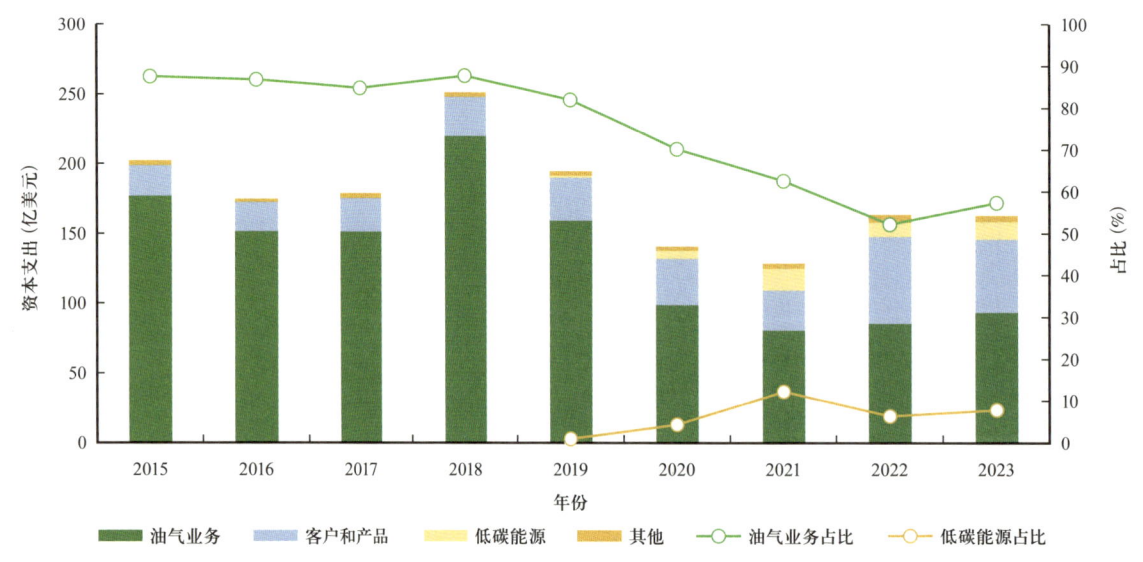

图 3-30　2015—2023 年碧辟资本支出结构

根据公司年报数据绘制

2）资产结构

短期内，碧辟仍将以传统油气为主，通过发展韧性油气业务维持企业的高速增长，通过布局便利零售和移动出行扩张其全球业务，通过多元化的低碳能源组合提高其能源结构的灵活性和安全性。在发展回报率高的油气业务的同时，布局具有广阔前景的低碳能源。

（1）韧性油气。

韧性油气是碧辟能源结构的核心。碧辟的韧性油气不仅包括传统油气，还包括使碧辟能源结构更具弹性、成本更低、排放更少的生物质能、沼气和 LNG。随着乌克兰危机的爆发，碧辟开始重新审视能源安全问题，认为短期内无法摆脱对传统油气的依赖，决定重新聚焦油气业务，增加常规油气组合中天然气的占比，重点布局深水和 LNG。同时，在收购优质油气资产的同时剥离如加拿大油砂、石化业务、阿拉斯加业务等在内的高碳资产。

核心资产集中在北美和亚洲地区。北美是碧辟油气储量最高的地区，也是碧辟产量最高的地区，2018 年从必和必拓收购的页岩油资产显著增加了碧辟在北美的资源储备。在亚太地区，碧辟的资源集中在阿塞拜疆和印度尼西亚，主要是阿塞拜疆 Azeri–Chirag–Gunashli（ACG）和 Shah Deniz 区块以及印度尼西亚的 Tangguh 气田。就具体国家来看，碧辟的勘探开发主要集中在大西洋边缘盆地：巴西、美国、加拿大、特立尼达和多巴哥以及西北非盆地的毛里塔尼亚和塞内加尔。2020 年，碧辟提出将勘探重点放在现有基础设施附近、周期短且回报快的区域上，不计划在新的国家进行勘探，此后，碧辟每年的勘探支出基本维持在 10 亿美元左右。

剥离高排放、高成本资产。碧辟的目标是在 2020 年下半年至 2025 年期间剥离 250 亿美元的资产，截至 2024 年底，碧辟已剥离了 132 亿美元的资产（图 3-31）。在碧辟剥离的资产中，除了 2023 年因生产和出口分歧而剥离的塞内加尔的 YakaarTeranga 资产外，大部分都是成熟的油田，通常情况下其生产效率和经济效益都不如新开发的油田高。2019 年，为了支付收购必和必拓美国页岩油资产的巨额费用，碧辟宣布以 56 亿美元的对价将其阿拉斯加上游和中游的业务出售给了 Hilcorp Alaska；2020 年，碧辟将其全球化工业务以 50 亿美元的总价出售给英力士（INEOS）；2021 年，碧辟将阿曼 61 号区块 20% 的权益以 26 亿美元的价格出售给泰国国家石油公司；2022 年，碧辟以 6 亿美元的对价将其位于艾伯塔省北部的 Sunrise 油砂项目 50% 的剩余权益出售了 Cenovus 能源公司；2023 年碧辟以 5 亿美元出售了其阿尔及利亚的上游业务。

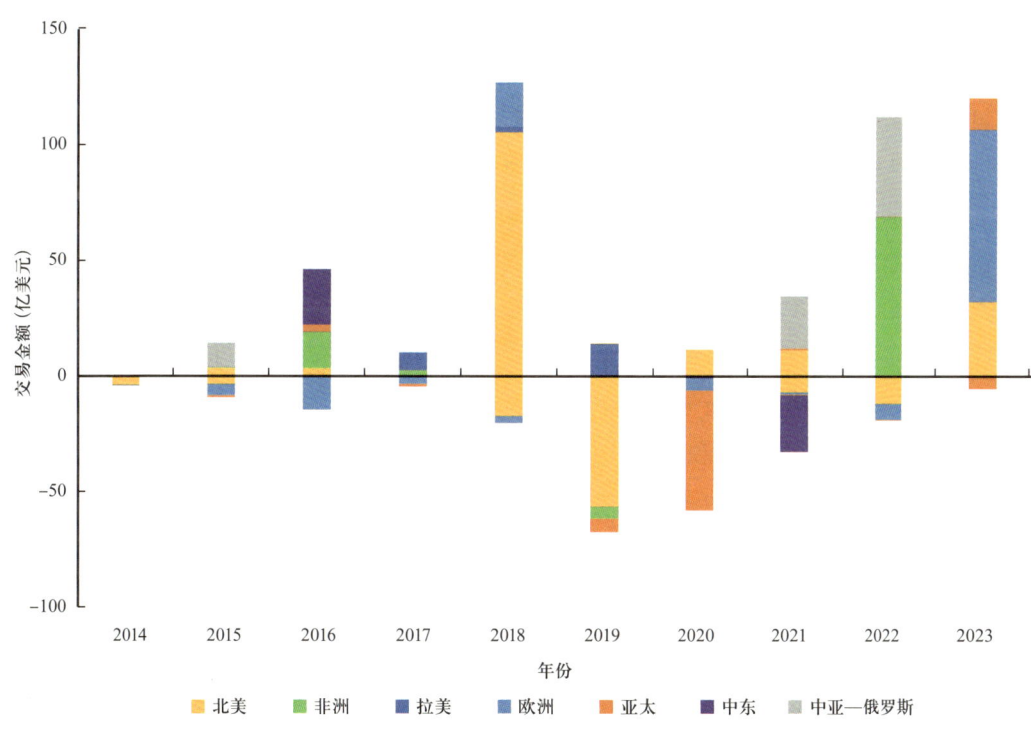

图 3-31 2014—2023 年碧辟油气资产收并购与剥离地区统计

根据 S&P Global 数据绘制

大力发展生物燃料，2019 年，碧辟与邦吉公司（Bunge）成立 50∶50 合资企业生产生物乙醇和低碳电力，2024 年碧辟收购了该合资企业 BP Bunge Bioenergia 剩余 50% 的股份，拥有了高达 226.3 万吨 / 年的生物乙醇加工能力。此外，2019 年，碧辟还与世界领先的乙醇和糖贸易商之一Copersucar建立了合资企业，在巴西运营一个大型乙醇储存终端。2021年，碧辟与Aria Energy成立合资公司生产沼气，成为美国运输行业最大的可再生天然气供应商之一。2022年，碧辟收购了Archaea Energy，该公司次年成立的可再生天然气（RNG）工厂使碧辟2023年的可再生天然气产量同比增长18%，达到144.83万吨；沼气供应量同比增长了80%，达到117.24万吨，这次收购不仅扩大了碧辟在生物燃气价值链中的上游参与度，还帮助碧辟进入了快速增长的美国生物燃气市场。

优化资产组合，引入高效资产。除了剥离高成本、高排放的老油田外，碧辟通过自主运营、收并购的方式优化现有资产组合，开发更具经济效益、环境友好的资源。常规油气方面，碧辟的战略重点是深水和LNG，且近年来碧辟的勘探开发重心逐渐向天然气倾斜。非常规油气方面，碧辟则以美国页岩油气为主。

重点布局深水和LNG。碧辟提出从2023年到2025年要启动十个新的大型油气项目，并将油气产量保持在1亿吨油当量/年。2023年，碧辟四个大型油气项目正式投入运营，其中包括一个大型深水项目和一个大型LNG项目。第一个项目是墨西哥湾Mad Dog深水油田二期项目，在墨西哥湾第五个生产平台——Argos进行石油生产，Mad Dog二期项目投产使碧辟在墨西哥湾的总运营产能增加约20%。同时，其排放强度大大低于碧辟油气资产组合的平均水平，是美国墨西哥湾排放较低的资产之一。第二个项目是印度近海的MJ气田，是在印度东海岸KG D6区块投产的第三个深水开发项目。KG D6区块三个超深水气田的天然气产量占印度当前国内天然气产量的约三分之一，可以满足印度约15%的天然气需求。第三个是印度尼西亚的Tangguh LNG项目3号生产线项目，该生产线的LNG产能为380万吨/年，结合前期的两条生产线，Tangguh LNG项目的总产能可达1140万吨/年，约占印度尼西亚天然气产量的三分之一。第四个项目是在英国近海的海鸥（Seagull）油气田，海鸥油气项目由海王星（Neptune）能源公司开发，位于北海中部地区。该油气田是20年来首个通过海底管道和脐带缆，成功接入由碧辟运营的东部槽区（Eastern Trough Area Project，ETAP）的中央处理设施的项目。海鸥油气田将利用ETAP现有的处理能力实现油气的生产和输送，这种方式具有较高的成本优势，可以提高整个油气田群的运营效率。纵观碧辟的现有油气项目和计划中的油气项目，未来的开发重点集中在深水及LNG上，在2023年处于建设中和设计中的14个项目中，有3个是深水项目，7个是LNG项目（表3-11）。

表3-11 碧辟运营及规划中的大型油气项目

状态	项目名称	地区	投产时间	工作权益（%）	运营商	项目类型	年均产量峰值（万吨）	
							总	净
运营中	Mad Dog 二期	墨西哥湾	2023年	60.5	碧辟	深水	1637	887
	KG D6 MJ	印度	2023年	33.3	Reliance	常规	1228	409
	Tangguh 扩建	印度尼西亚	2023年	40.2	碧辟	LNG	1705	546
	Seagull	北海	2023年	50	碧辟	常规	409	205
	Azeri Central East（ACE）	阿塞拜疆	2024年	30.37	碧辟	常规	1296	136

续表

状态	项目名称	地区	投产时间	工作权益（%）	运营商	项目类型	年均产量峰值（万吨）	
							总	净
在建	Argos 扩建	墨西哥湾	2026 年	60.5	碧辟	深水	273	136
	Atlantis 1 号钻井中心扩建	墨西哥湾	2026 年	56	碧辟	深水	205	14
	Cypre	特立尼达和多巴哥	2025 年	100*	碧辟	LNG	750	750
	GTA 一期	毛里塔尼亚和塞内加尔	2024 年	56	碧辟	LNG	955	477
	Mento	特立尼达和多巴哥	2025 年	50	EOG	LNG	682	341
	Murlach	北海	2025 年	80	碧辟	常规	273	205
	Raven 填充井	埃及	2025 年	82.75	碧辟	天然气	614	477
设计中	Browse	澳大利亚	2024 年之后	44.33	Woodside	LNG	—	—
	Clair Ridge 扩建	北海	2024 年之后	45.1	碧辟	常规	—	—
	Ginger	特立尼达和多巴哥	2024 年之后	100*	碧辟	LNG	—	—
	GTA 二期	毛里塔尼亚和塞内加尔	2024 年之后	56	碧辟	LNG	—	—
	Kaskida	墨西哥湾	2024 年之后	100	碧辟	深水	—	—
	Shah Deniz 压缩项目	阿塞拜疆	2024 年之后	29.99	碧辟	天然气	—	—
	Tangguh Ubadari 压缩及捕集项目	印度尼西亚	2024 年之后	40.22	碧辟	LNG	—	—

注：根据碧辟官方网站数据绘制。

* 特立尼达地区的项目由碧辟 100% 持有，多巴哥地区的项目由碧辟（70%）和雷普索尔（30%）共同持有。

典型案例

碧辟墨西哥湾 Mad Dog 和 Thunder Horse 深水项目

（1）墨西哥湾深水项目：Mad Dog。

Mad Dog 油田位于美国路易斯安那州新奥尔良以南约 196 英里（315 千米），绿峡谷 GC-825、826 和 782 区块中超过 1400 米深的水域中，其油藏主要由新生界密西西比峡谷褶皱带中的中新统砂岩组成。1998 年 11 月，英国石油公司（现碧辟）发现了 Mad Dog 油田，这是其在墨西哥湾发现的最大深水油田之一。截至 2023 年底，油田剩余可采资源量 8.4 亿吨油当量（Rystad Energy）。碧辟持有 Mad Dog 油田 60.5% 的权益并担当作业者，必和必拓持有油田 23.9% 的权益，雪佛龙通过其子公司加利福尼亚州联合石油公司（Union Oil Company of California）持有油田 15.6% 的权益。

Mad Dog 油田分两期开发，一期项目于 2002 年 12 月达成 FID，2005 年 1 月投产，采用含有桁架式浮筒系统的平台（Spar）开发，该平台石油年产能约 398 万吨、天然气年产能约 6 亿立方米。二期项目于 2016 年 12 月达成 FID，2023 年 4 月投产，产能为 647 万吨油当量/年，生产系统主要包括 19 口生产井、14 口注水井、水下生产设施及 Argos 浮式生产平台。Argos 生产平台是碧辟在墨西哥湾运营的第五座，也是数字化最先进的平台，其重量为 60000 吨。Mad Dog 二期项目建设涉及多家承包商：TechnipFMC 公司和 AMEC 公司获得 Mad Dog 二期 FEED 合同；TechnipFMC 为二期项目制造和供应水下生产设施；KBR 及其瑞典子公司 GVA 为浮式生产平台提供前期工程设计服务；Subsea 7 公司获得水下脐带缆、立管和出油管（SURF）及相关水下建筑的工程、采购、施工和安装合同；三星重工负责建造 Argos 浮式生产平台，同时还负责提供气举系统接口设计、地理空间信息系统支持、海底控制工程和岩土工程等服务；Hamall Process Instruments 公司为项目提供仪表等设备；InterMoor 公司则与 Subsea 7 公司一起为平台提供系泊和拖曳服务。

（2）墨西哥湾深水项目：Thunder Horse。

Thunder Horse 油田位于新奥尔良东南 150 英里，密西西比峡谷 776、777、778 和 821、822 区块中超过 1800 多米深的水域中，其油藏由上中新统浊积砂岩组成。1999 年，英国石油公司（现碧辟）发现了 Thunder Horse 油田，这是其最大的深水生产油田项目，截至 2023 年底，油田中剩余可采资源量为 5000 万吨油当量（Rystad Energy，2024）。Thunder Horse 深水油田由相邻的两个油田组成，与 Thunder Horse 主油田相邻的是 Thunder Horse North 油田，2000 年，英国石油公司（现碧辟）发现了 Thunder Horse North 油田，距离 Thunder Horse 油田西北 5 英里处。碧辟持有 Thunder Horse 油田 75% 的权益并担当作业者，埃克森美孚持有 25% 的权益。

Thunder Horse 油田分为一期、西北扩建和南扩二期开发。油田一期于 2004 年获得批准，2008 年 6 月投产，包括 45 口生产井和 1 口注入井。油田一期采用 PDQ 半潜式平台生产，该平台是世界上最大的半潜式平台之一，其年生产能力为 1245 万吨的石油和 20 亿立方米的天然气，平台具有双井架，主钻机具有 1000 吨的钩载能力。平台前端工程设计由 GVA Consultants 公司负责。韩国的大宇造船和海洋工程公司负责设计、建造和运输半潜式平台船体、甲板和公用设施。Aker Solutions 公司则负责 Thunder Horse 油田的水下生产设施安装，包括规划和安装海底管汇、管线端管汇、跨接线、飞线和相关设备。Subsea7 公司负责水下脐带缆、导线等安装。PDQ Semi Kongsberg Simrad 公司负责提供包括位置监控和海洋自动化在内的综合控制和监控系统。Thunder Horse 油田西北扩建项目位于 Thunder Horse 油田以北 2.2 千米处，于 2018 年 10 月开始建设，包括一个新的水下管汇和两口生产井。Thunder Horse 油田南扩项目位于 Thunder Horse 油田以南约 2.2 千米处，于 2019 年 5 月开始建设，2021 年 9 月投产，包括一个新的水下管汇和三口生产井。

天然气占比逐渐增大。碧辟的天然气产量占比不断上升，2014—2021 年稳定在 38% 左右，随着 2022 年石油产量的大幅降低，天然气占比进一步提高，于 2023 年达到 52%，其油气产量组合开始向以天然气为主导倾斜（图 3-32）。碧辟认为天然气将有助于实现其净零目标，积极在印度尼西亚、埃及、玻利维亚、印度和阿联酋等天然气资源丰富的国家开展业务。2020 年碧辟提出将勘探重点放在现有区域附近。近年来，已发现储量中近七成是天然气，意味着在碧辟的常规油气组合中天然气占比有望进一步提高。

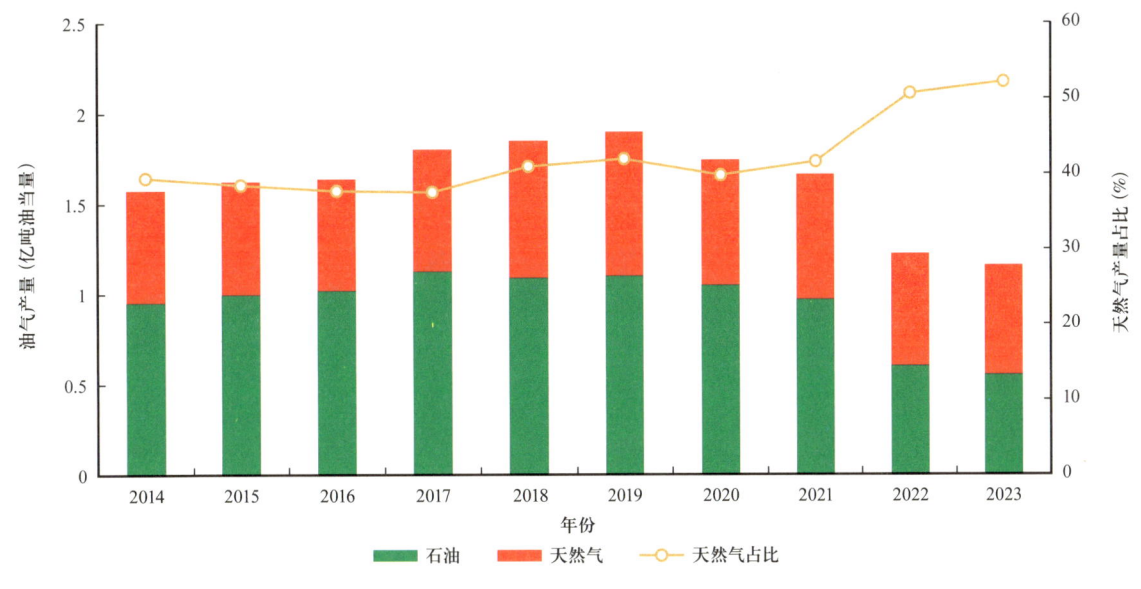

图 3-32　2014—2023 年碧辟油气产量

根据 S&P Global 数据绘制

投资美国页岩油气资产。2018 年，碧辟斥资 105 亿美元，向必和必拓（BHP）收购多个非常规油气资产，包括位于得克萨斯州二叠—特拉华（Permian—Delaware）盆地与鹰滩（Eagle Ford）盆地，以及路易斯安那州海恩斯维尔（Haynesville）盆地的优质资源。这些被誉为"美国陆上最优盆地中的最优区块"资产，油气产能高达 950 万吨油当量 / 年。收购的油气资产由 bpx Energy 接管运营，2023 年，bpx Energy 投资 14 亿美元建成其第二个中央处理设施 Bingo，2023 年年报报告 bpx Energy 拥有 2.18 亿吨油当量的探明油气储量，且主要为非常规油气，油气年产量约为 1800 万吨油当量。

 典型案例

碧辟在印度尼西亚的液化天然气项目：Tangguh LNG

印度尼西亚液化天然气项目 Tangguh LNG 位于西巴布亚宾杜尼湾地区，是印度尼西亚的第三个 LNG 生产项目。Tangguh LNG 项目由多家公司共同投资并运营，其中碧辟持股 40.22%、三菱商事和国际石油开发株式会社的联营企业 MI Berau B.V. 持股 16.3%、中国海油持股 13.90%、日本石油勘探公司持股 12.23%、KG Berau Petroleum 持股 8.56%、印度尼西亚天然气资源公司持股 7.35% 和 KG Wiriagar Petroleum 持股 1.44%。

Tangguh LNG 项目于 2009 年 7 月投产，并在 2010 年末全面运营，设计产能为 760 万吨 / 年。该项目共设有三条陆上生产线，每条产能为 380 万吨 / 年。2005 年 3 月，Tangguh LNG 项目一期作出 FID，项目开发主要涵盖前两条采用 APCI 液化技术年产 380 万吨的液化生产线，一个带有 1.2 千米栈桥管道的 LNG 装货码头，两个 17 万立方米的 LNG 储罐、一个 12 万立方米的凝析油储罐和一座机场。一期项目的两条生产线的原料气来自 Vorwata 油田；2016 年 7 月，Tangguh LNG 项目二期为第三条生产线作出 FID，项目开发涵盖 13 口新井、两个海上平台和扩建的 LNG 装卸设施，其原料气来自该项目所在地附近的 Verkhne-Yuryakhskoye 深海油田、Ubadari 油田和 Roabiba 油田。

（2）便利零售和移动出行。

便利零售和移动出行是碧辟五大转型增长引擎的两大重要方面，也是碧辟客户与产品业务板块的发展重点。碧辟与世界各地的知名零售商联手，力争为客户提供最好的便利服务，同时，碧辟通过投资和收购的方式，快速扩张其在德国、中国、英国、欧洲、美国、澳大利亚等地的电动汽车充电网络。

在便利零售方面，碧辟与各国的零售商联手，发展其便利零售业务，包括英国玛莎百货商店（M&S）、荷兰杂货零售商 Albert Heijn、奥地利果蔬零食零售商 BILLA NOW、南非食品零售商 Pick n Pay、葡萄牙连锁超市 Pingo Doce&Go 等知名零售商。同时，碧辟还与优步（Uber）合作，在碧辟的应用程序中加入 Uber Eats 服务。2020 年，碧辟与印度家族财团 Reliance 实业公司成立合资企业 Jio-bp，为印度消费者提供高品质的燃料和量身定制的便利服务，并一同努力推动 Jio-bp 成为印度燃料和移动出行市场的领导者。2023 年，碧辟收购了美国旅行中心公司（TravelCenters of America），进一步拓展其在便利零售和移动出行领域的业务。

在移动出行方面，碧辟注重投资电动汽车充电技术和在全球范围内扩张其充电网络。碧辟于 2018 年投资了开发超快速电池充电技术的 Storedot 公司、已试点成功的快速电动汽车充电技术开发公司 FreeWire 和中国领先的电动汽车充电平台之一 PowerShare。2021 年，碧辟收购了为美国电动汽车提供充电和能源管理服务的供应商 AMPLY Power，大大加快了碧辟进入电动汽车充电市场的步伐。2022 年，碧辟开始加快其在世界各地的电动汽车充电网络布局。在美国，碧辟和汽车租赁公司赫兹（Hertz）合作，共同开发由 bp Pulse 提供电力的全国电动汽车充电站网络。在英国，碧辟提出在未来十年投资 10 亿英镑，支持快速、便捷的充电基础设施的推广。在西班牙和葡萄牙，碧辟宣布与西班牙风电运营商伊比尔德罗拉公司（Iberdrola）开展战略合作，共同投资 10 亿欧元，加快电动汽车充电基础设施的推广。在中国，碧辟与智能电动汽车公司阿维塔科技（AVATR）签署了战略合作协议，加快电动汽车超快速充电网络的布局发展。

（3）低碳能源。

碧辟发布的《世界能源展望 2024》预计，受到电气化转型和能效提高的影响，石油需求将于 2025 年达峰；而随着人工智能等新兴产业的拉动，电力需求将飞速增长，建筑、工业及交通等行业仍有巨大的电气化空间。预计 2022—2050 年间，在当前情境下电力需求将增加约 75%，在净零情境下将增加 90%，风电光伏等清洁电力在未来拥有巨大的发展潜力；针对钢铁、化工、公路运输、航运和航空等难以深度脱碳的行业领域，氢能是低碳能源缺口的主要补充手段，也拥有广阔的发展前景；作为脱碳的有效手段，CCUS 技术将会在 2035 年后拥有较大的市场机会。因此，碧辟多元化发展其低碳能源业务，重点发展太阳能、氢能和海上风电，但在 CCUS 领域明显落后于其他国际石油公司。

碧辟新能源收购以欧美地区为主，且不惜重金发展海上风电。自 2020 年碧辟开始激进的转型之后，新能源收购金额明显增加，从地区分布来看主要集中于欧洲和北美，且以海上风电投资金额最大（图3-33）。近年来最主要的新能源收购是2023年碧辟以36.6亿欧元（约合40.6亿美元）的价格赢得了德国海上风电N-11.1区域的投标、以31.2亿欧元（约合34.6亿美元）的价格赢得了N-12.2区域的投标。2022年以41亿美元收购北美可再生天然气生产商Archaea Energy以扩张其生物燃料业务。

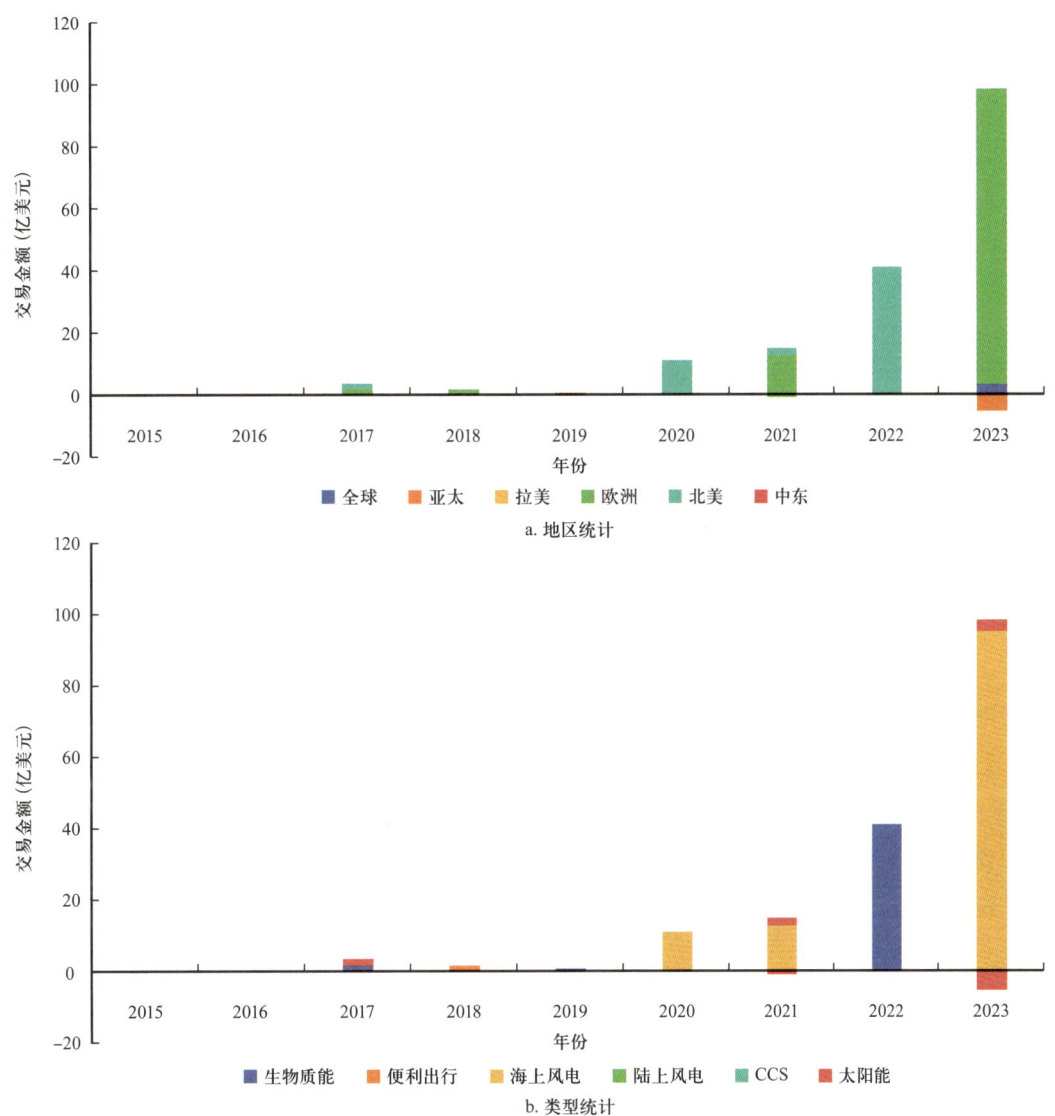

图3-33　2015—2023年碧辟新能源资产收并购与剥离地区和类型统计
根据S&P Global数据绘制

太阳能领域，碧辟于2017年收购了英国太阳能开发商Lightsource公司43%的股份，由此回归此前退出的太阳能领域，2019年碧辟将其持股比例提高到50%，2024年完成了对Lightsource bp剩余全部股权的收购，以此巩固其作为全球领先的可再生能源开发商的地位。此外，2021年，碧辟斥资2.2亿美元收购了7X Energy公司总产能达9吉瓦的太阳能项目，进一步在太阳能市场扩张。

氢能领域，碧辟的目标是在氢能领域建立全球领先地位，到2030年占领至少10%的关键市场。碧辟计划在满足自身炼厂需求的情况下，扩大规模为客户提供服务，并投资成为氢气及其衍生物的全球出口中心。碧辟拥有H2 Teesside和HyGreen Teesside两大氢能项目，H2 Teesside蓝氢项目每年可生产16万吨蓝氢，捕集并封存200万吨二氧化碳；HyGreen Teesside绿氢项目暂未投产，项目的目标是到2030年建设产能达500兆瓦的电解装置，用以支持绿氢生产。2022年，碧辟收购了澳大利亚可再生能源枢纽（AREH）项目40.5%的股份，该项目每年可生产160万吨绿氢，是世界上最大的绿氢生产项目之一。2023年，碧辟宣布向氢气电解槽创新企业AdvancedIonics投资1250万美元，推动其Symbion™水蒸气电解槽技术在重工业领域的初步应用。在西班牙巴伦西亚地区，碧辟投资21.2亿欧元在卡斯特利翁炼油厂启动了名为HyVal的绿氢集群计划，该计划的第一阶段预计将于2027年投运，每年可生产3.12万吨氢气。

典型案例

碧辟大型绿氢项目HyGreen Teesside以及蓝氢项目H2 Teesside

英国英格兰东北部的Teesside地区作为本国氢能发展的核心枢纽，正建设碧辟的两个重点氢气项目——大型蓝氢项目H2 Teesside和绿氢项目HyGreen Teesside。这两个项目共同致力于推动英国氢能经济的发展，并有望为实现英国政府2030年前10吉瓦低碳氢气的生产目标作出显著贡献，合计占比超过15%。2022年，阿布扎比国家石油公司（ADNOC）加入碧辟的蓝氢项目H2 Teesside，获得该项目25%的权益，成为其在英国的首笔投资。该项目目前处于pre-FEED阶段，计划于2027年开始运营，低碳氢气年产量16万吨。

2024年，碧辟已与马斯达尔（Masdar）针对另一个大型绿氢项目HyGreen Teessid签署了MOU，拟收购该项目股份。该项目计划于2025年投产并在初期生产80兆瓦电力的氢气，预计到2030年增至500兆瓦电力，达成英国政府2030年10吉瓦氢气生产目标的5%左右。此外，碧辟还同一些潜在的合作伙伴就绿氢项目HyGreen Teessid签署MOU，探讨使用该项目生产的氢气替代天然气的可能性以及从该项目供应低碳氢气的运输通道。

H2 Teesside和HyGreen Teesside两个项目将发展成为英国领先的氢气中心，创造新的高质量就业岗位，支持当地教育和技能发展，并促进英国本土低碳氢能供应链的快速发展。

风电领域，碧辟不断拓展新的市场，2020年，碧辟与艾奎诺合作开发位于美国东北海岸的Beacon和Empire海上风电项目，两公司分别持有每个项目50%的权益，2024年1月，碧辟和艾奎诺宣布签署股权互换协议，互换后，碧辟将获得Beacon项目全部所有权，艾奎诺获得Empire项目全部所有权。2023年2月，碧辟宣布与韩国风电公司Deep Wind Offshore成立合资企业，共同开发韩国风电市场。同年7月，碧辟在德国一轮招标中获得了两个海上风电项目的开发权，潜在总发电能力为4吉瓦，标志着碧辟首次进入欧洲的海上风电领域，也是碧辟首次作为独立作业者开发海上风电项目。此外，碧辟与德国能源公司巴登-符腾堡州能源公司（EnBW Energie Baden-Württemberg AG，简称EnBW）合作，共同开发位于爱尔兰海的Morgan项目、Mona项目以及位于北海的Morven项目，三个项目的潜在发电能力高达5.9吉瓦。

在CCUS领域，碧辟的大多数项目还处于规划或前期开发阶段，预计到2030年，其二氧化碳封存能力将超过4500万吨/年。碧辟三分之二的CCUS项目在欧洲，其余在澳大利亚、美国以及亚洲和中东国家。碧辟在CCUS项目中的角色主要是提供储层分析方面的专业知识，包括评估、开发和批准用于永久封存二氧化碳的地质封存地点。在碧辟涉及的 CCUS 项目中,有很大一部分是大规模、以捕集二氧化碳为主的工业枢纽项目,单个项目的捕集能力大多超 100 万吨 / 年,有些项目的捕集能力甚至高达 1000 万吨 / 年,如提赛德项目。尽管碧辟在积极地参与 CCUS 项目,但其尚未为 CCUS 制定明确的路线图,也并未对 CCUS 技术予以高度的重视。

3)管理模式

碧辟不断探索、调整和优化其组织结构,以适应市场的变化和公司战略的需要。在能源转型、人工智能等技术新浪潮推动下,2017 年,碧辟首次提高了替代能源部门的级别,将其与碧辟上下游板块并列,此后,其油气业务、客户与产品以及低碳能源三个板块并列的地位一直沿用至今。同时,碧辟也在不断精简其组织结构,以期成为一家更简洁、更聚焦、价值更高的公司(图 3-34)。

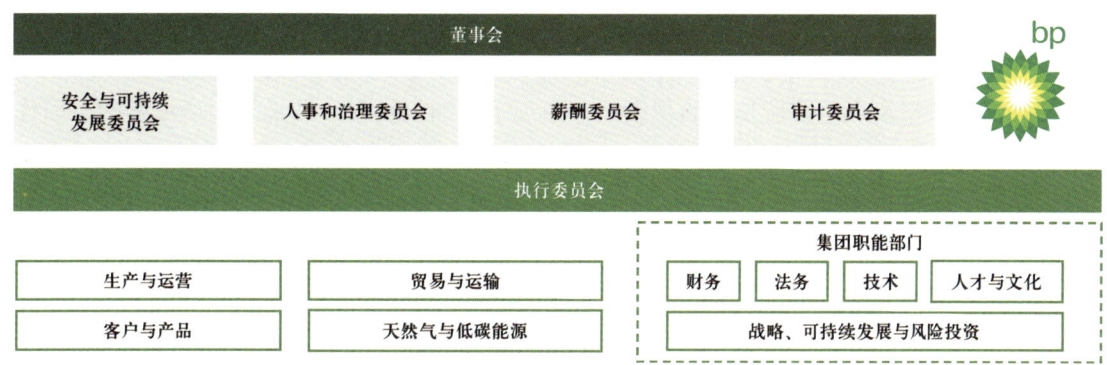

图 3-34 碧辟组织架构示意图
根据碧辟网站资料绘制

(1)加速能源转型,提高替代能源的地位。

2010 年墨西哥湾漏油事件发生后,碧辟愈发重视风险管理。2011 年,碧辟建立了安全与运营风险部门,并将上游业务分拆成勘探、开发和生产三个部门,下游设置炼油化工、替代能源两大部门,同时设置安全与运营风险、财务、技术、法律与人力资源五大职能部门支持碧辟的运营。之后,碧辟的发展重心一直在油气上,直到 2017 年,碧辟发布《加速能源转型》报告,首次提出了 2025 年运营净零的目标,并强调将从减少运营过程中的排放、改进产品和服务以及创建低碳企业三个方面实现其低碳目标。虽然碧辟的战略内容没有改变,但战略重心已开始向能源转型倾斜,为了适配碧辟能源多元化发展的需要,碧辟提高了替代能源部门的级别,将其与上游和下游业务板块并列,直接向首席执行官汇报,并对不同的新能源业务设置战略绩效单元。

(2)精简组织结构,聚焦核心业务。

2020 年,碧辟提出新的公司战略:从一家专注于生产资源的国际石油公司转变为一家专注于为客户提供解决方案的综合能源公司,并首次提出能源转型的三大支柱:韧性油气、便利零售和移动出行、低碳能源。为了实现更加高效的运营和部门间的协同,碧辟摒弃了此前传统的上下游板块设计,聚焦其核心业务,设立了全新的四大业务板块、三大集成部门和四大职能部门。四大业务板块包括生产运营、客户与产品、天然气与低碳能源以及创新与工程,分别对应于新战略中提出的三大战略支柱(韧性油气、便利零售和移动出行、低碳能源)和一个能力领域(数字化和创新)。三大集成部门分别对应于新战略中提出的两大能力领域(综合能源系统,与各个国家、城市和行业合作），以及该战略的基础部分——可持续发展框架。此后，碧辟对组织结构进行了一定的优化和微调。2021年，碧辟将创新与工程板块从业务板块划拨到集成部门中，并将战略与可持续发展部门调整为战略、可持续发展与风险投资部门。2022年，碧辟取消了企业传播与政府事务部门，并将区域、城市与解决方案部门调整为区域、公司与解决方案部门。2024年，随着天然气和低碳能源部门高管Anja-Isabel Dotzenrath的退休和技术部门高管Leigh-Ann Russell的离职，碧辟再次调整其组织结构，将区域、公司和解决方案部门整合到业务和职能部门中，整个组织精简为"三主五辅"的结构，其三大业务板块保持不变，通过贸易与运输部门将其三大业务板块的生产商、供应商、市场和客户联系起来，并通过五大职能部门（财务、法务、人才与文化、技术以及战略、可持续发展与风险投资）辅助公司的日常运营（图3-34）。

4）技术研发

技术创新是推动碧辟能源转型的关键，上游油气方面，碧辟的技术优势覆盖油气勘探开发的全生命周期，在大数据及人工智能技术的帮助下，实现了从油气发现、开采到生产流程的全面优化；新能源方面，碧辟致力于通过技术创新提高低碳能源的效率和可靠性；研发投入方面，碧辟近年来研发投入强度有所降低，同时，为了满足客户需求、提高运营效率、开发更具回报的项目和构建低碳解决方案，碧辟建立了高性能计算中心和生物科学中心。

在上游油气方面，碧辟的技术研发集中在提高采收率，以及将大数据及人工智能技术融合在其上游业务中，以提高其流程自动化和作业效率。2017年碧辟向AI和认知计算领域的领头羊Beyond Limits公司投资2000万美元开发工业级人工智能软件，Beyond Limits利用自身的专业优势帮助碧辟定位和开发油田、改善原油生产提炼的流程、优化精炼产品的营销和供应流程，大大提高了碧辟的流程自动化程度和作业效率。2019年，碧辟向研究人工智能的科技公司Belmont Technology投资500万美元用于开发一个包含地球物理、地质和油藏等信息的云平台，平台可利用AI神经网络迅速对所需信息进行搜集、处理、建模并展示可视化结果，将从勘探到储层建模的项目周期缩短90%，是石油和天然气行业数据处理方面的一次重大飞跃。同年，碧辟还推出了数字化天然气智能调度表（GGS），该技术将分散的天然气运营信息集成起来形成了一个在线平台，使碧辟可以实时监控整个美洲的天然气管道使用情况。2023年，碧辟在其Mad Dog油田二期的Argos生产平台上搭载了碧辟专有的LoSal® 提高石油采收率（EOR）技术和动态数字孪生技术，Argos每天能够注入超过14万桶低盐度水，可以大幅提高采收率。同时，Argos是碧辟在墨西哥湾运营的数字化程度最高的平台，动态数字孪生技术可将来自Argos的复杂数据链接到3D数字模型中，使佩戴虚拟现实设备的远程操作员能够实时访问数据，在提高效率和安全性的同时调整其决策。

在新能源方面，碧辟通过投资合作和自主研发推动其技术的革新。风电领域，碧辟旗下从事润滑油业务的子品牌嘉实多与Romax Technology成立合资企业玛瑙洞察（ONYX InSight），该公司从事风电的智能运维，通过风机润滑油传感器技术、预测性维护解决方案以及丰富的数据分析和工程专业经验，提高风机健康监测的准确性，进一步促进降本增效，实现风电资产高效运行。太阳能领域，碧辟通过与Lightsource bp的合作，探索未来太阳能技术的选择，包括使用双面太阳能面板、浮式太阳能发电场以及智能逆变器技术。双面太阳能面板通过将太阳能电池的两侧暴露在阳光下来采集能量；浮式太阳能发电场通过在水体表面部署太阳能电池板以节省土地资源并通过水体降温提高发电效率；智能逆变器技术可以将直流电转换为交流电，通过功率调节技术提高太阳能发电系统的效率和可靠性。绿氢领域，碧辟在德国的林根炼油厂是世界上第一个使用水电解绿氢来满足其部分氢气需求的炼油厂。电动汽车领域，碧辟通过投资电动汽车充电技术公司推动其在该领域的技术发展，2018年，碧辟投资了开发超快速电池充电技术的Storedot公司，以及已试点成功的快速电动汽车充电技术开发公司FreeWire公司。

自主研发放缓。2014—2016年，碧辟的研发投入强度都维持在0.2%左右，2017年以来，由于碧辟在石油勘探开发技术方面处于领先地位，加上节省资金的需要，公司科技研发投入有所降低，研发投入强度由2016年的0.22%下降到了2023年的0.14%（表3-12）。

表3-12 碧辟研发投入强度

年份	2014	2015	2016	2017	2018	2019	2020	2021	2022	2023
研发支出（亿美元）	6.63	4.18	4.00	3.91	4.29	3.64	3.32	2.66	2.74	2.98
营业收入（亿美元）	3535.68	2228.94	1830.08	2402.08	2987.56	2783.97	1803.66	1577.39	2413.92	2101.30
研发投入强度（%）	0.19	0.19	0.22	0.16	0.14	0.13	0.18	0.17	0.11	0.14

注：根据公司年报数据绘制。

建立研发中心。为了支撑公司保持现有的速度和规模进行转型和革新，碧辟建立了高性能计算中心和生物科学中心。高性能计算中心位于休斯敦，拥有世界上最强大的商业研究超级计算机之一，在高性能计算中心的帮助下，碧辟利用地震成像技术在现有油田的勘探中取得了重大突破，其中，碧辟在Atlantis油田发现了5500万吨地质储量，在Thunder Horse油田发现了1.36亿吨地质储量。生物科学中心位于圣地亚哥，致力于低碳技术开发和部署，在该中心的帮助下，美国Fulcrum生物能源公司于2021年建成了有史以来第一个能够将生活垃圾转化为低成本、零碳运输燃料的工厂。

3. 能源转型成效

从传统的石油和天然气业务，到新兴的低碳电力和氢能业务，碧辟通过整合各个领域的资源和技术，满足自身及客户对更可持续能源的需求。总体来看，碧辟的能源转型取得了显著的成效（表3-13）。韧性油气方面，碧辟的产量近年一直保持稳定，单位生产成本整体呈下降趋势，工厂可靠性和炼油稳定性虽然有所波动，但整体都维持在95%左右，生物燃料产量和LNG产量都在2021年有小幅度下滑后又重回增长。便利零售点和电动汽车充电方面，便利零售点、每日客户接触点数量和电动汽车充电站都保持稳定的增长。低碳能源方面，完成FID的可再生能源净装机量与产量都保持高速增长。

在油气方面，碧辟2023年油气产量1.16亿吨油当量，已经几乎实现了2025年油气产量1.15亿吨油当量的减产目标，但与2030年1亿吨油当量目标仍有一定距离。在生物燃料方面，碧辟提高收购扩大其生物燃料的业务，生物燃料产量五年增长了39%，根据其增长率来看实现2025年和2030年目标还有一定难度。在便利零售和电动汽车充电点方面，碧辟积极布局其便利零售和移动充电网络，其便利零售点和电动汽车充电站近年来都保持高速增长，2023年便利零售点个数为2850个，较2019年增长了78%，有望实现2025年拥有3000个便利零售点的目标。电动汽车充电站由2019年的

7500个增长至2023年的29000个，总数量达到2019年的3.8倍，虽然碧辟近年来在大力布局电动汽车充电网络，但距离2030年目标的10万个充电站还有一定的距离。在低碳能源方面。碧辟达到FID的可再生能源净装机容量近五年不断增长，由2019年的2.6吉瓦增长至2023年的6.2吉瓦，增长了138%，但离2025年20吉瓦的目标和2030年50吉瓦的目标仍有很大的距离。

表3-13 2019—2023年碧辟能源转型成效

分类	领域	2019年	2020年	2021年	2022年	2023年
韧性油气	油气产量（亿吨油当量/年）	1.29	1.2	1.1	1.15	1.16
	运营的上游生产设施稳定性（%）	94	94	94	96	95
	单位油气生产成本（美元/桶）	6.84	6.39	6.82	6.07	5.78
	有效炼油能力（%）	94.9	96	94.8	94.5	96.1
	生物燃料产量（万吨/年）	104.1	135.78	117.68	122.2	144.83
	沼气供应量（万吨/年）	—	—	47.96	63.95	117.24
	液化天然气产量（万吨/年）	1500	2000	1800	1900	2300
便利零售和移动出行	便利零售点（个）	1600	1900	2150	2400	2850
	每日客户接触点数量（万个）	>1000	1150	1200	1200	>1200
	电动汽车充电站（个）	>7500	10100	13100	22000	>29000
低碳能源	完成FID的可再生能源（净）（吉瓦）	2.6	3.3	4.4	5.8	6.2
	可再生能源装机量（净）（吉瓦）	—	—	1.9	2.2	2.7

注：根据公司年报数据绘制。

六、埃尼

埃尼（Eni）是一家综合性石油公司，成立于1953年，总部位于意大利，业务遍及全球60多个国家和地区，现有32000多名员工。埃尼在2024年美国《石油情报周刊》世界最大100家石油公司综合排名中位列第21，在2024年《财富》世界500强中位列第98。截至2023年底，埃尼石油探明可采储量4.3亿吨，天然气探明可采储量4.37亿吨油当量；2023年，埃尼石油产量3829.6万吨，天然气产量475亿立方米，油气产量合计约7890.3万吨油当量；原油加工量2453万吨，天然气液化能力660万吨/年，产品销售量0.8亿吨；实现营业收入1025.02亿美元，利润为51.58亿美元；范围1和范围2温室气体净排放量为2610万吨二氧化碳当量。

1. 转型战略及目标

1）转型战略

在全球能源结构深刻变革的大背景下，埃尼以天然气和生物质能为核心，发挥其现有业务优势，积极开放，跨界合作，加强技术创新驱动，推动公司业务转型升级。2019年埃尼发布《公正转型》报告，报告强调公司的新使命是高效、可持续地供给能源。

埃尼在推进能源转型战略的过程中，面临的核心挑战是如何在向可持续能源转变的同时，确保盈利能力的稳定性和能源供应的安全性。为了应对这一挑战，2020年6月，埃尼果断宣布摒弃传统的组织架构，创新性地设立了自然资源和能源发展两大业务板块。自然资源部门专注于上游油气资产的开发与管理，而能源发展部门则专注于低碳能源的探索与发展。这两大业务板块的成立，标志着埃尼在能源转型道路上迈出了重要的一步，成为公司发展历程中的里程碑事件。同时，在勘探和生产方面，埃尼运用其独特的"双勘探"策略，通过出让油田的少数股权，成功筹集现金流，以此支撑再投资，确保公司业绩的持续增长；在可再生能源领域，埃尼基于其创新的"卫星模式"，即依托其全资子公司，积极拓展可再生能源业务，进一步巩固在可再生能源市场的地位。

2020年埃尼发布了到2050年的长期战略计划，提出到2050年，天然气产量将占总产量的约90%，可再生能源装机总量达到60吉瓦，强调了公司将以天然气和生物燃料为能源转型的重点。2023年底，埃尼首席执行官克劳迪欧·德斯卡奇对外公布了埃尼的转型战略："在未来几年，埃尼将逐步从以石油为主转向以天然气为主，转型重点是增大自主天然气产量。"同时，在可再生能源领域，埃尼通过其子公司，大力投资生物炼厂，发展生物燃料。总体而言，埃尼的能源转型主要依靠两大途径：一是调整传统油气组合，扩大天然气的占比；二是发展以生物燃料为重点的可再生能源（图3-35）。

2）转型目标

埃尼的能源转型目标较为稳健，转型过程仍保持传统化石能源的核心地位，在保持油气产量稳步增长的同时，逐步将重心转移到以天然气为主的能源结构上，同时积极探索和构建以生物燃料为核心的多元化低碳能源组合，以实现能源供应的可持续性（表3-14）。

表3-14 埃尼能源转型具体目标

分类	领域	2023年	2025年	2030年	2050年
自然资源	天然气占油气产量比重（%）	51.46	—	>60	>90（2040年）
	油气产量年复合增长率（%）	—	—	3~4	—
	碳捕集和封存能力（百万吨二氧化碳当量/年）	—	—	>15	约60
	上游甲烷排放强度（%）	0.06	0.002	—	—
	上游范围1和2排放量（百万吨二氧化碳当量）	8.9	—	净零	—
	埃尼范围1和2排放量（百万吨二氧化碳当量）	26.1	—	—	净零（2035年）
	净碳强度范围1、2和3（克二氧化碳当量/焦耳）	65.6	—	降低15%	0
能源发展	装机容量（吉瓦）	3.056	—	>15	60
	生物精炼能力（万吨/年）	165	>300	>500	—
	可持续航空燃料产能（万吨/年）	—	—	100（2026年）	
	电动汽车充电站（个）	19000	—	约50000	约160000

注：根据公司年报数据绘制。

年份	2015	2016	2017	2018	2019	2020	2021	2022	2023
背景事件	Claudio Descalzi 担任CEO	签署石油和天然气 气候倡议（OGCI），宣布投资10亿美元	Eni和FCA签署协议，共同开发研究，减少公路运输二氧化碳排放			和CDP、Snam签署谅解备忘录，使意大利的能源系统脱碳	承诺到2050年实现净零排放		加入世界银行基金，旨在减少甲烷和燃气体的排放；加入COP28的石油和天然气加速脱碳
事件1	加纳OCTP项目的FID获批	Saipem 12.5%的股份出售给Fondo Strategico Italiano	两个Jangkrik Complex 气田开始生产	从加纳近海的OCTP项目，开始天然气生产	收购ADNOC Refining 的20%的股权	与ADNOC签署谅解备忘录	Plenitude进入伊比利亚市场	为在哈萨克斯坦的Badamsha 2风电场揭幕	启动刚果（布）液化天然气项目
事件2	达成协议，出售Saipem股本12.5%的股份给Fondo Strategico Italiano	推出新的柴油燃料，含15%可再生成分	在Zohr开始生产，地中海自有史以来最大的天然气发现	和Snam致力于可持续的流动性，签署20个新天然气和生物甲烷加油站合同	激活ISWEC创新系统	在哈萨克斯坦的巴达姆沙风电场开始商业生产	收购沼气生产商FRI-EL Biogas Holding	与卡塔尔能源合作North Field East (NFE) 扩建项目	与PBF Energy签订战略伙伴关系协议和Neptune Var Energi收购Neptune
事件3	Gela炼油厂开始绿色生产		签署Eni-Conoe协议该油过的植物油转化为高质量的生物燃料，创造循环经济	和Sonatrach为10兆瓦的Bir Rebaa North 光伏发电厂揭幕	与ENEA联手研究磁约束聚变	获得了在英国的二氧化碳储存项目的许可证	收购Be Power S.p.A	在阿布扎比的勘探井XF-002发现了重要天然气	收购雪佛龙在印度尼西亚的资产
事件4	签署生产共享合同，进入墨西哥石油部门，确认成为1号区块100%权益的运营商			Syndial启动试点工厂，将城市固体废物的有机部分转化为Gela的生物油	在Gela开设生物炼油厂		收购美国高性能结构聚合物公司Materia	收购碧辟在阿尔及利亚的业务	通过Versalis，完成了对Novamont的收购
事件5					Syndial更名为Eni Rewind		和肯尼亚政府签订了一份基于循环经济原则的生产生物燃料的谅解备忘录	与SONATRACH达成协议，以加快天然气项目的开发和绿氢脱碳	成立埃尼可持续交通，后续更名为Emilive
事件6									与PETROCI合作，在Baleine开始生产非洲第一个零排放项目
事件7									Ravenna的CCS项目进入欧盟共同利益项目名单

图3-35 2015—2023年埃尼能源转型大事记
根据埃尼年报、网站数据绘制

（1）自然资源。

埃尼致力于将天然气发展为公司的支柱业务，在增产的同时，通过其全球天然气和液化天然气投资组合部门（GGP）增加贸易量，保持足够的利润率。埃尼的目标是于 2030 年实现油气产量以 3%~4% 的复合年增长率稳步增长，其中天然气产量占比达到 60% 以上，2040 年后超过 90%。到 2030 年前提高碳捕集和封存能力至 1500 万吨二氧化碳当量/年以上，到 2050 年超过 6000 万吨二氧化碳当量/年。同时，埃尼提出于 2025 年将上游甲烷排放强度降至 0.002% 以下，于 2030 年实现上游范围 1 和范围 2 净零排放，到 2035 年实现公司范围 1 和范围 2 净零排放；到 2030 年实现范围 1、范围 2 和范围 3 减排 35%，到 2040 年减排 80%，到 2050 年实现净零排放。

（2）能源发展。

埃尼的能源发展板块设计了详细的目标，力求逐步实现能源转型。可再生能源领域，埃尼目标是于 2024 年实现可再生能源装机容量增至 4 吉瓦，到 2030 年超过 15 吉瓦，到 2050 年达 60 吉瓦。在生物精炼领域，到 2026 年生物油料加工能力超过 300 万吨/年，到 2030 年将超过 500 万吨/年；在可持续航空燃料方面，到 2026 年底可持续航空燃料产能超过 100 万吨/年，并争取在 2030 年翻一番；2024 年电动汽车充电站点将达到 24000 个，预计至 2030 年达到 5 万个以上，至 2050 年建设充电站超 16 万个。

2. 能源转型措施

1）资本支出

埃尼在油气的勘探与开发领域始终保持高强度的资本支出，但随着公司开始大力发展清洁电力子公司 Plenitude，其用于勘探生产活动的资本支出占比有所下降，但仍保持在 70% 以上。除 2020 年、2021 年以外，埃尼上游勘探开发的具体资本支出金额总体维持在 60 亿~85 亿欧元之间，但针对清洁电力的资本支出在 2019—2023 年间增长了一倍，于 2023 年达到 7.4 亿欧元（图 3-36）。埃尼 2024 年的运

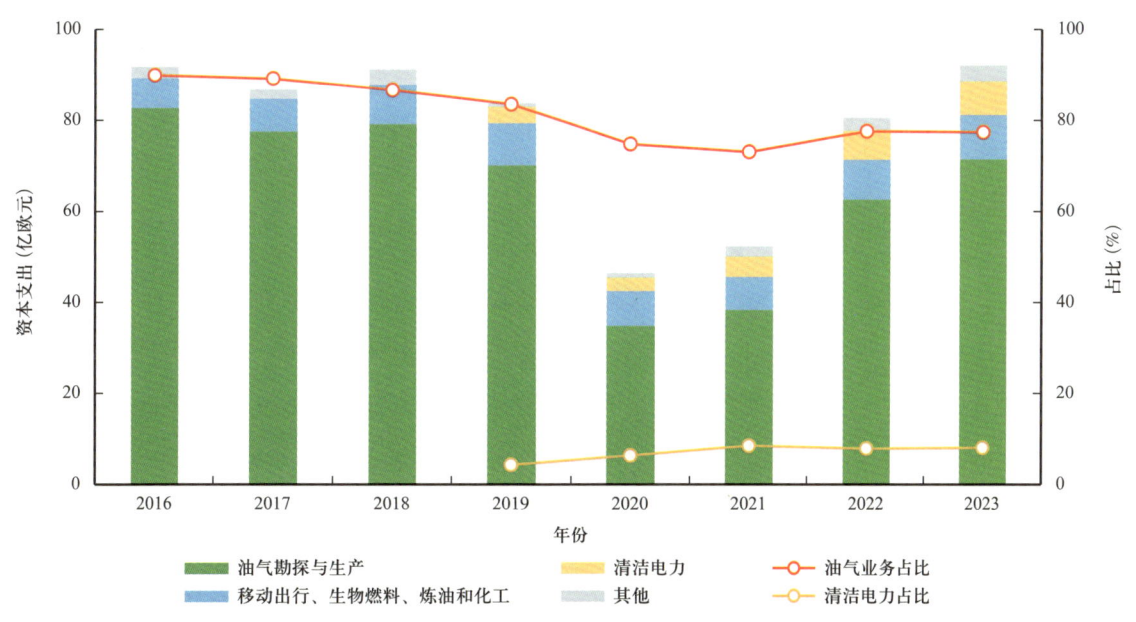

图 3-36　2016—2023 年埃尼资本支出结构
根据公司年报数据绘制

营资本约 135 亿欧元，预计 2024—2027 年其运营资本将累计达到 620 亿欧元，总资本支出 270 亿欧元，其中，天然气和液化天然气支出占比 39%，低碳项目支出占比 30%，石油项目支出占比 21%。

2）资产结构

在自然资源板块，埃尼整合了其传统的油气资源勘探、开发与生产活动，并致力于在各个业务环节推广碳捕集技术的应用。而能源发展板块则聚焦于清洁电力的生产、低碳产品的研发以及可再生能源的发展，这些前沿业务的推进，主要依托于埃尼旗下几家专注于低碳能源技术的子公司。自然资源与能源发展两大业务部门紧密结合，通过增加天然气在资产结构中的占比，发展 CCUS 和可再生能源，推进埃尼的能源转型。

（1）自然资源。

埃尼的上游活动以非洲地区为主，同时，埃尼通过收购天然气资产、增加天然气项目，提高天然气在其资产组合中的比重；通过"双勘探"策略，提高传统能源业务的效率和盈利能力；通过发展 CCUS，实现传统油气业务的脱碳。

总探明可采储量近年来有所下滑，整体稳定在每年 8 亿吨油当量，且以非洲地区为主。非洲地区❶的油气探明可采储量占比一直稳定在 45% 以上，其次是中东和欧洲地区。埃尼在非洲的探明可采储量主要集中在近海领域，占比高达近 80%，其中大约 60% 为天然气，中东地区的探明可采储量以石油为主（图 3-37）。

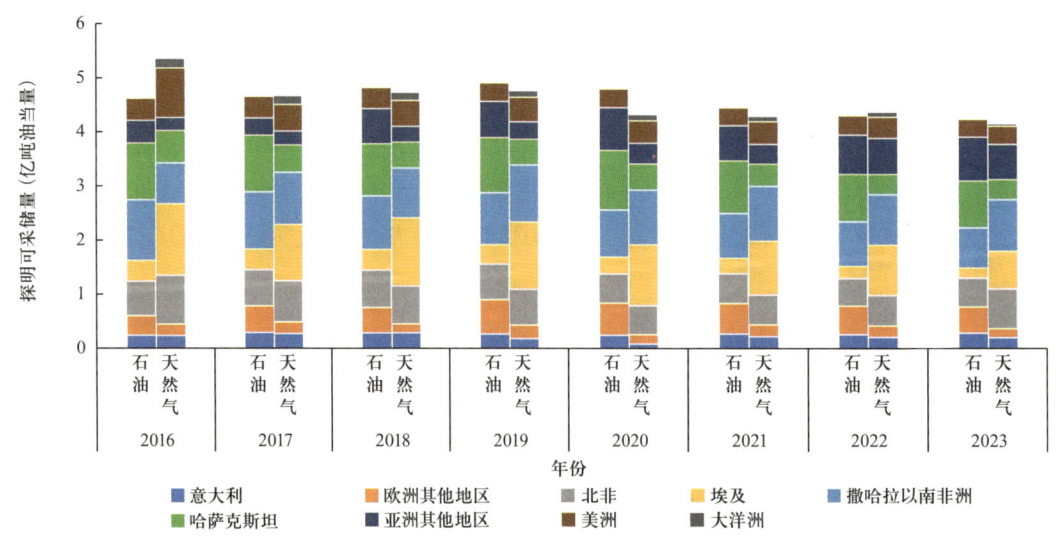

图 3-37　2016—2023 年埃尼石油与天然气探明可采储量（按地区划分）

根据公司年报数据绘制

油气产量小幅下降。埃尼的油气产量近年来整体呈下降趋势，在 2019 年达到 9080 万吨油当量的高点后，石油和天然气产量出现了不同幅度的下降。2020 年以来，埃尼的石油年产量维持在 4000 万吨的水平，天然气年产量维持在 478 亿立方米的水平，天然气占比一直保持在 50% 左右（图 3-38），受到公司新战略目标影响，预计未来天然气在投资组合中的占比将不断提高。此外，按区域分布来看，非洲的产量占埃尼净产量的近一半，产量增长的主要国家包括印度尼西亚、阿联酋、卡塔尔、安哥拉、阿尔及利亚、科特迪瓦、莫桑比克和挪威。

---

❶ 此处的非洲地区指北非、埃及和撒哈拉以南的非洲地区。

第三章 重点石油公司能源转型路径与成效

图 3-38　2015—2023 年埃尼油气产量
根据公司年报数据绘制

规划项目以天然气为主。埃尼计划启动的主要油气项目集中于非洲、中东和欧洲地区，且以天然气项目为主。根据 2024 年资本市场更新报告，埃尼计划在未来四年内，每年平均投入 54.6 亿美元用于上游项目的开发。从地域分布来看，非洲的项目数量占据了总项目数的一半，主要分布在安哥拉、利比亚、刚果（布）和莫桑比克等国。其中，安哥拉是埃尼在非洲的重点勘探国家，位于安哥拉海域的 Agogo West Hub Integrated 石油开发项目产能约 896.4 万吨 / 年，于 2023 年初投产，2026 年将全面生产，对埃尼在非洲能源市场的地位至关重要。同时，在安哥拉，埃尼还将与其在新天然气联盟（NGC）❶ 中的合作伙伴一同开发 Quiluma 和 Mabuqueiro 两个气田，项目产能达 498 万吨油当量 / 年，该项目还包括将生产的天然气输送至位于安哥拉索约（Soyo）的液化天然气厂进行液化，提高安哥拉液化天然气的供应量。就资产组合而言，非洲地区的资产组合更加多元，而中东地区（卡塔尔、阿联酋）和亚太地区（印度尼西亚、澳大利亚）的项目则都以天然气为主。表 3-15 为埃尼近年启动的、已公布详细产能的上游重点项目。

剥离非战略性资产，优化投资组合。自 2019 年以来，埃尼重点剥离了集中在欧洲和非洲地区的非战略性资产。在欧洲地区，2024 年，埃尼以 9.3 亿美元将其在英国大部分的上游资产出售给伊萨卡能源公司。在非洲地区，2021 年，埃尼（权益占比 5%）、壳牌（权益占比 30%）和道达尔能源（权益占比 10%）以 8 亿美元的对价，将位于尼日利亚的石油开采租约（OML）17 号油田 45% 权益出售给非洲投资公司 Heirs Holdings；2022 年，埃尼与碧辟合并两家公司的安哥拉业务，在安

---

❶ 新天然气联盟（New Gas Consortium）是安哥拉首个开发非伴生天然气的项目，此联盟由埃尼（权益占比 25.6%，运营商）、雪佛龙附属公司 CABGOC（权益占比 31%）、安哥拉国有石油公司 Sonangol（权益占比 19.8%）、碧辟（权益占比 11.8%）和道达尔能源（权益占比 11.8%）共同组建。

哥拉组建合资公司 Azule Energy，双方各持 50% 的股份，根据对埃尼的安哥拉资产净现值进行评估，估计该交易价值 68.6 亿美元；2023 年，埃尼以 3 亿美元的价格将刚果（布）布拉柴维尔的非核心石油资产出售给 Perenco 刚果公司。

表 3-15　埃尼上游重点项目

地区	国家	项目名称	工作权益（%）	产品	投产期	项目产能（万吨油当量/年）
非洲	安哥拉	Agogo West Hub Integrated	18	液	2023 年 Early Prod 2026 年（FPSO）	896.40
		NGC Quiluma & Mabuqueiro	19	气	2026 年	498.01
	刚果（布）	Congo LNG	65	气/液	2023 年（近岸阶段）2025 年（离岸阶段）	99.61
	埃及	Melehia ph.2	76	气/液	2026 年（Gas Plant）	99.61
	科特迪瓦	Baleine ph.2	83	气/液	2024 年	199.22
		Baleine ph.3	83	气/液	2027 年	423.29
	利比亚	A&E Structure	50	气	2026 年（Struct. A）	796.80
		Bouri GUP	100	气	2026 年	99.61
亚太	印度尼西亚	Southern Hub	85（Merakes East）70（Maha）	气	2025 年	249.00
		Northern Hub – Geng	81（North Ganal）82（Ganal&Rapak）	气	2027 年	1195.19
中东	卡塔尔	North Field Expansion（NFE）	3	气	2026 年	672.29
	阿联酋	Dalma Gas	10	气	2025 年	298.79
欧洲	意大利	Cassiopea	60	气	2024 年	149.39
	挪威	Balder X	58	液	2024 年	348.61
		Johan Castberg	19	液	2024 年	946.19

注：根据埃尼 2024 年资本市场日报告数据绘制。

专注欧洲油气资产的收购。自 2019 年以来，埃尼的收购重点是欧洲和北美地区已开发的资产。在欧洲地区，2019 年，埃尼与挪威能源投资公司以 45 亿美元收购埃克森美孚在挪威的上游资产，其中包括 20 多个已开发油田的权益；2023 年埃尼以 26 亿美元收购了海王星能源公司（Neptune）大部分资产，主要包括英国、埃及、荷兰、印度尼西亚、阿尔及利亚和澳大利亚的天然气资产；同时，埃尼持股 63% 的挪威油气公司 Vår Energi 以 22.75 亿美元收购了海王星能源公司的挪威业务。在北美地区，埃尼与西方石油公司（Occidental petroleum）及墨菲石油公司（Murphy Oil）共同收购了国际石油开发帝石控股公司 INPEX 在美国墨西哥湾的 Lucius 和 Hadrian North 深水油田的全部权益（图 3-39）。

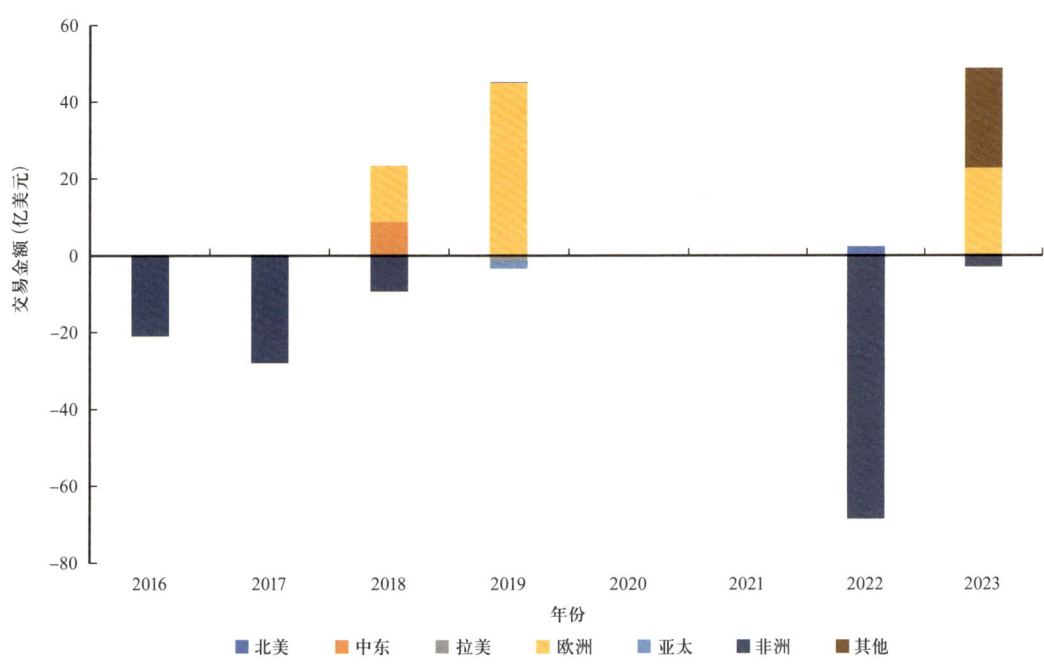

图 3-39　2016—2023 年埃尼油气上游资产收并购与剥离地区统计

根据 S&P Global 数据绘制

在传统油气业务的脱碳方面，CCUS 是埃尼减排的关键手段。目前，埃尼拥有位于英国北西部的 HyNet CCS 项目以及位于意大利的 Ravenna CCS 项目，也在积极尝试进入北非、荷兰和挪威这些地区的 CCS 项目。HyNet CCS 项目致力于将二氧化碳封存在爱尔兰海枯竭的气田中，项目的封存能力可达 4500 万吨/年，预计 2030 年之后封存能力将下降到 1000 万吨/年。Ravenna CCS 项目由埃尼和能源基础设施公司 Snam 联合开发，项目致力于将二氧化碳封存在亚得里亚海枯竭天然气田中。Ravenna CCS 项目第一阶段已于 2024 年启动，封存能力为 2.5 万吨/年，二期工程预计于 2027 年实施，之后封存能力增加到 400 万吨/年，2030 年后封存能力可达 1600 万吨/年，随着项目的进一步开发，预计总封存量可达 5 亿吨二氧化碳当量。此外，埃尼还积极参与碳捕集技术的开发。2023 年，埃尼启动了国际研究项目 HERCCULES，目标是开发新的二氧化碳捕集技术，并应用于位于意大利和希腊的两家水泥厂和一家垃圾焚烧发电厂，帮助水泥和垃圾焚烧发电行业脱碳。

（2）能源发展。

能源发展业务整合了推动埃尼能源转型的可再生能源业务，其业务领域涵盖清洁电力、生物炼厂和运输脱碳、化工领域及移动出行，这些可再生能源业务被埃尼分拆出来，形成了独立的子公司，每个公司专注于特定的业务领域，主要包括清洁电力子公司 Plenitude、生物甲烷子公司 Enibioch4in、生物燃料和移动出行子公司 Enilive 以及低碳化工产品子公司 Versalis。

在清洁电力方面，埃尼成立了天然气和电力零售子公司 Plenitude，致力于发展以太阳能和风能为主的清洁电力，并为客户提供能源效率优化服务，在南欧拥有约 1000 万天然气和电力客户。随着埃尼对 Plenitude 资本支出的增加，2023 年 Plenitude 的可再生能源发电装机容量达到 3 吉瓦，预计 2027 年将达到 8 吉瓦。埃尼将通过 Plenitude 持续推动清洁电力的发展，到 2050 年，分布式太阳能光伏、电动汽车充电站等服务将成为埃尼业务的主要组成部分（表 3-16）。

表 3-16　Plenitude 重点项目

类型	国家	项目	工作权益（%）	投产期	产能（吉瓦时/年）
清洁电力	西班牙	Caparacena、Guillena、Villarino、La Flota & Renopool 太阳能项目	100	2024—2025 年	2.080
	美国	Brazoria 太阳能项目	100	2022 年	450
	美国	Guajillo 储能项目	100	2024 年	150
	西班牙	Orense 陆上风能项目	100	2025 年	210
	法国	Samoussy 太阳能项目	100	2022 年	90
	希腊	Toumba & Mandria 太阳能项目	100	2025 年	250
	意大利	GreenIT（PV portfolio）太阳能项目	51	2024—2025 年	140
	意大利	Hergo Ren.（PV portfolio）太阳能项目	65	2024—2025 年	140
	哈萨克斯坦	Shaulder 太阳能项目	100	2023 年	90
	英国	Dogger Bank（A、B、C）海上风能项目	13	2023—2026 年	2.200

注：根据埃尼 2024 年资本市场日报告数据绘制。

在生物炼厂和运输脱碳方面，埃尼认为生物燃料是实现运输脱碳的重要手段，也是埃尼能源转型的关键之一。在生物炼厂方面，埃尼投资了位于威尼斯的 Porto Marghera 生物炼厂、位于意大利杰拉（Gela）和美国路易斯安那州的圣伯纳德（St. Bernard）可再生能源公司的生物炼厂，埃尼的生物甲烷子公司 Enibioch4in 于 2021 年在意大利购买了 22 家工厂，其中包括 21 家沼气发电厂和 1 家城市固体废物（OFSMW）处理厂，为生物甲烷业务的显著增长奠定了基础。在运输脱碳方面，埃尼与意大利电动汽车充电服务公司 Becharge 合作建造电动汽车充电站，并致力于通过氢能、生物质能、加氢植物油（HVO）、生物液化石油气和生物甲烷等多元化的低碳能源组合代替传统化石能源，为新型发动机供能。当前，埃尼已成功将生物燃料应用于运输脱碳中，Enilive 研发的 100% 可再生生物燃料 HVOlution 由废弃食用油、动物脂肪、食品残渣制成，其二氧化碳排放量将比普通的柴油低 60%～90%（表 3-17）。

表 3-17　生物炼厂重点项目

类型	地区	项目内容	工作权益（%）	投产期	产能（万吨/年）
生物炼厂	意大利威尼斯	生物炼制能力从 36 万吨/年提升到 60 万吨/年	100	2025 年	60
		提高灵活性允许其他生物质加工		一期：2023 年 二期：2026—2027 年	
	意大利杰拉和威尼斯	丰富产品组合以提高 HVO 柴油和生物喷气发动机的产量	100	2024—2025 年	约 74（杰拉）60（威尼斯）
	意大利利沃诺	建造 3 座新工厂用于生产氢化生物燃料	100	2026 年	50
	马来西亚边佳兰	新生物精炼厂	评估中	2024 年通过 FID 2026 年投产	65
	韩国大山	新生物精炼厂	评估中	2024 年通过 FID 2026 年投产	40

注：根据埃尼 2024 年资本市场日报告数据绘制。

在移动出行方面，2023年埃尼成立了子公司Enilive，致力于垂直整合整个移动出行的价值链，以运输脱碳、智能出行、服务中心为三大战略支柱，为客户提供多元化的能源和服务。在智能出行方面，埃尼于2013年推出了名为Enjoy的车辆共享服务，后整合入Enilive的业务中。埃尼对其停车场进行开发和升级，新的停车场可以为客户提供租车、停车及电动汽车充电服务，客户可以通过Enilive应用程序租用共享汽车。当前，Enjoy服务已拥有超过150万客户，自2013年以来租赁了3200万辆车，包括混合动力汽车、电动汽车和货运车辆。在服务中心方面，埃尼在意大利拥有超过4000个服务站，在欧洲其他国家拥有1000个服务站，服务站可提供餐饮、配送和购物服务，包括埃尼咖啡馆（Eni Café）、与意大利烹饪学院Accademia Niko Romito合作创建的ALT Stazione del Gusto餐厅、Emporium便利店和意大利邮政（Poste Italiane）配送等服务。

在化工领域，埃尼成立化工子公司Versalis，Versalis致力于可持续、可循环的化工生产，是意大利营业额、产量和员工人数最大的化工公司。Versalis的战略支柱之一是利用可再生能源生产化工品，Versalis的主要可再生能源化工厂位于克雷森蒂诺（Crescentino）和托雷斯港（Porto Torres）。其中，克雷森蒂诺化工厂于2018年被Versalis收购，是世界上首个应用PROESA®技术生产生物乙醇的工厂实例，该工厂每年最多可生产2.5万吨生物乙醇。在托雷斯港，Versalis与生物基和生物降解材料公司Novamont建立合资企业Matrìca，共同生产来自植物油的高附加值产品。

（3）新能源收购与出售。

在新能源投资方面，埃尼致力于通过收并购来扩大其新能源投资组合。自2020年起，埃尼新能源收购金额明显增加，从地区分布来看，主要集中于欧洲地区；从类型来看，收购的资产主要集中在海上风电和低碳发电领域（图3-40）。2019年，埃尼新能源美国公司（ENEUS）与法尔克可再生能源公司（Falck Renewables）共同组建了一家对等持股的合资企业。同时，埃尼斥资7000万美元，收购了法尔克可再生能源公司在美国马萨诸塞州和北卡罗来纳州的五座太阳能光伏发电厂49%的股权。到了2020年，埃尼又分别以2.025亿英镑（约合2.73亿美元）的价格，从艾奎诺

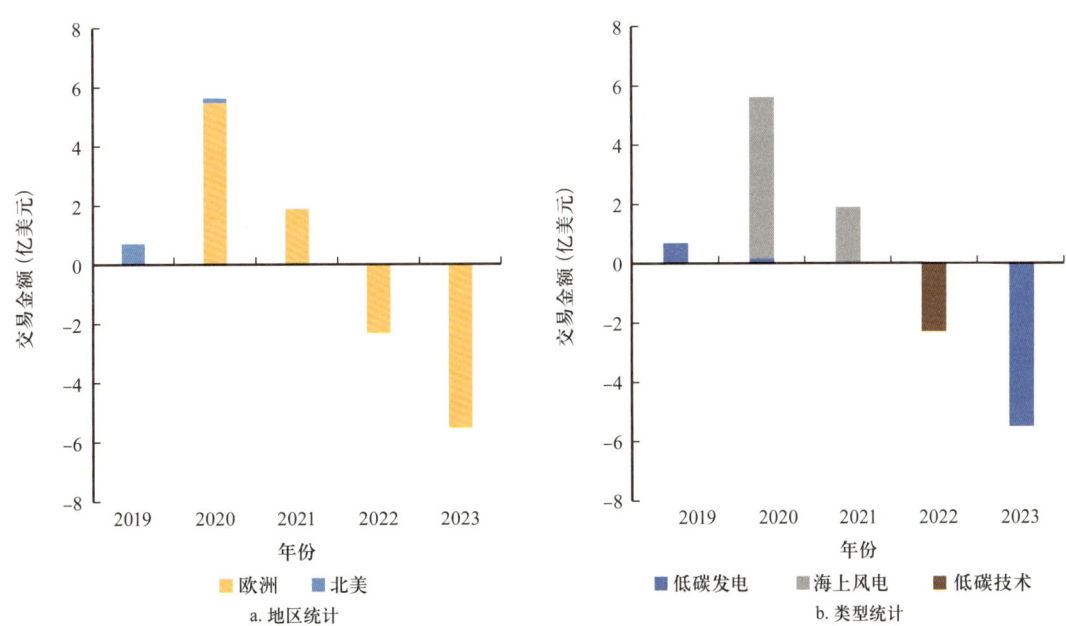

图3-40　2019—2023年埃尼新能源资产收并购与剥离地区和类型统计

根据S&P Global数据绘制

（Equinor）与苏格兰和南方能源公司（SSE）手中购买了英国2.4吉瓦的Dogger Bank A和B海上风电项目各10%的股份。交易完成后，Dogger Bank A（1.2吉瓦）和Dogger Bank B（1.2吉瓦）的股权结构调整为埃尼占比20%、艾奎诺占比40%、苏格兰和南方能源公司占比40%。2021年，埃尼再次以7000万英镑（约9500万美元）的价格，从艾奎诺与苏格兰和南方能源公司手中收购了英国1.2吉瓦Dogger Bank C海上风电项目10%的权益，使得埃尼在Dogger Bank C项目中持有的权益提升至20%。此外，埃尼还转让了部分新能源资产的权益。2024年，埃尼及其子公司Plenitude与全球能源转型投资公司（EIP）达成协议，以7亿欧元（约7.66亿美元）的价格出售Plenitude 9%的权益。

典型案例

埃尼出售可再生能源子公司Plenitude 9%股份

2024年3月8日，埃尼将其可再生能源子公司Plenitude 9%的股份通过资本发行方式出售给瑞士能源基础设施领域投资公司Energy Infrastructure Partners，交易金额约为7亿欧元。此次交易后Plenitude的股权估值约为80亿欧元，企业价值超过100亿欧元；2024年11月11日，Energy Infrastructure Partners签署协议将进一步增加对埃尼子公司Plenitude的持股比例，所持权益增至10%，总投资额升至8亿欧元。

Plenitude商业模式独特，整合了可再生能源发电、能源和能源解决方案的销售以及广泛的电动汽车充电网络。该公司为欧洲约1000万零售客户提供服务，业务覆盖全球15个国家。Plenitude 2022年已安装可再生能源容量为2.2吉瓦，预计2026年将超过7吉瓦，到2030年达到15吉瓦。由于欧洲的能源危机不断加剧，Plenitude的上市计划被推迟，但埃尼仍计划未来在市场条件允许的情况下将Plenitude在米兰泛欧交易所上市。

埃尼集团的卫星模式是一种应对能源市场动荡而制定的独特战略，意在通过剥离或设立合资企业来与国际投资者合作，同时将一些低碳新能源项目拆分到独立子公司中，从而获取额外的资金来源，能够在满足传统业务的同时开发新的业务。因此，除了上述Plenitude向Energy Infrastructure Partners出售9%的股份外；埃尼正在考虑分拆其可持续移动业务子公司Enilive以及碧辟埃尼合资公司Azule，并在上市前后向基金公司出售少数股权。剥离出售完成后，埃尼将计划成立一个新的碳捕集和封存部门，以进一步支撑其能源转型和增长路径。

3）管理模式

在新冠肺炎疫情和能源转型的影响下，2020年6月，埃尼宣布大幅调整业务组织架构，抛弃过去按照业务种类设置上游、天然气与电力、炼化与销售及公司其他业务等四个下属业务板块的传统设置，转换为两个新的业务组织：自然资源和能源转型（图3-41）。自然资源部门的业务涵盖石油和天然气勘探、开发及生产活动，通过提高能源效率、扩大天然气业务、开发替代能源，实现公司业务的增长和减排。能源发展部门的业务涵盖清洁电力、炼油和化工、天然气和电力零售等活动，致力于为移动出行、家庭消费和小型企业提供越来越多的脱碳产品。自然资源部门和能源发展部门将在油气勘探、开发、生产、零售的整个价值链中紧密结合，以最佳的方式助力埃尼整个业务流程的能源转型。此外，埃尼还成立了技术、研发与数字化部门，通过开发新技术并快速应用于工业生产，实现埃尼价值创造和增长，支持埃尼自然资源部门和能源发展部门的发展，为埃尼的能源转型保驾护航。

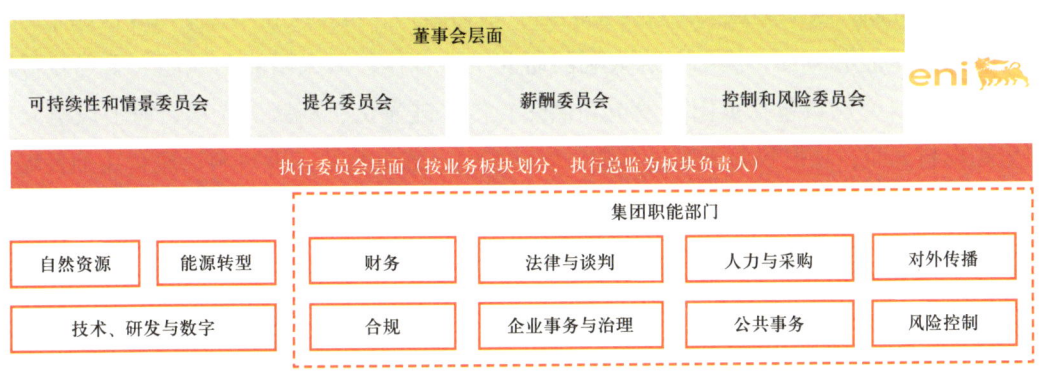

图 3-41　2024 年埃尼组织架构示意图

根据埃尼网站资料绘制

通过分拆与合并优化组织架构。分拆一直是埃尼战略的重点，为提高资产价值并为低碳业务融资，自 2018 年以来，埃尼已对上游业务进行了三次大型分拆。2018 年埃尼将其挪威子公司 Eni Norge 拆分，并与挪威油气勘探生产公司 Point Resources 合并，成立了一家名为 Vår Energi AS 的合资企业。2022 年，埃尼和碧辟将其在安哥拉的业务分拆出来，合并成立 Azule Energy，总产量达 996 万吨油当量 / 年，本次交易也为埃尼降低了 100 万吨二氧化碳当量的权益碳排放量。2024 年，埃尼宣布将分拆其英国几乎所有的上游业务（除了东爱尔兰海资产和 CCUS 项目），并与英国油气生产公司 Ithaca Energy 合并，预计 2024 年合资企业油气产量将达到 498 万吨油当量。同时，在低碳能源领域，埃尼也采取类似的战略，2020 年埃尼与挪威能源公司 HitecVision 宣布成立专注可再生能源的合资公司 Vårgrønn；2021 年埃尼将综合零售、可再生能源和电动汽车业务分拆形成 Eni Plenitude；2023 年 1 月埃尼成立埃尼可持续交通公司（Eni Sustainable Mobility），专注于生物精炼和运输脱碳，并于 9 月更名为 Enilive。

4）技术研发

埃尼认为能源转型的关键是技术转型，埃尼的技术研发多是通过合作的方式开展，在油气领域，埃尼利用超级计算机 HPC5 和先进的数字地球科学技术加持其勘探活动；在低碳技术领域，埃尼以其前沿技术保障能源的效率和供应安全；此外，埃尼大力押注磁约束聚变技术，积极探索未来能源解决方案。

在油气勘探领域，埃尼凭借超级计算机 HPC5 和先进的数字地球科学技术，大幅提升勘探活动的效率与精确度，推动低碳技术的开发，保障能源转型过程中的能源安全问题。HPC5 是全球工业领域最强大的超级计算机之一，借助 HPC5，埃尼能够运用其专有算法进行三维地下岩层建模，使用更加准确的地震波传播模拟算法，生成更精确的图像，从而减少前景评估、油井定位或油藏监测的不确定性。此外，埃尼于 2024 年 7 月与量子技术公司 ITQuanta 携手，共同创立了合资企业 Eniquantic，致力于开发一台集硬件与软件于一体的量子计算机，该量子计算机具备数学优化、建模与仿真、人工智能等能力，可对复杂系统进行高级分析和处理，以改善和优化从能源交易到其他大宗商品的整个价值链上的运营活动。数字地球科学技术可以通过分析地表数据，识别潜在的地下储层，对勘探活动贡献巨大。同时，这一技术在CCUS领域同样发挥着重要作用，可以帮助埃尼识别可被用于封存二氧化碳的枯竭矿床。

在低碳技术方面，埃尼重点关注可再生能源、生物燃料、可持续化学及CCUS这四个方面的技术研发。在可再生能源方面，埃尼与意大利的研究中心合作，从太阳能和风能入手寻找低碳能源解决方案。主要研究领域包括太阳能发电和供热、传统硅光伏、钙钛矿光伏、海上风电及电热储能。在生物燃料方面，埃尼致力于通过植物、农林废料、农业食品工业废料、废食用油及城市固体废料等有机材料来生产生物燃料。埃尼与Honeywell-UOP联手开发了将废弃原料转变为生物燃料的Ecofining™技术，并将其应用于威尼斯马格拉港（Porto Marghera）和盖拉（Gela）的生物精炼厂中。在可持续化学方面，埃尼子公司Versalis与意大利知名工程企业Servizi di Ricerche e Sviluppo携手合作，共同研发了一项创新的化学回收技术——Hoop™。该技术采用先进的化学热解方法，能够将传统机械回收途径难以处理的混合塑料废物转化为可循环利用的高品质原料，为塑料废物的资源化利用开辟了新路径。在CCUS方面，埃尼正在研究一种将二氧化碳用于制造水泥的矿化技术，二氧化碳和含有硅酸盐的矿物可以结合形成高质量的水泥，但需要很长的化学反应时间，埃尼的矿化技术可以将该过程缩短至几个小时，把二氧化碳快速转化成有用的建筑材料。

此外，埃尼也在积极探索磁约束聚变技术，这项技术能够在不产生温室气体排放的情况下释放出巨大的能量。埃尼坚信，磁约束聚变技术将彻底改变能源产业的格局，为全球提供取之不尽、用之不竭的清洁能源。作为最早投资磁约束聚变技术的能源公司之一，埃尼在2018年与麻省理工学院衍生企业Commonwealth Fusion Systems（CFS）携手，共同探讨磁约束聚变技术的工业应用潜力。CFS专注于核聚变能源技术的商业化推广，旨在21世纪30年代初期建成世界上首个能够向电网输送电力的聚变发电厂。2019年，埃尼宣布与意大利国家研究委员会（CNR）合作，在意大利南部建立了四个研究中心，其中位于盖拉的Ettore Maiorana研究中心专注于磁约束聚变技术的研究。到了2020年，埃尼又与意大利知名公共研究机构ENEA合作，在罗马成立了Divertor Tokamak Test（DTT）聚变技术研究中心。DTT项目与众多研究机构合作，得到了欧盟和各大财团的鼎力支持，是埃尼在推进磁约束聚变技术的关键一步。

3. 能源转型成效

在推进能源转型的过程中，埃尼制定了分阶段的转型目标。公司计划通过提升天然气在能源生产构成中的比重，逐步降低排放量。尽管目前成效尚不显著，但埃尼始终坚定不移地朝着这一目标迈进。与此同时，埃尼积极投身于可再生能源的发展，特别是在将传统炼油厂转型升级为生物炼油厂的方面已取得了显著成果（表3-18）。

在自然资源板块，其上游减排成效显著。在油气产量方面，埃尼天然气产量占油气产量的比重一直维持在50%上下，随着埃尼2050年战略目标的提出，天然气在其投资组合中的核心地位愈发凸显，在埃尼公布的即将启动的主要油气项目中，天然气项目数量已超半数，有望实现2030年天然气占比达60%的目标。在油气产量增长率方面，2023年埃尼的油气产量复合增长率为2.4%，产量达7890万吨油当量，有望恢复其2018年、2019年间9000万吨油当量/年的产量，实现2030年

3%～4%的年复合增长率。2019—2023年，埃尼实施了多项行动，将上游范围1和范围2净排放量减少约40%，埃尼范围1和范围2净排放量减少约30%，净碳强度范围1、范围2和范围3减少4%。虽然减排成效显著，但距其制定的减排目标仍有很大的差距。

表3-18　2019—2023年埃尼能源转型成效

分类	领域	2019年	2020年	2021年	2022年	2023年
自然资源	天然气占油气产量比重（%）	51.0	49.7	50.0	51.4	51.5
	油气产量年复合增长率（%）	0.6	-8.1	-3.0	-4.8	2.4
	上游甲烷排放强度（%）	0.10	0.09	0.09	0.08	0.06
	上游范围1和2排放量（百万吨二氧化碳当量）	14.8	11.4	11	9.9	8.9
	埃尼范围1和2排放量（百万吨二氧化碳当量）	37.6	33.0	33.6	29.9	26.1
	净碳强度范围1、2和3（克二氧化碳当量/焦耳）	68	68	67	66	65.6
能源发展	可再生能源装机容量（吉瓦）	0.19	0.35	1.188	2.256	3.056
	生物精炼能力（万吨/年）	110	110	110	110	165
	电动汽车充电站（个）	—	—	6000	13000	19000

注：根据公司年报数据绘制。

在能源发展板块，埃尼积极发展可再生能源。在清洁发电领域，埃尼的子公司Plenitude启动了多项光伏发电、陆上风电及海上风电项目，且斥巨资收购海上风电资产。近五年，可再生能源装机容量不断增长，由2019年的0.19吉瓦增长至2023年的3吉瓦，但离2030年15吉瓦的目标和2035年30吉瓦的目标仍有很大的距离。在生物质能方面，生物炼厂是埃尼能源转型的两大途径之一，近年来埃尼在这个方面投入了大量资金，且取得了显著的成效。2014—2018年，埃尼的生物炼制能力稳定在每年36万吨，2019年上升至110万吨，至2023年生物炼制能力再次上升至165万吨，其生物炼油能力有望实现2026年超过300万吨、2030年超过500万吨的目标。在移动出行方面，埃尼的电动汽车充电站由2021年的6000个增加到2023年的19000个，埃尼正在打造集零售、餐饮、充电、停车等服务为一体的移动出行网络，在其移动出行网络的帮助下，电动汽车充电站的数量有望在2030年突破5万个。

七、艾奎诺

艾奎诺（Equinor）是一家总部位于挪威的国际石油公司，政府参股67%，前身为挪威政府于1972年成立的挪威国家石油公司（Statoil，简称"挪威国油"），业务遍布全球约30个国家，拥有员工2.3万人，在2024年美国《石油情报周刊》世界最大100家石油公司综合排名中位列第27，在2024年《财富》世界500强中位列第91。截至2023年底，艾奎诺拥有油气探明可采储量4.89亿吨油当量，其中，石油探明可采储量1.26亿吨，天然气探明可采储量4232亿立方米；石油产量约5538万吨，天然气产量约602亿立方米，油气产量合计约1.04亿吨油当量；天然气液化能力

155万吨/年；2023年全年实现营业收入1071.74亿美元，实现归属于股东净利润118.85亿美元；范围1和范围2温室气体净排放量为1160万吨二氧化碳当量。

1. 转型战略及目标

1）转型战略

作为欧洲本土化经营的国际石油公司，艾奎诺积极适应欧洲的能源转型政策步调，大力推动天然气和可再生能源的发展，制定了较为激进的能源转型战略。艾奎诺原名称为挪威国家石油公司（Statoil），2016年《巴黎协定》的正式生效，进一步加速了欧洲在能源转型政策方面的修订和强化，在能源转型浪潮的推动下，挪威国油在2017年首次提出了"保持安全、高价值和低碳"的战略，即在优化其石油和天然气投资组合的同时，追求可再生能源的高价值增长和低碳解决方案的新市场机会。2018年，挪威国家石油公司正式改名为艾奎诺（Equinor）。Equinor一词由"equi"和"nor"合并而成，前者意为平等、公正，后者为挪威（Norway）的词首，凸显了该公司追求公正转型的决心。艾奎诺以"塑造能源未来"为愿景，致力于发展可再生能源，推动社会进步。总体而言，艾奎诺的能源转型战略注重多元化和平衡，在保证油气生产高效、可持续的同时，投资可再生能源和低碳解决方案；在保障财务业绩强劲增长的同时，推进自身能源转型（图3-42）。

2）转型目标

艾奎诺于2022年宣布能源转型计划，提出了基于公司业务的能源转型三大支柱，即优化油气生产、加速可再生能源增长以及开发低碳解决方案（表3-19）。

表3-19 艾奎诺能源转型目标

分类	领域	2023年	2025年	2030年	2035年	2040年	2050年
石油与天然气	上游产量（亿吨油当量/年）	1.04	—	约1.00	—	—	—
	上游二氧化碳排放强度（千克二氧化碳/吨油当量）	49.11	51.31	约43.98	—	—	—
可再生能源	装机容量（吉瓦）	0.9	—	12~16	—	—	—
	年发电量（太瓦时）	—	—	35~60	>65	—	—
	用于新能源解决方案和能源效率的研发支出（%）	—	40	—	—	—	—
本土低碳解决方案	减少挪威的绝对排放量（以2005年为基准）（%）	30	—	50	—	70	近零
	减少净碳强度（以2019年为基准）（%）	1	—	20	40	—	100
	温室气体净减排量（以2015年为基准）（%）	—	—	50	—	—	—
	减少挪威的海事排放量（以2005年为基准）（%）	—	—	50	—	—	—
全球低碳解决方案	减少全球的海事排放量（以2008年为基准）（%）	—	—	—	—	—	50
	甲烷排放强度（%）	0.02	—	近零	—	—	—
	CCS（万吨/年）	—	—	500~1000	3000~5000	—	—
	氢在欧洲的市场份额（%）	—	—	—	—	10	—
	常规燃烧	—	—	0	—	—	—

注：根据艾奎诺官网数据绘制。

第三章 重点石油公司能源转型路径与成效

图 3-42 2015—2023 年艾奎诺能源转型大事记
根据艾奎诺网站数据绘制

179

优化油气生产。优化油气资产组合，专注于最具竞争力和成本效益的上游项目，通过技术创新和提升运营效率，保障石油和天然气在能源结构中的核心地位；2023—2026年间，石油和天然气产量增长超过5%，并在2030年保持1亿吨油当量的产量水平；2035年挪威大陆架地区油气产量达到6000万吨油当量。

加速可再生能源增长。通过投资风能、太阳能、氢能等可再生能源项目，建立多元化的能源组合。到2030年，可再生能源发电装机容量达到12～16吉瓦，年发电量达到35～60太瓦时；清洁能源交付量达到公司总能源交付量的8%～10%；到2035年，清洁电力产能超过80太瓦时，其中可再生能源发电量超过65太瓦时，可再生能源和低碳能源交付量达到总交付量的15%～20%。

开发低碳解决方案。艾奎诺致力于开发和实施碳减排技术，包括CCS、氢能和生物能源等。具体脱碳目标包括：到2030年实现甲烷排放强度接近零，范围1和范围2的温室气体绝对排放量减少50%，范围1、范围2和范围3的碳排放强度减少20%；2050年，范围1、范围2和范围3全面实现净零排放，且碳排放强度下降100%。CCS方面，到2030年CCS规模达到500万～1000万吨/年，在欧洲的碳封存市场份额达到25%；到2035年CCS规模达到3000万～5000万吨/年。氢能方面，目标是到2035年，在欧洲的氢能市场占据10%的份额。

2. 能源转型措施

1）资本支出

艾奎诺的资本支出计划是同步提高传统油气业务和具有高经济效益的可再生能源项目的支出规模，短期内仍然坚持传统油气业务的核心地位，逐步加大能源转型支出在其资本支出结构中的占比。艾奎诺在2020—2021年间曾大幅降低油气业务资本支出规模，然而在近两年油价攀升、可再生能源收益不及预期的现实背景下，公司又开始审慎上调油气领域的资本支出目标。艾奎诺在2022年发布的能源转型计划中承诺：将保持油气领域资本支出维持在80亿美元，直至2025年。然而，在2024年2月发布的《资本市场更新》报告中，艾奎诺不仅提升了资本支出额度，还延长了资本支出周期，报告提出：至2030年，公司将在油气领域实现每年约100亿美元的稳定投资。为了确保产量稳定，艾奎诺还规划到2035年，每年在挪威的油气勘探及钻探活动上投入约60亿美元，并计划在未来十年间，每年完成30口探井的工作量。在可再生能源方面，艾奎诺在其《2022年能源转型计划》中明确指出，将在2021—2026年间，为可再生能源项目分配总计约230亿美元的资金投入，并要求这些项目的实际回报率达到4%～8%。到2050年，公司可再生能源和低碳解决方案的资本支出将占总资本支出的50%以上。

该计划也同步反映在了公司的实际支出情况上。近年来，公司持续优化资本支出的规模和结构，扩大上游与可再生能源项目的资本支出金额，提高可再生能源项目的资本支出占比。就资本支出规模而言，艾奎诺总资本支出近年来有所回升，由2021年的85亿美元增加至2023年的145亿美元，超过公司近十年来的130亿美元的平均资本支出水平。其中，勘探与开发支出由2021年的74.67亿美元提高至2023年的115.21亿美元，同比提高54.29%；可再生能源支出由2021年的4.57亿美元跃升至2023年的20.27亿美元，增长了三倍之多。就资本支出结构而言，在2014—2018年间，公司在油气勘探与开发上的资本支出比例始终维持在90%以上的水平。自2019年起，艾奎诺在油气上游领域的资本支出比例开始逐步减少，到了2023年，这一比例降至79%，几乎都被分配到了海上风电、太阳能、氢能等可再生能源领域。2021—2023 年，公司的可再生能源资本支出大幅增长，其占比由 2021 年的 5.4% 上升到 2023 年的 13.8%（图 3-43）。

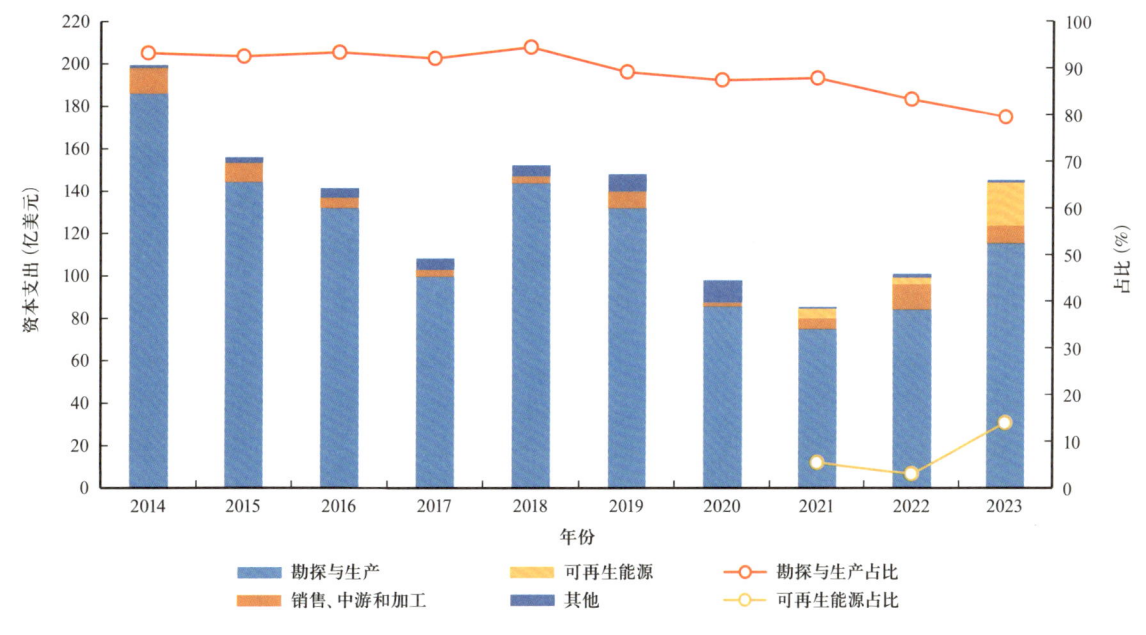

图 3-43　2014—2023 年艾奎诺资本支出结构

根据公司年报数据绘制

2）资产结构

作为一家石油公司，艾奎诺认识到新能源业务的增长，离不开油气业务产生的现金流，因此该公司积极扩大和利用优质油气资产产生的现金流，探索油气业务与新能源业务的融合发展。在发展传统油气业务时，重点投资在成本和碳排放强度方面有优势的资产，以提高抵御油价风险和转型风险的能力。在可再生能源业务方面，艾奎诺以风电项目为核心，着力打造多元化的新能源资产组合；在低碳解决方案方面，艾奎诺以 CCS 为重点，以期快速实现净零排放。

（1）油气业务。

扩大国际勘探。艾奎诺的本土业务位于挪威大陆架地区，该地区同时也是艾奎诺过去几年勘探开发的重点。艾奎诺约 64% 的探明储量位于挪威，4% 位于美国，其余主要位于美洲和亚欧大陆的国家（图 3-44）。过去十年间，挪威大陆架地区油气勘探开发日趋成熟，证实储量已从 2010 年的 17.6 亿吨油当量减少到 2023 年的 8.05 亿吨油当量，平均发现规模正在缩小，储量接替困难，最大的油田处于或接近产量下降阶段。与本土的业务发展趋势相反，艾奎诺在 2020 年的国际投资组合中取得了重大的勘探成功，在加拿大的弗莱明什海峡盆地、美国墨西哥湾和巴西的桑托斯盆地发现了大型海上油气田。通过钻探新井、开发新技术以及勘探等活动，艾奎诺在 2023 年总共增加了 0.69 亿吨油当量探明储量，主要来源于巴西的 Raia 油田、英国的 Rosebank 油田和美国的 Sparta 油田，以及在美国阿巴拉契亚盆地和阿根廷持续钻探新井获得的新增探明储量。另外，艾奎诺通过收购森科能源英国有限公司（Suncor Energy UK Limited），增加了 422 万吨油当量探明储量。

上游资产剥离多于收购。艾奎诺的资产收购与剥离活动主要集中于欧洲、拉美和北美地区。2019—2023 年间，艾奎诺致力于优化其上游资产组合，聚焦核心领域，剥离的上游资产多于同期收购的资产（图3-45）。艾奎诺主要专注于收购正在开发的项目或大发现，这类收购约占其总收购资源的74%。2019年，艾奎诺从壳牌收购了美国Caesar-Tonga油田的权益，并从瑞典石油公司Lundin手中收购了挪威Johan Sverdrup油田的权益。2023年，艾奎诺收购森科能源公司的英国资产组合。在资产剥离方面，艾奎诺处置了约3.81亿吨油当量的资源，其中32%来自已开发且采出程度达25%～100%的油田和2000年前发现的油气田。2021年，艾奎诺将美国巴肯页岩资产出售给私募股权公司EnCap投资有限责任公司旗下的Grayson Mill能源公司。2022年，艾奎诺将挪威的一个非核心、非作业者资产出售给挪威油气集团Sval能源。2023年，艾奎诺将整个阿塞拜疆资产出售给阿塞拜疆国家石油公司SOCAR，同年，将尼日利亚资产出售给油气投资公司Chappal能源。这种策略优化了艾奎诺的产量结构，成熟油田的产量占总产量的比重已从2019年的38%下降至2023年的35%。

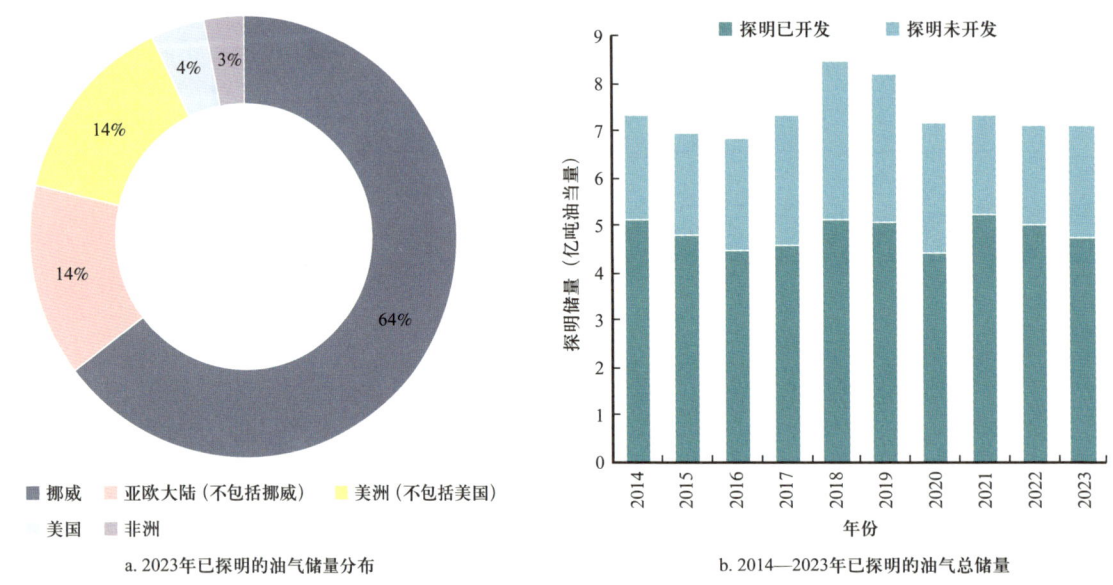

图3-44 艾奎诺2023年已探明的油气储量分布和2014—2023年已探明的油气总储量

根据公司年报数据绘制

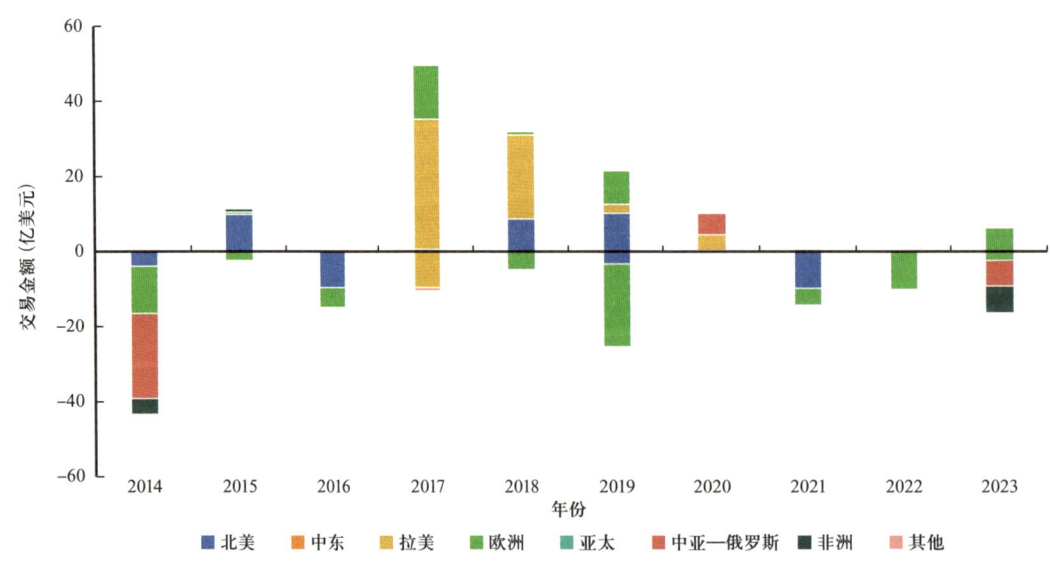

图3-45 2014—2023年艾奎诺油气上游资产收购与剥离地区统计

根据S&P Global数据绘制

（2）可再生能源。

重点发展海上风电。艾奎诺有50多年海洋油气勘探开发和项目管理经验，发展海上风电，是艾奎诺低碳转型最具技术和管理协同性的转型路径。艾奎诺提出，到2050年，实现海上风电占计划装机容量的55%。自2018年以来，艾奎诺以美国、英国和挪威为重点，不断通过战略收购推动海上风电业务发展。2018年，艾奎诺收购了波兰3吉瓦海上风电项目50%的权益，此后不久，艾奎诺获得了美国和英国海上风电项目的重大竞标；2024年1月底，艾奎诺通过和碧辟权益互换，全资拥有位于美国的Empire风电项目，碧辟全资拥有Beacon风电项目；2023年10月，艾奎诺拥有的英国海上风电项目Dogger Bank A项目交付了第一批电力，项目预计将于2026年实现全面商业运营，计划总装机容量为3.6吉瓦。2023年，艾奎诺与其合作伙伴共同开发的挪威浮式海上风电项目Hywind Tampen投产运营。Hywind Tampen作为全球最大的浮式海上风电场，也是全球第一个向石油和天然气平台供电的风电场，总装机容量为88兆瓦（表3-20）。

表3-20 艾奎诺主要风电项目（截至2023年底）

项目名称	类型	国家	工作权益（%）	权益发电能力（兆瓦）	艾奎诺作业
Sheringham Shoal	固定	英国	40	127	是
Dudgeon Offshore Wind Farm	固定	英国	35	141	是
Hywind Scotland	浮动	英国	75	23	是
Arkona	固定	德国	25	96	否
Hywind Tampen	浮动	挪威	41	36	是

注：根据公司年报数据绘制。

典型案例

艾奎诺典型海上风电项目

（1）Dogger Bank。

Dogger Bank海上风电项目由三家公司合资建设，分别为英国SSE可再生能源公司（SSE Renewables）持股40%，艾奎诺持股40%，以及埃尼与挪威能源投资公司HitecVision合资的Vårgrønn公司持有剩余的20%股份。SSE可再生能源公司主要负责Dogger Bank风电场的开发和建设工作，而艾奎诺则在该风电场建成后期负责相关运营业务，预计整体运营周期为35年。该项目总装机容量约为3.6吉瓦，每年可为多达600万户家庭供电，有望成为世界上最大的海上风电场。艾奎诺作为股东意在加快公司从传统油气业务向可再生能源领域转型，增强公司可再生能源技术的创新和研发。同时，致力于通过开发固定式基础海上风电和浮动式海上风电，实现自身的低碳目标和可持续发展承诺。

Dogger Bank风电场位于英格兰约克郡海岸附近的乌尔罗姆海滨村庄，是一个分期开发的海上风电场。整体项目分为Creyke Beck A、Creyke Beck B和Teesside A三期建设。Creyke Beck A和Creyke Beck B位于离海岸约130千米的海域，而Teesside A位于离海岸约200千米的海域。Dogger Bank项目采用美国通用电气公司（General Electric Company）

制造的世界上最强风力发电机 Haliade-X，其额定功率为 12 兆瓦。

2024 年 5 月，Dogger Bank 海上风电场项目的二期项目 Creyke Beck B 开始安装单桩基础（用于海上风电场的风力发电机支撑结构）和过渡段（连接单桩基础和风力发电机塔架之间的结构）。一期项目 Creyke Beck A 的基础安装工作在收尾阶段，并且已于 2023 年成功实现首次发电。

（2）Hywind Tampen。

艾奎诺运营的 Hywind Tampen 是全球最大的浮式海上风电场，总装机容量 88 兆瓦，共有 11 台风电机组，由艾奎诺、Petoro、OMV、Var Energi、Wintershall Dea 和 INPEX Idemitsu 合作共建。Hywind Tampen 产生的电力用于为挪威北海 Snorre A 和 B 以及 Gullfaks A、B 和 C 平台供电，满足这 5 个平台 35% 的用电需求，标志着海上风电场首次直接连接到石油和天然气平台。Hywind Tampen 的风电机组安装在 260～300 米水深的浮式混凝土结构上，距离海岸约 140 千米。海上平台供电通过从燃气轮机转向风力发电，每年可减少约 20 万吨二氧化碳排放，并有助于将 Gullfaks 油田的生产寿命延长到 2036 年，将 Snorre 油田的生产寿命延长到 2040 年，比最初计划的时间延长 20 年。2022 年，Hywind Tampen 的第一台风电机组实现首次发电，电力输送到 Gullfaks A 平台，2023 年完成最终调试。在建设过程中，Hywind Tampen 遇到了技术和经济方面的挑战，项目最初估计的投资为 50 亿挪威克朗（4.7 亿美元），但后期遭遇了新冠肺炎疫情、质量问题和市场价格上涨等困难，最终导致投资总额达到约 74 亿挪威克朗，不过与艾奎诺第一个浮式风电场 Hywind Scotland 相比，该项目每兆瓦的建设成本实现了 35% 的优化。

出售新能源资产部分权益引入战略合作者。在收并购活动方面，艾奎诺所收购的对象涵盖了氢能及天然气、海上风电和锂等多个领域。艾奎诺自 2018 年开始加大对新能源领域的投入力度，收购了 13.68 亿美元的新能源资产。2018 年，艾奎诺收购了能源交易公司丹麦商品公司（Danske Commodities）的全部权益、太阳能开发公司斯开特太阳能公司（Scatec Solar）9.7% 的少数股权，以及获得马萨诸塞州 OCS-A 0520 区块租赁权。2019 年，艾奎诺收购了负责 Cañadón León 风电场项目的公司 Luz del León 的一半权益，该风电场产能为 120 兆瓦。2021 年，艾奎诺从私募股权公司企业投资公司（Enterprise Investors）手中收购了波兰的陆上可再生能源项目（主要是太阳能）开发商文托（Wento）的全部权益，文托手中持有的太阳能项目总产能达 16 吉瓦。2022 年，艾奎诺联合低碳能源公司 SSE Thermal 以 2.08 亿美元的价格从专注于能源转型的私募股权公司能源资本伙伴（Energy Capital Partners）手中收购了特里顿动力公司（Triton Power），并在美国西海岸莫罗湾地区的海上风电租赁销售中获得了约 2 吉瓦的租赁权。2023 年，艾奎诺斥资 2900 万美元增持斯开特太阳能公司的权益，持股比例提升至 16.2%。2024 年，艾奎诺以 9000 万美元的价格从化学制品公司标准锂业有限公司（Standard Lithium Ltd.）手中收购位于阿肯色州和得克萨斯州的两个锂项目 45% 的权益。在资产出售方面，艾奎诺针对一些大型的海上风电项目，采取出售部分股权的方法引入战略合作者。2014 年，艾奎诺将 Dudgeon 海上风电场 35% 的权益出售给可再生能源公司马斯达尔（Masdar），并将其在海上风电合资公司斯凯拉海上能源有限公司（Scira Offshore Energy Limited）的部分权益出售给英国绿色投资银行。2019 年，艾奎诺以 5.5 亿美元的价格，将位于波罗的海德国部分的 Arkona 海上风电场 25% 的权益出售给了一家基金会。2020 年，艾奎诺将长岛近海的帝国风电项目和位于马萨诸塞州近海的比肯风电项目出售给碧辟。同年，艾奎诺将 Dogger Bank A 和 B 海上风电项目 10% 的权益出售给埃尼，随着双方的深入合作，2021 年，艾奎诺将英国多格滩 C 海上风电项目 10% 的权益同样出售给埃尼。艾奎诺通过频繁的收并购与资产剥离，不断优化自身可再生能源结构，积极拓展新能源业务（图 3-46）。

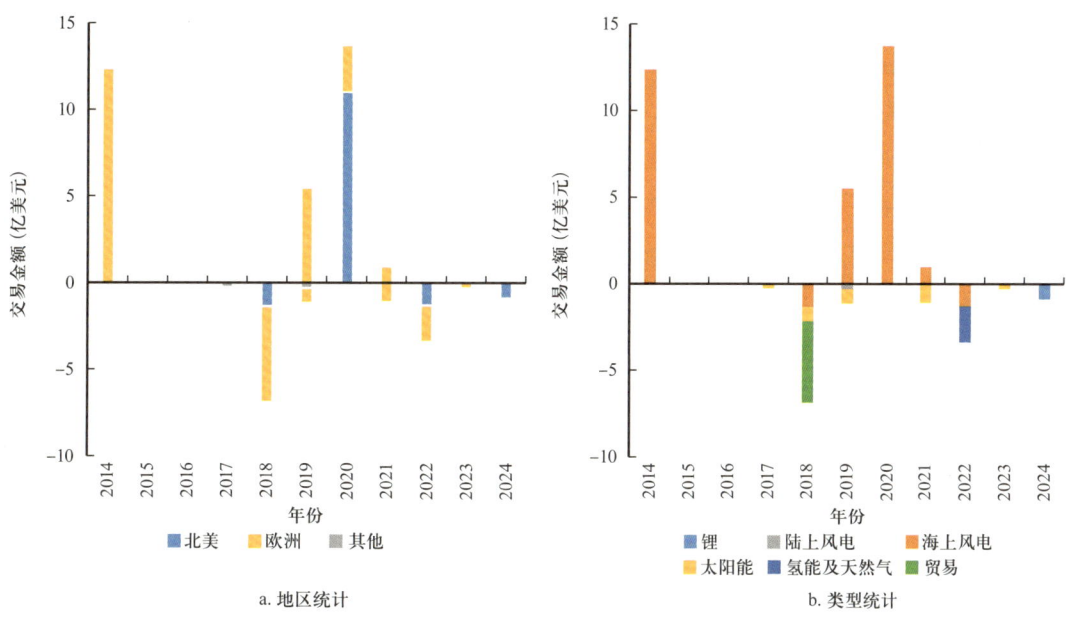

图 3-46　2014—2024 年艾奎诺低碳新能源资产收购与剥离地区和类型统计

根据 S&P Global 数据绘制

（3）低碳解决方案。

重点发展 CCS。艾奎诺开发和利用 CCS 技术已经超过 25 年，在挪威运营着两个有二氧化碳封存能力的在产油田——Sleipner（1996 年开始运营）和 Snohvit（2008 年开始运营），这两个油田每年可分别捕集并封存 100 万吨和 75 万吨的二氧化碳。艾奎诺还积极开拓全球 CCS 市场，2023 年，艾奎诺收购了美国巴尤湾碳捕集和储存（Bayou Bend CCS）公司 25% 的权益，增加了 500 万吨/年的运输和封存能力。目前，艾奎诺两个关键项目——挪威 Longship 一期（150 万吨/年）和丹麦 Orsted Kalundborg 枢纽项目（43 万吨/年）正处于开发阶段，其中 Longship 一期已于 2024 年投产，Orsted Kalundborg 项目预计将于 2025 年投产。艾奎诺还拥有多个计划中的 CCS 项目，包括位于挪威的 Northern Lights 项目、英国的 Northern Endurance Partnership 项目和挪威的 Smeaheia 项目，预计到 2030 年将新建成 2000 万吨/年的封存能力，随着部署规模的扩大，未来 CCS 成本将进一步降低。

 典型案例

北极光 CCS 项目概况

北极光（Northern Lights）CCS 项目位于挪威西部厄于加伦（Øygarden）市的 Energiparken 工业区，是世界上第一个跨境、共享二氧化碳运输和储存设施的 CCS 项目。北极光 CCS 项目是长船（Longship）CCS 项目的一部分。长船 CCS 项目将奥斯陆峡湾地区工业来源的二氧化碳捕集后运输至厄于加伦市陆上终端并液化，液态二氧化碳经船运至挪威西海岸的陆上中间接收终端，然后通过100千米的管道输送到北海海底岩层中永久储存；北极光CCS项目包括液化二氧化碳船运、储存和封存。

北极光CCS项目由壳牌、艾奎诺和道达尔能源成立的北极光合资公司运营管理，于2017年启动。2019年1月，北极光合资公司获得挪威政府颁发的许可证，同年，北极光合资公司与7家欧洲公司（包括液化航空、Arcelor Mittal、Ervia、Fortum Oyj、HeidelbergCement、Preem和Stockholm Exergi）签署了CCS项目的MOU；2020年3月北极光合资公司钻探了Eos二氧化碳注入井；2022年，北极光合资公司与化肥公司Yara International签订了全球首个二氧化碳跨境运输和储存商业协议，同年，项目达成FID，2021年开始建设，2024年9月二氧化碳运输和储存设施已完工，并准备开始接收二氧化碳进行永久封存。北极光CCS项目预计将于2025年全面投入运营，第一阶段二氧化碳捕集与封存规模为150万吨/年，第二阶段新钻两口注入井，封存规模增至370万吨/年。北极光CCS项目中用于液化二氧化碳运输的四艘船均由中国公司制造。2021年，北极光合资公司与中国船舶集团旗下大船集团签订了2艘7500立方米液化二氧化碳运输船建造合同。2023年，大连船舶海洋工程有限公司（简称"大船海工"）与德国贝仕集团（Bernhard Schulte）签署运输能力为7500立方米液化二氧化碳的运输船建造合同。

在氢能领域，艾奎诺的氢能资产主要集中于欧洲地区。2021年，艾奎诺与法国公用事业公司昂吉能源（Engie）合作开展H2BE项目，2024年与德国跨国工业气体和工程公司Linde合作开发荷兰H2M Eemshaven低碳氢项目，两个项目均利用天然气生产低碳氢，将二氧化碳封存在挪威近海海底，两个项目均于2030年投产，产能均为1吉瓦。此外，2022年，艾奎诺与德国天然气公司VNG AG合作在Rostock建造低碳氢生产工厂，产能达21.1万吨，同时每年还可以捕集200万吨二氧化碳（表3-21）。

表3-21 艾奎诺低碳投资组合

项目名称	项目类型	国家
Northern Lights（NL）	二氧化碳运输和封存	挪威
Northern Endurance Partnership	二氧化碳运输和封存	英国
Smeaheia	二氧化碳运输和封存	挪威
Polaris	二氧化碳运输和封存	挪威
European CO_2 Trunkline	二氧化碳运输和封存	德国、挪威、比利时
H2H Saltend	蓝氢	英国
Aldbrough H_2 storage	氢气储存	英国
Net Zero Teesside（NZT）	电力+CCS	英国
Keadby 3	电力+CCS	英国
Peterhead	电力+CCS	英国

续表

项目名称	项目类型	国家
Keadby Hydrogen Power Station	氢能发电	英国
H21	氢燃料转换	英国
H2M Eemshaven	蓝氢	荷兰
AquaSector	绿氢	德国
H2GE Rostock	蓝氢	德国
H2BE	蓝氢	比利时
NortH2	绿氢	荷兰、比利时、德国
Clean Hydrogen to Europe	蓝氢	挪威
Barents Blue	蓝氢	挪威
US Tristate	电力+CCS+氢能	美国

注：根据艾奎诺2022年能源转型计划数据绘制。

3）管理模式

随着公司战略的调整，艾奎诺及时重组业务、变革组织架构，从而使公司在能源转型和低碳业务中得到更加迅速的发展。在2020年提出净零目标之前，艾奎诺的业务分为9个板块：挪威开发与生产（DPN），国际开发与生产（DPI），美国开发与生产（DPUSA），巴西开发与生产（DPB），销售、中游与加工（MMP），技术、项目与钻井（TPD），勘探（EXP）；新能源解决方案（NES），全球战略与业务拓展（GSB）。这一架构凸显了上游勘探对公司的重要性，以及挪威、美国和巴西在公司资产组合中的核心地位。提出净零目标后，2021年，艾奎诺对其组织架构进行改革，将其业务板块精简为6个：挪威开发与生产（DPN）更名为挪威勘探与生产（EPN）；国际开发与生产（DPI）、美国开发与生产（DPUSA）和巴西开发与生产（DPB）业务合并，更名为国际勘探与生产（EPI）；销售、中游与加工（MMP）继续作为一个独立业务领域保持不变；研究与技术部门转移到新的独立业务领域——技术、数字与创新（TDI），更名后更加凸显数字技术对公司的重要性；而项目、钻探与采购（PDP）将构成另一个更加集中的业务领域；新能源解决方案（NES）更名为可再生能源（REN），更名后，公司开始披露可再生能源部门的资本支出，凸显了公司提高油气资产组合价值创造能力、加速可再生能源领域盈利增长的战略目标（图3-47）。

4）技术研发

艾奎诺认同可再生、低碳能源和能源效率技术对公司的重要意义，同时坚信数字化等技术创新是保障能源供应和实现净零的重要途径。艾奎诺致力于将数字化技术贯穿整个公司的日常运营中，积极推进低碳解决方案技术，助力公司能源转型和可持续发展。

在研发投资方面，艾奎诺持续加大对可再生、低碳能源和能效技术的投资，自2018年以来，艾奎诺在可再生能源、低碳解决方案和能效技术方面的研发投资已经从0.66亿美元增长到2023年的1.23亿美元，占总研发支出的比重从21%增长到40%。其中，2023年可再生能源和低碳解决方

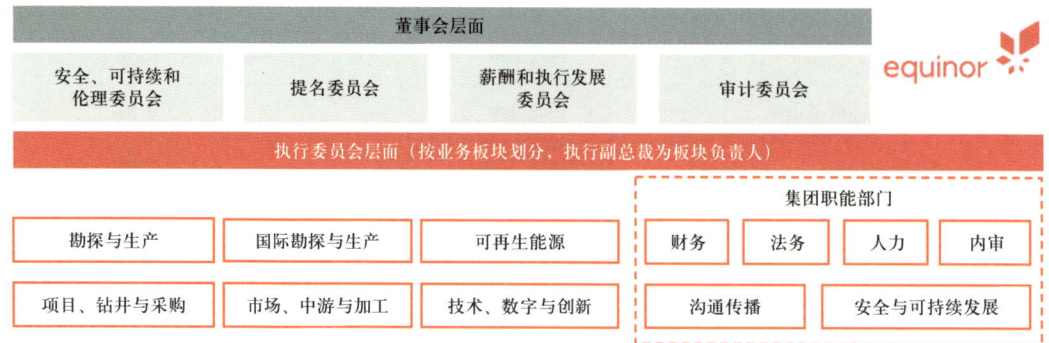

图 3-47　艾奎诺组织架构示意图
根据艾奎诺官网资料绘制

案的研发支出占 33%。此外，艾奎诺还成立了风险投资部门 Equinor Ventures，Equinor Ventures 提出将在 2024—2028 年内进行约 7.5 亿美元的投资，并将其中 70% 的资金用于可再生能源、低碳解决方案和未来产业。截至 2022 年，该部门已经投资了 40 多个项目，并且在石油和天然气、可再生能源和低碳解决方案等领域实现了均衡布局（图 3-48）。

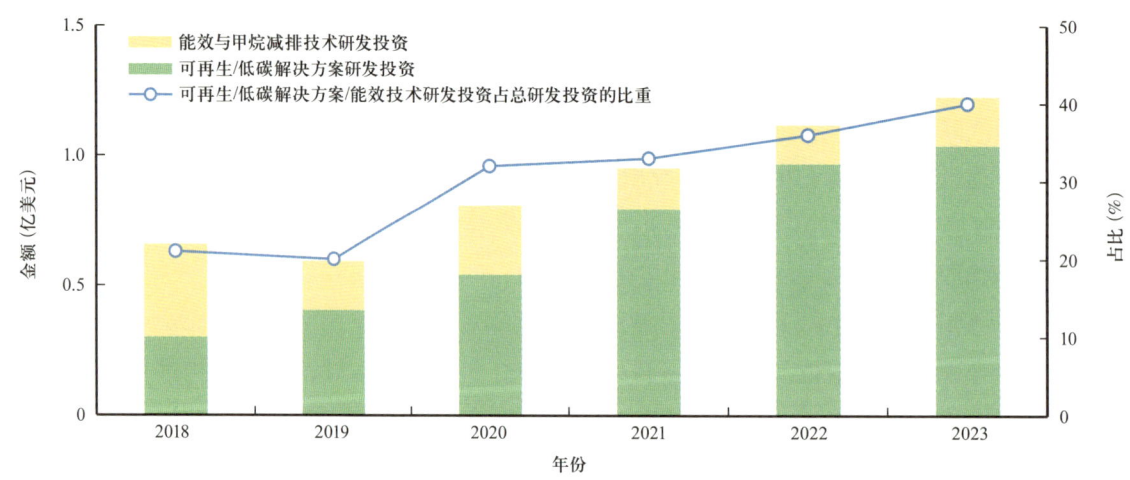

图 3-48　艾奎诺的技术研发投资分布
根据艾奎诺官网数据绘制

在海上风电领域，艾奎诺是世界领先的浮式海上风电开发商和运营商，2009 年，艾奎诺安装了世界第一台浮式海上风电机，运营着世界上第一个浮式海上风电场 Hywind Scotland，并在挪威北海建设世界上最大的浮式海上风电场 Hywind Tampen。艾奎诺依靠其 20 年的浮式海上风电设备开发及运营经验，设计出半潜式风力涡轮机 Wind Semi，Wind Semi 可以应用于各种恶劣的水环境中，其简单的结构和灵活的设计大大降低了发生故障的概率，并且使其便于组装和运输。艾奎诺坚信浮式海上风电是可再生能源的风口，在保持其海上风电领头羊优势的同时，积极探索创新的海上风电技术。

在数字化技术领域，艾奎诺致力于将公司打造成"数字能源公司"，通过数字技术赋能公司的油气勘探开发以及重点项目的运营。在 2022—2023 年里，艾奎诺在挪威大陆架投资了 2 亿美元用于开发包括 Topseis 在内的地震采集和处理技术，显著提高了地震数据的质量，使得地震成像质量大幅改善，该技术帮助艾奎诺在特罗尔（Troll）地区发现了 0.68 亿吨油当量储量。同时，艾奎诺还致力于搭建数据共享平台,在北极光项目中,艾奎诺搭建了 OMNIA 平台,用于披露相关测井数据、岩心数据和试井数据等信息;在 Hywind Scotland 浮式风电项目中,艾奎诺搭建了 POD 数据共享平台,用于共享浮式海上风电数据。这些共享数据平台在帮助艾奎诺优化自身运营的同时,通过信息共享、开放创新,助力世界能源的脱碳。

在低碳解决方案领域,艾奎诺重点关注 CCS 技术、储氢技术和氨燃料技术。艾奎诺在挪威大陆架的 CCS 领域拥有 27 年的经验,积累了开发复杂大型海上基础设施、管道运营、多相流分析等高端技术能力,为开发 CCS 和氢能基础设施提供了坚实的理论和技术基础。艾奎诺拥有世界上最大的二氧化碳捕集测试中心——蒙斯塔德测试中心(TCM)22% 的所有权。自 2012 年 TCM 成立以来,全球几乎所有的碳捕集公司都在这里测试和开发技术。在氢能相关技术方面,艾奎诺认识到利用盐穴进行大规模储氢的重要性,积极推动储氢项目完成技术评估,并制定了盐穴储氢路线图,还参与欧盟支持的西普斯特(Hypster)盐穴储氢项目等试点项目。在低碳燃料方面,艾奎诺致力于推进氨燃料的开发应用,以及氨气加注解决方案,2020 年,艾奎诺与合作伙伴启动 ShipFC 项目,共同研究在维京能源(Viking Energy)号船舶上搭载氨燃料电池的可能性。

3. 能源转型成效

总体来看,在 2019—2023 年,艾奎诺的能源转型取得了积极的成效,已初步实现了计划的油气产量目标和部分能源转型目标(表 3-22)。虽然可再生能源投资占比和产量占比、CCS 部署规模距离中期目标尚存较大距离,但随着近两年公司在可再生能源和 CCS 领域的收购和投资部署,预计未来五年将会是实现 2030 年减排 20% 目标的关键时期。

表 3-22 2019—2023 年艾奎诺能源转型成效

分类	领域	2019 年	2020 年	2021 年	2022 年	2023 年
石油与天然气	油气产量(亿吨油当量/年)	1.03	1.03	1.04	1.02	1.04
	上游二氧化碳排放强度(千克二氧化碳/吨油当量)	69.83	58.88	51.49	50.41	49.16
	吨油生产成本(美元)	38.85	35.18	39.58	44.71	45.45
可再生能源与低碳解决方案	低碳与可再生能源产量占比(%)	—	—	0.4	0.4	0.4
	低碳与可再生能源投资占比(%)	—	4	11	14	20
	可再生能源发电量(吉瓦时)	1754	1662	1562	1649	1938
	可再生能源装机容量(吉瓦)	0.5	0.5	0.5	0.6	0.9

注:根据公司年报数据绘制。

在石油与天然气方面,从 2019 年至 2023 年,艾奎诺的油气产量一直稳定在 1 亿吨油当量/年的水平,已经实现了其 2030 年将油气产量保持在 1 亿吨油当量的目标,且上游二氧化碳排放强度持续降低,已经实现了 2025 年上游二氧化碳排放强度达到 51.31 千克二氧化碳/吨油当量的目标,有望实现 2030 年 43.98 千克二氧化碳/吨油当量的目标,但是吨油生产成本持续上升,近五年增加了 17%。

在可再生能源和低碳解决方案方面,从 2020 年至 2023 年,艾奎诺投资于可再生能源和低碳解决方案的资本支出占总资本支出的比重已经从 4% 迅速增长至 20%,其中 90% 投资于可再生能源，这一趋势预示着艾奎诺有望顺利实现其 2030 年的宏伟目标：将超过 50% 的总资本支出投向可再生能源和低碳技术解决方案。尽管如此，从 2021—2023 年的产量结构来看，根据热值换算后低碳能源和低碳解决方案的产量占总能源产量的比重始终维持在 0.4%，这与公司设定的 2030 年达到 8%～10%，以及 2035 年达到 15%～20% 的目标相比，尚有较大的差距。

在可再生电力方面，艾奎诺的可再生能源装机容量从 2019 年的 0.5 吉瓦提高至 2023 年的 0.9 吉瓦，增长了 80%；同期可再生能源发电量从 1754 吉瓦时提高至 1938 吉瓦时，增长了 10.5%。然而，艾奎诺的目标是到 2030 年可再生能源装机容量达到 12～16 吉瓦、可再生能源发电量达到 35～60 太瓦时，显然二者之间还有巨大差距。

在碳捕集与封存能力方面，截至 2023 年，艾奎诺的权益二氧化碳捕集与封存能力为 76 万吨/年，主要来自其运营的 Snøhvit 和 Sleipner CCS 项目。2023 年，艾奎诺收购了美国墨西哥湾的 Bayou Bend CCS 项目 25% 的权益，预计 2025 年投产；艾奎诺参与的北方耐力合作伙伴（Northern Endurance Partnership）获得了新的 CCS 许可，展望未来，随着即将完工的北极光项目和规划中的斯梅海尔亚项目的稳步推进，艾奎诺有望实现二氧化碳运输和封存能力到 2030 年达到 500 万～1000 万吨/年、到 2035 年达到 3000 万～5000 万吨/年的阶段目标。

第二节　国家石油公司能源转型路径与成效

国家石油公司作为能源生产和供应的关键角色，同样受到应对气候变化政策的约束，在能源消费结构逐渐向清洁、低碳方向转变过程中，其对能源转型的态度和措施更是受到大众的广泛关注。本节选取沙特阿美石油公司、阿布扎比国家石油公司、卡塔尔能源、马来西亚国家石油公司、巴西国家石油公司（排名参考 2024 年美国《石油情报周刊》世界最大 100 家石油公司综合排名）五家积极开展能源转型的国家石油公司，探究其在确保油气供应的同时所采取的能源转型措施。

一、沙特阿美石油公司

沙特阿美是全球最大的综合能源和化学品公司之一，业务覆盖油气行业的整个产业链，国家持股 98.5%，共有员工约 73311 人。沙特阿美在 2024 年美国《石油情报周刊》世界最大 100 家石油公司综合排名中位列第 1，在 2023 年《财富》世界 500 强排行榜中排名第 4。截至 2023 年底，沙特阿美石油探明可采储量 297 亿吨，天然气探明可采储量 50 亿吨油当量；2023 年石油产量 5.35 亿吨，天然气产量 1103 亿立方米，油气产量合计 6.40 亿吨油当量；炼油能力 3.4 亿吨；实现营业收入 4950 亿美元，净利润 1213 亿美元；范围 1 和范围 2 温室气体净排放量为 7260 万吨二氧化碳当量。

1. 转型战略及目标

1）转型战略

沙特阿美是沙特阿拉伯的国家石油公司，对该国石油资源的勘探、生产和出口拥有完全控制权。沙特阿拉伯是欧佩克组织的领导者，其产量的变化会严重影响国际油价的走势。作为国家石油公司,沙特阿美承担了产能调控的重要责任,不仅需要投资新的石油产能,还需要投资闲置产能,以便随时根据需要实施停产或投产措施,平衡石油市场。近年来,沙特阿拉伯与"欧佩克+组织"协调,实施了一系列减产措施,以减少新冠肺炎疫情后经济复苏期间的市场波动。在能源转型的背景下,沙特阿美不但要考虑价格波动、化石燃料对气候变化和能源安全的影响,还要兼顾保障沙特阿拉伯政府的收入需求。沙特阿美的能源转型战略旨在保持油气业务的核心地位,推进核心石油业务脱碳,投资可再生能源,为客户提供包括石油和天然气在内的可靠、可负担的能源供应,同时,推动低碳能源逐步替代传统能源,以满足世界不断增长的能源需求(图3-49)。

2)转型目标

由于国家石油公司的属性,沙特阿美的转型目标与政府目标保持一致,沙特阿拉伯政府的目标包括:一是维持5.98亿吨/年的原油最大可持续产能(Maximum Sustainable Capacity),并保持一定规模闲置产能,以帮助调节石油市场;二是提高天然气产量以满足不断增长的需求,并释放出额外的原油用于出口;三是将油气资产变现,以满足预算需求并为政府大型项目提供资金;四是推动石油和天然气生产脱碳,投资新的清洁能源技术以减少排放;五是于2050年实现温室气体净零排放。为了实现沙特阿拉伯政府的目标,沙特阿美制定了如下目标:原油最大可持续产能保持在5.98亿吨/年;2030年时天然气产量较2021年增长60%,LNG产量达到1000万~2000万吨/年;下游以高增长地区的炼化业务为发展重点,2030年蓝氨产量达1100万吨/年、石化产能达到1.8亿吨/年;低碳和新能源方面,2030年可再生发电能力达到12吉瓦,2035年CCUS规模达到1100万吨/年,2050年实现范围1和范围2的净零排放(表3-23)。

表3-23 沙特阿美能源转型目标

分类	领域	目标
油气上游	原油产量	原油最大可持续产能保持在5.98亿吨/年
	天然气产量	2030年时天然气产量较2021年增长60%
	LNG产量	2030年LNG产量达到1000万~2000万吨/年
下游	石化产能	2030年石化产能达到1.8亿吨/年
	可再生发电能力	2030年可再生发电能力达到12吉瓦
低碳解决方案	CCUS	2035年CCUS能力达到1100万吨/年
	蓝氨产量	2030年蓝氨产量达1100万吨/年
	净零目标	2050年实现范围1和2的净零排放

2. 能源转型措施

1)资本支出

沙特阿美的资本支出呈现逆周期特征。2014年油价暴跌之后,多数国际石油公司实施了资本约束,审慎投资策略,资本支出较2014年前大幅减少,即使在2022年油价恢复到较高水平时,各公司也均表示资本支出不会回到2014年前的水平;而沙特阿美在2016—2018年间,资本支出逆势增长;2019年由于执行减产,资本支出曾短暂下降;2021年,沙特阿美将原油最大可持续产能从5.98

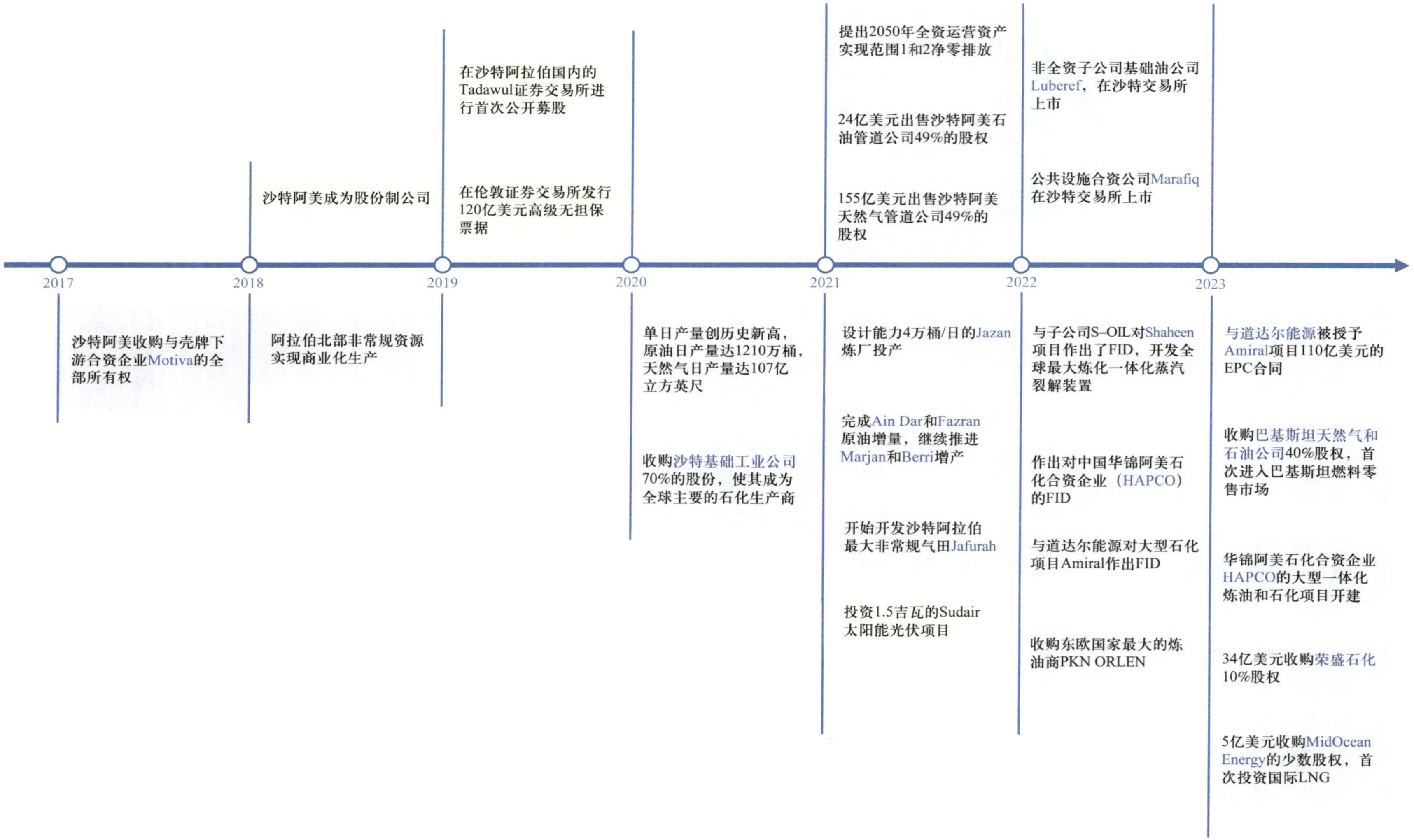

石油公司能源转型路径

2017
- 沙特阿美收购与壳牌下游合资企业Motiva的全部所有权

2018
- 沙特阿美成为股份制公司
- 阿拉伯北部非常规资源实现商业化生产

2019
- 在沙特阿拉伯国内的Tadawul证券交易所进行首次公开募股
- 在伦敦证券交易所发行120亿美元高级无担保票据

2020
- 单日产量创历史新高，原油日产量达1210万桶，天然气日产量达107亿立方英尺
- 收购沙特基础工业公司70%的股份，使其成为全球主要的石化生产商

2021
- 提出2050年全资运营资产实现范围1和2净零排放
- 24亿美元出售沙特阿美石油管道公司49%的股权
- 155亿美元出售沙特阿美天然气管道公司49%的股权
- 设计能力4万桶/日的Jazan炼厂投产
- 完成Ain Dar和Fazran原油增量，继续推进Marjan和Berri增产
- 开始开发沙特阿拉伯最大非常规气田Jafurah
- 投资1.5吉瓦的Sudair太阳能光伏项目

2022
- 非全资子公司基础油公司Luberef，在沙特交易所上市
- 公共设施合资公司Marafiq在沙特交易所上市
- 与子公司S-OIL对Shaheen项目作出了FID, 开发全球最大炼化一体化蒸汽裂解装置
- 作出对中国华锦阿美石化合资企业（HAPCO）的FID
- 与道达尔能源对大型石化项目Amiral作出FID
- 收购东欧国家最大的炼油商PKN ORLEN

2023
- 与道达尔能源被授予Amiral项目110亿美元的EPC合同
- 收购巴基斯坦天然气和石油公司40%的股权，首次进入巴基斯坦燃料零售市场
- 华锦阿美石化合资企业HAPCO的大型一体化炼油和石化项目开建
- 34亿美元收购荣盛石化10%的股权
- 5亿美元收购MidOcean Energy的少数股权，首次投资国际LNG

图 3-49 2017—2023年沙特阿美能源转型大事记
根据沙特阿美年报、网站数据绘制

亿吨/年提升至6.47亿吨/年，资本支出随着增产目标迅速增长。2023年，沙特阿美的资本支出为422亿美元，同比增长12.1%，创下了公司历史上资本支出的最高纪录（图3-50）。

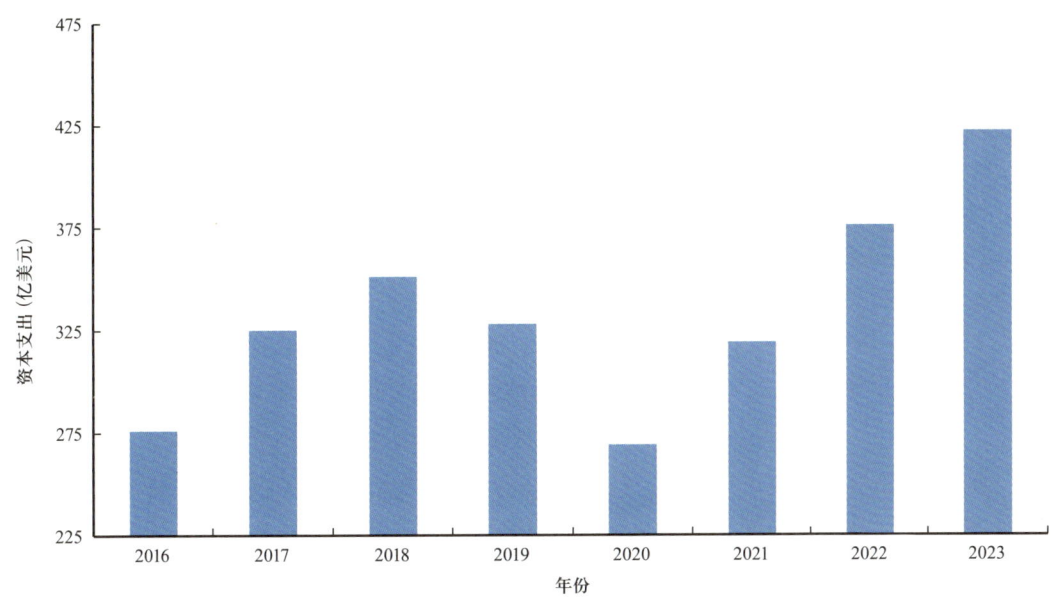

图3-50　2016—2023年沙特阿美资本支出
根据S&P Global数据绘制

未来资本支出仍将保持增长。2024年1月，沙特阿美宣布放弃其6.47亿吨/年的石油最大可持续产能目标，此举预计在未来五年内将为公司节省400亿美元的资本支出，约占总预算的15%；但受到天然气业务增长战略的影响，公司的总资本支出不降反增，沙特阿美计划2030年的天然气产量较2021年增长60%以上。2024年沙特阿美的资本支出预计在480亿～580亿美元之间，在石油公司中排名第一，总金额中100亿美元将用于并购。预计未来五年沙特阿美的资本支出将继续保持增长，上游资本支出将占总资本支出的60%左右，下游资本支出将占30%左右，在新能源领域的资本支出将占10%左右。

2）资产结构

沙特阿美的能源转型战略侧重于通过提高运营效率和使用低碳解决方案来减少碳排放，积极发展CCUS，生产蓝氢、氨及低碳燃料，在能源结构中增加天然气和可再生能源比例，减少燃油发电。

（1）油气上游。

天然气储量小幅增长。沙特阿美探明可采储量中，原油占比76%以上，天然气和天然气液分别占比13.5%和10.5%（图3-51）；过去五年，沙特阿美的原油储量略有下降，而探明的天然气储量稳步增长，反映出该国对天然气重视程度的增加。沙特阿美的大部分储量集中在几个资源富集的超大型油田，其中最大的Ghawar油田可采储量超过205亿吨，Safaniya油田可采储量超过75亿吨；其他超大型油田包括可采储量约为63亿吨的Zuluf油田，可采储量为44亿吨的Shaybah油田，可采储量为33亿吨的Khurais油田和可采储量为29亿吨的Abqaiq油田；此外，沙特阿美还拥有许多可采储量至少为6.8亿吨的油田；除Abqaiq油田外，其他油田的剩余可采储量均在45%以上。

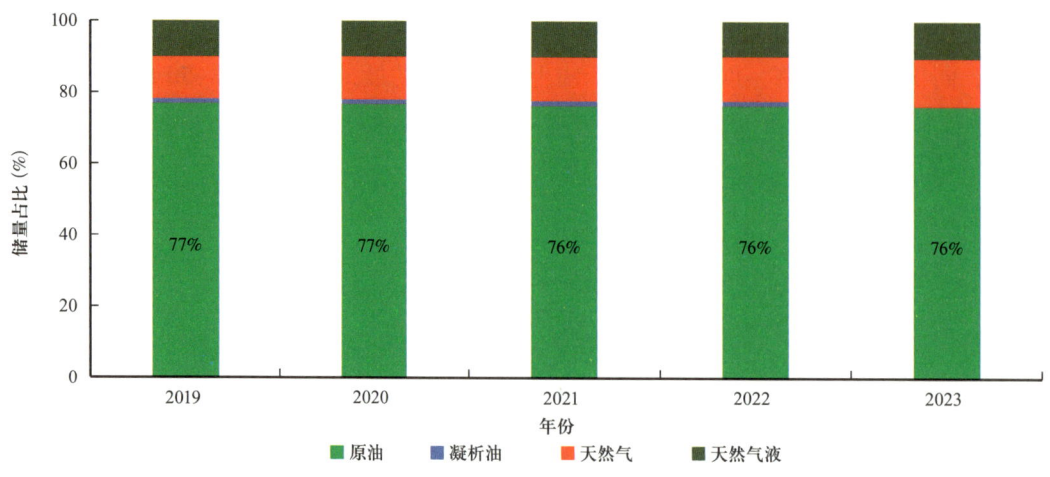

图 3-51　2019—2023 年沙特阿美油气探明可采储量类型
根据 S&P Global 数据绘制

油气资源分布以本土为主。沙特阿美的上游资产主要分布于沙特阿拉伯、沙特阿拉伯与科威特共同经营的隔离中立区（PNZ）和巴林，且绝大多数油气储量和产量都位于沙特阿拉伯，资源类型包括陆上和海上；沙特阿美在隔离中立区的海上资产由阿美海湾运营公司（AGOC）与科威特石油公司子公司科威特海湾石油公司（KGOC）的合资公司运营，同时，沙特阿美还与巴林共同开发 Abu Sa'fah 海上油田，该油田自 1966 年开始运营，完全由沙特阿美进行开发。

油气产量高度依赖国家政策。沙特阿拉伯是欧佩克组织的核心，该国的政府预算和经济增长高度依赖石油收入，2022 年沙特阿美向沙特阿拉伯转移支付金额占政府总收入的 66%（S&P Global），是国家石油公司中最高的，可以说沙特阿美的石油生产是根据国家需求进行管理的，意味着沙特阿美石油增产和减产的决策实际上由国际油价决定。2014—2015 年国际油价暴跌之际，沙特阿拉伯曾采取了不干涉沙特阿美石油生产的政策，沙特阿美为进一步抢占市场份额增加了油气产量，导致国际油价持续疲软；2016 年底，沙特阿拉伯恢复了对石油市场的管理，并与其他欧佩克及欧佩克+成员国达成减产协议，限制沙特阿美的石油生产；此后，沙特阿拉伯政府一直坚持根据油价调节石油的生产决策。2017—2019 年间，为平衡石油市场，沙特阿拉伯回归"灵活生产商"（Swing Producer）的角色，沙特阿美执行减产。2020 年新冠肺炎疫情的暴发短暂颠覆了欧佩克减产共识，引发了历史性的 2020 年 3 月油价暴跌，但欧佩克+集团于 2020 年 4 月达成了一项新协议，在需求大幅减少的情况下，实施重大减产措施以消除过剩供应。据 S&P Global 预测，沙特阿美未来几年的石油产量将保持平稳，但产量最终取决于沙特阿拉伯政策制定者的决定。相比之下，沙特阿美的非伴生气产量在过去十年中一直稳步增长，且预计将继续保持增长，以满足国内天然气市场的需求增长。目前，沙特阿拉伯政府要求沙特阿美将原油最大产量维持在 5.98 亿吨。

加快发展天然气业务。随着全球能源转型持续推进，天然气作为重要的燃料和原料，可以同时满足世界对能源安全、可获得性和可持续性的要求，在沙特阿美的整体战略中也占据着重要的地位。沙特阿拉伯政府格外关注天然气在发电、石化和海水淡化项目中的应用。在国内，沙特阿美计划进一步扩大其天然气业务，开发非常规气资源，如非常规储量巨大的 Jafurah 气田，该气田 2024 年初的天然气可采储量为 56 亿吨油当量，凝析油可采储量为 102.3 亿吨。国际上，2023 年，沙特阿美宣布了公司首个LNG国际投资，以5亿美元的价格收购了美国EIG基金旗下能源公司MidOcean Energy的少数股权，MidOcean Energy的资产组合以澳大利亚LNG为主，资产包括APLNG 27.5%的权益以及Gorgon、Ichthys、Pluto和Queensland Curtis LNG开发项目的少数权益，未来沙特阿美还将继续进军美国LNG市场（图3-52）。

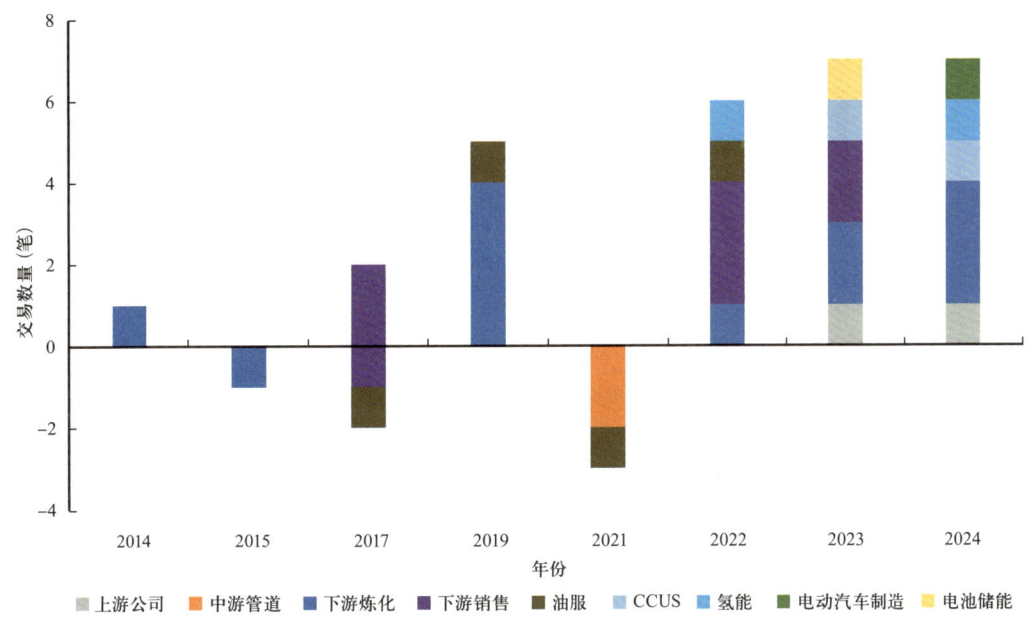

图3-52　2014—2024年沙特阿美收并购与剥离类型统计

根据S&P Global数据绘制

（2）油气中下游。

稳步扩张下游业务，增加价值创造。沙特阿美的下游业务规模庞大，拥有全球领先的一体化炼厂，是重要的基础油和润滑油生产商，还包括原油和油品销售、分销、零售和贸易，资产遍布全球主要区域和市场。此外，沙特阿美通过管道和码头等基础设施网络，获得航运和物流资源，优化原油销售和产品布局。沙特阿美原油产量的47%都在其下游业务中进行加工，截至2023年底公司的炼油能力为3.9亿吨/年，化工产品产能为5960万吨/年，均已连续三年保持增长（图3-53）。沙特阿美对炼油与炼化资产进行一体化整合，在产品组合中调整燃料和化工产品结构，增加化工产品占比，提升价值创造能力。2020年6月，沙特阿美收购沙特基础工业公司（SABIC）的多数股权，进一步扩大其在化工领域的规模。SABIC是一家业务遍布美洲、欧洲、中东和亚太地区的化工产品生产商，业务涵盖了芳香烃、烯烃和聚烯烃等基础化学品的生产，以及多元醇、异氰酸酯和合成橡胶等复杂产品。此次收购提高了沙特阿美下游产品组合中石化产品的比例，使其成为全球重要的石化产品生产商。如今，沙特阿美的化工产品产能已较收购SABIC之前增长了175%。在区域布局方面，沙特阿美将继续深耕美国等主要消费大国以及日本和韩国等依赖进口原油的国家，未来下游业务扩张重点集中在中国、印度和东南亚等高增长地区。就中国而言，沙特阿美与中国炼化企业共建了合资企业华锦阿美石油化工有限公司（HAPCO），并以34亿美元收购了荣盛石化10%的股份，沙特阿美还与恒力集团和山东裕隆签订谅解备忘录，未来将共同发展大型炼化一体化项目。

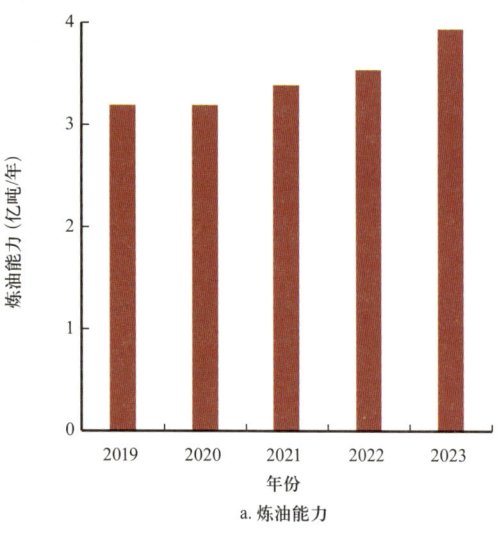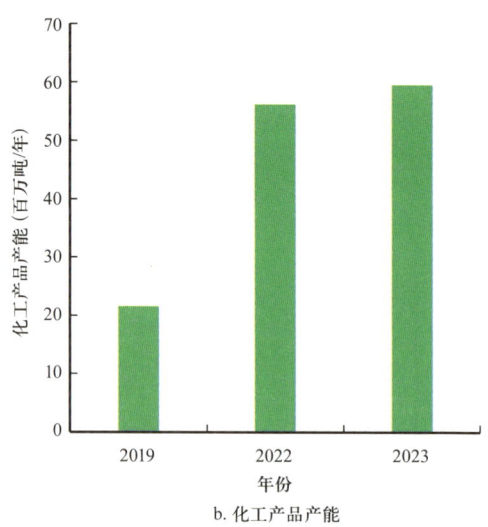

图 3-53 沙特阿美炼油能力及化工产品产能
根据公司年报数据绘制

> **典型案例**
>
> **沙特阿美收购沙特基础工业公司**
>
> 2020 年 6 月，沙特阿美以 2591.25 亿沙特里亚尔（691 亿美元）的价格从沙特阿拉伯主权财富基金公共投资基金（PIF）手中收购沙特基础工业公司（SABIC）70%的股份。SABIC 成立于 1976 年，后进行快速扩张，在聚乙烯、聚丙烯和乙二醇等关键石化产品中拥有强大的市场地位；SABIC 还通过收购将业务扩展到沙特阿拉伯以外的化工领域。收购 SABIC 大幅提升了沙特阿美在化学品市场的地位，使其成为更具全球影响力的化学品生产商。
>
> 此次收购取得了三方面的成效：一是实现业务链协同，收购 SABIC 有效避免了两家公司在石化领域的竞争，促进更广泛的双边合作；两家公司的业务具有互补性，SABIC 的基础化学产品业务利润丰厚，拥有多个大型乙烷石化项目，而沙特阿美在 SABIC 有所欠缺的二甲苯领域具备优势；此外，合并后的公司可以更有效地分配资本，开展大型项目，助力沙特阿美实现石化领域扩张的战略。二是实现区域扩张，SABIC 在全球主要化学品市场都有强大的营销网络，在欧洲和中国都较为活跃，计划在中国进一步扩大乙烯产能；SABIC 的全球布局使沙特阿美和两家公司的联合企业所开发的新产品能够获得更多的市场准入。三是技术转让，SABIC 在石化领域拥有多项全球领先技术，如聚乙烯、乙二醇和催化剂，两家公司的合并为整个能源价值链上的技术发展奠定了坚实的基础。

（3）低碳与新能源。

沙特阿美希望通过发展新能源业务来应对气候变化相关的风险，并抓住该领域的新机遇，在降低能源排放强度的同时实现新能源业务的盈利。沙特阿美的低碳新能源业务主要集中在 CCUS、氢能及可再生发电领域。

CCUS 领域。2015 年，沙特阿美首个 CCUS 项目 Uthmaniyah 投入运营，当前该项目二氧化碳捕集能力为 80 万吨 / 年，气源来自沙特阿美 Hawiyah 天然气处理厂，被捕集的二氧化碳通过一条约 85 千米长的管道输送并注入 Uthmaniyah 油藏用于提高采收率。此外，沙特阿美与斯伦贝谢和林德合作，在位于沙特阿拉伯东部省份的朱拜勒工业区建立全球最大的 CCUS 中心之一，与其他工业碳排放者共享二氧化碳运输和储存的基础设施，在利用规模经济的同时降低风险和成本；预计朱拜勒 CCUS 中心将于 2027 年投运，每年将捕集 900 万吨的二氧化碳，其中沙特阿美的份额为 600 万吨 / 年，其余 300 万吨将来自邻近的工业排放者。

氢能领域。沙特阿美作为全球成本最低的石油生产商，在借助油气资源生产氢能方面具有优势。沙特阿美利用其 Jafurah 巨型气田的非常规天然气生产蓝氢，有力支持了沙特阿拉伯成为中东地区氢能领导者的雄心。此外，蓝氢可以用来制造比氢气更容易运输的蓝氨，蓝氨也是沙特阿美计划加大发展力度的产品。2020 年 9 月，沙特阿美和日本能源经济研究所与沙特基础工业公司合作，从沙特阿拉伯向日本运输了 40 吨自产的高品质蓝氨用于发电，同时，在制氢过程中捕集的二氧化碳还可用于沙特基础工业公司的甲醇生产和提高采收率示范项目。2021 年，沙特阿美与日本炼油企业新日本石油公司 ENEOS 签署了一份谅解备忘录，合作开发蓝氢和蓝氨。2022 年 9 月，沙特阿美和沙特基础工业公司获得了德国独立机构 TÜV Rheinland 授予的全球首个蓝氢和蓝氨生产独立认证。

可再生发电领域。沙特阿美全资子公司沙特阿美电力公司（SAPCO）通过投资可再生能源解决方案来支持沙特阿拉伯的经济增长，公司在 1500 兆瓦的 Sudair Solar 光伏电站项目中持有 30% 的权益，该项目位于苏代尔工业城，是全球最大的单一承包太阳能光伏电站之一，该电站将能够为约 18.5 万户家庭供电，每年抵消近 290 万吨的二氧化碳排放。2023 年，沙特阿美与 PIF 和 ACWA 电力公司就 Al Shuaibah 1 和 Al Shuaibah 2 光伏太阳能项目的开发签订了股东协议，项目总装机容量为 2.66 吉瓦，预计将于 2025 年实现商业运营。这些项目将助力沙特阿拉伯实现到 2030 年 50% 的电力来自可再生能源的目标。

3）管理模式

2018 年，沙特阿拉伯政府宣布将国家石油公司沙特阿美转为股份制公司，使其可以发行股票并受到监管，为公司的上市做好准备。2019 年 4 月，沙特阿美在伦敦证券交易所发行 120 亿美元高级无担保票据进行筹资，12 月 11 日，沙特阿美在沙特阿拉伯 Tadawul 证券交易所上市，标志着公司首次公开募股（IPO）成功，其股票以 32 沙特里亚尔的价格开始交易。沙特阿拉伯在此次 IPO 中出售了 30 亿股，相当于公司股本的 1.5%，融资规模高达 256 亿美元，成为全球最大的 IPO，这也是沙特阿拉伯在实现转型、经济增长和多元化愿景上取得的重大进展。上市后，政府将继续"全权负责"制定沙特阿美的生产水平，并拥有根据经济发展、国家安全和外交政策作出产量决策的"专有权"。

沙特阿美董事会现任成员包括沙特阿拉伯政府高级官员以及国际上石油和天然气、化工、炼油、石化与金融行业的前公司高级管理人员，目前董事会共有 11 名成员，其中 5 名为独立董事。沙特阿美下设两个业务部门，上游和下游，所有其他支持职能合并为一个公司部门（Corporate）。上游业务包括石油、天然气和天然气液勘探、油田开发与生产。下游业务主要包括炼油和石化制造、供应和贸易、分销和发电、物流以及向国际和国内客户销售原油和相关服务。公司部门主要负责支持服务，包括人力资源、财务和IT（图3-54）。

图3-54 沙特阿美组织架构示意图
根据公司年报资料绘制

4）技术研发

沙特阿美的技术部门致力于为公司上游和下游业务开发新的解决方案，帮助其产品组合实现多元化、可持续发展及净零排放，保持在新能源、高端材料和数字解决方案等新领域的竞争力。

沙特阿美设有风险投资公司Aramco Ventures，近年来在促进颠覆性新技术的发展、为沙特阿美创造多元化机会以及为与创新型初创企业的合作铺平道路方面的作用突出，有效推进了公司的长期战略。沙特阿美整体的风险投资配置高达75亿美元，其中5亿美元为投资沙特阿拉伯本地初创企业的风头基金Wa'ed Ventures。2013年，沙特阿美成立了风险投资基金Wa'ed Ventures，通过为当地科技初创企业提供风险投资和投资后的支持服务，支持沙特阿拉伯的创新生态系统，加速能源行业先进技术的创造。Wa'ed Ventures基金总额为5亿美元，单笔投资的规模可达2000万美元。在国内，Wa'ed Ventures为沙特阿拉伯当地企业提供为期12个月的创业孵化机会，为企业提供专业人士的定期指导、办公和共享工作空间、研讨会及初创企业网络活动等。国际上，激励企业探索当地市场以外的增长机会，帮助企业实现规模扩张和国际化，为其提供接触专家、尖端技术、市场情报或战略合作伙伴的机会；除了发展本土初创企业外，该风险投资基金也在全球范围进行投资，为沙特阿拉伯引入技术创新，培育具有全球竞争力的本地创新生态系统。2024年，沙特阿美将原本风险投资公司30亿美元的资本增加至70亿美元，新注入资金的一半将投资于能源部门以外的颠覆性技术，另一半将专门用于投资可持续发展和数字领域的大型企业。沙特阿美认为将提升其业务可持续性的技术涵盖的领域包括化工、制氢、CCUS、高性能发动机与低碳燃料、碳抵消解决方案（如直接空气捕集）等。

3. 能源转型成效

上游领域，2023年沙特阿美的石油产量为5.35亿吨，公司持续推进原油开发和增产项目，Dammam再开发项目的第一阶段已于2024年开始生产，Marjan、Berri增产项目和Zuluf油田处于扩建中，有力保证了将原油最大可持续产能维持在5.98亿吨/年的目标。2023年沙特阿美天然气产量为1106亿立方米，得益于Ghawar、Karan、Arabiyah和Hasbah等气田的重要贡献，同时，公司开展了多项针对天然气的投资，符合公司未来增加天然气产量的战略目标（表3-24）。

表 3-24　2021—2023 年沙特阿美能源转型成效

分类	领域	2021 年	2022 年	2023 年
油气上游	石油产量（亿吨）	4.5	5.24	5.35
	天然气产量（亿立方米）	1144	1196	1106
低碳解决方案	范围 1 和 2 净零目标（万吨二氧化碳当量）	7210	7180	7260

注：根据公司年报数据绘制。

二、阿布扎比国家石油公司

阿布扎比国家石油公司（ADNOC）是世界领先的石油公司，成立于 1971 年，总部位于阿联酋阿布扎比市，由阿布扎比政府全资拥有，现拥有 45000 多名员工。阿布扎比国家石油公司在 2024 年美国《石油情报周刊》世界最大 100 家石油公司综合排名中位列第 11。截至 2023 年底，阿布扎比国家石油公司石油探明可采储量 154.13 亿吨，天然气探明可采储量 70.61 亿吨油当量；2023 年，阿布扎比国家石油公司石油产量 1.1 亿吨，天然气产量 344.9 亿立方米，油气产量合计约 1.4 亿吨油当量；产品销售量 0.42 亿吨，液化天然气产能 2900 万吨/年以上；实现营业收入 596 亿美元；范围 1 和范围 2 温室气体净排放量为 2400 万吨二氧化碳当量。

1. 转型战略及目标

1）转型战略

阿联酋在中东能源转型中一直发挥着领导作用。在阿联酋主办的联合国气候变化大会第二十八届会议上，阿联酋支持并推动了全球能源系统向脱离化石能源的方向转型。而作为阿联酋重要的综合能源公司，阿布扎比国家石油公司始终专注于推动油气的低碳生产。在全球能源转型的浪潮下，阿布扎比国家石油公司坚持以低碳油气为核心，发挥其现有业务优势，探索创新技术，发展多元经济，推动公司业务结构转型升级。在 2023 年 CERAWeek 会议上，阿布扎比国家石油公司首席执行官苏丹·艾哈迈德·阿尔·贾伯（H.E. Dr. Sultan Ahmed Al Jaber）表示，低碳石油是阿布扎比国家石油公司能源转型的核心。2023 年，阿布扎比国家石油公司发布的可持续发展报告指出，公司将持续加大对低碳能源转型的投资力度。总体而言，阿布扎比国家石油公司的能源转型战略可概述为：将发展低碳油气业务作为其长期战略的核心，同时积极投资可再生能源，构建全球氢能价值链，部署创新的低碳解决方案（图 3-55）。

2）转型目标

阿布扎比国家石油公司承诺将在 2045 年达成净零排放的目标，并在能源转型的浪潮中继续发挥其领导作用。在阿布扎比国家石油公司 2020 年 1 月公布的可持续发展目标中，明确提出了到 2030 年将温室气体排放强度降低 25% 的计划。此前，阿布扎比国家石油公司在 2022 年 11 月对外宣布，计划到 2050 年实现净零排放。在 2023 年 7 月，公司进一步展现了其对于环境保护的坚定决心，将净零排放的目标提前至 2045 年。为此，公司针对上游油气业务、下游产业及低碳解决方案这三个关键业务板块，制定了一系列具体的发展目标和行动路线（表 3-25）。

石油公司能源转型路径

图 3-55　2016—2023 年阿布扎比国家石油公司能源转型大事记

根据阿布扎比国家石油公司年报、网站数据绘制

年份	战略/目标	主要事件
2016	公布新的天然气总体规划	公布将投资下游业务，以满足对精炼和石化产品日益增长的需求
2017	宣布扩其合作伙伴关系模式	宣布投资586万桶战略原油储备协议
2018	宣布下游战略行动；实现2030年前每天10亿立方英尺非常规天然气产量目标	签署印度586万桶战略原油储备协议；授予中国振华石油公司4%的陆上特许股权；授予中国石油天然气集团公司在ADCO陆上特许公司8%的股份；和Masdar与沙特阿美就在沙特阿拉伯天然气和可持续能源方面签署谅解备忘录
2019		与阿布扎比港口和Aldar Properties签署协议；与中国荣盛石化签署框架协议；与Pertamina签署关于天然气开发的综合战略框架；与埃尼和OMV在炼油和贸易方面签署具有里程碑意义的战略伙伴关系协议；与ISPRL签署谅解备忘录；将扩大碳捕集，利用和封存技术，以减少环境足迹并加强石油回收
2020	到2030年将温室气体排放强度降低25%	和埃克森美孚签署合作技术研发协议；ADNOC LNG与Vitol和道达尔签署长期液化天然气供应协议；和道达尔签署关于CCUS，减排和脱碳项目的战略框架协议；和埃尼签署关于CCUS和研发的战略框架协议
2021	制定ADNOC下游和工业运营发电的脱碳路线图	与马来西亚国家石油公司签署全面战略框架协议；和Fertiglobe合作将阿联酋的第一个蓝氨出售给日本的Itochu；和TAQA宣布36亿美元的离岸运营电力和脱碳项目
2022	到2050年实现净零目标；到2025年将上游甲烷强度达到0.15%	收购OMV 24.9%的股份；ADNOC Logistics & Services成功完成Zakher Marine International的收购；收购Borealis 25%的股份；和道达尔能源签署战略伙伴关系协议；从阿联酋向德国运送了第一批低碳氨；在Baytown基地建设蓝氢生产设施
2023		收购OCI在Fertiglobe的全部股份；签署Ruwais液化天然气项目的第一次长期协议；收购Absheron天然气田30%的股权；与FID合作，开发世界上第一个旨在实现净零排放的项目；将投资中东和北非最大的综合碳捕集项目之一；与日本国际合作银行签署30亿美元绿色融资协议

第三章 重点石油公司能源转型路径与成效

表 3-25 阿布扎比国家石油公司能源转型具体目标

分类	领域	目标
上游油气业务	原油产能	2027 年达到 2.5 亿吨/年
	非常规天然气产能	2027 年提升至 880 万吨油当量/年
下游业务	服务区	2028 年增加至约 1000 个
	电动汽车充电站	2028 年建成至少 500 个
低碳解决方案	低碳氢气产量	2030 年达到 100 万吨/年，全球低碳氢市场占比达到 5%
	可再生能源发电能力	2030 年达到 100 吉瓦
	上游温室气体排放强度	与 2019 年相比，2030 年降低 25%
	上游甲烷排放强度	2025 年小于 0.15%，2030 年降至 0
	二氧化碳捕集能力	2030 年达到 1000 万吨/年

注：根据公司年报数据绘制。

在上游油气业务方面，计划到 2027 年，原油产能从 2023 年的 2.1 亿吨/年提高 20% 至 2.5 亿吨/年，非常规天然气产能提升至约 880 万吨油当量/年。

在下游业务方面，在天然气方面，阿布扎比国家石油天然气公司（ADNOC Gas）规划到 2029 年，将天然气年处理能力提升至 1320 亿立方米，并将液化能力提升至 3500 万吨/年。在零售和移动出行服务方面，阿布扎比国家石油分销公司（ADNOC Distribution）致力于优化零售服务体验，预计至 2028 年，在现有网络基础上新增多个服务区站点，使服务区站点数量较 2023 年增长 20%，总数达到大约 1000 个。此外，公司还计划到 2028 年建成至少 500 个电动汽车充电站，相较 2023 年充电站数量，实现 10 倍的增长。

在低碳解决方案方面，阿布扎比国家石油公司承诺到 2030 年，将低碳氢气产量提高到 100 万吨/年，并在全球低碳氢市场中占据 5% 的份额。在可再生能源发电方面，预计到 2030 年将可再生能源发电能力扩大至 100 吉瓦。在减排方面，计划到 2030 年将上游温室气体排放强度在 2019 年的基础上降低 25%，到 2025 年上游甲烷排放强度小于 0.15%，在 2030 年实现零甲烷排放。为了实现这些目标，阿布扎比国家石油公司将大力推进 CCUS 技术的发展，预计到 2030 年二氧化碳捕集规模达到 1000 万吨/年。

2. 能源转型措施

1）资本支出

在全球国家石油公司中，阿布扎比国家石油公司的资本支出居于中上游水平，阿布扎比国家石油公司在扩大石油和天然气产能的同时，也在努力实现其长期的低碳目标。2022 年 11 月，阿布扎比国家石油公司宣布 2023—2027 年的五年内资本支出总额将达到 1500 亿美元，阿布扎比国家石油公司将重点放在脱碳而非可再生能源上，因此 90% 的资本支出仍集中在石油和天然气领域。从油气开发投资的地区分布来看，阿布扎比国家石油公司主要聚焦于中东地区，自 2023 年起进一步

201

扩大对俄罗斯和里海地区的开发力度，并计划在2024年继续增加对该区域的资本支出。与此同时，由于在碳捕集和封存、氢能和可再生能源方面设定了雄心勃勃的目标，阿布扎比国家石油公司计划在2023—2027年的五年内投资230亿美元用于低碳项目，这在金额上与碧辟、道达尔能源等能源转型领先企业大致相当。

2）资产结构

阿布扎比国家石油公司拥有154.13亿吨石油探明可采储量，70.61亿吨油当量天然气探明可采储量，是世界上第六大油气公司。低成本、低排放、庞大的石油和天然气储备为其资产组合的长久性提供了有力支撑。面对能源转型的挑战，为满足阿联酋2030年天然气自给自足的目标，阿布扎比国家石油公司将发展天然气业务作为战略重点，依托其丰富的天然气资源优势，加强与世界各地优秀合作伙伴的合作关系，积极拓展全球天然气市场布局，为天然气业务的国际化发展奠定了坚实的基础。此外，公司还致力于投资能源转型技术，大力推广低碳解决方案，在具有广阔发展潜力的低碳能源领域进行战略布局。

（1）上游油气业务。

阿布扎比国家石油公司的上游业务范围广泛，包含陆上与海上油气资源的勘探与开发、钻探服务，以及酸性气田（Sour Gas Field）的开发。在这一业务领域，公司旗下拥有一系列专业化的子公司，包括阿布扎比钻井公司、阿布扎比海上公司、阿布扎比陆上公司、阿布扎比酸性气体公司、AI Dhafra Petroleum和AI Yasat Petroleum。在进行上游作业中，公司致力于对油气业务产生的温室气体排放进行高效管理，旨在实现最低的碳排放强度，同时获得最大化价值。

本土油气资产组合中天然气占比逐渐增大。自2014年起，阿布扎比国家石油公司油气总产量呈现下滑趋势，至2020年降至历史低点，年产量为1.5亿吨油当量。在随后的几年中，产量逐渐恢复。且其传统油气组合中天然气的比重不断增加，近年来一直稳定在27%以上（图3-56）。除了常规天然气外，阿布扎比国家石油公司于2016年启动了非常规天然气勘探计划，加快释放潜在的非常规天然气资源，以支撑阿联酋到2030年实现天然气自给自足。

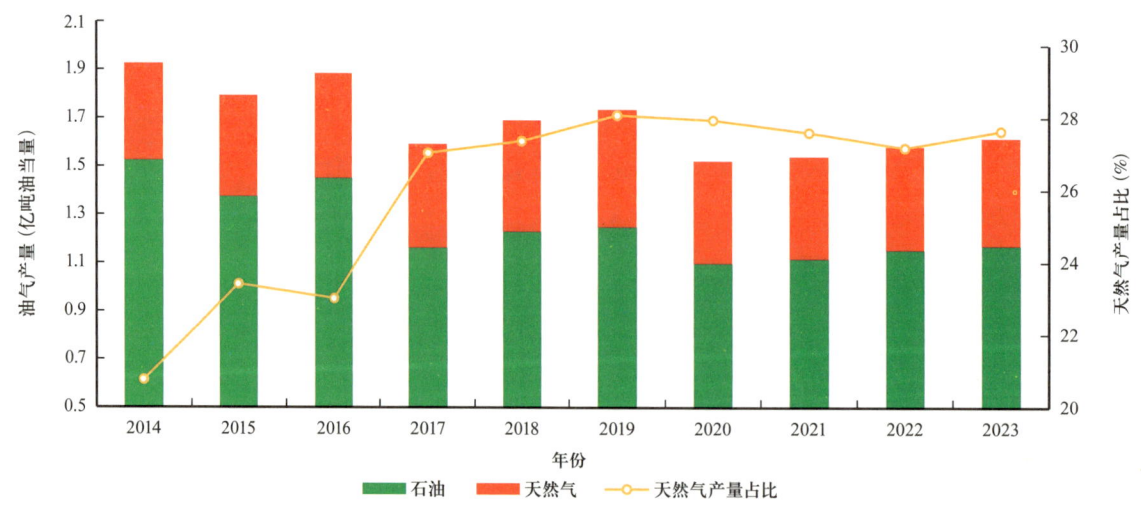

图3-56 2014—2023年阿布扎比国家石油公司油气产量

根据S&P Global数据绘制

利用收并购扩大全球资产组合。通过阿布扎比国家石油公司近十年的上游收并购趋势可以看出，在2022年以前，公司主要表现为出售非核心资产或部分股权，以增加收入来源，或加强合作伙伴关系。2022年以后公司进行战略调整，开始在里海等地区收购战略性资产。2015年1月，阿布扎比国家石油公司与道达尔能源签署40年期的协议，以22.2亿美元向其出售阿布扎比15个陆上油田10%的权益。2016年12月，阿布扎比国家石油公司以24亿美元的价格将其子公司ADCO所运营的陆上油田10%的权益出售给碧辟。2018年2月，阿布扎比国家石油公司以15亿美元将两个海上油田Satah Al Razboot和Umm Lulu 20%的权益出售给西班牙石油公司CEPSA。2018年3月，阿布扎比国家石油公司与道达尔能源和中国石油天然气集团公司签署40年期的协议，分别以11.5亿美元和3亿美元向道达尔能源出售其海上油田Umm Shaif和Nasr 20%的权益以及Lower Zakum 5%的权益，以5.75亿美元和6亿美元向中国石油天然气集团公司出售其海上油田Umm Shaif和Nasr 10%的权益以及Lower Zakum 10%的权益。随后，公司转向战略投资和扩张，2022年12月，阿布扎比国家石油公司宣布从阿布扎比主权财富基金Mubadala投资公司手中以约57亿美元的价格收购奥地利石油天然气集团（OMV）24.9%的股份。2023年8月，阿布扎比国家石油公司宣布以4.48亿美元的价格收购阿塞拜疆Absheron气田30%的股份，实现在里海地区的战略布局。2024年2月，公司出资约6.9亿美元与碧辟组建埃及合资公司，共同在埃及东地中海进行天然气勘探开发。2024年5月，公司宣布收购NextDecade公司位于美国得克萨斯州Rio Grande的LNG一期项目11.7%的权益，开拓在美国墨西哥湾的业务；同月，宣布以6.5亿美元的价格收购葡萄牙高浦能源公司（Galp）在莫桑比克鲁伍马盆地4区块10%的权益，布局东非海域油气业务（图3-57）。

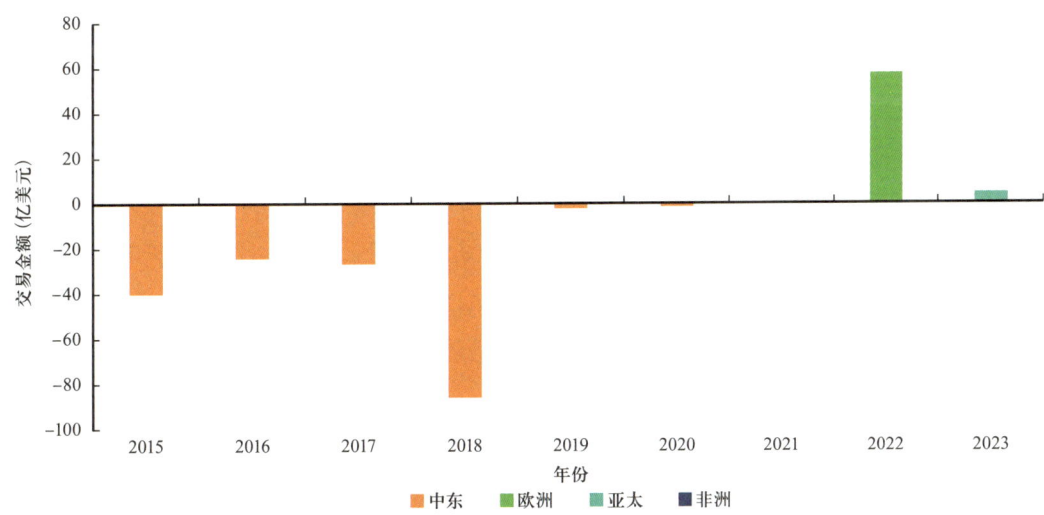

图3-57　2015—2023年阿布扎比国家石油公司油气上游资产收并购与剥离地区统计

根据S&P Global数据绘制

 典型案例

ADNOC拓展全球上游业务

（1）2024年5月20日，ADNOC通过全球基础设施合作伙伴（GIP）完成收购美国能源公司NextDecade公司Rio Grande液化天然气项目一期工程11.7%（Trains 1-3）的权益，双方未披露具体财务条款。Rio Grande LNG 一期工程目前正在建设中，包括三条液化线，总产能约为 1760 万吨/年。作为交易的一部分，ADNOC 获得 GIP 在 Rio Grande LNG 项目中第四条和第五条生产线中扩建产能的权益。

Rio Grande LNG 项目位于得克萨斯州 Brownsville 附近，是美国第一个通过拟定的 CCS 项目实现减排 90% 以上的 LNG 项目。该项目预计每年可捕集并永久封存超过 500 万吨二氧化碳。ADNOC 和 NextDecade 签订了一份 20 年期的 LNG 承购协议，计划从 Rio Grande LNG 项目第四条生产线每年采购 190 万吨 LNG，但最终需以 FID 为准。这笔交易是 ADNOC 在美国的首笔战略投资，也体现了公司寻求扩大业务范围，进入新领域市场的战略变化。

（2）2023 年 3 月 28 日，ADNOC 与碧辟宣布了一项非约束性意向报价，计划以 99.7 亿以色列新谢克尔（约合 27.7 亿美元）现金交易的形式联合收购以色列海上天然气生产商 NewMed Energy 50% 的股份，两家公司计划成立一家新的合资公司用来收购市场上 45% 的流通股；2024 年 3 月 13 日，NewMed Energy 宣布，由于外部环境造成的不确定性，所有相关方同意暂停关于拟议交易的谈判。该流程将保持暂停状态，直至谈判恢复或流程终止。

NewMed Energy 拥有位于以色列地中海深水区 Leviathan 气田 45.34% 的股份，合作伙伴包括作业者雪佛龙（持股 39.66%）和 Ratio Energies（持股 15.0%）。2019 年 12 月，该气田开始生产，天然气从平台通过管道集中输送到以色列国家管网，然后再分配给以色列、埃及和约旦等客户。此外，NewMed Energy 还拥有位于 Cyprus12 区块深水区 Aphrodite 气田 30.0% 的股份，合作伙伴包括作业者雪佛龙（持股 35.0%）和壳牌（持股 35.0%）。

（3）2024 年 2 月 29 日，ADNOC 完成从阿布扎比主权财富基金 Mubadala 投资公司手中收购奥地利石油天然气集团（OMV）24.9% 的权益，交易金额约为 54 亿欧元（57 亿美元）。ADNOC 通过此次对 OMV 的收购，将增加其在欧洲最大的聚烯烃生产商北欧化工（ADNOC 持股 25%，OMV 持股 75%）和博禄（ADNOC 持股 54%，北欧化工持股 36%）的股份，进一步扩大了其在全球能源和化学品市场的份额。

(2) 下游产业。

阿布扎比国家石油公司拥有一系列子公司，从事下游、营销与贸易业务。

阿布扎比国家石油天然气公司（ADNOC Gas）负责天然气加工、销售和输送业务。天然气加工是阿布扎比国家石油天然气公司业务的核心，其天然气年加工能力可达到 1034 亿立方米以及液化天然气产能达 2900 万吨/年。阿布扎比国家石油天然气公司运营着世界上最大的天然气处理厂之一——Habshan 综合设施；还在阿布扎比 Al Ruwais 建设了新的低碳 LNG 工厂，年产能 960 万吨，是中东和北非地区首个使用清洁能源运行的 LNG 出口设施。在天然气输送方面，阿布扎比国家石油天然气公司在阿联酋拥有约 3300 千米的天然气管道，可满足阿联酋 60% 的天然气需求。2018 年，阿布扎比国家石油天然气公司的 Taweelah 天然气压缩工厂投入使用，以确保不间断地为阿联酋供应天然气。同时，阿布扎比国家石油天然气公司积极响应集团的转型战略，通过探索推进 CCUS 技术开发进行升级改造。2023年9月，阿布扎比国家石油天然气公司宣布投资开发Habshan CCUS项目，预计2026年建成，届时将成为中东和北非地区最大的碳捕集项目之一，该项目的二氧化碳捕集和封存规模可达150万吨/年。

阿布扎比国家石油炼化公司（ADNOC Refining）是阿布扎比国家石油公司下游业务的重要组成部分，每年可将约5000万吨原油及凝析油提炼成液化石油气、汽油及柴油等产品。阿布扎比国家石油炼化公司在阿布扎比Ruwais设有世界上最大的炼油厂之一，同时拥有1600千米的运输管道。阿布扎比国家石油炼化公司为顺应集团能源转型战略，投资6亿美元开展废热回收项目，通过回收和再利用阿布扎比Ruwais的废热，可以在不产生任何额外二氧化碳排放的同时具备高达230兆瓦的发电能力。

阿布扎比国家石油分销公司（ADNOC Distribution）主要提供零售燃料服务（Retail Fuel Services）、商用燃料服务（Commercial Fuel Services）以及非燃料零售服务（Non-Fuel Retail Business）。在零售燃料服务方面，阿布扎比国家石油分销公司在阿联酋拥有约500个零售加油站，在沙特阿拉伯拥有约66个零售加油站。在商用燃料服务方面，阿布扎比国家石油分销公司向商业、工业及政府部门等提供车辆无须前往加油站的燃料输送服务，向阿联酋多个机场提供航空燃料。在非燃料零售服务方面，阿布扎比国家石油分销公司经营着约371家便利零售店。

（3）低碳解决方案。

阿布扎比国家石油公司建立低碳解决方案与国际增长业务部门，致力于推进可再生能源、低碳氢气及碳捕集与封存技术的发展，还专注于拓展天然气、液化天然气和化学品业务的全球市场。

在可再生能源和低碳氢气领域，阿布扎比国家石油公司主要通过阿布扎比未来能源公司（Masdar）来实施公司的低碳战略。阿布扎比未来能源公司是阿联酋清洁能源领域的领军企业，该公司由阿布扎比国家石油公司、阿布扎比国家能源公司（TAQA）及阿布扎比Mubadala发展公司联合运营，共同推动可持续能源的发展。自2022年以来，公司已经在低碳氢、可再生电力、蓝氨领域取得了显著进展。例如，2022年4月，阿布扎比未来能源公司和哈桑·阿拉姆公用事业公司（Hassan Allam Utilities）宣布联合在苏伊士运河经济区和埃及地中海沿岸开发建立4吉瓦容量的绿氢工厂，目标是到2030年绿氢产量达到48万吨/年；2022年6月，阿布扎比未来能源公司与阿塞拜疆能源部签署两份实施协议，将在该国开发10吉瓦可再生能源项目。在蓝氨方面，阿布扎比国家石油公司在阿布扎比Ruwais的塔齐兹工业生态系统和化学品中心建设年产100万吨的低碳氨生产设施。2024年5月，阿布扎比国家石油公司首批蓝氨的生产取得成功，并向日本三井公司（Mitsui）出口40吨蓝氨。

在CCS领域，阿布扎比国家石油公司目前运营着Al Reyadah CCS项目，每年捕集与封存约80万吨二氧化碳。2023年9月，阿布扎比国家石油公司投资开发中东和北非地区规模最大的Habshan CCUS项目，预计每年可捕集与封存约150万吨的二氧化碳。2023年10月，阿布扎比国家石油公司宣布了Hail和Ghasha海上天然气开发项目的FID，该项目采用了创新的脱碳技术，预计每年捕集150万吨二氧化碳，使阿布扎比国家石油公司对碳捕集能力的承诺总量达到近400万吨。

3）管理模式

为了顺应市场对能源转型的迫切需求，并确保阿布扎比国家石油公司的业务能够适应未来发展的挑战，公司坚定不移地走上了可持续发展的道路。为了加速实现脱碳路线图的目标并迈向净零排放，近几年阿布扎比国家石油公司进行了全面而深入的调整，并设立了全新的业务部门，旨在有效应对市场的动态变化，推动公司的全面转型。2022年12月，阿布扎比国家石油公司宣布成立新的低碳解决方案和国际增长业务部门；2023年1月，宣布成立世界规模的天然气加工和营销公司——阿布扎比国家石油天然气公司（ADNOC Gas）。阿布扎比国家石油天然气公司合并了阿布扎比国家石油公司的天然气加工和液化天然气业务，是其天然气发展战略的一部分，旨在支持阿联酋的天然气自给自足和经济增长，并扩大出口能力以满足日益增长的全球需求。

截至目前，阿布扎比国家石油公司的业务和组织架构主要分为三个板块：上游油气、下游和营销贸易，以及低碳解决方案与国际增长。在上游业务板块，其核心业务包括油气勘探、生产、储存等。在下游业务板块，涵盖了精炼、分销和各种石化产品的开发。在低碳解决方案与国际增长板块，致力于推动可再生能源、清洁氢能、CCS技术的发展，以及LNG和化学品的国际扩张。这三个板块相互支撑，共同构成阿布扎比国家石油公司的核心竞争力（图3-58）。

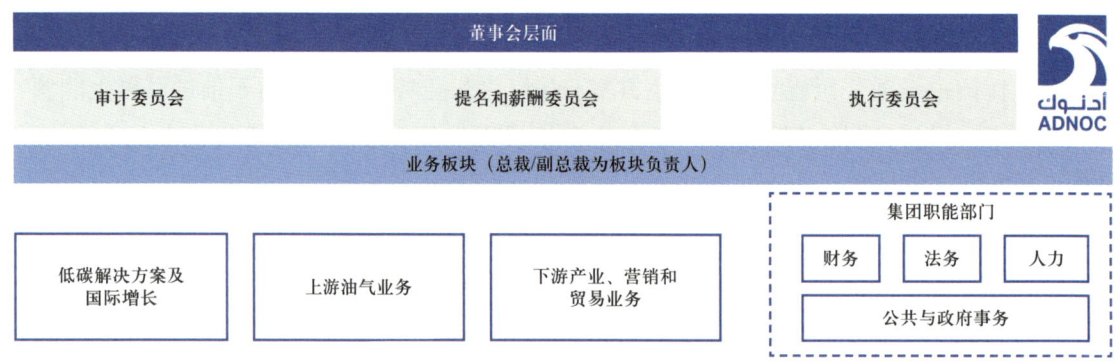

图3-58　阿布扎比国家石油公司组织架构示意图
根据公司网站资料绘制

阿布扎比国家石油公司已经与多家顶级国际石油公司建立了战略合作伙伴关系。这些合作涵盖了多个领域，包括上游、下游及低碳能源等。其中最重要的合作伙伴是那些在陆上常规油气特许经营领域的公司，如碧辟、中国石油、埃克森美孚、国际石油开发帝石控股公司（INPEX）和道达尔能源。近期，阿布扎比国家石油公司通过收购以色列NewMed能源公司和里海Absheron气田的股份加强了与碧辟和道达尔能源现有的合作关系，阿布扎比国家石油公司还与埃尼和OMV建立了一个新的炼油和贸易合资企业，以分散市场和风险。除了传统油气业务，能源转型领域也是阿布扎比国家石油公司合作的重点，阿布扎比国家石油公司已与埃尼（CCUS/氢能/太阳能）、道达尔能源（生物燃料/CCUS/氢能）、碧辟（CCUS/氢能）、马来西亚国家石油公司（太阳能）、法国能源ENGIE（氢能）、法国电力公司EDF（太阳能）和西方石油公司OXY（CCUS）签署了合作协议，共同开拓多元化资产组合，探索能源转型的新道路。

4）技术研发

阿布扎比国家石油公司高度重视研发和技术创新，斥巨资投资于研发领域，建立了一个占地

26000平方米的先进研究与创新中心（ADNOC Research and Innovation Center，简称ADRIC）。该中心的宗旨是开发和部署创新技术，以促进运营转型、去碳化和未来可持续发展。ADRIC主要关注脱碳技术、新能源技术、人工智能技术和低碳解决方案。例如，ADRIC正在试验使用改装的电动汽车电池来为其偏远生产设施脱碳，从而减少运营成本；ADRIC宣布部署一种由其开发的人工智能驱动的流程优化技术Neuron 5；ADRIC还积极参与开发和应用低碳解决方案，与多家中国企业签署了合作协议，共同推进低碳技术的研发和应用。ADRIC的研究人员与哈利法大学以及英国剑桥非金属创新中心的其他科学家密切合作，共同推进科研进步。阿布扎比国家石油公司还致力于协助其他学术机构提升技术创新能力，包括穆罕默德·本·扎耶德人工智能大学、阿联酋大学和曼彻斯特大学。2023年，阿布扎比国家石油公司成功举办首届ADNOC技术脱碳挑战赛，为休斯敦新型电池开发商Revterra的试点项目提供100万美元的资金支持。

除了注重自主研发外，阿布扎比国家石油公司携手行业创新领袖，共同开发与部署前沿技术，旨在加快脱碳进程并重塑未来能源格局。2023年1月，阿布扎比国家石油公司宣布与阿曼技术初创公司44.01及FNRC公司联手，启动空气碳捕集与矿化试点项目。该项目通过捕捉空气中的二氧化碳并将其溶解于海水中，随后注入地下深层的橄榄岩层中进行矿化处理。同年8月，阿布扎比国家石油公司宣布与国家中央冷却公司（Tabreed）合作，开展海湾地区地热制冷项目。此外，阿布扎比国家石油公司与碳捕集和转化技术的创新企业LanzaTech合作，共同探索碳捕集与转化（CCT）技术，利用微生物将富含碳的废物转化为乙烯等产品，推动循环经济的发展。

3. 能源转型成效

从传统的油气业务，到新兴的可再生能源和碳捕集等低碳技术，阿布扎比国家石油公司正通过融合多领域资源与技术，不懈追求满足自身及合作伙伴对更加低碳、可持续的能源解决方案的需求。

总体而言，阿布扎比国家石油公司在能源转型中取得了显著成效。在上游油气业务中，2023年公司原油产能已达到2.1亿吨/年，实现了2027年2.5亿吨/年产能目标的84%。近年来，通过战略性收并购举措，包括收购阿塞拜疆Absheron气田的股份以及葡萄牙高浦能源公司（Galp）在莫桑比克鲁伍马盆地4区块的权益等，阿布扎比国家石油公司显著提升了其产能，为其在2027年达成既定目标奠定了坚实基础。在下游产业中，2023年便利店数量为359个，服务区数量增加至529个，距离2028年将服务区数量提升至1000个的目标存在一定差距。在低碳解决方案领域，阿布扎比国家石油公司在低碳氢气领域签署多项关键项目协议，旨在提升低碳氢气的产量。截至2023年低碳氢气产量达到了30万吨，虽然距离2030年实现产量100万吨的目标尚有差距，但标志着公司在清洁能源领域的坚实步伐。阿布扎比国家石油公司在超40个国家开发可再生能源项目，其投资或承诺投资的可再生能源项目总产能超过20吉瓦。阿布扎比国家石油公司在低碳领域采取的多项举措取得显著成效。2023年，公司上游业务温室气体排放强度降至约7千克二氧化碳当量/桶，同时上游甲烷排放量减少至2.85万吨。在CCUS技术领域，阿布扎比国家石油公司目前运营的Al Reyadah CCS项目，每年能够捕集与封存约80万吨二氧化碳。公司投入开发的Habshan CCUS项目以及Hail和Ghasha海上天然气开发项目完成后，将使公司的碳捕集能力达到近400万吨/年，实现2030年碳捕集能力目标的40%（表3-26）。

表 3-26　阿布扎比国家石油公司能源转型成效

分类	领域	2023 年
上游油气业务	原油产能	2.1 亿吨 / 年
下游产业	便利零售点	359 个
	服务区	529 个
低碳解决方案	低碳氢气产量	约 30 万吨 / 年
	可再生能源发电能力	>20 吉瓦
	上游温室气体排放强度	约 7 千克二氧化碳当量 / 桶
	上游甲烷排放	2.85 万吨
	碳捕集能力	约 400 万吨 / 年

注：根据公司年报数据绘制。

三、卡塔尔能源

卡塔尔能源前身为 1974 年成立的卡塔尔综合石油公司（Qatar General Petroleum Corporation），拥有员工 9114 人，在 2024 年美国《石油情报周刊》世界最大 100 家石油公司综合排名中与碧辟并列排名第 14。2023 年，卡塔尔能源石油探明可采储量 12.57 亿吨，天然气探明可采储量 24.67 万亿立方米；2023 年，卡塔尔能源石油产量约 8390.0 万吨，天然气产量约 1178.6 亿立方米，油气产量合计约 1.83 亿吨油当量，原油加工量 1905 万吨（据《石油情报周刊》数据），天然气液化能力 7700 万吨 / 年；实现营业收入 459.5 亿美元，实现归属于股东净利润 279.6 亿美元；范围 1 与范围 2 温室气体排放量为 4610 万吨二氧化碳当量。

1. 转型战略及目标

1）转型战略

立足得天独厚的资源优势，卡塔尔能源的目标是成为世界顶尖的能源公司之一，2021 年，卡塔尔石油公司（Qatar Petroleum）更名为卡塔尔能源（Qatar Energy），体现了公司致力于发展多元化能源的坚定决心。卡塔尔能源公司是卡塔尔政府全资拥有的国有企业，负责管理和运营该国的石油和天然气资源，其公司的能源转型与该国的能源转型步调保持一致。卡塔尔能源的现任总裁兼首席执行官萨阿德·谢里达·阿尔卡比（Saad Sherida Al-Kaabi）在多个国际公开场合强调平衡经济发展与气候目标的重要性。他指出，能源转型是世界共同的责任，需要所有利益相关者通力合作，其中，天然气是公平、公正地实现清洁转型的主要手段。他着重指出了卡塔尔在追求清洁能源和环境保护承诺方面所作出的积极努力，包括北方气田扩建项目、建设世界级规模的蓝氨厂、卡塔尔能源液化天然气造船计划、碳捕集和封存以及太阳能光伏等项目。由此可见，卡塔尔能源的能源转型战略注重发挥天然气资源优势，适当发展多元化可再生能源，以更清洁、更可持续的能源供应，来满足世界的可持续发展需求（图 3-59）。

2）转型目标

在天然气方面，卡塔尔能源提出，到 2027 年，通过北方气田扩建项目将 LNG 的产能从 7700

第三章 重点石油公司能源转型路径与成效

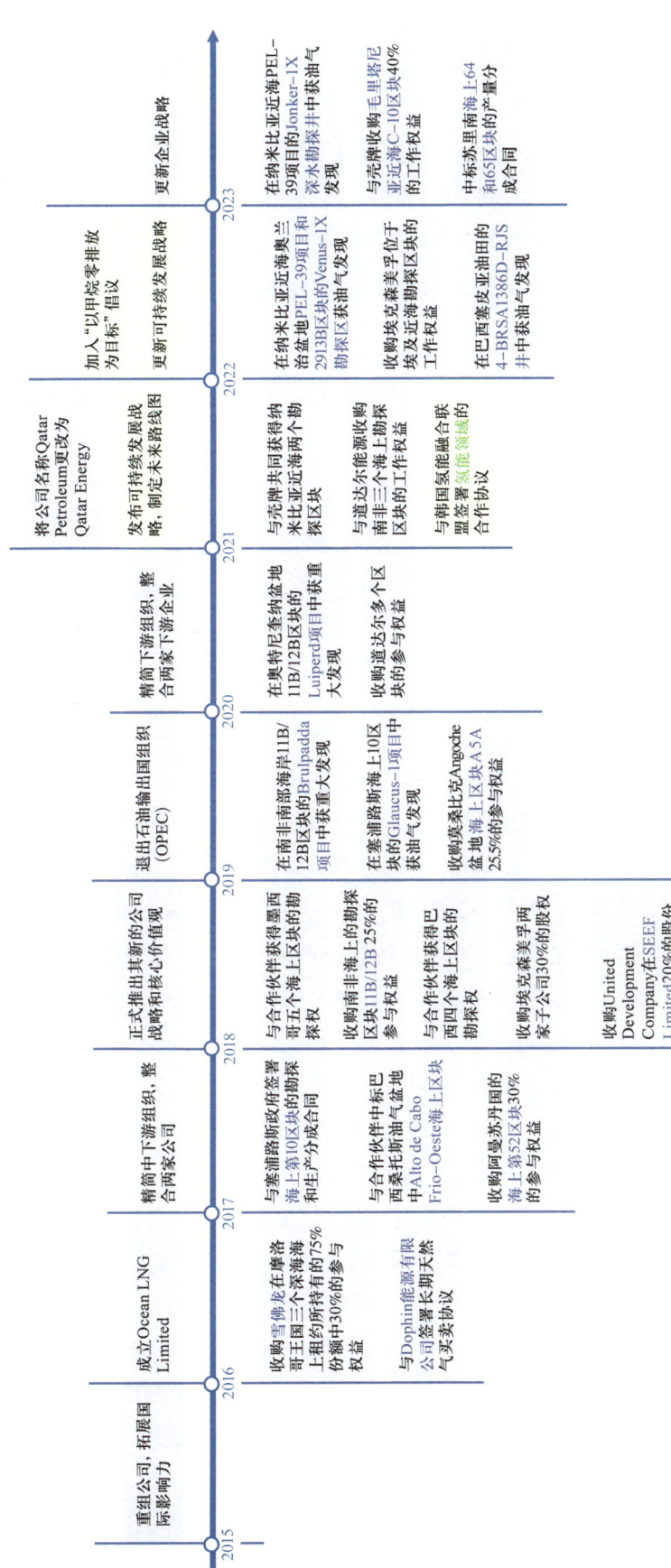

图 3-59 2015—2023 年卡塔尔能源能源转型大事记

万吨/年增加到12600万吨/年,到2030年增加到14400万吨/年;到2030年,通过能效提升工程每年节约4300万立方米的天然气。在脱碳方面,到2030年将上游碳排放强度(范围1、范围2)减少15%,LNG生产碳排放强度减少25%,实现零常规燃烧;到2035年将上游碳排放强度(范围1、范围2)减少25%,LNG生产碳排放强度减少35%。在可再生电力方面,卡塔尔能源提出,到2030年光伏装机容量达到2~4吉瓦,到2035年超过5吉瓦。CCUS方面,到2030年,CCUS规模达到700万~900万吨/年,到2035年超过1100万吨/年(表3-27)。

表3-27 卡塔尔能源能源转型目标

分类	领域	2030年	2035年
石油与天然气	能效提升节约天然气	约1318万吨油当量/年	—
	LNG产能	14400万吨/年	—
	减少上游碳排放强度	15%	25%
	减少LNG碳排放强度	25%	35%
可再生能源	光伏装机容量	2~4吉瓦	5吉瓦
脱碳	CCUS规模	700万~900万吨/年	>1100万吨/年
	常规燃烧	0	—

2. 能源转型措施

1)资本支出

卡塔尔能源在满足全球市场需求的情况下,积极扩张国际天然气资产组合,增加LNG产能,同时保持对石化和下游项目的投资,确保原料的稳定供应。

上游以绿地开发投资❶为主。2014—2023年,卡塔尔能源的资本支出呈上升趋势,从2019年的34亿美元增加至2023年140亿美元,其中绿地投资占这五年资本支出的68.5%,棕地投资主要用于成熟和半成熟油田的优化。卡塔尔能源专注于优化现有生产项目,导致勘探投资受限。公司勘探资本支出在2018年达到峰值7亿美元,随后波动下降。自2021年起,勘探资本支出恢复性增长,由2020年的0.89亿美元上升至2023年的6.82亿美元(图3-60)。2019—2023年,卡塔尔能源在勘探方面累计投资约21亿美元,新发现油气资源约1.66亿吨油当量。卡塔尔能源大部分勘探相关支出用于开发南美洲巴西等国资源潜力,海上勘探占2019—2023年期间累计支出约96%。

投资石化和下游项目。卡塔尔能源积极扩展下游业务,并在国内外推进重要的石化增长项目。2022年,卡塔尔能源与雪佛龙菲利普斯化工公司联手,投资85亿美元建设位于美国得克萨斯州墨西哥湾沿岸的Golden Triangle化工厂,该工厂以生产聚乙烯为主,预计将于2026年全面投入运营,其产品将广泛应用于制造冷却器配件、燃气管道及包装产品等多个领域。该工厂还包括一个乙烷裂解装置,以及两条先进的聚乙烯生产线,设计乙烯产能为210万吨/年,高密度聚乙烯产能高达170万吨/年。该项目可极大增强卡塔尔在全球石化行业中的地位,预计将使卡塔尔的总石化产能提升至1400万吨/年。

---

❶ 绿地投资又称新建投资,是指跨国公司等投资主体在东道国境内依照东道国的法律新建的外国投资者全资或者合资的企业。这种类型的投资通常涉及从零开始的建设项目,会直接导致东道国生产能力、产出和就业的增长。棕地投资涉及收购或租赁现有的油气生产设施,对其进行升级或扩建。

第三章 重点石油公司能源转型路径与成效

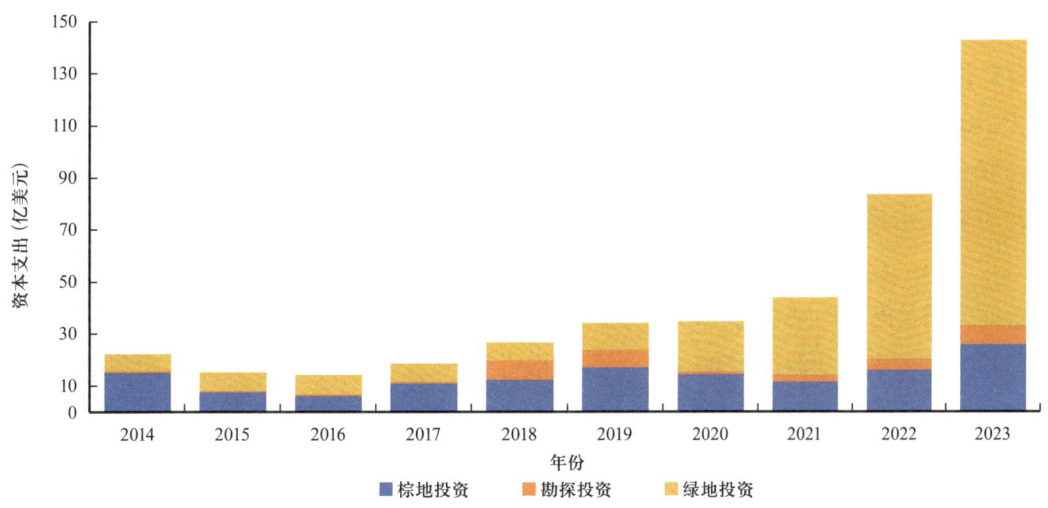

图 3-60 2014—2023 年卡塔尔能源资本支出结构
根据 Rystad Energy 数据绘制，2023 年数据为估算值

2）资产结构

现阶段，液化天然气仍是卡塔尔能源最主要的资产类型，大力推进液化天然气增产、减少生产和处理环节的排放是该公司在能源转型过程中的务实途径。

（1）油气业务。

在上游业务方面，卡塔尔能源的资产组合以天然气为主，其已探明可采储量中有 68% 为天然气。这些资源主要分布在大陆架地区，占比高达 94%，并且几乎全部（97%）位于国内。卡塔尔能源拥有世界上最大的气田之一——北方气田，该气田由壳牌于 1971 年发现。20 世纪 80—90 年代，卡塔尔国家石油公司成立了 Qatargas 和 RasGas 这两家大型 LNG 公司，专注于北方气田的开发以及 LNG 的生产与经营。2005 年卡塔尔对北方气田实施了天然气开采禁令，2017 年解除了该禁令，并宣布将把该气田的产量提高 10%，凸显了该国捍卫全球第一 LNG 出口大国的决心。卡塔尔能源的北方气田扩建项目分为两个阶段，第一阶段（北方气田东部项目，NFE）于 2018 年 9 月宣布，包括建设四条 LNG 生产线，每条产能 800 万吨/年，总产能 3200 万吨/年，预计于 2026 年投产。第二阶段（北方气田南部项目，NFS）于 2019 年 11 月宣布，计划再增加两条 LNG 生产线，每条产能同样为 800 万吨/年，预计在 2028 年投产，总投资约为 210 亿美元。经过这两个阶段的扩建，卡塔尔的 LNG 产能将从目前的 7700 万吨/年跃升至 1.26 亿吨/年。除了北方气田以外，卡塔尔能源剩余的国内资产主要由成熟油田组成，包括 Dukhan、Al-Shaheen 和 Idd El-Shargi North Dome。此外，卡塔尔能源还在推进 Bul Hanine 油田的再开发，该项目是公司作为作业者和所有者进行的最大规模的同类项目。

扩大以拉美为核心的国际资产。自 2008 年卡塔尔能源首次扩展国际业务以来，涉及的国家不断增多，目前，卡塔尔能源的国际石油和天然气生产覆盖了阿根廷、巴西、刚果（布）、墨西哥、安哥拉/刚果（布）联合开发区等，同时，卡塔尔能源还在积极寻求与国际石油公司在圭亚那、摩洛哥、塞浦路斯、阿曼、南非、莫桑比克、肯尼亚、纳米比亚和科特迪瓦等国的合作机会。在 2014—2023 年间，卡塔尔能源在全球上游资产市场上表现活跃，收购的资产主要集中在拉美，剥离的资产则以北美为主（图 3-61）。2014 年，卡塔尔能源以 10 亿美元的价格从壳牌手中购入了位于巴西的海上重油项目BC-10区块。2017年，卡塔尔能源将其与CQ Energy共同投资的加拿大勘探与生产合资公司CQ Energy Canada Partnership的股份出售给了Mercuria、Can-China Global Resource Fund（CCGRF）和MIE Holdings Corporation（MIE）。2018年，卡塔尔能源与埃克森美孚和巴西国家石油公司联合组成的财团，收购了位于巴西Campos盆地的C-M-789区块，交易价值达到8480万美元。2019年，卡塔尔能源继续与其他公司合作，收购了多个拉美地区的资产，包括阿根廷海上的MLO 117区块、CAN 107区块和CAN 109区块等。2021年，卡塔尔能源与道达尔能源、马来西亚国家石油公司及巴西国家石油公司共同获得了巴西政府授予的Sépia深水油田剩余油气的开发运营权。2023年，卡塔尔能源以1500万美元的价格将其在巴西Parque das Conchas开发项目中持有的23%的权益出售给了巴西能源企业Enauta Participações S.A.。

图3-61　2014—2023年卡塔尔能源油气上游资产收并购与剥离地区统计
根据S&P Global数据绘制

积极建立国际合作。卡塔尔能源通过与国际合作伙伴建立稳固的关系，加强了对本土资源的开发，并以此作为跳板，换取了开拓国际市场的机会。从勘探、生产到炼油、加工，再到产品运输和批发零售，卡塔尔能源与全球主要的国际石油公司建立了紧密的联系，并与国家石油公司及其他独立企业开展了广泛的合资合作，其中，道达尔能源、埃尼、埃克森美孚和壳牌等公司与卡塔尔能源在多个项目上携手合作，借助这些合作伙伴的支持，卡塔尔能源成功在全球范围广泛建立其上游业务（图3-62）。例如，通过与埃克森美孚合作，卡塔尔能源获得了美国墨西哥湾Golden Pass项目70%的股权，并获取了进入加拿大、塞浦路斯的气田勘探开发权益；通过与壳牌合作，卡塔尔能源收购了其纳米比亚近海Orange Basin 2913A和2914B区块的部分权益，以及毛里塔尼亚近海C-10区块40%的工作权益；此外，2021年，卡塔尔能源还收购了道达尔能源南非近海South Outeniqua区块、DWOB区块及OBD区块的权益，进一步扩大了其在非洲的油气勘探版图。

通过优质资产变现吸引合作伙伴分担成本并分散风险。2019年卡塔尔能源拿出NFE项目30%的股份向国际石油公司发起招标活动，道达尔能源、埃尼、康菲石油、埃克森美孚和壳牌相继与卡塔尔能源合作，共同成立合资公司（期限27年）开发NFE项目；2023年中国石化和中国石油又分别赢得NFE项目1.25%的权益，卡塔尔能源持有NFE项目71.25%的权益。2022年，卡塔尔能源再次提出合作，与道达尔能源、壳牌和康菲石油一同开发NFS项目，卡塔尔能源持有该项目73.13%的权益。未来，卡塔尔能源有可能继续吸引国际大型石油公司共同参与开发北方气田扩建项目。

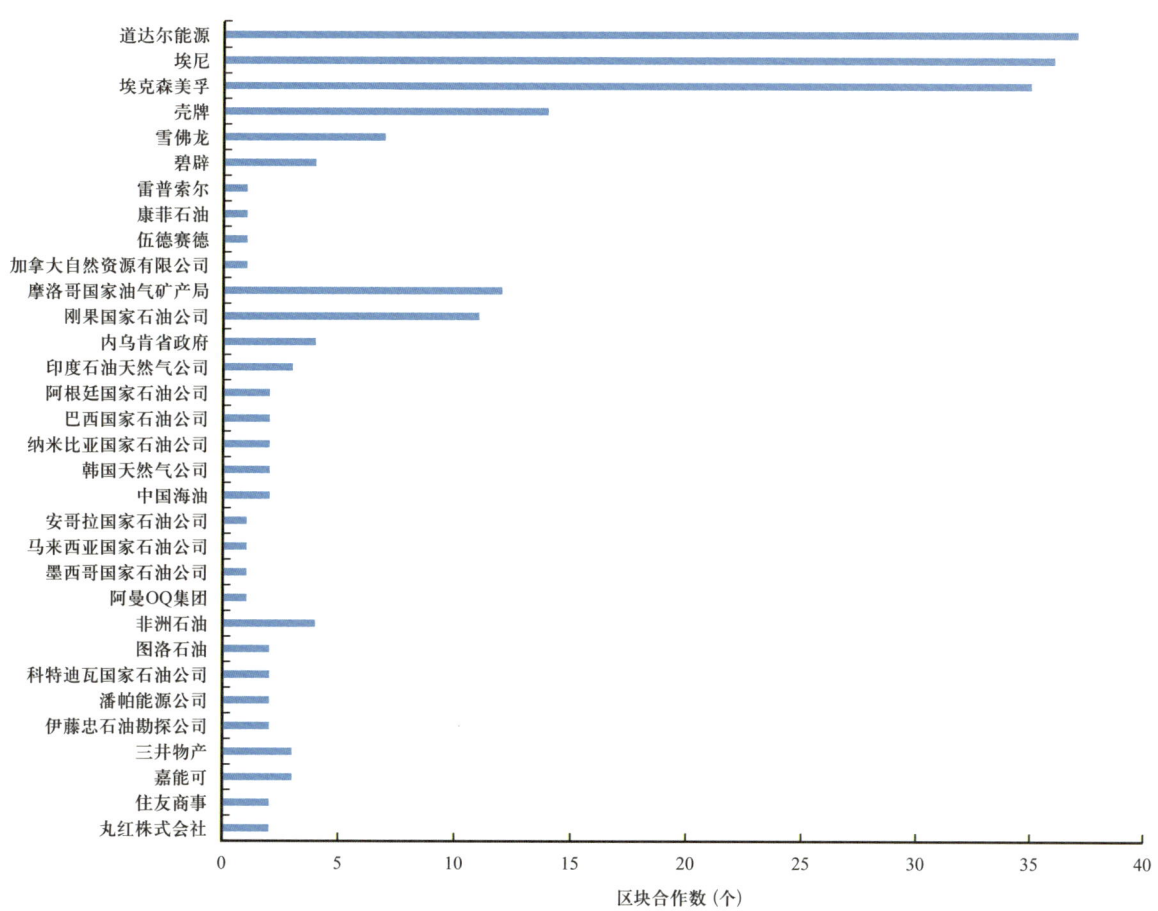

图 3-62　卡塔尔能源的合资伙伴

根据 S&P Global 数据绘制

 典型案例

卡塔尔能源北方气田扩建项目

卡塔尔北方气田位于阿拉伯波斯湾浅水海域卡塔尔穹隆北部，水深 15～70 米，其油藏由上二叠统 Khuff 组碳酸盐岩层组成。北方气田是北方—南帕斯气田的一部分，总面积约 9700 平方千米，北方气田位于卡塔尔水域，面积约 6000 平方千米。1971 年，卡塔尔能源发现了卡塔尔北方气田，经过近 14 年的勘探评价，确定天然气可采储量约 25.5 万亿立方米，成为全球最大的非伴生天然气田。依托北方气田，卡塔尔自 1992—2005 年先后建成了 14 条 LNG 生产线，产能合计 7740 万吨/年，成为当时全球最大的 LNG 生产国。但澳大利亚、美国等国家 LNG 生产规模不断扩大，影响到卡塔尔在全球 LNG 市场中的份额，2017 年，卡塔尔能源宣布重启北方气田扩建项目，随后与道达尔能源、埃克森美孚、壳牌等国际石油公司合作，启动北方气田东部项目（NFE）和南部项目（NFS）。

东部项目是卡塔尔北方气田扩建项目的第一阶段，于 2021 年 2 月达成 FID，计划于 2026 年投产。东部项目中，卡塔尔能源持股 71.25%，埃克森美孚、壳牌、道达尔能源各持股 6.25%，埃尼持股 3.13%，康菲持股 3.12%，中国石油、中国石化、台湾中油各持股 1.25%。东部项目总投资约 287.5 亿美元，将增加四条 800 万吨/年的 LNG 生产线，届时卡塔尔的 LNG 产能将提高至 1.1 亿吨/年。东部项目上游气田开发包括至少 80 口新井和 8 个远程操作井口平台。卡塔尔海湾钻井国际公司（GDI）负责海上自升式钻井平台的建设，Mcdermott 公司负责海底管道、上部模块的 FEED，以及 8 个海上导管架的设计、采购、施工和安装（EPCI）。Technip Energies 公司负责 4 条 LNG 生产线，以及一些相关的公用设施与一个碳捕集和封存设施的建设。贝克休斯公司负责提供压缩机以及 6 台燃气涡轮机和 12 台离心式压缩机。三星公司负责 3 个储罐、3 个装船泊位和运输装船管线的建设。Air Products 负责液化技术和低温热交换器、过冷热交换器等设备的供应。

南部项目是卡塔尔北方气田扩建项目的第二阶段，于 2023 年 5 月达成 FID，计划于 2028 年投产。南部项目中，卡塔尔能源持股 73.13%，壳牌、道达尔能源各持股 9.38%，康菲石油持股 6.25%，中国石化持股 1.87%。南部项目总投资约 210 亿美元，将增加两条 800 万吨/年的 LNG 生产线。南部项目上游气田开发包括 40 口新井和 5 个远程操作井口平台。McDermott 公司负责 5 个平台上部模块以及海底、陆上天然气管线，海底控制电缆等的建设，Technip Energies 公司负责 2 条 LNG 生产线、1 个氦气厂以及天然气回收设施的建设。

西部项目是卡塔尔北方气田扩建项目的第三阶段，卡塔尔能源计划再增加两条 800 万吨/年的 LNG 生产线，预计将于 2031 年投产，2024 年或 2025 年初将推动西部项目的 FID。

（2）下游业务。

在下游业务方面，卡塔尔能源拥有四座大型炼厂，分别是 Laffan 炼油厂、Mesaieed 炼油厂、Umm Al Amad 炼油厂、卡塔尔石油炼厂。其中，Mesaieed 炼油厂位于梅萨伊德工业城，拥有高达 631 万吨/年的处理能力，主要处理来自杜汉油田的原油和凝析油，以及北方气田的凝析油。Laffan 炼油厂位于拉斯拉凡工业城（RLIC），由卡塔尔能源负责运营（持股 72%），炼厂负责生产汽油、低硫柴油、喷气燃料和润滑油等燃料，产能达 1214 万吨/年。卡塔尔能源还拥有世界级的氨和尿素生产商基地 QAFCO，通过以可持续的方式制造和销售尿素、氨及相关产品，QAFCO 拥有 380 万吨氨和 560 万吨尿素的年产能。

（3）低碳业务。

可再生能源主要聚焦光伏发电。卡塔尔丰富的太阳能资源，为光伏发电提供了得天独厚的条件。2022 年，卡塔尔能源的第一个大型光伏项目 Al Kharsaah 在卡塔尔投入运营，峰值发电能力为 800 兆瓦。此外，卡塔尔能源在拉斯拉凡和梅萨伊德工业城还有两个在建的光伏发电项目，两个项目总装机容量为 875 兆瓦，且已经投产。2024 年 9 月，卡塔尔能源又宣布将在杜汉地区新建一座产能为 2 吉瓦的光伏发电厂，项目预计于 2030 年投产，随着该项目的落地，卡塔尔能源的光伏发电产能将至少翻一番，达到约 4 吉瓦。

发展低碳氢和低碳氨等新兴产业。卡塔尔光照资源充足，通过光伏发电并电解水制备绿氢是卡塔尔能源推进能源转型的重要举措。近年来，卡塔尔能源在氢能领域多次开展国际合作。2021 年，卡塔尔能源与壳牌签订关于氢能的投资协议，共同在英国投资建设蓝氢和绿氢项目。同年，卡塔尔能源与韩国氢能融合联盟签署氢能合作协议，携手建设氢能发展的框架，共享氢能领域的发展创想，推动氢能多边合作，加速两国氢能产业的发展和氢能产量的提升。除此之外，低碳氨也是卡塔尔能源低碳业务发展的未来方向，2022年，卡塔尔能源的子公司卡塔尔能源可再生解决方案公司和卡塔尔化肥公司（QAFCO）签署了建造Ammonia-7项目的协议，这是行业首个世界级蓝氨项目，低碳蓝氨产能可达120万吨/年，每年可捕集并封存约150万吨的二氧化碳，预计将于2026年第一季度开始运营。

积极发展CCS。CCS技术是卡塔尔能源推动低碳业务增长的关键策略。截至2023年底，公司已经在卡塔尔成功部署了捕集规模约220万吨/年的CCS项目。此外，卡塔尔能源计划在北方气田东部项目和北方气田南部项目中进一步整合CCS系统，与现有生产活动相结合。未来，卡塔尔能源计划将CCS技术无缝整合至现有液化天然气设施中，同时在低碳氨生产的进程中捕集二氧化碳，并积极建设二氧化碳的输送管道网络。

典型案例

卡塔尔能源建设全球最大蓝氨项目

卡塔尔能源可再生解决方案公司（卡塔尔能源全资持有）和QAFCO（卡塔尔能源持股75%）共同建设的Ammonia-7蓝氨项目，设计产能120万吨/年，建成后将成为全球最大的蓝氨项目。ThyssenKrupp和Consolidated Contractors公司组成的联合体将负责该项目的建设。Ammonia-7项目位于卡塔尔东岸的梅萨伊德工业城，由OAFCO作为其综合设施的一部分运营，计划于2026年全面投产，蓝氨年产能120万吨。QAFCO是全球最大的氨和尿素综合生产商，目前的氨产能约为400万吨/年，尿素产能约为600万吨/年。卡塔尔能源可再生解决方案公司将开发和运营碳捕集与封存设施，每年能够捕集和封存约150万吨二氧化碳，以满足新的Ammonia-7工厂的需求，它还将从其位于梅萨伊德工业城的光伏太阳能发电厂向Ammonia-7设施供应超过35兆瓦的可再生电力，该发电厂目前正在建设中。卡塔尔能源可再生解决方案公司将成为Ammonia-7生产的所有蓝氨的唯一承购商和销售商。

3）管理模式

卡塔尔能源以地下勘探与开发、地面开发与可持续发展以及工业城市三大业务板块为核心，管理其全球能源业务。其中，地面开发业务以LNG项目和炼化项目为主，是公司最重要的业务之一，也是卡塔尔能源通过低碳生产的方式实现能源转型的主要板块。将地面开发和可持续发展合并管理，凸显了卡塔尔能源对未来能源格局的深刻洞察，以及对可持续发展的坚定承诺（图3-63）。2023年2月，卡塔尔能源宣布将接管由卡塔尔天然气公司（QatarGas）管理的所有营销及相关活动；9月，卡塔尔能源宣布将卡塔尔天然气公司更名为卡塔尔能源液化天然气公司（QatarEnergy LNG），最终整合于2023年12月完成，进一步巩固了卡塔尔能源作为全球能源领导者的地位，并在提高卡塔尔液化天然气营销和销售的有效性方面迈出了重要一步。

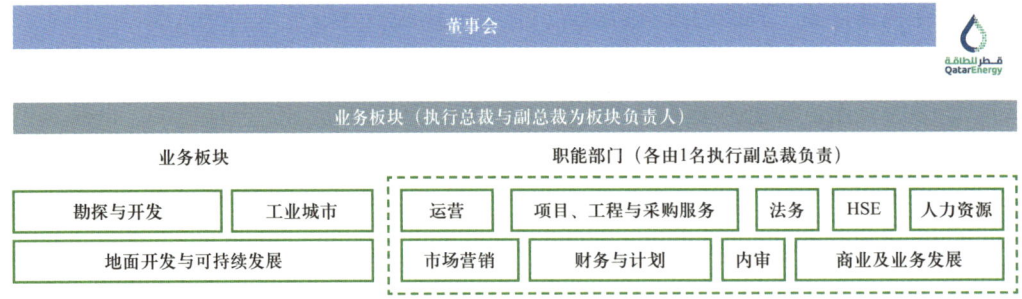

图 3-63　卡塔尔能源组织架构示意图
根据卡塔尔能源官网和年报资料绘制

4) 技术研发

技术研发为卡塔尔能源开发及其北方气田天然气资源提供了坚实的支撑。卡塔尔能源尤其注重中上游领域的技术创新，积极推进大规模的生产设施升级，重点研发提升传统油气田的采收率以及改造炼油厂的技术。作为技术创新的延伸，卡塔尔能源在卡塔尔科学与技术园（QSTP）成立了研究和科技中心。该中心的目标是提高石油和天然气的生产效率，降低运营成本，保护环境，并探索开发新的能源技术。自 2004 年成立以来，QSTP 作为一个集研发、创新、商业化和孵化为一体的综合性平台，一直是推动卡塔尔科技创新和经济发展的重要力量。

面对杜汉油田油气产量下降的挑战，卡塔尔能源采取了创新的 CO_2 WAG（二氧化碳辅助水交替注入）技术，有效提升了石油的采收率。此外，公司还对油田的设备进行了一系列的升级和改进，包括提升注水设施性能、改进设备结构材料，进一步优化了生产效率。为了增强原油的加工能力，卡塔尔能源对其炼油厂进行了一系列的技术升级和改造，包括新增加氢处理装置以及在炼油厂的关键工艺单元进行大规模的改造。

3. 能源转型成效

总体而言，卡塔尔能源在能源转型的道路上面临着不小的挑战，且进展相对缓慢。尽管公司即将实现其液化天然气产能的宏伟目标，但在碳捕集、利用与封存规模方面，与既定目标仍有较大差距，同时光伏发电领域也还处于初期阶段（表 3-28）。为了加速能源转型的步伐，卡塔尔能源需要在可再生能源和脱碳技术领域加大投资和研发力度。

表 3-28　2019—2023 年卡塔尔能源能源转型成效

分类	领域	2019 年	2020 年	2021 年	2022 年	2023 年
石油与天然气	LNG 产能（亿吨/年）	0.77	0.77	0.77	0.77	0.77
	上游碳排放强度（吨二氧化碳当量/吨油当量）	0.24	0.23	0.24	0.25	0.26
	LNG 生产碳排放强度（吨二氧化碳当量/吨油当量）	0.30	0.30	0.30	0.31	0.31
可再生能源	光伏装机容量（兆瓦）	—	—	—	800	800
脱碳	CCUS（万吨/年）					220
	常规燃烧（百万吨二氧化碳当量）	2.1	2.1	2.1	2.1	2.4

注：根据公司能源可持续发展报告、年报数据绘制。

在石油与天然气方面，卡塔尔能源的石油年产量自2020年以来基本稳定在8000万～8500万吨之间，天然气年产量稳定在1100亿立方米；2023年，其LNG产能为7700万吨/年，随着北方气田扩建项目的推进，其2030年LNG产能目标或将如期实现。上游碳排放强度方面，自2019年以来，基本稳定在0.25吨二氧化碳当量/吨油当量，LNG生产碳排放强度基本稳定在0.3吨二氧化碳当量/吨油当量；2023年上游燃烧排放240万吨二氧化碳当量，同比略有上升。

在CCUS方面，截至2023年底，卡塔尔能源的CCUS规模达220万吨/年，目前仅完成了2035年1100万吨/年目标的20%。

在光伏发电方面，截至2023年底，卡塔尔能源仅有一个光伏发电项目——Al Kharsaah太阳能光伏电厂项目，该电厂于2020年开始建设，2022年建成。Al Kharsaah拥有800兆瓦的总装机容量，每年可产生近200万兆瓦时的电力，可满足约55000个卡塔尔家庭的能源需求，距离其实现2030年2～4吉瓦光伏装机容量的目标尚有一段距离。

四、马来西亚国家石油公司

马来西亚国家石油公司（以下简称"马来西亚国油"）是一家全球性的石油公司，业务涵盖油气勘探及生产、石化产品销售以及提供一系列清洁能源解决方案，遍布全球约100个国家/地区，共有员工约54000人。马来西亚国油在2024年美国《石油情报周刊》世界最大100家石油公司综合排名中位列第22，在2024年《财富》世界500强中位列第167。截至2023年底，马来西亚国油石油探明可采储量2.7亿吨，天然气探明可采储量10亿吨油当量；2023年，马来西亚国油石油产量约0.42亿吨，天然气产量约981亿立方米，油气产量合计约1.22亿吨油当量；产品销售量0.4亿吨；天然气液化能力超过4000万吨/年；实现营业收入约752亿美元（3436亿林吉特），净利润约176.6亿美元（807亿林吉特）；范围1与范围2温室气体排放量为5364万吨二氧化碳当量。

1. 转型战略及目标

1）转型战略

相对于欧洲国际石油公司，虽然马来西亚国油的能源转型起步相对较晚，但却是东南亚第一家制定2050年净零碳排放目标的能源公司。公司在2022年11月公布了2050年实现净零碳排放的具体路径，加速推进对于净零愿景的承诺和行动。为响应马来西亚政府推出的《国家能源转型路线图》（NETR），马来西亚国油将石油和天然气、可再生能源及低碳技术三大业务作为其能源转型的核心支柱。在石油和天然气方面，马来西亚国油致力于在提供更多能源、保证能源安全的同时减少碳排放。马来西亚国油坚持以差异化、安全、可靠的方式运营石油和天然气项目，不断优化运营流程，提高运营效率，以提升潜在价值并减少碳排放，提升自身效益与竞争力。在可再生能源方面，马来西亚国油旨在通过提供多元化产品来应对市场和政策的演变，其关注的领域包括光伏、氢能和生物燃料等可再生能源。在低碳技术方面，马来西亚国油以CCS技术与甲烷减排技术为抓手，将马来西亚打造为亚太地区的CCS中心（图3-64）。

2）转型目标

马来西亚国油于2022年发布其实现净零碳排放路径的计划，并根据国家政策与国际形势不断

石油公司能源转型路径

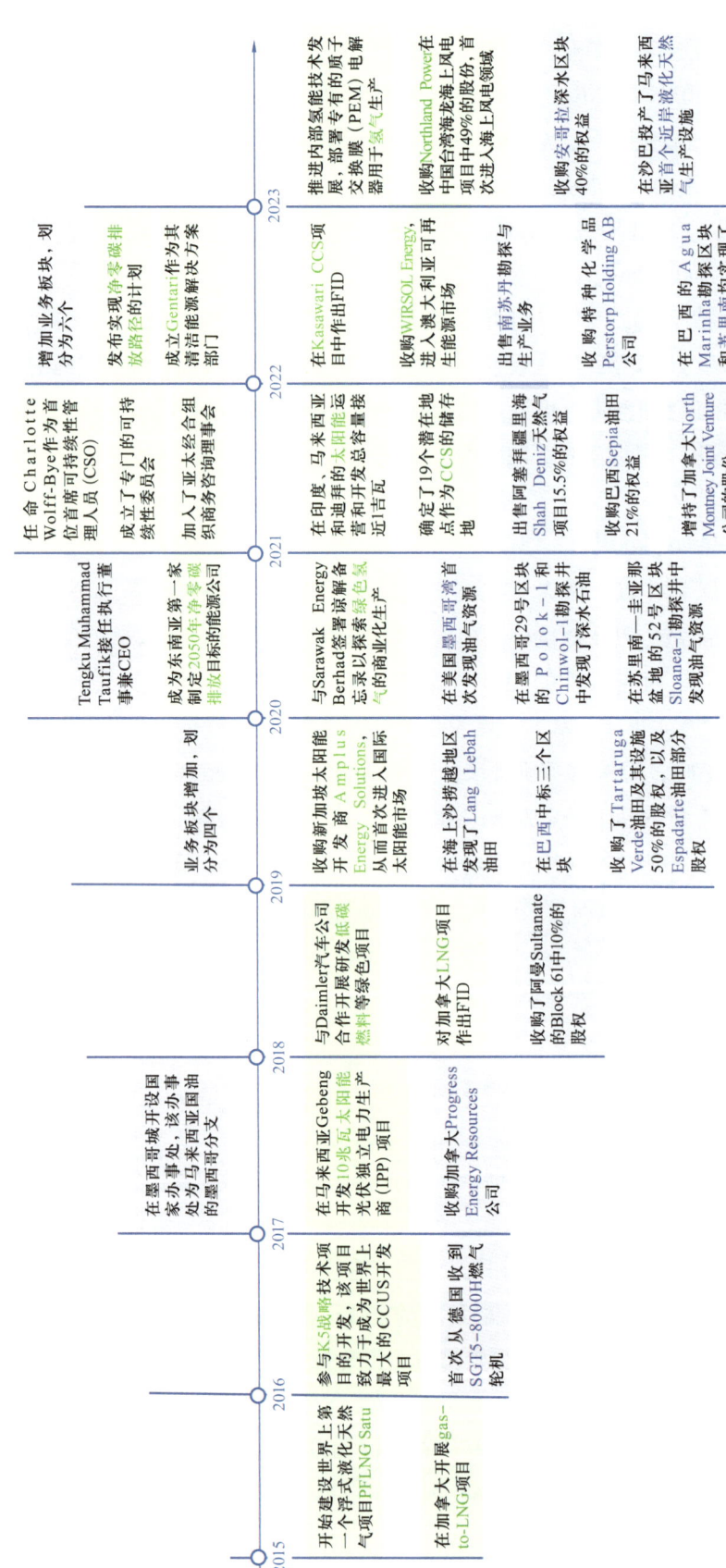

图 3-64 2015—2023 年马来西亚国油能源转型大事记
根据马来西亚国油年报、网站数据绘制

调整。为确保在能源供应安全的前提下稳步实现2050年净零碳排放目标，马来西亚国油在油气生产、低碳可再生能源以及温室气体减排方面分别制定了具体的发展目标（表3-29）。

表3-29 马来西亚国油能源转型具体目标

分类	领域	目标
石油和天然气	油气产量	2024年预计达峰
	LNG	保持领先地位
	占总资本支出的比重	2024—2028年间超过50%
可再生能源和低碳技术	装机容量	2030年达到30~40吉瓦
	氢能供应量	2030年达到120万吨/年
	电动汽车充电站	2030年达到2.5万个
	用于可再生能源和低碳技术的资本支出	2022—2026年间达到20%
温室气体减排	甲烷排放量	2025年排放量减少50%（以2019年为基准）；2030年减少70%（以2019年为基准）；2050年实现净零排放
	CCS	2026年进行首次二氧化碳注入
	常规燃烧	2024年达到零排放
	全球业务中温室气体排放量	2030年减少25%（以2019年为基准）；2050年实现净零排放
	马来西亚业务运营中温室气体排放量	2024年预计排放量为4950万吨二氧化碳当量；2050年实现净零排放

注：根据公司年报数据绘制。

优化油气生产：2024年油气产量达到峰值，但海外天然气产量将继续上升；保持在全球LNG业务领域的领先地位；将2024—2028年间超过一半的资本支出用于油气核心业务，以维持能源安全。

大力发展可再生能源和低碳技术：到2030年，可再生能源装机容量达到30~40吉瓦，工业、电力和交通领域的清洁氢气供应达120万吨/年，在亚太地区建立约25000个电动汽车充电站；2022—2026年间将20%的总资本支出用于可再生能源和低碳技术。

实现温室气体减排：甲烷排放方面，以2019年为基准，到2025年，在全球业务范围内天然气价值链的甲烷排放量减少50%；到2030年，在全球业务范围内天然气价值链的甲烷排放量减少70%；到2050年，实现净零排放。CCS方面，马来西亚国油立志将马来西亚打造为亚太地区的CCS中心，计划在2026年进行首次二氧化碳注入，并将封存容量的40%向第三方开放。温室气体排放量方面，到2024年，马来西亚国内业务运营中温室气体排放量（范围1、范围2）减少至4950万吨二氧化碳当量，此目标在2023年已提前实现；到2030年，实现基于2019年排放数据的全球业务范围内25%的绝对减排量（范围1、范围2）；到2050年，实现范围1和范围2的净零排放。

2. 能源转型措施

1）资本支出

马来西亚国油的资本支出深受国际形势影响。2014年以来，受全球经济增速放缓以及原油价格下跌影响，公司通过减少资本支出以维持稳定发展。2017年，原油价格回升带动资本支出增长。

2019 年底全球疫情暴发后导致油价暴跌，其资本支出随之下降，并在 2021 年降至历史低点——约 66.8 亿美元（305 亿林吉特）。2022 年、2023 年，随着疫情的缓解和全球经济的复苏，公司加大对新能源及低碳业务投资，其资本支出随之增加。此外，公司计划 2024—2028 年的资本支出比过去 5 年（2019—2023 年）增加 43%。其中，超过一半将用于油气核心业务以确保能源供应，其余则用于推动可再生能源与低碳技术的发展。

上游支出。2019—2023 年间，马来西亚国油的上游业务支出占比较为稳定，平均每年支出占总资本支出的比重约为 50%，其上游支出聚焦于油气核心业务。在 2022 年，公司投入约 23 亿美元（105 亿林吉特）用于提高现有油田的采收率以及新油田的开发工作；在 2023 年，公司斥资约 30 亿美元（137 亿林吉特）用于 Kasawari 气田开发及其 CCS 设施建设。

下游支出。马来西亚国油下游资本支出随其业务战略的调整而呈现较大波动。2022 年，马来西亚国油收购特种化学品 Perstorp Holding AB 公司，这不仅优化了其石化产品组合，同时为其进入特种化学品行业提供了机会。此次收购导致下游支出大幅增加，达到约 35.8 亿美元（163 亿林吉特），占当年总支出的 33%，2023 年随着收购整合的完成，下游资本支出降为约 12.7 亿美元（58 亿林吉特），占当年总支出的 11%。

天然气和新能源的支出。马来西亚国油从 2019 年开始单独核算其对天然气和新能源领域的支出。2019—2023 年间，对该领域的支出从 18.71 亿美元（83 亿林吉特）增加至 34.95 亿美元（155 亿林吉特），增幅接近 87%。其中，天然气方面，2023 年资本支出约 20.6 亿美元（94 亿林吉特），主要用于沙巴的近岸液化天然气厂的建设；新能源方面，2023 年公司为其清洁能源子公司 Gentari 单独投资约 13.4 亿美元（61 亿林吉特），主要用于收购 Northland Power 电力公司 49% 的股权，该项目有望成为亚洲最大的海上风能项目之一（图 3-65）。

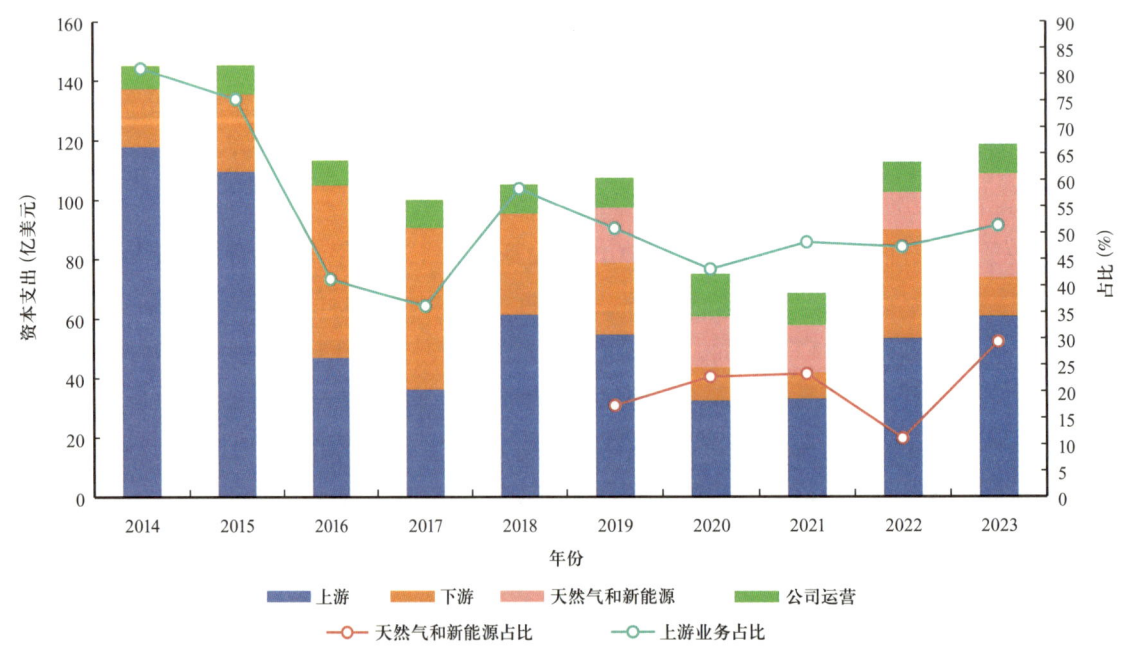

图 3-65　2014—2023 年马来西亚国油资本支出结构

根据公司年报数据绘制；

2019 年之前上游包括天然气，2019 年将天然气从上游剥离出来，与新能源单独列示

2）资产结构

马来西亚国油作为一家综合性的能源公司，为了保证其国内能源安全和经济发展，公司仍将石油和天然气业务作为其重要的战略组成部分，并同时发展可再生能源和低碳技术。

增强核心业务，优化资产结构。马来西亚国油主要通过自主勘探和收并购等方式，不断发展油气核心业务，持续优化国内、国际资产结构。在自主勘探方面，2018年，马来西亚国油完成了10项勘探发现，其中9项位于国内，1项位于海外。2019年，马来西亚国油在海上沙捞越地区发现了资源量大约1120亿立方米的Lang Lebah气田。2023年，马来西亚国油实现了过去十年中最大的勘探发现数量，在马来西亚国内取得了20个油气勘探发现。在收并购方面，2019年，马来西亚国油收购了Tartaruga Verde油田及其设施50%的股权，以及Espadarte油田部分股权，这两个油田都位于巴西坎波斯盆地的深水区。2021年，马来西亚国油收购了位于桑托斯盆地的Sépia油田；增持了加拿大North Montney Joint Venture（NMJV）资产的股份，持股比例从62%增加到72%。2023年，马来西亚国油收购了安哥拉深水区块40%的权益，此外，还在沙巴投产了马来西亚首个近岸LNG生产设施（图3-66）。

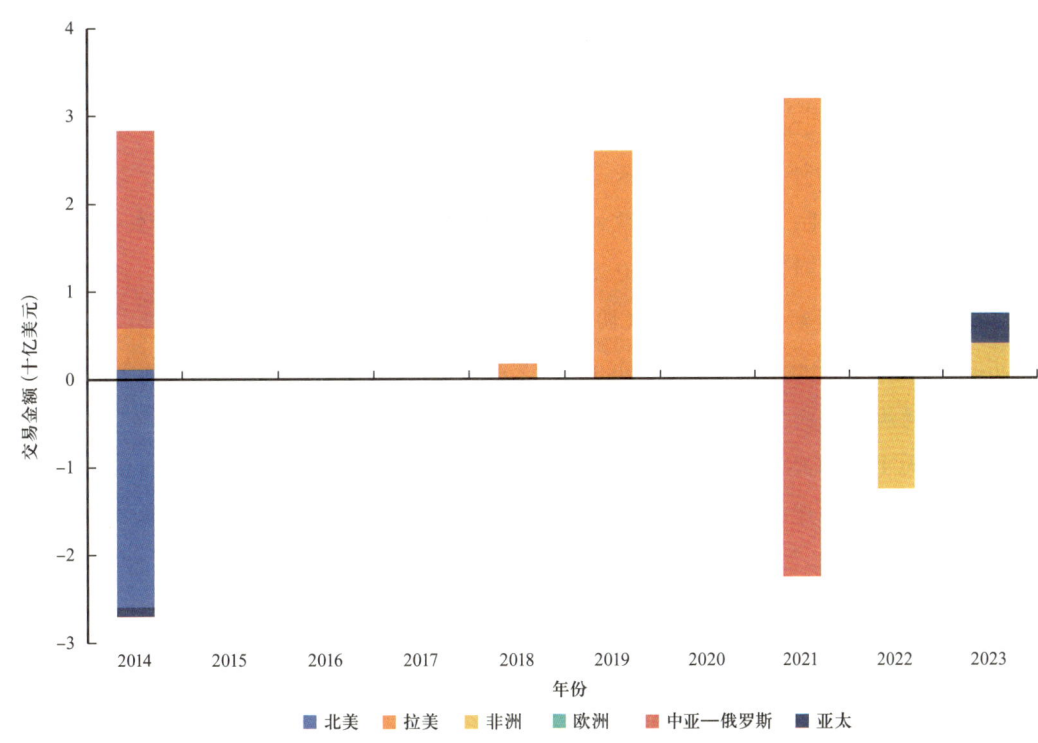

图3-66　2014—2023年马来西亚国油油气上游资产收并购与剥离地区统计

根据S&P Global数据绘制

大力发展LNG。马来西亚国油将LNG视为其能源转型战略中的关键组成部分。2016年，马来西亚国油启动世界上第一个FLNG设施，这标志着马来西亚国油在全球LNG业务领域迈出了重要的一步。2020年，马来西亚国油第二艘FLNG设施正式商业运营。2023年，马来西亚国油销售了3290万吨LNG，累计向25个国家提供LNG。同年，公司在沙巴投产了马来西亚首个近岸LNG生产设施，并计划在2025年启动其位于加拿大的LNG项目。

打造亚太CCS中心。马来西亚国油早在2016年便积极参与K5战略技术项目的开发，该项目有望成为世界上最大的 CCS 开发项目。2021 年，马来西亚国油确定了 19 个地点作为 CCS 的潜在封存地，为 CCS 项目的发展奠定了坚实基础，并与浦项国际公司（POSCO）和埃克森美孚等签署协议以共同开发 CCS 技术。2022 年，马来西亚国油在 CCS 领域取得多项进展，其中包括在 Kasawari CCS 项目中作出 FID 等内容。2023 年，马来西亚国油在 Lang Lebah 油田和 BIGST 油田（包括 Bujang、Inas、Guling、Sepat 和 Tujoh 油田）开展与 CCS 相关的项目。其中，Lang Lebah 油田预计每年将捕集约 200 万吨二氧化碳，这些二氧化碳将被储存在已经枯竭的 Golok Cluster 油田中。

探索氢能技术发展。马来西亚国油从 2019 年开始研发氢气电解槽技术。2020 年，公司涉足氢能业务，并与 Sarawak 能源有限公司签署谅解备忘录，探索绿色氢气的商业化生产。2023 年，马来西亚国油与日本工程公司 IHI Corporation 签署谅解备忘录，共同合作发展氢气产业。此外，马来西亚国油积极推进内部氢能技术发展，部署专有的质子交换膜（PEM）电解器用于氢气生产。

典型案例

马来西亚国油参与建设马来西亚 CCS 中心

根据 2023 年 8 月发布的《马来西亚国家能源转型路线图》，马来西亚政府、马来西亚国家石油公司（Petronas）及马来西亚石油有限公司（Petros）将协同合作，分阶段推进 CCS 中心的建设。预计 2030 年，马来西亚将有三个 CCS 中心投入运营，合计二氧化碳年封存量可达 1500 万吨；2050 年，再增加三个 CCS 中心，使全国 CCS 中心总数达到六个，二氧化碳封存能力达到 4000 万～8000 万吨 / 年。

在《马来西亚国家能源转型路线图》所规划的 CCS 中心开发的第一阶段，将率先在 Kerteh、Kuantan 和 Bintulu 等位于 Pahang 州主要港口附近及其相邻的近海永久性储层区域（包括枯竭油气藏或含盐水层）建立三个 CCS 中心。2024 年 7 月 24 日，马来西亚国油通过其子公司 PETRONAS CCS Solutions Sdn Bhd 与 Kuantan 港联合体 Sdn Bhd 签署了土地租赁协议，用来推进其在马来西亚 Pahang 州南部 CCS 中心的建设计划，该中心预计将于 2029 年进行首次二氧化碳注入。

马来西亚在推进 CCS 中心建设计划的过程当中，成功吸引包括日本和韩国在内的亚洲邻国的广泛关注。这些国家计划将捕集的二氧化碳储存在马来西亚正在开发的 CCS 中心中。日本政府宣布的 2024 年 9 个 CCS 项目中，有 3 个项目准备将二氧化碳运往马来西亚储存。此外，日本政府尤为关注马来西亚半岛东北部 CCS 项目，该项目计划在东京湾沿海工业区实施，预计能够封存二氧化碳 300 万吨 / 年。因此，马来西亚 CCS 中心的建设能够促进该国能源转型、减少温室气体排放，并推动有关技术和产业的发展融合，提升国际影响力。

3）管理模式

随着国际形势与国内战略的变化，马来西亚国油在 2019 年对其业务和组织架构进行了调整，并在 2022 年发布净零排放计划后再次进行调整，确保公司适应未来发展方向。具体来看，为了适应其即将提出的净零碳排放目标，公司在 2019 年将业务划分为上游、天然气和新能源、下游、项目交付和技术等四个板块。调整后的业务架构将天然气与新能源单独列出，重点关注公司在 LNG 和太阳能发电中的发展。2022 年，马来西亚国油发布净零排放计划，并成立了清洁能源解决方案部门 Gentari，随之调整了其业务架构，将业务划分为上游、天然气、下游、项目交付和技术、Gentari 和其他等六个板块。调整后的业务架构更加强调了对可再生能源及低碳项目的重视，Gentari 部门重点关注可再生能源、氢能及绿色交通等领域的发展，其他业务则是对整体业务架构的补充，包括航运及物流、可持续性发展及人才培养等内容（图 3-67）。

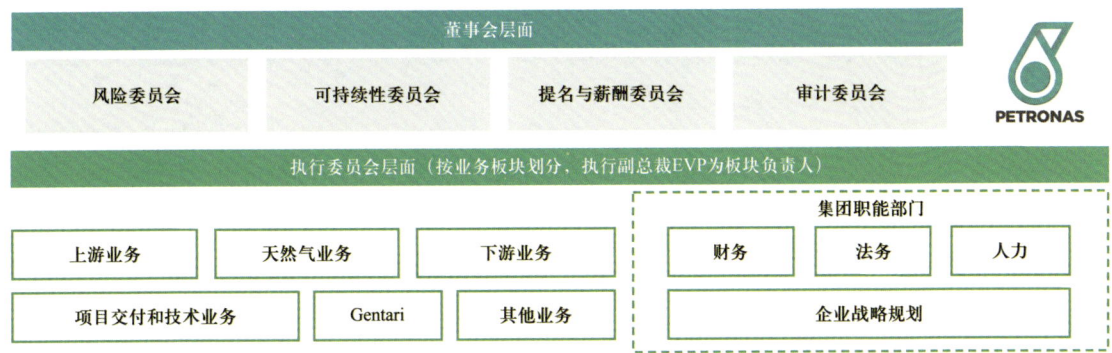

图 3-67　马来西亚国油组织架构示意图
根据公司年报资料绘制

马来西亚国油探索在风能与光伏领域布局

（1）首次进入海上风电领域：2023 年 12 月 28 日，马来西亚国油全资控股子公司 Gentari International Renewables 以最终股权对价 10 亿加元（折合人民币 53.63 亿元）收购 Northland Power 所持中国台湾海龙海上风电项目 60% 股权中的 49%，相当于直接持有该项目 29.4% 的股权。该项目由新加坡海上风电能源项目开发商 Yushan Energy、日本综合商社三井住友（Mitsui & Co.Ltd.）共同持股。

该风电场位于台湾海峡距彰化海岸 45～70 千米处，水深 35～55 米，总装机容量约为 1022 兆瓦，由海龙 2a（294 兆瓦）、海龙 2b（224 兆瓦）及海龙 3 号（504 兆瓦）三期组成。该风电场拟安装 73 台海上机组，2023 年 9 月，Northland 及三井住友就中国台湾海龙项目作出 FID，计划于 2024 年开始建设，并于 2026 年底前投入生产。海龙 2a 投产后将根据与中国台湾电力公司签订的 20 年期购电协议（PPA），出售其 100% 所发电量，海龙 2b 和第三阶段海龙 3 号将根据 30 年期电力购买协议向中国台湾一家私人电力公司出售其 100% 所发电量。此次收购能够使 Gentari International Renewables 快速获得海上风电项目的开发、建设和运营经验，利于其进军海上风电领域布局和发展。同时，Gentari International Renewables 能够扩大与其他企业建立长期战略合作伙伴关系。

（2）首次进入国际太阳能市场：2019 年 9 月 14 日，马来西亚国油从全球基础设施投资管理公司I Squared Capital收购了新加坡太阳能开发商Amplus Energy Solutions的所有股权，总交易金额约为3.89亿美元。收购标的Amplus Energy Solutions或称M+，在亚洲太阳能发电领域拥有广泛的资产布局和较高影响力。该公司主营业务是为东南亚、印度和中东等200多个地点的150多家商业和工业客户开发建设太阳能光伏发电基础设施，并提供清洁、可再生的能源解决方案。这些基础设施包括屋顶和地面太阳能发电项目，运营和开发的累计总装机容量超过500兆瓦。卖方I Squared Capital是一家独立的全球基础设施投资管理公司，总资产规模超过370亿美元。该公司专注于在北美、欧洲、亚洲和拉丁美洲等地公用事业、数字基础设施和能源运输方面的投资业务。马来西亚国油此次收购标志着其首次涉足国际太阳能领域，表明马来西亚国油开始实施从传统的油气领域向外延伸，进军可再生新能源的战略性业务拓展。

4）技术研发

马来西亚国油的研发支出总额持续上涨，2023年的研发支出总额几乎是2020年的两倍（表3-30）。但由于公司营业收入的同步增长，其研发投入强度保持相对稳定。马来西亚国油主要依靠独立研发与合作获取新技术。在独立研发方面，2023年，公司共有195个研发实验室以及公司内部的研发部门。例如公司PLI部门旨在通过流体技术提高发动机和传动系统的能源效率。在合作方面，主要的合作对象包括高校、国内企业及国际企业。例如与UTP大学联合设立实验室用以研究如何提高石油采收率与减少二氧化碳排放；与国家电力公司和宝腾汽车（Proton）签署谅解备忘录以共同研究CCS技术和绿色氢生态系统等清洁能源解决方案的开发等。

表3-30　2020—2023年马来西亚国油研发支出与研发投入强度

分类	2020年	2021年	2022年	2023年
研发支出［亿美元（亿林吉特）］	0.74（3.36）	0.79（3.62）	1.29（5.89）	1.41（6.44）
营业收入［亿美元（亿林吉特）］	391（1787）	543（2480）	821（3753）	752（3436）
研发投入强度（%）	0.19	0.15	0.16	0.19
专利数量（个）	—	33	31	35

注：根据公司年报数据绘制。

在石油和天然气方面，马来西亚国油重点关注如何提高油田采收率和研发数字化技术。例如，其研发的EOR-Water Alternating Gas（WAG）技术可以延长油田寿命和提高石油采收率；其研发的i-PIMS技术取得了巨大成功，通过部署该一站式综合管道管理技术，公司可以实时接收数据并运用人工智能和大数据进行预测和趋势分析及决策等。

在可再生能源方面，马来西亚国油重点关注氢能与太阳能发电技术。例如，在氢能方面，马来西亚国油推进氢能技术发展，部署了公司专有的质子交换膜（PEM）电解器用于氢气生产。在光伏发电方面，马来西亚国油在Terengganu首次应用了浮动太阳能光伏技术，并继续探究如何将太阳能与其他可再生能源技术相结合，以实现更可持续的能源解决方案。

在低碳技术方面，在CCS技术方面，马来西亚国油正在建设的Kasawari CCS项目，有望成为世界上最大的海上CCS项目；在甲烷技术方面，马来西亚国油开发了甲烷量化技术以识别和管理甲烷排放源，从而减少甲烷泄漏和排放；在生物技术方面，马来西亚国油推出了环保柴油机尾气处理液 PETRONAS AireBlue™，该技术可将柴油车辆排放的有害氮氧化物转化为无害的氮和水，在减少车辆排放有害氮氧化物的同时延长柴油车辆催化转化器的使用寿命。

3. 能源转型成效

总体来看，马来西亚国油在 2022—2023 年间加快了其能源转型步伐，其在 LNG 和 CCS 技术方面发展较快，但在可再生能源装机容量、氢能和绿色交通方面仍有提升空间（表 3–31）。

表 3-31 马来西亚国油能源转型成效

分类	领域	2021 年	2022 年	2023 年
石油和天然气	油气产量（亿吨油当量/年）	1.14	1.22	1.22
	LNG 销售量（万吨/年）	3274	3420	3290
	占总资本支出的比重（%）	48	47	51
可再生能源和低碳技术	装机容量（吉瓦）	0.9	1.1	1.6
	氢能产能（万吨/年）	—	—	20
	电动汽车充电站（个）	—	312	570
	用于可再生能源和低碳技术的资本支出（%）	—	25	18
温室气体减排	甲烷排放量减少（以 2019 年为基准）（%）	44	50	56
	CCS 项目数量	—	—	在建 3 个 CCS 中心
	全球业务中温室气体排放量（万吨二氧化碳当量）	5156	5407	5364
	马来西亚业务运营中温室气体排放量（万吨二氧化碳当量）	4462	4610	4516

注：根据公司年报数据绘制。

石油和天然气方面，马来西亚国油 2014—2023 年的油气产量较为稳定，2023 年为 1.22 亿吨油当量，并预计到 2024 年其石油和天然气的产能将达到顶峰。此外，根据官网数据，公司全球 LNG 产能超过 4000 万吨/年，且 LNG 销售量保持稳定。

可再生能源和低碳技术方面，马来西亚国油在 2023 年之前主要聚焦于光伏发电，在 2023 年才首次进入海上风电领域。截至 2023 年，公司可再生能源装机容量约为 1.6 吉瓦，氢能产量达到 20 万吨/年，电动汽车充电站数量为 570 个。但目前水平与其 2030 年目标相比仍有显著差距。

温室气体减排方面，马来西亚国油在 2023 年的国内业务运营中温室气体排放量为 4516 万吨二氧化碳当量，已提前完成其设定的 2024 年目标。2023 年全球业务中温室气体排放量较 2019 年水平下降 12.4%。随着马来西亚国油在油气核心业务领域提高能效及应用低碳技术，其将有望实现以 2019 年为基准减少 25% 的温室气体排放目标及 2050 年净零目标。

五、巴西国家石油公司

巴西国家石油公司（以下简称"巴西国油"）是一家多元化国家石油公司，主要经营勘探和生产、炼油、发电和贸易等业务，拥有员工 4.5 万人。在巴西盆地深水和超深水领域数十年的勘探开发，使巴西国油在该领域处于全球领先地位。巴西国油在2024年美国《石油情报周刊》世界最大100家石油公司综合排名中位列第17，在2024年《财富》世界500强中位列第71。截至2023年底，巴西国油石油探明可采储量12.6亿吨，天然气探明可采储量2.3亿吨油当量；2023年，巴西国油石油产量1.1亿吨，天然气产量0.32亿立方米，油气产量合计约1.39亿吨油当量；天然气液化能力达2969万吨/年；2023年，巴西国油营业收入1024.1亿美元，净利润249.9亿美元；范围1与范围2温室气体排放量为4600万吨二氧化碳当量。

1. 转型战略及目标

1）转型战略

巴西国油认为短期内化石能源整体仍将在全球能源结构中占主导地位，2050年之后，气主导地位将被可再生能源取代。其总体能源转型战略包含三大支柱：提高油气业务竞争力、加快低碳和可再生能源业务布局以及提升脱碳管理透明度，具体体现在保障巴西能源安全的前提下，逐步减少油气生产的成本与碳排放强度，并投资可再生能源和低碳业务，以及提高减碳指标的透明度并将其与员工的绩效薪酬挂钩（图3-68）。

可再生能源是巴西电力供应的主要来源，2023年占巴西总电力供应结构的93.1%，而且巴西的碳排放强度在G20国家中排倒数第二，仅为33.34千克二氧化碳/吉焦，远低于56.91千克二氧化碳/吉焦的全球平均值，具有发展低碳与可再生能源业务的良好基础。

2）转型目标

巴西国油为确保在能源供应安全的前提下稳步实现2050年净零碳排放目标，在油气生产、低碳可再生能源以及温室气体减排方面分别制定了具体的目标（表3-32）。

表3-32 巴西国油能源转型目标

分类	领域	2025年	2028年	2030年
油气业务	油气产量（亿吨油当量/年）	—	1.59	—
可再生能源与低碳	可再生能源发电装机容量		预计增加5吉瓦	
	CCUS项目回注规模（百万吨二氧化碳）	80	—	
温室气体减排	运行绝对排放量（%）	—	—	−30
	常规火炬燃烧（万立方米）	—	—	0
	勘探与生产中的温室气体强度（千克二氧化碳当量/桶油当量）	15		15
	炼油过程中的温室气体强度（千克二氧化碳当量/CWT*）	36		30
	上游甲烷排放强度（吨/百万热卡**）	0.25		0.2

注：根据巴西国油2024—2028年战略计划数据绘制。
* CWT即美担（Hundredweight），是重量单位，主要用于北美。千克二氧化碳当量/美担，通常用于衡量商品或服务的碳排放强度。
** 1热卡=4.18焦耳。

油气产量方面，巴西国油计划2024—2028年稳步提高其油气产量，从2024年的1.39亿吨油当量增长到2028年的1.59亿吨油当量（图3-69）。

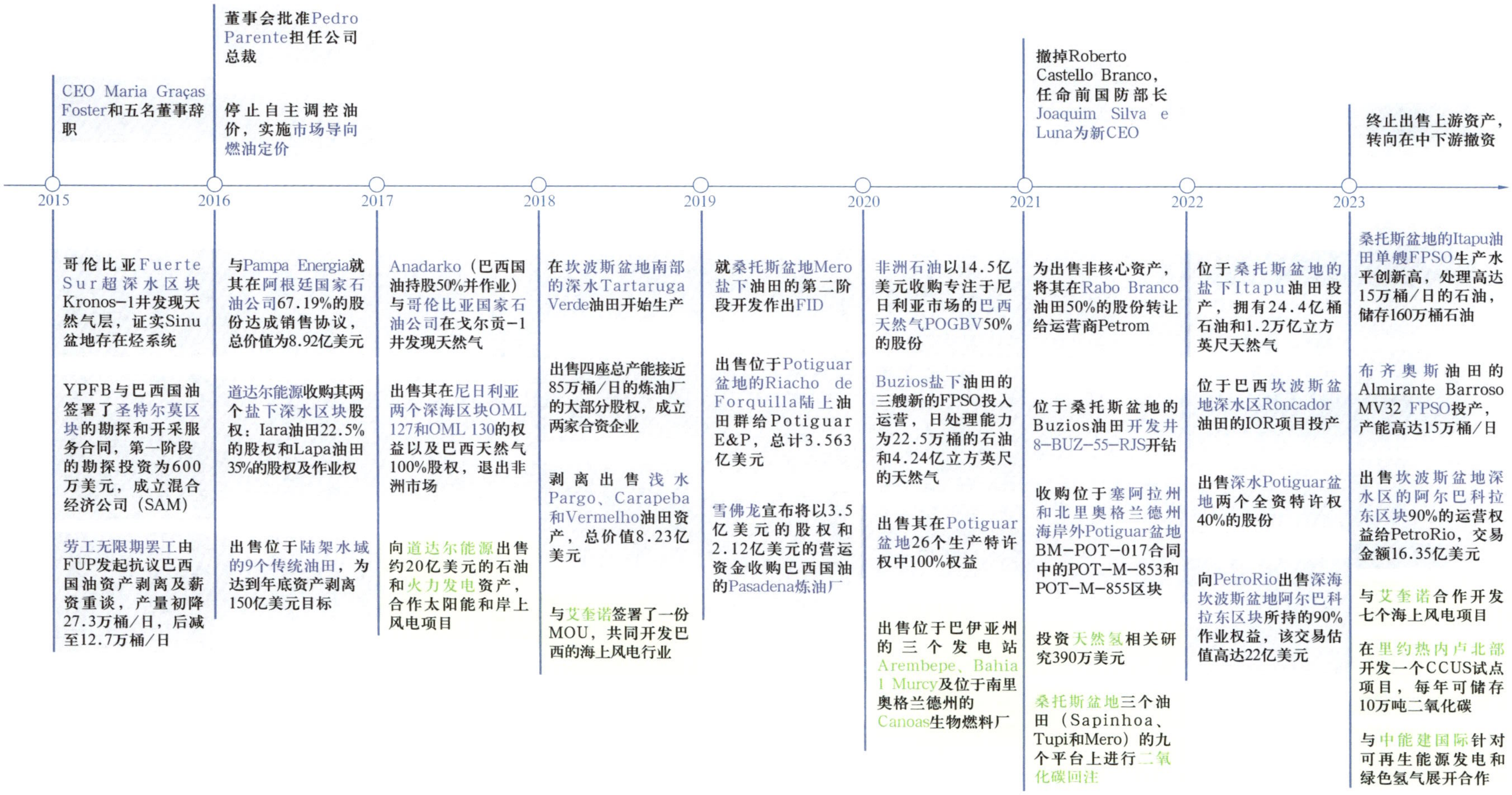

第三章 重点石油公司能源转型路径与成效

时间	2015	2016	2017	2018	2019	2020	2021	2022	2023
领导层	CEO Maria Graças Foster和五名董事辞职	董事会批准Pedro Parente担任公司总裁；停止自主调整油价，实施市场导向燃油定价					撤掉Roberto Castello Branco，任命前国防部长Joaquim Silva e Luna为新CEO		终止出售上游资产，转向在中下游撤资
事件1	哥伦比亚Fuerte Sur超深水区块Kronos-1井发现天然气，证实Sinu盆地含气系统	与Pampa Energia就其在阿根廷国家石油公司67.19%的股份达成出售协议，总价为8.92亿美元	Anadarko（巴西国油持股50%并作业）与哥伦比亚国家石油公司在戈尔贡-1井发现天然气	在玖波斯盆地南部的深水Tartaruga Verde油田开始生产	放弃桑托斯盆地Mero盐下油田开发作出第二阶段开发作出FID	非洲石油以14.5亿美元收购专注于尼日利亚市场的巴西天然气POGBV 50%的股份	为出售非核心资产，将其在Rabo Branco油田50%的股份转让给运营商Petrom	位于桑托斯盆地的盐下Itapu油田投产，拥有24.4亿桶石油和1.2万亿立方英尺天然气	桑托斯盆地的Itapu油田单艘FPSO生产水平创新高，处理高达15万桶/日的石油，储存160万桶石油
事件2	YPFB与巴西国油签署了玖波尔特斯和开采服务合同，第一阶段的勘探投资约600万美元，成立合资公司（SAM）	道达尔能源收购其两个盐下深水区块权益、Iara油田22.5%的股权和Lapa油田35%的股权及作业权	出售其在尼日利亚两个深海区块OML 127和OML 130的权益以及巴西天然气100%股权，退出非洲市场	剥离出售浅水Pargo、Carapeba和Vermelho油田资产，总价值8.23亿美元	出售位于Potiguar陆上油田的Riacho de Forquilha油田群给Potiguar E&P，总计3.563亿美元	Buzios盐下油田的三艘新的FPSO投入运营，日处理能力为22.5万桶，4.24亿立方英尺的天然气	位于桑托斯盆地的Buzios油田开发井8-BUZ-55-RJS开钻	位于巴西玖波斯盆地深水Roncador油田的IOR项目投产	布吉奥斯油田Almirante Barroso MV32 FPSO投产，产能高达15万桶/日
事件3	劳工无眼则罢工由FUP发起抗议巴西国油资产剥离及薪资重谈，产量初降27.3万桶/日，后减至12.7万桶/日	出售位于陆架水域的9个传统油田，约20亿美元达到年底资产剥离150亿美元目标	向道达尔能源出售约20亿美元的石油和火力发电资产，和太阳能陆岸上风电项目合作	与艾春诺签署了一份MOU，共同开发巴西东南里奥海上风电行业	雪佛龙宣布将以3.5亿美元的股权和2.12亿美元的营运资金收购巴西国油的Pasadena炼油厂	出售位于Iguatemi Arembepe, Bahia l Murcy及位于德兰Canoas生物燃料厂	收购位于塞阿拉州和北里奥格兰德州海岸外Potiguar盆地BM-POT-017合同中的POT-M-853和POT-M-855区块	出售深水Potiguar盆地两个全资特许权东区块90%的股权，交易给PetroRio，金额16.35亿美元	出售玖斯波盆地阿尔巴斯海东区块所持有90%的作业权益，该交易估值高达22亿美元
事件4						投资天然气相关研究390亿美元	向PetroRio出售玖斯波盆地阿尔巴斯海拉东区块所持有90%的作业权益，该交易估值高达22亿美元	与艾春诺合作开发七个海上风电项目	在里约热内卢北部开发一个CCUS试点项目，每年可储存10万吨二氧化碳
事件5							桑托斯盆地三个油田（Sapinhoa、Tupi和Mero）的九个平台上进行二氧化碳回注		与中能建国际针对可再生能源发电和绿色氢气发展开展合作

图 3-68 2015—2023 年巴西国油能源转型大事记
根据巴西国油网站数据绘制

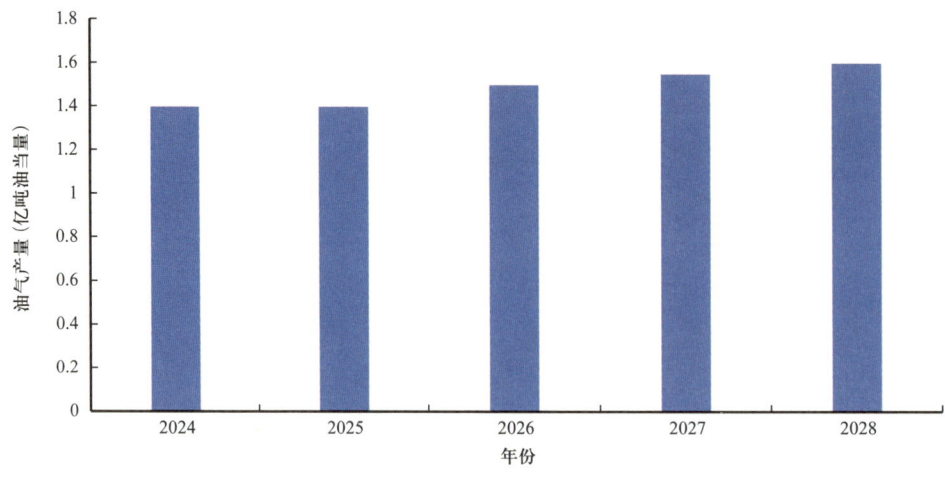

图 3-69　2024—2028 年巴西国油油气产量

根据巴西国油 2024—2028 年战略计划数据绘制，权益产量包含其海外资产权益

可再生能源发电方面，巴西国油 2023 年可再生能源发电装机容量为 5.3 吉瓦，计划在 2024 年到 2028 年间，可再生能源发电装机容量再增加 5 吉瓦；计划资本支出共 52 亿美元。

碳捕集、利用与封存方面，巴西国油计划到 2025 年，CCUS 项目回注规模达 8000 万吨二氧化碳。

温室气体减排方面，巴西国油计划到 2030 年实现零常规空燃，运营中的二氧化碳排放比 2015 年降低 30%，即降低至 5480 万吨；碳排放强度方面，到 2025 年实现勘探与生产中的碳排放强度降低到 15 千克二氧化碳当量/桶油当量，并保持这个水平到 2030 年。巴西国油最终的目标是到 2050 年实现范围 1 和 2 的碳中和。

2. 能源转型措施

1）资本支出

2014 年以来，巴西国油总资本支出先降后升，在 59 亿～348 亿美元区间范围内波动，平均维持在 138 亿美元的水平。未来短期内，巴西国油将大幅提高总资本支出规模，但投资重点仍集中在现有项目上，同时，扩大低碳资本支出规模，优化低碳资本支出结构，将重心转移到清洁电力上。

重点投资现有上游业务。总资本支出方面，2023 年，巴西国油制定了 2024—2028 年战略计划，未来五年资本支出总计 1020 亿美元，相比 2022 年制定的 2023—2027 年资本支出计划增长了 31%。在 2024—2028 年资本支出计划中，913 亿美元用于已有项目，其中上游勘探开发业务平均占到 80.5%，低碳与新能源业务占 3.7%，已有项目的资本支出结构具体按年份和板块划分见图 3-70；其余 107 亿美元用于投资评估中的新项目，其中 65 亿美元用于低碳与可再生能源项目，其余 42 亿美元用于下游精炼项目。

逐步提高低碳资本支出占总资本支出的比重。低碳资本支出方面，巴西国油计划在 2024—2028 年的五年内，支出超过 115 亿美元于低碳和新能源，且不断提高其在公司总资本支出中的比例，其中，低碳资本支出占公司总资本支出的比例将由 2024 年的 6% 提高至 2028 年的 16%。巴西国油的低碳资本支出主要由三个部分构成：运营中油气资产脱碳支出、范围 3 脱碳支出和低碳与新能源研发支出。运营中的油气资产脱碳支出共计 38 亿美元，其中 22 亿美元用于油气上游勘探与开发业务脱碳，5 亿美元用于炼化业务的能效提升与脱碳，10 亿美元用于建立脱碳基金，其余用于运输及其他业务脱碳；范围3脱碳支出共计70亿美元，包括55亿美元的可再生能源发电投资（52亿美元投资于风电光伏，3亿美元投资于氢能、CCUS等新能源及风险投资基金）和15亿美元用于生物燃料［包含可再生柴油及可再生喷气燃料（BioQAV）］；低碳与新能源的技术研发支出共7亿美元，占总研发预算的比重将由2024年的15%逐步提高至2028年的30%（图3-71）。

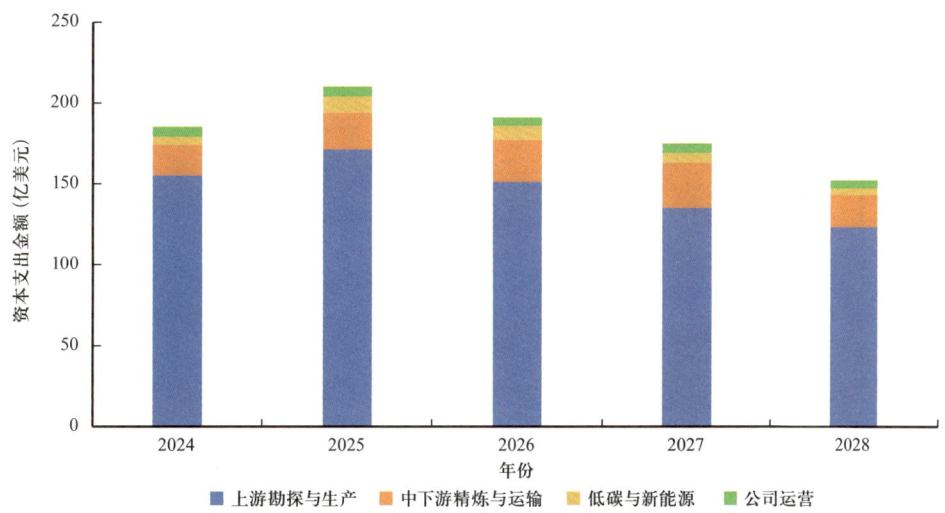

图3-70　2024—2028年巴西国油已有项目资本支出结构
根据巴西国油2024—2028年战略计划数据绘制

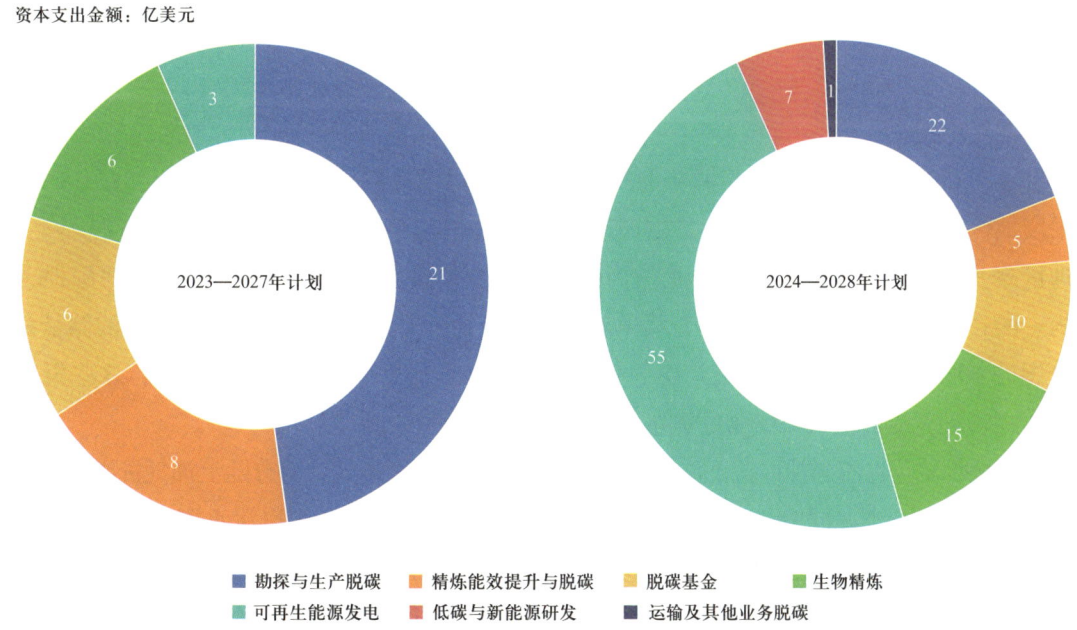

图3-71　2023—2027年与2024—2028年巴西国油低碳资本支出结构对比
根据巴西国油2024—2028年战略计划数据绘制，数字为资本支出金额，单位：亿美元

设立脱碳基金鼓励脱碳项目的开发。巴西国油设立了一个脱碳基金，旨在加速运营（范围1和范围2）的脱碳，实现气候承诺和净零排放目标。该基金为期五年（2024—2028年），预算为10亿美元。2024年第一季度，该基金批准了30个项目，总投资金额约为4亿美元，预计项目落地后可实现140万吨二氧化碳当量/年的减排。

2）资产结构

巴西国油对能源转型的未来情景进行预测，认为化石能源占一次能源消费的比重，将由当前的79%逐步降低，于2050年达到53%左右，其中，石油和煤炭是能源转型的重点领域，石油占比将从目前的29%下降到20%左右，煤炭的占比将从26%直接降至13%（图3-72）。2023年，巴西国油进行了战略调整，将重点放在增加石油和天然气产量上，积极推进传统炼厂向生物炼厂转型，并全面布局低碳技术。

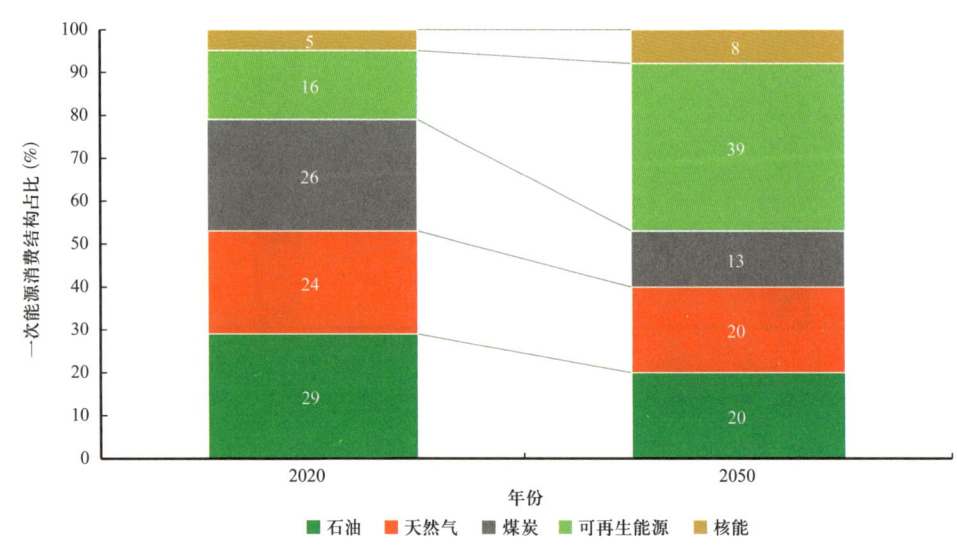

图3-72 巴西国油2020年与2050年能源结构对比
根据巴西国油2024—2028年战略计划数据绘制

（1）油气上游。

油气业务带来的经济效益是能源转型的基础，巴西国油计划以盐下等高盈利能力资产为重点，最大限度地优化油气资产组合，并促进生产运营中的碳减排。

地区聚焦本土。巴西国油将自己定位为专注于国内的深水专家，1999年前，巴西国油一直是巴西唯一的石油和天然气生产商，随着竞争对手的不断涌现，现阶段，巴西国油拥有的储量和产量仅占全国的60%以上，但其油气资产主要位于巴西东南部的坎波斯和桑托斯盆地，这些资产的地理位置相距较近，能够最大限度通过优化基础设施来节约勘探、开发成本。

类型聚焦深水。巴西国油以盐下深水为重点领域，之前已剥离其大部分陆上油气资产以便将勘探重心转移到盐下油田上，同时，其2014—2023年间收并购获取的资产也以深水资产为主（图3-73）。巨型油田Buzios是巴西国油主要的油气资产，面积852平方千米，储层厚度达480米，是世界上最大的深水油田。巴西国油计划到2028年，使该油田的产量达到8961万吨/年，届时巴西国油37%的油气产量将来自Buzios。此外Mero油田目前油气产量为1394万吨/年，预计到2028年可达到2987万吨/年。目前，巴西国油深水及超深水勘探活动的重点区域，将逐步转向巴西北部赤道边缘盆地的地区。其中Potiguar盆地已在2024年获得油气发现。2024—2028年间巴西国油计划钻探41口井，其中东南盐下地区25口，赤道边缘地区16口。其他的勘探项目位于哥伦比亚的Guajira盆地、巴西的Pelotas盆地，Pelotas盆地在地质上与纳米比亚的海上油田相似，靠近桑托斯盆地，勘探前景十分可观。

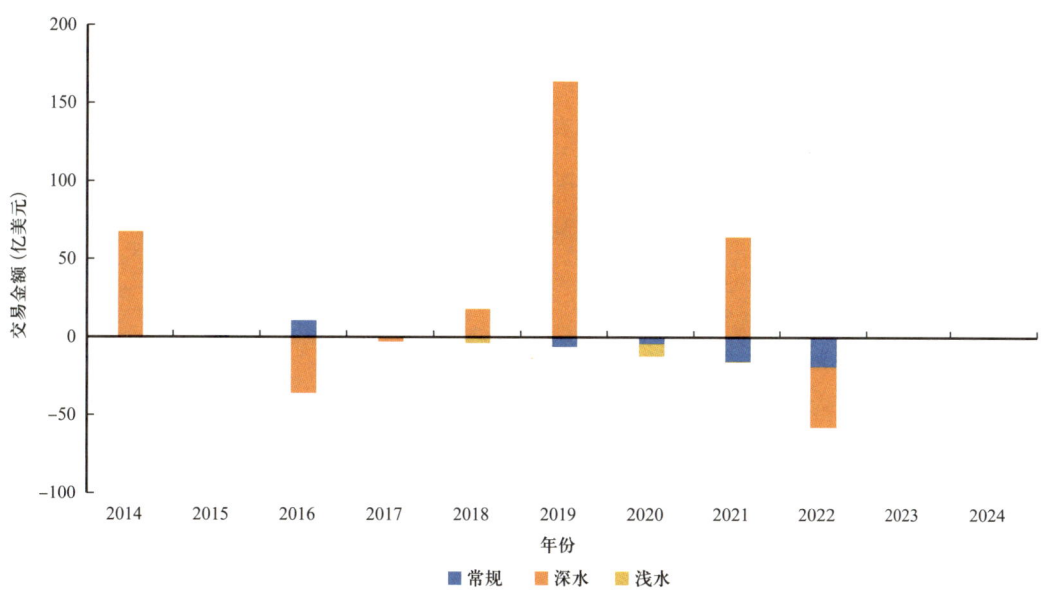

图 3-73　2014—2024 年巴西国油油气上游资产收并购与剥离类型统计

根据 S&P Global 数据绘制

典型案例

巴西油气勘探史及油气对外合作概况

（1）油气勘探史。

巴西的油气勘探工作从 1865 年开始，1922 年钻第一口井，1939 年发现第一个陆上油田——洛布托油田。1953 年巴西政府宣布石油工业国有化，规定石油资源为国家所有，并成立了政企合一的国有企业——巴西国家石油公司（简称"巴西国油"），标志着石油工业的起步。20 世纪 60 年代后期，巴西的勘探工作开始向海上转移，1968 年发现第一个海上油田——瓜利塞玛油田。20 世纪 70 年代，受两次世界石油危机影响，巴西开始不断加大国内油气勘探开发力度，尤其是在巴西东部大陆边缘开展了大规模勘探，在 5 个盆地共发现 105 个油气田，其中在坎波斯盆地发现的纳莫拉多油田储量达 6300 万吨。20 世纪 80 年代初开始在 250 米以深深水区进行石油普查，1984 年在坎波斯盆地发现了马里姆巴和阿尔巴克拉油田，储量分别为 0.65 亿吨 和 2.5 亿吨；1985 年发现马里姆油田，1987 年发现马里姆南和马里姆东油田，三个油田的石油储量合计达到 7.3 亿吨，天然气储量 892 亿立方米。截至 2022 年底，在坎波斯盆地累计发现 17 个大—巨型油气田，石油可采储量 25.7 亿吨，天然气可采储量 7177 亿立方米。1979 年在桑托斯盆地获得第一个深水油气发现；2006 年发现图皮巨型油气田，石油储量 7.5 亿吨，天然气储量 3076 亿立方米；2010 年发现布兹奥斯（Buzios）和梅罗（Mero）巨型油田。截至 2022 年底，在桑托斯盆地已累计发现 14 个大—巨型油气田，盆地石油可采储量达到 51 亿吨，天然气可采储量 1.72 万亿立方米。

海上油气田的逐步开发，使得巴西油气产量得以快速增长，自 1986 年开始，巴西国油实施"深水油田开采技术创新和开发三步走"战略，先后于 1993 年、2000 年和 2006

年具备了1000米、2000米和3000米水深的油气自主开发能力，引领巴西国油跻身全球少数几个拥有超深水勘探开发和工程作业管理能力的石油公司行列。2001年产原油6700万吨，天然气77亿立方米；2010年产原油1.11亿吨，天然气150亿立方米；2021年产原油1.54亿吨，天然气243亿立方米，成为世界第九大产油国和拉美地区最大的产油国。投入开采的油气田50%以上来自海上，主要集中在坎波斯盆地，而桑托斯盆地的许多油气田还有待开发。

（2）油气对外合作概况。

1999年6月，巴西国家石油管理局（ANP）实施第一轮区块招标，主要采用矿税制合同模式。吸引了包括埃克森美孚、壳牌、碧辟、阿莫科、埃尼、优尼科、德士古、雷普索尔-YPF等多家外国公司参与。随后每隔1~2年巴西就推出一轮ANP区块招标，截至2022年共开展了17轮ANP区块招标，售出994个区块，区块面积合计67万平方千米。

2013年，巴西政府开始推行盐下产品分成合同区块招标，第1轮招标的区块为里贝拉（Libra）区块，最终巴西国油为作业者，占40%权益，壳牌（20%）、道达尔能源（20%）、中国石油（10%）和中国海油（10%）为合作伙伴。2016年以来，巴西政府加速油气工业改革，加大区块公开招标力度，解除巴西国油在盐下油田开采的垄断政策，调整税收和本地化政策，不断改善投资环境，为吸引外资进入提供了良好契机。自2017年以来先后开展了第2、第3、第4、第5、第6和第7轮盐下区块招标，吸引了众多国际石油公司积极参与，其中第2轮盐下区块招标主要为目前已发现油田向周围扩边的区块，称为联合开发区块（Unitization），主要意向者和中标者均为目前已有区块的作业者。第3到第7轮均为盐下核心区的风险勘探区块，竞争非常激烈。截至2022年底已售出盐下PSC合同区块19个，区块总面积2.25万平方千米。

（3）中国公司在巴西油气合作情况。

巴西是深海油气勘探开发的高端市场之一，各大石油公司都已成功布局，成为不同区块的作业者或参与者。自2010年起，中国三大石油公司也积极参与，先后通过收并购或竞标获得了一些深水勘探开发项目。

2010年10月，中国石化以71亿美元的价格收购了西班牙雷普索尔石油公司在巴西石油勘探和开发业务中40%的权益。2011年又斥资51.5亿美元认购葡萄牙高浦能源公司巴西资产30%的权益。通过这两笔并购在巴西共获得25个项目，权益区块面积975.9平方千米，其中12个勘探区块，13个开发区块，涉及18个油田，权益3%~14%不等，包括Tupi、Lapa、Jupiter等大型油气田。截至2022年权益剩余可采储量0.84亿吨油当量，其中石油为0.7亿吨。2022年中国石化巴西项目石油权益产量294万吨，天然气权益产量3.6亿立方米。但巨额的购股款给项目投资回收带来了沉重负担。

中国海油目前在巴西有6个区块，其中4个勘探区块，2个开发区块，权益区块面积1010.8平方千米，包括布兹奥斯、梅罗、里贝拉等3个油田，截至2022年权益剩余可采储量1.37亿吨油当量，其中石油为1.2亿吨。2022年中国海油巴西项目石油权益产量180万吨。

中国石油目前在巴西有4个区块,其中2个勘探区块,2个开发区块,权益区块面积946.2平方千米,包括布兹奥斯、梅罗、里贝拉、古拉绍4个油田,截至2022年权益剩余可采储量1.76亿吨油当量,其中石油为1.54亿吨。2022年中国石油巴西项目石油权益产量166万吨。

2013年,巴西推出了盐下第一个区块——里贝拉区块,面对当时高达70亿美元的签字费,中国石油与中国海油最终以多方联合体的形式,各占10%的权益入主了这一世界级巨型油田。进入后联合体快速评价落实了区块西北区(梅罗油田)储量。2017年11月,巴西里贝拉项目实现首油投产,2018年3月,中国石油和中国海油进行首次联合提油作业,并于同年5月份顺利将首船权益油运抵国内。2020年11月开发方案完成审批,MERO1生产单元于2022年4月正式投产,截至2022年底累计产油1062.5万吨,采出程度0.74%,MERO2生产单元FPSO整体建造进度95%。至此,里贝拉项目进入投资回收实质性阶段,成了中国企业在巴西运作最成功的项目。

2017年中国石油参股的佩罗巴区块(20%权益),已完钻1口风险探井,因二氧化碳含量高而弃井,并退出该区块。中国海油参股了卡布弗里乌(Cabo Frio)西区块(20%),后经钻探发现1个小油田,可采储量700万吨油当量;2018年参与的保罗巴西(Pau Brasil)区块(40%)尚未钻探,推测可能二氧化碳含量高。中国石化入股的雷普索尔-中国石化巴西公司参与了Sapinhoa油田外延区块(25%)。

2019年11月,巴西政府举行了权益转让(TOR)额外储量招标。中国石油、中国海油联手各5%参股中标其中开发时间最长、开发基础最完善的区块——布兹奥斯大型在产项目。该油田水深1900米,于2010年发现,是一个在基底隆起上发育的披覆背斜,主要储层为下白垩统微生物岩和介壳灰岩,油层净厚度274米,孔隙度8%~25%,含油面积374.7平方千米。石油可采储量9.5亿吨,天然气可采储量3400亿立方米。原油重度28°API,气油比240米^3/米^3,二氧化碳含量23%(摩尔分数),硫化氢含量30~90毫克/克。2015年开始试生产,试生产期单井最高日产达2055吨。2019年13口井生产,年产原油1260万吨。2022年11月,中国海油再次行权,支付103亿雷亚尔(19亿美元),再次购买巴西布兹奥斯油田5%产量权益。

2019年11月,中国石油以20%权益中标了第6轮盐下阿拉姆大型风险勘探区块,2020年3月,巴西国油、中国石油与巴西ANP签署中标合同后,2021年12月完钻第一口探井古拉绍-1井(英文Curacao-1,联合公司命名1-SPS-108,ANP命名1-BRSA-1381-SPS)已经取得重大突破,试油获日产超千立方米高产油流,计算地质储量10.15亿吨。

——引自窦立荣,2023,《跨国油气勘探理论与实践》

(2)油气中下游。

巴西国油计划在中下游通过调整其炼油、运输和贸易部门以及改进工业园区、供应链和物流来最大限度地获取价值,通过垂直整合产业链、改进现有产品和开发新产品,寻求石油产品的自给自足;同时探索从传统油气精炼向生物精炼的转型,扩大如可再生船用燃料、航空燃料等生物燃料的生产规模。

重新重视中下游业务。2024年5月，巴西总统卢拉将巴西国油的首席执行官免职后，任命Magda Chambriard接任，新任首席执行官为支持卢拉的工业政策，驳回了巴西国油的下游炼厂剥离计划，取消了将下游13座炼厂出售5座、将市场占比从90%降到50%的剥离措施，并提出扩大中下游资本支出规模。2024—2028年，巴西国油中下游资本支出预算在2023—2027年基础上增长了77.6%，达到了167亿美元，其中增加的42亿美元用于新项目评估和收并购，27亿美元用于炼厂扩建，4亿美元用于新生物精炼项目等（图3-74）。

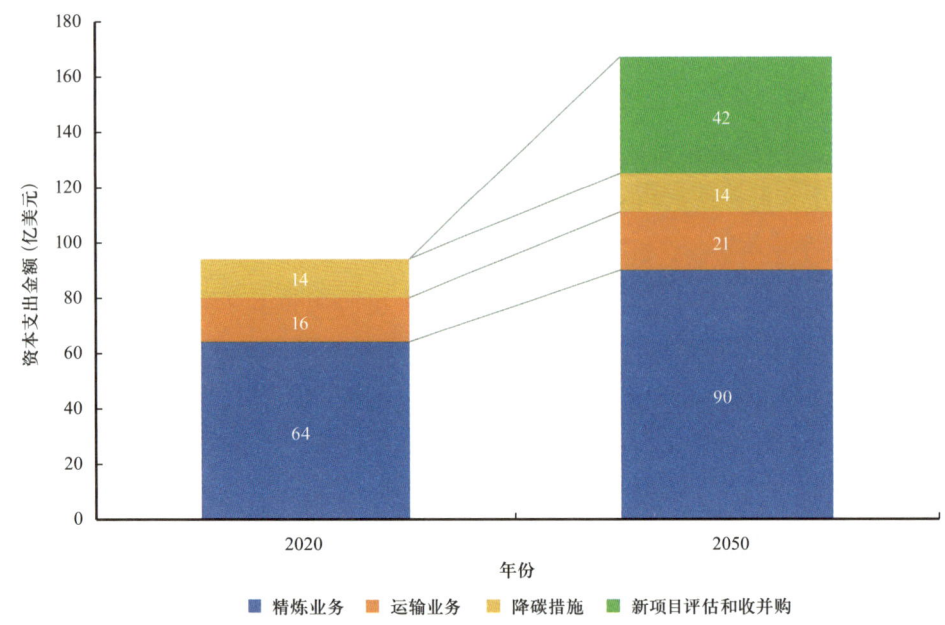

图3-74　巴西国油2023—2027年计划与2024—2028年计划炼油、运输和贸易部门资本支出对比
根据巴西国油2024—2028年战略计划数据绘制

油气精炼向低碳新能源转型。巴西国油是巴西的主要燃料生产商，拥有巴西85%的炼油能力，炼油设施集中在巴西东南部，该地区不仅人口最多、工业化程度最高，而且靠近坎波斯和桑托斯盆地这两大油气产区，便于运输并节约成本。巴西国油为响应巴西的新政策——到2027年强制增加生物柴油混合物，其中下游的能源转型以将原有炼厂转化为生物精炼厂为主，并强制使用可持续航空燃料。生物精炼转型的重点产品为BioQAV和Diesel R。

BioQAV即航空生物煤油，是一种配方中含有氢化植物油的化合物，排放的二氧化碳比传统航空煤油少。巴西国油是巴西第一家通过使用现有炼油装置对化石来源的煤油和植物油联合加工进行生产测试的公司，计划在2024—2028年增设两个BioQAV工厂：一个在Presidente Bernardes炼油厂（RPBC），产能为75万吨/年，另一个在GasLub Itaboraí工业集群，产能为86万吨/年。

Diesel R是由传统柴油与可再生成分（如植物油或动物脂肪）加工而获得的，巴西国油于2021年推出的2030年生物炼制计划中安排在其炼厂生产，计划初期在Presidente Getúlio Vargas（REPAR）炼厂进行测试，目前进入工业化生产的产品是具有ISCC认证的柴油R5，即含有5%可再生成分，预计未来可再生成分占比可以达到10%；REPAR炼厂2023年生产了1500万升R5柴油。

（3）低碳与新能源。

巴西国油开展了一系列低碳业务：风电、光伏、生物精炼、碳捕集与封存和氢能等，以技术能力和项目管理作为差异化竞争力，探索巴西的区域竞争优势；投资低碳与新能源技术公司，与自身能力形成协同效应；加大具有成本效益的低碳投资力度，实现长期价值创造。

发展陆上光伏和风能。巴西国油主要通过收并购开发巴西本土项目，全面发展陆上光伏和风能，涉及的领域包括：风能和太阳能应用、地质潜力测绘、区域环境特征、竞争力评估和项目优化、与海上勘探与生产资产的联系和概念设计研究等。在巴西国油的内部研发取得突破性成果前，将优先考虑通过收并购获取项目和技术，规避项目开发风险，同时以巴西本土为区域布局的核心，力争在巴西本土发挥技术专长、建立市场优势。

发展CCUS。在CCUS-EOR技术方面，巴西国油在石油公司中处于领先地位，2023年，其盐下油田二氧化碳回注计划实现了1300万吨的回注量，累计回注5370万吨二氧化碳，目标是到2025年达到8000万吨（图3-75）。巴西国油在桑托斯盆地盐下所有的生产平台都采用了CCUS-EOR技术，并通过持续研究开发技术降低成本，以期未来使生物能源CCS、直接空气捕集等技术更具经济性。同时，巴西国油积极探索二氧化碳的封存，在里约热内卢开发了一个CCS试点项目，在该州北部的Cabiunas码头每年捕集10万吨二氧化碳，并将其注入盐下水层进行封存。该项目仍处于研究阶段，试点成功后不仅有助于对CCS解决方案进行技术测试，还将帮助其他工业部门进行CCS脱碳。

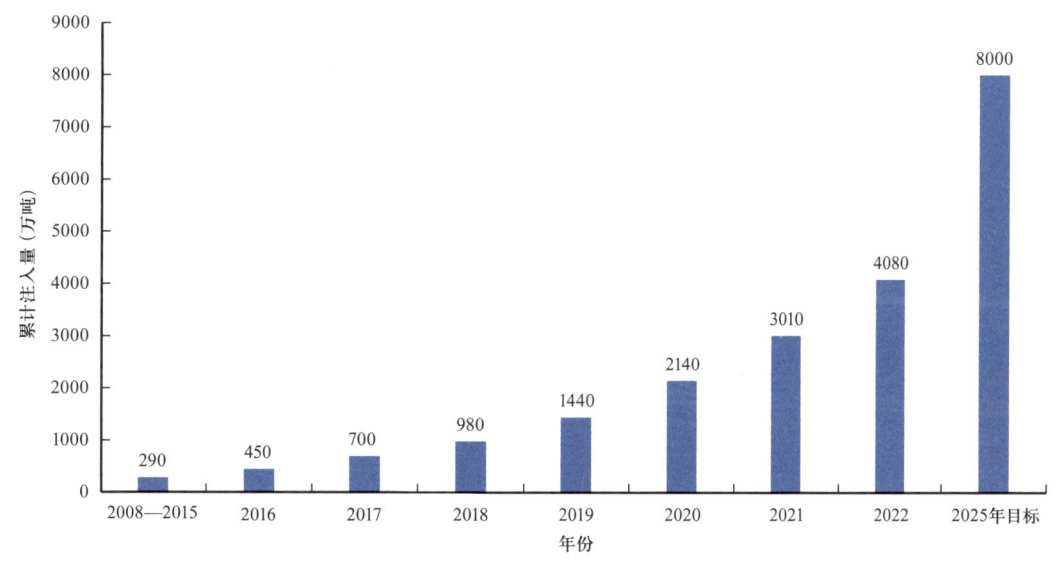

图3-75 2008—2022年巴西国油累计二氧化碳注入量以及2025年累计注入量目标
根据巴西国油2024—2028年战略计划数据绘制

研发氢能项目。巴西国油推进低碳氢项目研发，包括与可再生能源发电项目耦合的绿氢项目和与CCUS项目耦合的蓝氢项目，这些技术生产出的绿氢和蓝氢可以逐步替代灰氢，实现运营过程的脱碳，同时还可生产绿氨、E-甲醇、生物甲醇等低碳燃料。目前正在工业化开发的技术包括：由生物甲烷和乙醇制氢气、利用低碳氢气和生物二氧化碳生产E-甲醇燃料、使用可再生能源电解水制氢气等。

3）管理模式

巴西国油在能源转型与可持续性发展板块下设天然气和低碳能源、气候变化与脱碳、可再生能源以及综合能源转型管理部门，主要负责能源转型以及低碳与新能源方面业务。在经历了动荡的2022年之后，巴西国油重新认识了能源安全的重要性，将低碳能源业务的发展提上日程，于2023

年将天然气和电力（Gas and Power）部门更名为天然气和低碳能源（Gas and Low Carbon Energies）部门（图3-76）。

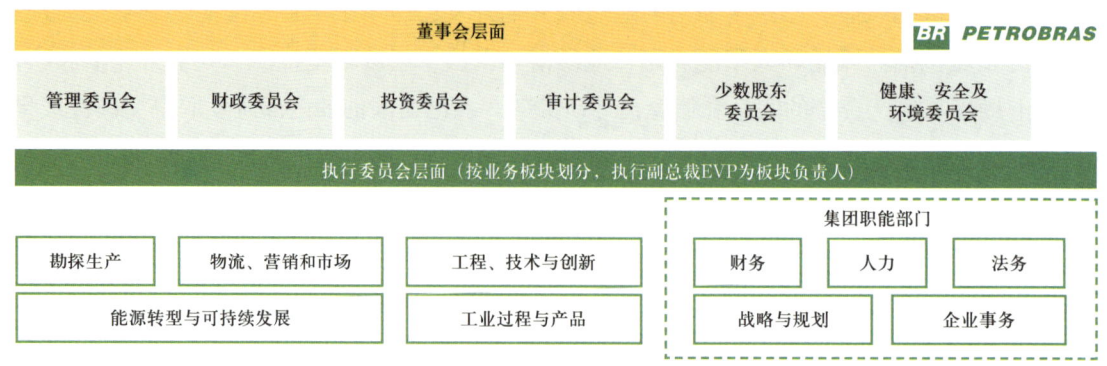

图3-76　2024年巴西国油组织架构示意图
根据巴西国油官网资料绘制

4）技术研发

为了打造公司独有的技术优势，巴西国油于1960年成立研究中心Cenpes，建立之初主要进行炼油技术创新，旨在为巴西国内市场提供充足的燃油；从20世纪80年代开始，Cenpes的研究重点逐渐转向深海油气勘探开发，并在深海油气开采技术领域取得了重大突破，为巴西在深海油气生产方面取得领先地位作出了重要贡献。如今，Cenpes已经开始探索高效环保技术及低碳新能源技术。目前，Cenpes的重点研究领域是生物燃料，开发以农业废弃物为原料生产第二代生物乙醇的技术，并通过小型试点项目推动这一技术的发展。此外，Cenpes还参与了利用植物油和动物脂肪生产生物柴油的试点项目。

为了加快研发转型，巴西国油通过其"创新连接"计划，积极推动开放式创新，与科技机构、大学、初创企业和不同领域的企业合作，共同解决低碳能源转型方面的挑战。该计划重点关注可再生能源、能源效率和减排解决方案，旨在通过创新合作帮助巴西实现净零目标，并推动公司能源转型。预计到2028年巴西国油将在技术创新方面投资36亿美元。

3. 能源转型成效

总体来看，巴西国油能源转型中减碳的目标正在稳步实现，并已经提前实现勘探与生产温室气体排放强度降低至15千克二氧化碳当量/桶油当量和上游甲烷排放强度降至0.25吨/百万热卡的目标。2015年至2023年，巴西国油的总运营温室气体排放量绝对值下降了41%，上游石油和天然气活动的总运营排放量（范围1和2）呈持续下降趋势，共减少了24%。与2018年相比，巴西国油2023年的空燃排放量下降了38%，有望到2030年实现零常规空燃（表3-33）。

表3-33　2022—2023年巴西国油能源转型成效

分类	领域	2022年	2023年
油气业务	油气产量（亿吨油当量/年）	1.34	1.39
可再生能源与低碳	可再生能源发电装机容量（吉瓦）	5.3	5.3
	CCUS项目回注规模（百万吨二氧化碳）	41	53.7

续表

分类	领域	2022 年	2023 年
温室气体减排	运行绝对排放量（百万吨二氧化碳当量）	48	46
	常规火炬燃烧（万立方米）	59	49
	勘探与生产中的温室气体排放强度（千克二氧化碳当量/桶油当量）	15	13.8
	炼油过程中的温室气体排放强度（千克二氧化碳当量/CWT）	37.9	36.8
	上游甲烷排放强度（吨/百万热卡）	0.25	0.22

注：根据巴西国油可持续与气候报告 2023 年数据绘制。

第四章

能源转型趋势展望与启示建议

在当前全球能源市场格局正在重塑的背景下，人口、经济、技术、政策等多重因素相互作用，共同塑造着能源发展的格局，推动着全球各国能源结构的调整，也深刻影响着石油公司能源转型战略的制定与实施。本章深入分析了未来全球能源转型的趋势，探讨了国际石油公司在能源转型中的趋势，并据此提出了对我国及我国石油公司能源转型的启示和建议。

第一节　全球能源转型趋势展望

一、人口因素驱动消费增长，油气保持基荷地位

人口数量和预期寿命增长促进能源消费量持续增长。据联合国《2024年世界人口展望》（UNFPA，2024），到2024年中期，全球人口已达82亿。近年来，由于人口出生率降低，全球人口年均增速已由21世纪初的1.5%降至1.1%左右，但即便如此，预计2040年全球人口将突破90亿，2080年中期达到103亿规模。人口数量的增长，将带来对能源需求的刚性增长。此外，从全球各国能源消费强度与人口预期寿命的图中可以看出（图4–1），发达国家如欧洲国家、美国、加拿大、日本、韩国等国家人口预期寿命较高，为80～85岁，人均能源消费量保持在约10吨标准煤/年以上的高位；发展中国家如中东地区的阿联酋、卡塔尔、阿曼等国家，人口预期寿命也接近80岁左右，由于其国内油气资源丰富，使得人均能源消费量已经达到或超过发达国家的水平；拉美地区、亚洲地区大部分国家的人口预期寿命近年也逐渐接近80岁左右，但能源的不足或人口众多，导致其人均能源消费量不足4吨标准煤/年；而人口预期寿命最低的非洲大部分地区基本在65岁以下，同时人均能源消费量不足2吨标准煤/年。随着人口预期寿命较低国家的经济发展、社会进步、生活水平不断提高，预期寿命将进一步增长，也会推动对能源需求的刚性增长。

净零情景下未来中长期油气仍将保持基荷能源地位。2024年，碧辟与埃克森美孚都发布了最新的能源展望报告（bp，2024；ExxonMobil，2024），虽然对未来能源消费结构预测差距较大，但即使在最快转型的净零情景下，2050年实现碳中和目标时，油气仍将贡献全球能源消费的1/4以上。碧辟在其展望报告中提出了当前轨迹与净零情景两种模式：在当前轨迹情景下，即假设全球能源政策、技术进步和经济发展维持当前趋势，到2050年，油气在一次能源消费结构中的占比达51%；而在更为积极的净零情景下，即全球共同努力实现碳中和目标，通过加速能源转型和采用低

碳技术，油气占比虽然有所下降，但仍然达到了27%。埃克森美孚能源转型报告中预测到2050年能源消费结构中，油气占比将达到54%。除碧辟与埃克森美孚外，多个机构和公司也发布了2050年一次能源消费结构的预测，IEA、EIA、IRENA等机构预测2050年油气消费占比较低，石油公司、欧佩克、日本能源经济研究所（IEEJ）等预测2050年油气消费占比较高，总体而言，不同的预测数据表明，即便是在最激进的情景下，油气仍将是未来能源消费结构中举足轻重的重要角色（图4-2）。

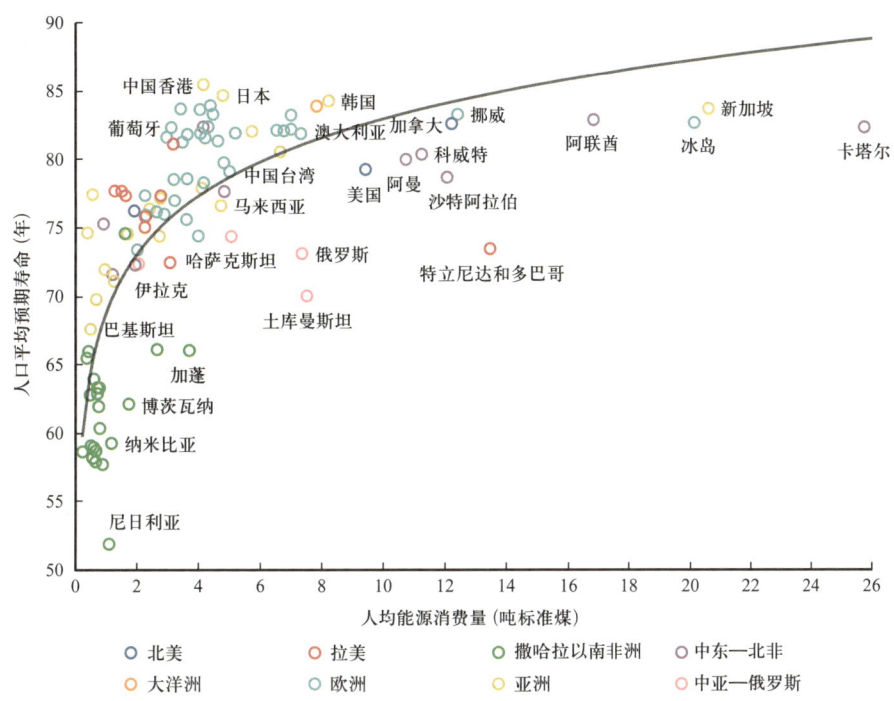

图 4-1 2023 年全球各国 / 地区能源消费强度与人口预期寿命

根据 EI、UM 数据绘制

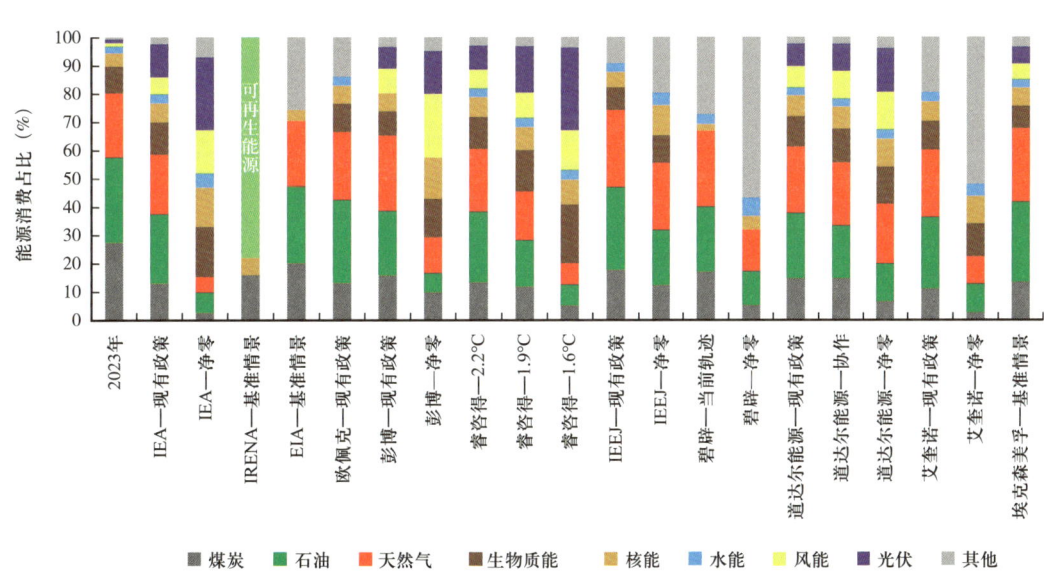

图 4-2 不同公司 / 机构对 2050 年一次能源消费结构分情景展望

根据 IEA、欧佩克、IEEJ、碧辟、道达尔能源、艾奎诺、埃克森美孚能源展望报告数据绘制

二、技术突破将持续提升可再生能源成本竞争力

清洁能源技术逐渐进入成熟期。一般而言，从技术的创新到商业化应用需要20～70年时间，风、光、锂电池等主体清洁能源技术的市场推广期可追溯到20世纪40年代，但真正的商业化应用则到了20世纪70年代至21世纪初（IEA，2020）。目前仍处于技术创新初期阶段的直接空气捕集、固态电池等清洁能源技术，虽然还面临技术挑战和市场风险，但技术创新的环境、技术创新的速度与以往相比大为不同，可以预见的是，这些最新的清洁能源技术从技术创新到市场推广，再到商业化应用，所需要的时间会更短（IEA，2024；图4-3）。另外，技术的创新与进步将持续提升清洁能源的成本竞争力。2020年全球新冠肺炎疫情以来，商品价格和物流成本都有所增加，导致光伏和风电平准化度电成本（LCOE）在2022年分别增长32%和23%（以2020年100为基准），在2023年分别增长5%和7%，但同时技术的进步抑制了上涨幅度，对2022年、2023年光伏和风电的LCOE增幅的抑制作用分别约为9%和4%（IEA，2004；图4-4）。

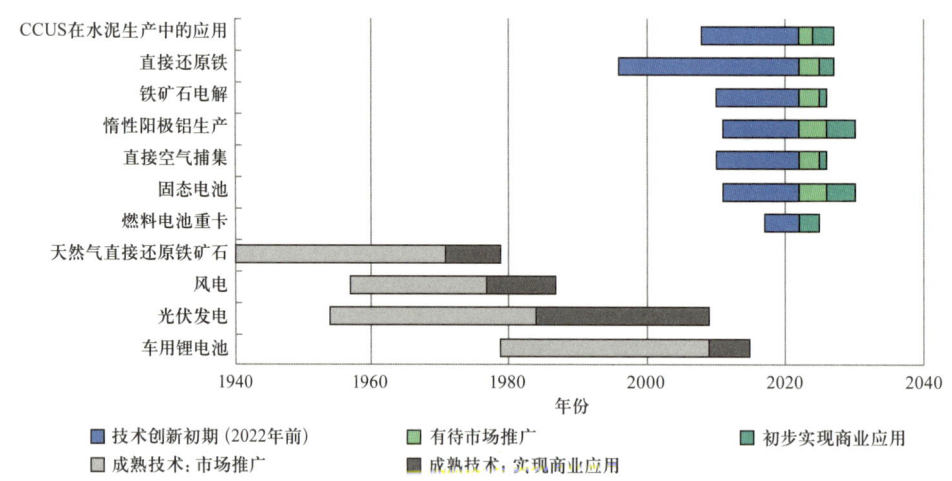

图4-3　清洁能源技术推广应用时间

根据IEA数据绘制

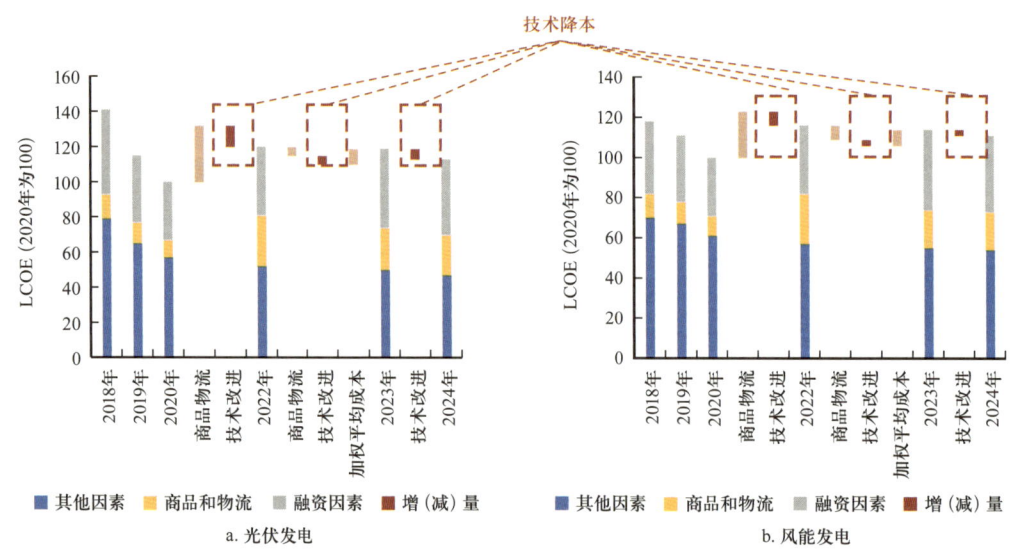

图4-4　光伏及风能发电平准化度电成本变化

根据IEA数据绘制

三、政策激励与压力并存，成为转型主要驱动力

截至2023年底，全球已有151个国家设定了实现净零排放的目标（见附表4；World Bank，2024）。随着全球范围内对气候变化和能源转型问题的日益重视，各国政府将继续出台和实施有关政策和措施，带动能源产业内部的博弈和调整，推动清洁能源的发展和应用，促进能源结构的优化和调整。目前全球已有39个国家实施碳定价机制。碳定价机制是指对温室气体排放以吨二氧化碳当量为单位给予明确定价的机制，包括碳税、碳排放交易体系（European Union Emission Trading Scheme，ETS）、碳信用机制和气候金融（Result-based Climate Finance，RBCF）等。目前，实施碳定价机制的国家涵盖了约128亿吨二氧化碳当量的温室气体排放，约占全球的24%。2024年，全球各国碳交易机构的价格在0.61~61.3美元/吨二氧化碳当量之间，其中欧盟最高（图4-5），另外加拿大和中国除了全国性的碳交易机构外，还有各省份的碳交易机构。全球各国碳税价格在0.76~167.17美元/吨二氧化碳当量之间，乌拉圭的碳税最高，瑞士、列支敦士登、瑞典、挪威、芬兰、荷兰等欧洲国家碳税价格相对较高，在70~140美元/吨二氧化碳当量之间（图4-6），另外加拿大和墨西哥除了全国性的碳税，也保留了一些地方碳税。近年来，部分地区/国家加大了碳定价机制相关政策的出台，如2023年5月欧盟碳边境调节机制生效，印度尼西亚在2023年9月成立碳交易所，澳大利亚针对污染最严重行业更新碳定价机制，英国宣布将在2027年引入碳税。碳定价机制相关政策的出台与实施为清洁能源的发展提供了更为广阔的市场空间和政策支持，可以引导企业和个人减少碳排放，提高能源利用效率，从而推动能源结构的优化和转型。

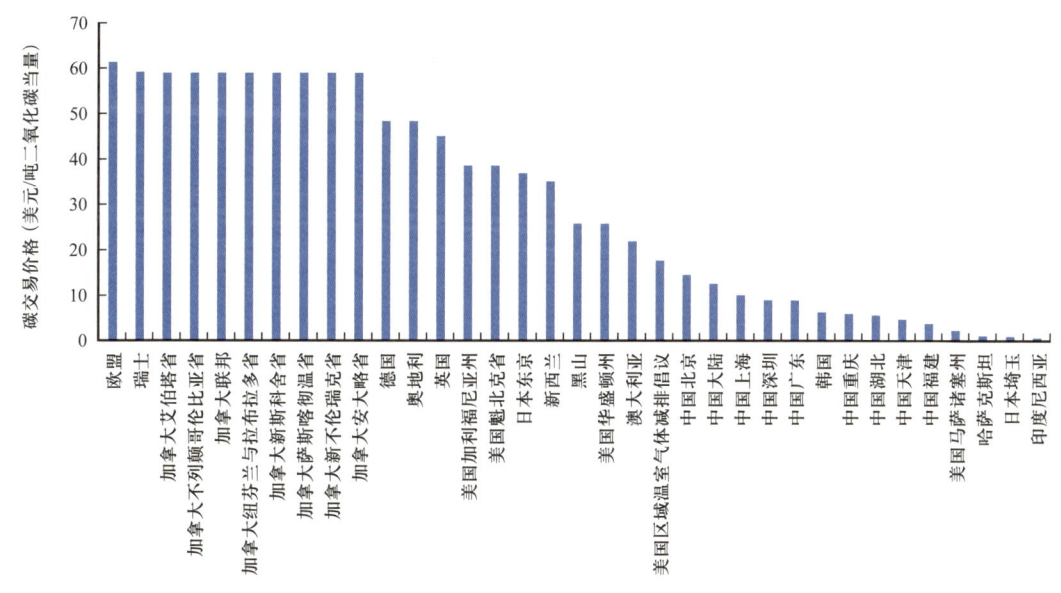

图4-5　2024年全球部分国家和地区碳交易价格
根据世界银行数据绘制

四、应对气候变化挑战，各国加快调整能源结构

在当今全球气候变化的严峻挑战下，碳中和已成为国际社会的共识和行动指南。各国纷纷将碳中和作为远景目标，以此为导向制定能源转型战略，力求通过调整能源结构、提高能源利用效率、发展清洁能源等方式，实现碳排放的大幅减少。这些战略的实施，有助于应对全球气候变化问题，

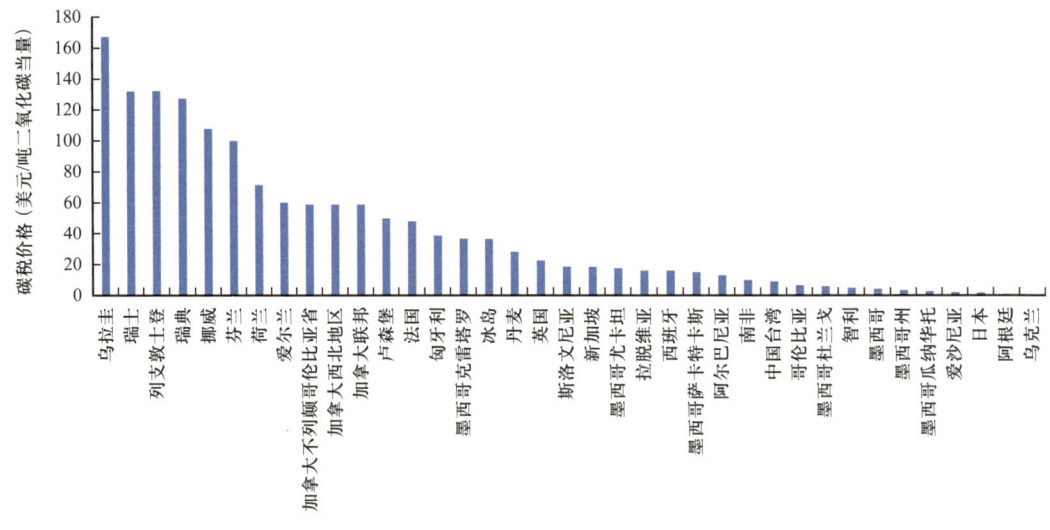

图 4-6　2024 年全球各国/地区碳税价格
根据世界银行数据绘制

并推动能源产业的转型升级和高质量发展。在能源转型的过程中，各国既注重能源系统的稳定性，又兼顾经济性、抗风险性，以确保能源转型的顺利推进和对能源安全的保障。对于消费国而言，能源的稳定供应是经济社会发展的基础，因此更加注重通过多元化能源供应、加强能源储备、完善能源市场体系等方式，提高能源系统的稳定性和抗风险性。同时，还积极推动能源利用效率的提高和清洁能源的发展，以降低能源成本和环境压力（王利宁等，2021）。对于生产国而言，能源产业的可持续发展是实现国家经济繁荣和社会稳定的关键。因此，在能源转型的过程中，生产国注重通过技术创新、产业升级、市场拓展等方式，提高能源产业的竞争力和可持续发展能力。优化能源消费结构是实现碳中和目标的重要途径。各国纷纷通过控制能源消费总量、提高清洁能源消费占比等方式，推动能源消费结构的优化升级。德国、中国、日本等国家在优化能源消费结构方面取得了显著成效（国务院新闻办公室，2020）。这些国家通过制定严格的能源政策、推广节能技术和产品、发展可再生能源等方式，实现能源消费总量的有效控制和清洁能源消费占比的显著提高。细化升级能源产能目标是实现碳中和目标的重要保障。英国、美国、印度等国家在细化升级能源产能目标方面取得了积极进展。其中，可再生电力和氢能的发展尤为引人注目。可再生电力作为清洁能源的重要组成部分，具有资源丰富、分布广泛、环境影响小等优点。氢能作为一种清洁、高效、可再生的能源形式，具有广阔的应用前景和市场潜力。总体而言，各国基于清洁能源的资源禀赋，差异化制定符合自身发展的能源转型目标和路径，积极推动能源结构调整，向碳中和目标迈进。

第二节　石油公司能源转型趋势展望

为适应气候变化和碳减排要求，国际石油公司均加速低碳新能源战略调整，其能源转型发展路径与方式差异逐渐凸显，欧洲石油公司曾作为能源转型的急先锋，转型长期目标未变，但短期内策略有所调整，重新聚焦油气领域；美国石油公司能源转型步伐较为稳健，双方在战略目标、投资布局、关键领域、技术成本等方面均表现出差异性。本节分析了国际石油公司能源转型趋势，并对业务布局等特点进行展望。

一、以油气为代表的化石能源重新受到重视，务实转型成为业界共识

虽然欧美石油公司转型差异化明显，但经历了经济下行、汇率波动的2023年，务实转型已经成为业界共识。乌克兰危机、中东地区冲突等地缘政治事件，不断对能源市场造成巨大冲击，让能源安全问题被提到新的高度。同时，2023年国际油价中高位震荡，WTI年均油价保持在77.6美元/桶，布伦特年均油价保持在82.5美元/桶的水平，给国际石油公司带来了巨大的利润，虽然业绩不及2022年的创纪录水平，但仍表现亮眼。对能源安全问题的担忧和对高昂油气收入的追求，让各大石油公司重新聚焦油气上游业务。

欧洲石油公司已经作出能源转型承诺，长期转型目标不变（见附表5），但短期内将重新聚焦油气，保证业绩增长。美国石油公司始终坚持传统油气在其能源结构中的核心地位，采取盈利优先型发展模式。2023年，国际石油公司新增投资主要用于油气上游领域，上游资本支出占总支出的比重普遍维持在70%以上，扭转了2014—2021年上游投资持续下降的局面。具体而言，欧洲的石油公司中，碧辟于2022年回调油气产量的削减目标，2023年上游投资额回升9%，提出油气在未来15~20年内仍将继续在全球能源系统中发挥重要作用，碧辟首席执行官默里·奥金克洛斯（Murray Auchincloss）承诺将重新重视油气业务的发展，采取"更务实"的方法实现"由国际石油公司向综合能源公司转型"的目标；壳牌放慢了从传统业务转型、投资可再生能源的计划，宣布将致力于扩大预计回报最高的石油、天然气和液化天然气业务规模；埃尼则致力于通过扩大天然气在生产结构中的占比实现温和的转型，计划在2024—2027年投入22.5亿美元，将油气总产量提高到3亿吨油当量/年，其中天然气占比达60%以上，2040年后超过90%。

美国石油公司和其他地区国家石油公司一直被认为能源转型的步伐是相对保守的（见附表5）。美国能源部长詹妮弗·格兰霍姆指出，在可预见的时期内，世界需要传统能源和新能源来确保供应安全。美国石油学会主席麦克·苏默指出，现在要考虑的不仅是能源转型，还需要可靠性、韧性和可承受性。埃克森美孚预计到2050年，石油和天然气仍占世界能源结构的50%以上，雪佛龙将生产低碳排放强度的原油、石油产品和天然气作为长期战略。埃克森美孚和雪佛龙仍保持高强度的上游资本支出，且于2023年先后宣布对北美独立石油公司先锋自然资源和赫斯公司进行收购，金额分别超过600亿美元和530亿美元，创下21世纪石油公司收购金额新高。而国家石油公司方面，中东的国家石油公司和中国的国家石油公司积极探索能源转型，但保障稳定可承受的能源供应是这些石油公司的首要任务。沙特阿美CEO阿敏·纳瑟尔指出，之前激进的能源转型正在经历失败，彻底摆脱石化能源的愿景是"幻想"。化石能源与新能源要均衡发展，保障国家能源安全是国家石油公司的一致观点。

二、低碳与新能源布局重点分化，区域将更倾向于本土与政策红利区

美国和欧洲石油公司的能源转型投资布局出现了明显的分化，受到本土自然资源优势和政策激励的影响，美国的石油公司更倾向于投资和发展CCUS等低碳解决方案，而欧洲的石油公司则倾向于发展风电光伏等清洁电力。

得益于丰富的政策激励，美国石油公司的CCUS布局保持全球领先地位。2020年，美国通过《2020年能源法案》，计划在2021—2025年间投入超过60亿美元用于CCUS相关研究。2021年，

美国发布45Q税收抵免最终法规，根据二氧化碳捕集和封存量计算抵免额，补贴金额显著增加。2022年美国通胀消减法案为45Q税收抵免提供了重要的更新。此外，《碳捕集现代化法案》《碳捕集、利用和封存税收抵免修正法案》《为我们的能源未来融资法案》等系列政策的出台，为进一步推动CCUS产业的发展起到了积极作用。据彭博新能源财经（BNEF）的预计，到2035年，美国将占据全球40%的CCUS市场份额，继续保持其碳捕集市场领头羊的地位。同时，得益于政策的支持，以埃克森美孚为主的美国石油公司对CCUS的部署更加积极，预计未来规模高达1.7亿吨二氧化碳/年，遥遥领先于欧洲的石油公司（图4-7）。

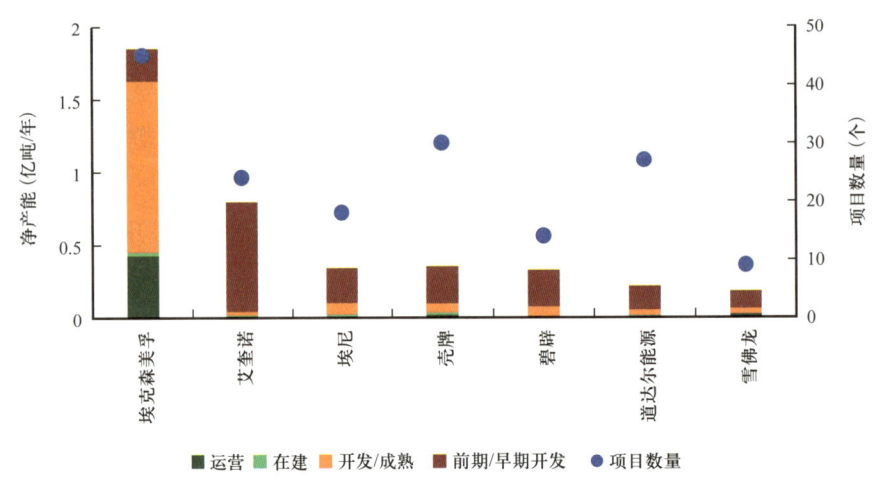

图4-7　2023年七大国际石油公司CCUS净产能
根据Wood Mackenzie数据绘制

欧洲丰富的海上风力资源和风电、光伏等相关政策，是欧洲石油公司推进能源绿色转型的关键。风电方面，欧洲的海上风电开发主要集中在北海周边的成熟市场，2023年商议通过的《奥斯坦德宣言》提出，到2030年将北海附近国家的海上风电装机容量提高到120吉瓦，2050年提高至300吉瓦以上，目标是到2050年将北海打造成"欧洲最大的绿色能源基地"。同年，欧洲还出台了《欧洲风电行动计划》《促进欧洲海上可再生能源发展》等多项政策推动欧洲海上风电的发展。得益于欧洲得天独厚的地理优势和政策支持，欧洲石油公司加速布局海上风电蓝图。2023年，艾奎诺的Dogger Bank风电场首次发电，该风电场是世界上最大的海上风电场，项目位于北海海域，装机容量高达3.6吉瓦。同年，碧辟与合作伙伴德国能源公司共同开发爱尔兰海域的Morgan和Mona项目以及苏格兰北海的Morven项目，这些项目装机容量高达6吉瓦。光伏发电方面，欧盟于2022年通过《太阳能战略》，2024年通过《欧洲太阳能宪章》，全力支持欧洲本土太阳能制造业。同时，欧盟还通过复苏和复原力基金、创新基金、现代化基金等支持光伏制造项目。2023年，碧辟宣布收购全球太阳能开发领域的重要企业Lightsource bp剩余的全部股权；清洁能源研究机构Mercom公布的2023年全球十大领先的太阳能开发商中，道达尔能源以41.30吉瓦的运营、在建和中标项目产能位列第一名。

三、低碳与新能源投资保持持续上涨，投资类型更加集中于关键领域

根据彭博新能源财经发布的《2024年能源转型投资趋势》报告预测，由于2022年以来全球大

宗商品价格上涨带来充足的现金流，石油天然气行业 2023 年的资本支出总额大幅上涨至 4110 亿美元，达到 2015 年以来的最高水平，但能源转型行业投资总额仅为 268 亿美元，较 2022 年下降 17%，为 2020 年来最低水平。然而，七大国际石油公司的低碳与新能源投资总额持续上涨，达 182 亿美元，其投资类型更加集中于可再生能源发电、生物燃料、CCUS、氢能及交通电气化这五大关键领域（图 4-8）。

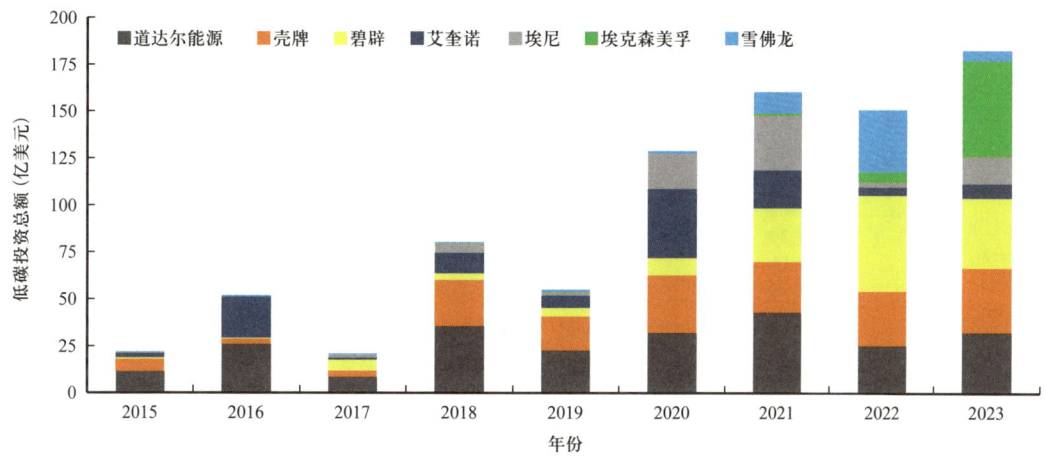

图 4-8　2015—2023 年七大国际石油公司低碳投资总额
根据 BNEF 数据绘制

在可再生能源发电方面，2023—2028 年，七大国际石油公司在可再生能源发电领域的投资规模将达到 518 亿美元，占能源转型总投资的 31%，且投资主体为欧洲地区的石油公司（图 4-9），项目类型以海上风电、陆上风电和光伏发电为主，其次是生物质能/生物燃料及 CCS/碳汇，分别占投资总额的 16% 和 15%。生物质能/生物燃料与石油行业之间拥有显著的协同效应，炼油厂通过改造可以转而生产生物燃料，目前，所有业界巨头都已经制定了明确的计划，以扩大其在生物燃料领域的业务规模：雪佛龙计划到 2030 年将其可再生燃料产能提高到 450 万吨/年；碧辟计划到 2030 年将沼气供应量增加到约 320 万吨/年，并将生物燃料产量增加到约 450 万吨/年；埃尼计划到 2026 年生物燃料产能超过 300 万吨/年，到 2030 年超过 500 万吨/年。

氢能作为与油气业务结合较为紧密的能源品种备受青睐。艾奎诺计划到 2035 年将氢能应用到三至五个主要的工业集群中；壳牌提出到 2030 年实现在全球绿氢销售中占据两位数市场份额的目标；道达尔能源力争成为全球清洁氢能的大型生产商；埃克森美孚计划于 2040 年前在氢能市场占据领先地位；雪佛龙计划在 2028 年前向 CCS、氢能等低碳业务投资 100 亿美元。氢能已经成为各大石油公司未来发展的重要方向（程诺等，2023）。

交通电气化转型也是七大国际石油公司发展的重点。交通一直是主要的石油消费领域，作为传统燃油车的替代，电动汽车的发展将渐进冲击石油消费，布局电动汽车充电网络，发展电动汽车充电技术也是七大国际石油公司的转型方向之一。同时，随着电气化投资规模不断扩大，用于电池生产的金属锂需求增加，直接锂提取（DLE）技术快速发展。埃克森美孚、雪佛龙、艾奎诺等石油天然气巨头也开始积极探索锂矿开发，以满足交通电气化转型的需求。

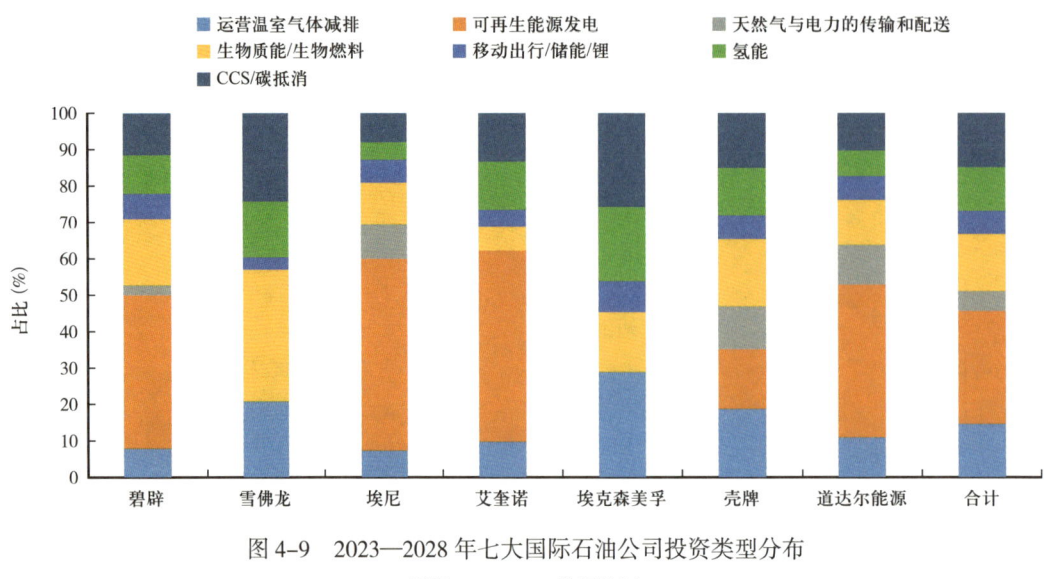

图 4-9　2023—2028 年七大国际石油公司投资类型分布

根据 S&P Global 数据绘制

四、低碳与新能源盈利能力弱，有待技术进步与规模化发展降低成本

如本章第一节论述，技术进步显著推动了太阳能光伏和风电成本的降低，但并非所有能源转型技术都具备大规模商业化的经济性。彭博新能源财经在其 2024 年的新能源展望报告中指出，九大技术将决定低碳转型的成败：新能源汽车、风电和光伏、电池储能技术、核电技术、碳捕集技术、清洁氢技术、可持续航空燃料技术、电网技术和热泵技术。目前，只有新能源汽车、可再生电力、储能和电网技术相对成熟且具备商业化推广的条件。相比之下，CCUS、氢能、可持续航空燃料和热泵技术目前尚不具备成本竞争力，也未能实现大规模商业化推广。另外，大型集中式的光伏、风电项目等因前期投资相对较大，受电力市场以及传统化石能源价格波动影响大，即便是能有一定的稳定收益，但投资回收期相对较长，大型光伏发电项目投资回收期为 7~10 年，陆上风电项目投资回收期为 7~12 年，海上风电项目投资回收期要更长一些。目前，CCUS 与氢能也是国际石油公司布局低碳与新能源业务的重点，CCUS 产业集群化趋势越发明显（窦立荣等，2023），但气源、成本、价格等问题，依然是石油公司开展 CCUS 商业化利用必须克服的巨大障碍。而氢能发展所面临的挑战则更大，根据国际能源署 2024 年发布的氢能研究报告，全球多个氢能项目面临延期和取消，主要原因包括需求信号不明确、融资障碍、激励措施不到位、监管不确定性、许可问题以及运营挑战等。未来，石油公司的低碳与新能源项目盈利能力的提升，不仅需要政策的持续支持，更重要的是需要通过技术的进步、业务的规模化发展，促进成本的进一步降低。

第三节　能源转型相关启示建议

自党的十八大以来，面对中国式现代化的推进和全球能源低碳转型的大趋势，习近平总书记创造性地提出了"四个革命、一个合作"能源安全新战略，并多次强调必须加快构建新型能源体系，推进能源的源网荷储一体化发展，加速风能、太阳能、核能等清洁能源的利用，并实现传统能源与新能源的多能互补和深度融合。本节借鉴国际石油公司的成功经验，并结合我国能源转型的复杂竞争态势以及能源供应的基本国情，提出了对我国及我国石油公司能源转型的启示和建议

一、因时而谋应对挑战，加快推进新型能源体系建设

近年来，在能源安全新战略指导下，我国煤、油、气、核、水、风、光等全面发展的能源供给体系基本形成，能源供给能力不断增强，但作为全球最大的能源生产国、能源消费国以及温室气体排放国，实现能源绿色转型、达成双碳目标依然面临内外部的挑战。外部挑战包括：一是全球气候危机加剧，极端天气频发，对人类经济社会的发展带来严重威胁。我国提出二氧化碳排放力争 2030 年前达到峰值，力争 2060 年前实现碳中和的目标，作为最大的发展中国家以及应对气候变化的重要力量，双碳目标履约实施成为全球关注的焦点。二是国际地缘政治形势日趋复杂，乌克兰危机、中东变局等事件加剧了全球能源供需格局重构、能源市场震荡，冲击全球能源供应链产业链稳定，能源安全成为各方普遍关注的问题，对我国能源供应和贸易格局也产生了显著影响。三是中美关系陷入困境，美国对华经济制裁、技术封锁在一定程度上使中国的能源转型进程受阻。从内部挑战看，我国基本国情和发展阶段，以及富煤、油气不足的资源禀赋使能源发展仍面临需求压力巨大、供给制约较多、绿色转型任务艰巨等一系列挑战（戴厚良等，2022）。

目前，能源发展呈现多元竞合态势，还没有任何一种新能源表现出能以绝对主导地位满足消费需求的趋势（金之钧等，2024），而能源绿色低碳转型也是一个长期过程，传统能源逐步退出，一定要建立在能源供应安全、新能源有序替代基础上。在我国能源转型中，一方面需要国家层面进一步加强政策引导，通过技术创新、产业升级、国际合作、健全能源管理体系等方式强化化石能源的清洁高效利用，强化化石能源与可再生能源在时间、空间和功能上的协同互补；另一方面要加快能源，特别是以电网、储能等为主的新能源基础设施网络建设，健全电力市场建设体系和电力交易体系，打破跨省跨区电力交易存在的市场壁垒，不断提升可再生能源的规模利用，提高能源供应的稳定性和可靠性，加快推进清洁低碳、安全高效的新型能源体系建设（邹才能等，2024）。

二、依靠科技创新与政策引领，推动能源行业优质发展

科技创新是传统油气行业和新能源行业实现"质"与"量"的转变的关键驱动力，国家战略引领与政策支持是行业绿色转型发展的重要保障。在传统油气领域，近年来我国油气行业聚焦"两深一非"（即深层—超深层、深海、非常规）领域持续加大科技投入与协同攻关力度，取得多项突破性进展，成为推动我国油气增储上产的核心动力，包括通过地质理论、技术、设备的集成创新，推动陆上深层—超深层勘探开发获得重大突破，中国石油发现了全球陆上最深的海相碳酸盐岩油田——富满油田，先后在塔里木、四川盆地开钻两口万米科探井；深海领域持续提升海洋工程和装备制造水平，推动海洋勘探开发迈上新台阶，中国海油建造的"海基二号"深水导管架平台并自研海洋地震勘探拖缆采集装备"海经"系统，首次完成超深水海域地震勘探作业（常毓文等，2024）；通过加强地质工程一体化攻关，不断完善页岩油配套技术工艺，中国石油新疆吉木萨尔、大庆古龙国家级页岩油示范区、中国石化胜利济阳页岩油国家级示范区建设与生产稳步推进；2023 年全国页岩油产量突破 400 万吨再创新高，成为原油稳产重要接替；通过持续深化成藏规律认识，创新发展

页岩气水平井优快钻井及体积改造、复杂山地工厂化作业等关键技术，中国石化、中国石油建成涪陵、长宁—威远和昭通等国家级海相页岩气示范区（聂海宽等，2024）；并向深层及新区新层系持续拓展，2023年全国页岩气产量250亿立方米，较2018年增加130%。在低碳新能源领域，油气工业上游领域持续攻关有利于发挥自身优势、符合自身特色应用场景的新能源融合发展及碳减排技术，在地热、生物质能、氢能、储能、海上风电、CCUS等多个领域均取得系列技术进展，为油气行业绿色发展提供了强有力的支撑。在CCUS领域，中国石油结合油田提高采收率应用场景，创新发展了以提高原油混相程度和扩大波及为核心的陆相沉积油藏二氧化碳驱油与封存开发理念，形成了涵盖井网井距优化、水气交替、注采耦合和化学封窜的二氧化碳驱油与封存油藏工程设计技术。在可再生能源制氢领域，中国石化在高效率电极催化剂材料、电解槽系统优化、氢电耦合系统、大规模大容量制氢装置、固体氧化物电解制氢技术、太阳能光解水制氢技术等领域取得系列创新成果。在海上风电领域，中国海油发挥海洋油气工程技术、作业经验及应用场景优势，建成我国首座深远海浮式风电平台——海油观澜号，其装机容量达7.25兆瓦，这为深远海油气勘探开发用能清洁替代提供支撑（窦立荣等，2024）。

下一阶段，一是应继续发挥举国体制优势，持续加大油气勘探开发领域科技投入与协同攻关力度。重点推进油气产能建设项目配套的低成本太阳能光热利用、油气田储能（电和热）技术、分布式微电网和综合能源智慧管控等领域技术攻关（国务院新闻办公室，2024）。二是在研发模式方面，积极借鉴国际石油公司开展联合式低碳技术研发的经验，鼓励油气企业、新能源企业、研究机构、高校等成立技术创新联合体，共享资源、共担风险、共享利益，提升科技创新的时效性与支撑性。三是要做好关键技术创新统筹规划，兼顾保持当前竞争力的核心技术发展，同时提前谋划布局、积极培育满足新型能源结构需求、支持能源行业高质量可持续发展的潜力技术（窦立荣等，2024）。

三、提升油气保障能力，加大国内外油气勘探开发力度

1. 加大国内油气勘探开发力度

能源安全是关系国家经济社会发展的全局性、战略性问题。近年来，我国能源安全稳定供应能力稳步增强，能源自给率稳中有升，但油气一直是能源安全的短板。2023年，我国一次能源消费总量为57.2亿吨标准煤，能源自给率达85.6%；煤炭、石油、天然气、非化石能源消费占比分别为55.3%、18.3%、8.7%和17.2%。其中，石油消费量7.56亿吨，对外依存度为72.4%，天然气消费量3917亿立方米，对外依存度为42.3%；石油与天然气对外依存度自2018年分别突破70%和40%，并维持至今（国家统计局，2024）。中短期内，我国石油和天然气消费量仍将持续增长，国内外多家机构预测碳中和背景下，2030年、2060年油气在我国一次能源消费中占比仍将分别达30%和15%，原油自给率长期保持在30%左右，天然气自给率保持在50%左右。不断提升油气供应保障能力，端稳能源饭碗，守住安全底线，需坚定不移加大国内外油气勘探开发力度。其一，要强化顶层设计，做好油气发展战略研究。总结近年来国内油气增储上产成功经验，围绕未来油气勘探开发重点领域，研究制定油气中长期增储上产发展战略。其二，要加大油气勘探增储力度，夯实资源基础。深入推进新一轮找矿突破战略行动，强化综合地质研究，加大技术攻关，加强风险勘探，突出高效勘探，实施集中勘探，深化成熟探区精细勘探，努力获取整装规模优质储量。其三，

要突出油气田高效开发，推动产量快速增长。原油开发突出新油田快速规模建产，有效动用探明未开发储量，推动页岩油上产，老油田强化控递减和提高采收率，发挥压舱石作用，确保原油产量长期稳产。天然气开发聚焦深层/超深层、致密气、页岩气等领域，加快突破深层煤岩气，加强前期评价、优化方案部署，推进整装气田集中高效规模建设，支撑天然气产量快速增长。

2. 加快"走出去"的步伐

海外油气勘探在保障国家能源安全方面发挥着重要作用，而地缘政治冲突加剧、资源国财税政策趋紧、气候治理意识不断增强等外部因素，以及勘探区块面积不断萎缩、项目自然递减和合同到期、新项目补充不足等内部因素将影响中国油公司海外油气权益产量。为推动海外油气业务高质量发展，一是要以能源外交为引领，持续深化"一带一路"沿线国家/地区，特别是我国油气进口国、跨境油气管道所在国的油气合作，打造能源互利共赢的共同体；二是要抓住未来十年窗口期，大力获取规模优质勘探开发新项目。获取油气新项目仍将是国际石油公司维持产量规模与利润来源的重要方式。而目前陆上规模优质新项目缺乏，海域已进入深水大发现高峰期，深水及天然气规模优质资产争夺日趋激烈，错过未来十年窗口期将很难再获得新的规模优质新项目；三是要结合国际政治经济形势、全球剩余资源分布、公司资产现状及技术优势，构建规模油气产区，提升资产集中度，夯实油气供应基础（窦立荣等，2023）。

四、着力能源结构调整，打造适应能源转型的发展韧性

石油公司转型战略的核心是通过优化投资结构与资产结构，推动能源产量结构调整，抵御内外部风险，增强发展韧性。转型路径上，国际石油公司突出效益与转型的协同，设立了推进业务重构的转型路径；国家石油公司突出安全与转型的协同，设立了探索融合发展的转型路径。在调整投资结构方面，国际石油公司基于能源结构及油气绝对消费量的基本判断和信心，调整油气与低碳新能源投资的相对规模，在符合能源转型战略、具有盈利能力、可提高竞争优势的低碳新能源领域持续加大投资。2023年，七大国际石油公司油气投资同比平均增幅19%；低碳新能源投资也由2020年的66亿美元增至200亿美元（窦立荣等，2024）。在低碳与新能源业务类型选择上，欧洲国际石油公司重点布局海上风电、光伏、氢能、低碳燃料业务；美国国际石油公司重点布局低碳燃料、氢能、CCUS等业务；国家石油公司重点布局以CCUS为主的生产运营中碳减排和低碳燃料业务。此外，国际石油公司以效益为目标持续优化油气资产结构，以埃克森美孚和雪佛龙为代表的国际石油公司，通过"大额并购+主动剥离"方式优化资产组合，确保较高投资回报率。在应对转型风险方面，道达尔能源等一体化跨国公司，利用业务类型和区域布局多元化、价值链完整性等优势，加强成本管理，促进资产组合盈亏平衡成本满足接近净零成本的韧性需求。

我国石油公司需基于能源转型目标，持续加大在具有优势的低碳与新能源领域的投资力度，充分发挥一体化优势，打造低碳、低成本油气资产组合，增强油气资产抗波动性和低碳与新能源业务的盈利性，满足多元化的能源市场需求，实现可持续发展的新质生产力。同时，既要坚持国内增储上产，也要抓住国际石油公司资产调整、资源国石油公司国际化需求等机会，积极获取海外优质资产，可参股或并购油气和低碳项目，通过多种能源项目的长期合作，强化与重点资源国的联系、深化与领先国际石油公司之间的合作，为进一步打造综合能源资产组合创造机会。此外，为保障能源

转型的顺利进行，需要强化低碳和新能源技术与商业模式创新。一方面，我国石油公司可合理采用不同方式培育技术能力，对发展前景好、具备优势的技术以自主研发为主，对发展前景好、不具备优势的技术以联合研究为主，对技术成熟但不具备优势的技术，以合资/并购和风险投资为主。另一方面，需要以创新商业模式为手段，拓展油气—风光电、油气—CCUS、油气—氢能、油气—伴生资源等"1+N"综合能源业务。

五、前瞻布局伴生资源，实现资源利用效率与效益提升

近年来，国际石油公司逐步开始涉足伴生资源领域，通过投资、收购、合作等多种方式，超前储备各类伴生资源项目及勘探开发技术。油气伴生资源种类多样且储量丰富，目前已发现的油气伴生资源主要有油田地热、砂岩型铀矿、富钾/锂卤水、氦气、硫化氢、天然氢等。这些伴生资源不仅可以提高油气开发的资源利用效率，还具有良好的经济价值。

在锂资源方面，埃克森美孚2023年购得阿肯色州南部485平方千米富锂土地勘探权，使用油气钻探技术从地下3000米储层中获取富锂盐水后，采用直接锂提取（DLE）技术直接提取锂，同时埃克森美孚与加拿大E3锂公司合作，尝试在加拿大勒杜克油田测试DLE技术，与全球最大锂生产商雅保公司，以及特斯拉、大众、福特等汽车制造商和SK On等知名电池制造商，就锂的供应进行业务洽谈。道达尔能源2016年收购法国电池制造商帅福得，2023年在比利时启动欧洲最大锂电池储能项目。艾奎诺2021年入股法国锂业公司，2024年5月收购Standard Lithium公司在美国得克萨斯州和阿肯色州两个锂项目45%的权益（韦英姿，2023）。除国际石油公司纷纷布局锂矿资源外，国家石油公司也积极介入，沙特阿美和阿布扎比国家石油公司尝试从油田卤水中提取锂，巴西国家石油公司对玻利维亚富锂岩滩兴趣浓厚，并着眼于工业规模项目，阿根廷国家石油公司在该国东部勘探锂矿，并计划建造锂电池制造厂。在天然氢方面，2023年10月，巴西国家石油公司投资2000万雷亚尔（约369万美元）对在巴西开采天然氢的可行性和相关技术进行研究；碧辟、雪佛龙、巴西国家石油公司等8家石油公司加入了由美国地质调查局和科罗拉多矿业学院创建的天然氢研究联盟。2024年，美国参议院召开听证会审查与美国开发天然氢相关的机遇与挑战问题，同年，法国油服公司CGG启动全球天然氢筛选项目，以期引领全球天然氢勘探。在氦气方面，除俄罗斯外，全球其余国家氦气资源分配的话语权基本由美国资本掌握。国际氦气供应实行配额制，现有氦气产量由埃克森美孚（北美最大氦气生产商）、空气化工产品、法国液化空气、德国林德等几个国际气体公司通过长期贸易协议完成额度分配。埃克森美孚是北美最大的氦气生产商，在卡塔尔液化天然气生产中氦气产品也具有一定的权益，而其位于怀俄明州的LaBarge工厂提供了全球20%的氦气，且其氦气剩余储量仍够维持80年开采。俄气、卡塔尔能源和阿尔及利亚国家石油公司也在积极新建天然气提氦工厂，扩大产能。

我国石油公司应加快天然氢、氦气、锂等伴生资源潜力及分布规律研究，做好相关论证和技术储备。天然氢方面，全球勘探开发尚处于早期阶段，其勘探主要基于当前油气勘探的策略和技术，辅以矿产资源勘探和地热资源勘探的技术方法，可立足现有海外油气项目，开展全球天然氢资源普查，明确资源潜力及开发利用前景，并加强与国际石油公司、天然氢勘探开发公司、研究机构的合作，做好相关技术储备。氦气方面，要加强全球油气与氦气资源协同评价与超前优选，可聚焦非洲

地区，发挥"一带一路"优势，加强非洲油气与氦气资源的协同评价，积极推进优质新项目的获取。卤水锂方面，积极谋划境外布局，推动锂资源产业链建设，可重点关注南美洲、非洲等锂资源丰富的国家和地区，落实锂资源投资相关政策和法律法规，推动公司海外锂资源布局；积极与国内外锂矿巨头合作，通过联合研究、参股、并购等方式占据上游优势资源，降低投资风险，加速推动卤水提锂技术的工业化应用。

参考文献

毕梦瀛，谢佳宁，2023-04-26.拉美国家积极发展可再生能源［N］.人民日报.

毕珍珍，2019.日本的"氢能源基本战略"与全球气候治理［J］.国际论坛，21（2）：140-154+160.

毕珍珍，2024.日本气候安全政策及对我国的启示［J］.长沙理工大学学报（社会科学版），39（3）：107-114.

财经杂志，2023.闹气荒的为什么总是河北［EB/OL］.https：//news.qq.com/rain/a/20230206A06MXW00.

曹灿，侯博文，2023.海湾国家能源转型探析［J］.国际工程与劳务（12）：59-62.

常毓文，王小林，2024.深海深地取得创新突破 油气增储上产不辱使命［J］.国际石油经济，32（1）：42-44.

陈敏曦，2017.巴西水电发展现状［J］.中国电力企业管理（5）：90-93.

陈新，杨成玉，2022.欧洲能源转型的动因、实施路径和前景［J］.欧亚经济（4）：55-74+126.

陈运森，2021.欧盟意欲引领世界"绿色化"转型［EB/OL］.https：//www.ciis.org.cn/yjcg/sspl/202103/t20210317_7813.html.

程诺，曹勇，2023.国际石油公司氢能业务发展趋势及其启示［J］.石油石化绿色低碳，8（2）：15-20.

寸雨琳梓，2024.公正能源转型的国际合作法律机制研究［D］.昆明：云南财经大学.

戴厚良，苏义脑，刘吉臻，等，2022.碳中和目标下我国能源发展战略思考［J］.石油科技论坛，41（1）：1-8

迪拜商会中国创新中心，2023.卡塔尔：2030太阳能发电占电力结构30%，以实现可持续能源转型［EB/OL］.https：//baijiahao.baidu.com/s？id=1777832049497628839&wfr=spider&for=pc.

董芮，2023.马来西亚可再生能源市场展望［J］.中国电力企业管理（6）：14-16.

董一凡，2023.能源危机下的欧盟绿色转型进展和前景［EB/OL］.http：//caes.cass.cn/yjdt/202301/t20230128_5584401.shtml.

董梓童，2021-12-13.巴西可再生能源发展大步提速［N］.中国能源报.

董梓童，2024-07-29.巴西新能源倒逼能源融合发展［N］.中国能源报.

窦立荣，2019.埃克森美孚公司大举进入巴西深水领域［J］.世界石油工业，26（3）：78-80.

窦立荣，2023.跨国油气勘探理论与实践［M］.北京：科学出版社.

窦立荣，郜峰，彭云，等，2023.石油企业海外投资环境30年变迁综述［J］.国际石油经济，31（9）：1-13.

窦立荣，郜峰，彭云，等，2024.石油工业上游绿色转型发展形势与建议［J］.中国科学院院刊，39（7）：1205-1216.

窦立荣，郜峰，张兴阳，等，2022.国际油公司碳中和路径［M］.北京：石油工业出版社.

窦立荣，孙龙德，吕伟峰，等，2023.全球二氧化碳捕集、利用与封存产业发展趋势及中国面临的挑战与对策［J］.石油勘探与开发，50（5）：1083-1096.

窦立荣，王作乾，郜峰，等，2023.跨国油气勘探开发在保障国家能源安全中的作用［J］.中国科学院院刊，8（1）：59-71.

窦立荣，袁圣强，刘小兵，2022.中国油公司海外油气勘探进展和发展对策［J］.中国石油勘探，27（2）：5-14.

窦立荣，张兴阳，郜峰，等，2022.应对气候变化一甲子：国际石油公司从共知到共建［J］.石油科技论坛，41（4）：1-10.

杜宝贵，朱若男，2018.从尼克松到特朗普——美国50年"能源独立"政策的演进路径分析［J］.科学与管理，38(1)：50-55+60.

房宇馨，2023.全球能源绿色转型背景下的政府"漂绿"［D］.北京：北京外国语大学.

冯俏彬，2023.碳定价机制：最新国际实践与我国选择［J］.国际税收，12（4）：3-8.

冯雪姣，2023-01-31.2022年美洲和亚太地区CCS发展报告［N］.世界金属导报.

宫笠俐，叶笑晗，2024.日本能源结构转型与政策执行困境［J/OL］.http：//kns.cnki.net/kcms/detail/11.2747.D.20240529.1743.006.html.

国际节能环保网，2023.巴西即将率先实现CCS立法，为发展中国家制定可参考框架［EB/OL］.https：//huanbao.in-en.com/html/huanbao-2384524.shtml.

国际氢能网，2023.马来西亚发布氢经济技术路线图三大目标，五大战略！［EB/OL］.https：//h2.in-en.com/html/

h2-2429123. shtml.

国家统计局，2024-02-29. 中华人民共和国 2023 年国民经济和社会发展统计公报［EB/OL］. https：//www. stats. gov. cn/sj/zxfb/202402/t20240228_1947915. html.

国务院新闻办公室，2020-12-21.《新时代的中国能源发展》白皮书［EB/OL］. https：//www. gov. cn/zhengce/ 2020-12/21/content_5571916. htm.

国务院新闻办公室，2024. 中国的能源转型［EB/OL］. https：//www. gov. cn/zhengce/202408/content_6971115. htm.

郭志峰，2015. 巴西核电市场现状［J］. 中国核工业，37（1）：29.

韩雪萌，2023-03-31. 中东石油巨头加速布局中国能源市场［N］. 金融时报.

和讯网，2024. 卡塔尔雄心勃勃：2030 年液化天然气产量目标飙升至 1. 42 亿吨，抢占全球能源市场高地［EB/OL］. https：//stock. hexun. com/2024-03-03/212054606. html.

胡明，2020-12-14. 推动能源耦合发展突破行业用能壁垒［EB/OL］. https：//paper. people. com. cn/zgnyb/images/ 2020-12/14/04/zgnyb2020121404.

江涵，高艺，2024. 德国能源转型中电力系统平衡机制探讨［EB/OL］. https：//news. bjx. com. cn/html/20230629/ 1315745. shtml.

金之钧，2019-09-12. 页岩油革命并非庞氏骗局——美国页岩油勘探开发历程与启示［N］. 中国科学报.

金之钧，张川，王晓峰，等，2024. 关于中国碳中和与能源转型实现路径的思考［J］. 石油与天然气地质，45（3）：593-599.

李峻，2017-12-02. 北海 2025 年前将关闭 349 个油气田［EB/OL］. http：//www. oilsns. com/article/284857.

李丽旻，2023. 德国"核电时代"终结短期内能源领域温室气体排放量或增长［EB/OL］. http：//paper. people. com. cn/zgnyb/html/2023-04/24/content_25979663. htm.

李丽旻，2023. 德国可再生能源发电占比首次过半［EB/OL］. http：//paper. people. com. cn/zgnyb/html/2024-01/29/ content_26041040. htm.

李丽旻，2024-02-05. 核电发展遇阻拖累英国实现气候目标［N］. 中国能源报.

李品，谢晓敏，黄震，2023. 德国能源转型进程及对中国的启示［J］. 气候变化研究进展，19（1）：116-126.

李学华，2023-12-11. 阿联酋加快能源转型步伐［N］. 经济日报.

李月清，2024. 将登太行雪满山——新时期国际石油公司能源转型基本路径与策略分析［J］. 中国石油企业（1）：22-40+135.

联合国，2015. 变革我们的世界：2030 年可持续发展议程［EB/OL］. https：//documents. un. org/doc/undoc/gen/n15/ 291/88/pdf/n1529188.

刘平，刘亮，2021. 日本迈向碳中和的产业绿色发展战略——基于对《2050 年实现碳中和的绿色成长战略》的考察［J］. 现代日本经济（4）：14-27.

刘小兵，窦立荣，2023. 国际大油公司深水油气勘探实——以圭亚那斯塔布鲁克区块为例［J］. 中国石油勘探，28（3）：82-93.

刘小兵，窦立荣，万仑坤，等，2022. 全球深水油气勘探开发业务发展及启示［J］. 天然气与石油，40（4）：81-89.

刘艳，2022. 碳中和背景下跨境投融资中的公平转型制度研究——转型金融的视角（上）［J］. 海外投资与出口信贷（1）：22-26.

马鸢宇，2022. 萨勒曼执政以来沙特阿拉伯能源治理研究［D］. 北京：北京外国语大学.

每日能源新闻，2024. 卡塔尔宣布"北田西"项目并计划在 2030 年前让 LNG 产量提升 85%［EB/OL］. https：// www. enerdata. net. cn/publications/daily-energy-news/qatar-raise-lng-production-2030. html.

美国商业资讯，2013-01-15. 阿联酋正式成为 IRENA 总部，巩固其作为可再生能源中心的地位［EB/OL］. https：// www. businesswirechina. com/zh/news/17155. html.

穆春唤，2023. 海合会国家参与全球气候治理的进展、意义与局限［J］. 区域国别学刊，7（5）：72-91+157-158.

能源矿产，2024-06-05. 欧最大煤电国换了？德国：继续关电厂［EB/OL］. https：//www. iyiou. com/news/ 202406061068716.

聂海宽，党伟，张珂，等，2024. 中国页岩气研究与发展 20 年：回顾与展望［J］. 天然气工业，44（3）：20-52.

澎湃新闻,2021-11-18.美国能源转型的明牌与暗盘[EB/OL].https://www.thepaper.cn/newsDetail_forward_15438121.

蒲云超,2024.卡塔尔天然气产业发展战略分析及启示[J].当代石油石化,32(8):22-25.

朴英爱,胡曦月,2023.碳中和视角下日本能源转型动因及实施路径[J].现代日本经济,42(4):14-27.

秦熙,2023.卡塔尔液化天然气产业合作形势与策略研究[J].当代石油石化,31(4):27-32.

商务部网站,2024.到2030年可再生能源将占卡塔尔发电量的18%[EB/OL].https://www.chinca.org/cica/info/24070910592111.

沈一平,宋成鹏,刘祚冬,等,2024.将巴西打造成海外深水石油核心产区的思考[J].国际石油经济,32(1):1-7.

时元皓,2023-11-20.巴西积极推动交通业能源转型[N].人民日报(17).

时元皓,李丽旻,2024-07-01.巴西新旧能源"两手抓"谋发展[N].中国能源报(12).

施训鹏,2021.以人为本实现公平正义的能源转型[J].环境经济研究,6(3):1-7.

司进,张运东,刘朝辉,等,2021.bp公司战略与组织变革及其启示[J].国际石油经济,29(9):1-7.

搜狐,2023-12-11.阿联酋加快能源转型步伐——各国应对气候变化的行动[EB/OL].https://www.sohu.com/a/803490572_121687414.

孙雪巍,2024.欧盟碳交易市场体系建设分析及启示[J].国际商务财会(9):12-19.

孙雅雯,2023.欧盟能源政策:发展历程、效果与展望[J].德国研究,38(3):4-27+135.

碳道小编,2021-11-17.解读美国2050碳中和长期战略规划的时间表与路线图[EB/OL].http://www.ideacarbon.org/news_free/56384/.

碳中和发展研究院,2022-05-12.英国发布《英国能源安全战略》[EB/OL].https://ricn.sjtu.edu.cn/Web/Show/370.

外交部,2023-04-15.中国—巴西应对气候变化联合声明(全文)[EB/OL].https://www.mfa.gov.cn/web/ziliao_674904/1179_674909/202304/t20230415_11059904.shtml.

外交部,2024-10.欧盟概况[EB/OL].https://www.fmprc.gov.cn/web/gjhdq_676201/gjhdqzz_681964/1206_679930/1206x0_679932/.

王建君,张宁宁,窦立荣,等,2022.国际大石油公司油气上游资产并购的主要特点及启示[J].国际石油经济,30(11):100-106.

王利宁,彭天铎,向征艰,等,2021.碳中和目标下中国能源转型路径分析[J].国际石油经济,29(1):2-8.

王林,2020-06-15.全球油气领域迎来"退役潮"[N].中国能源报(7).

王强,于晓龙,2024.公正能源转型伙伴关系进展、挑战及启示[J].中外能源,29(6):6-12.

王天娇,于清进,施晓康,2022.国际石油公司低碳业务投资分析和战略预测[J].油气与新能源,34(2):54-60.

王轶晨,2024.能源替代转向多元发展[EB/OL].https://finance.sina.com.cn/jjxw/2024-11-07/doc-incvexch9358844.shtml.

汪强,2024-06-06.卡塔尔为何"加码押注"液化天然气[N].新华每日电讯(8).

汪志远,2020.卡塔尔油气工业发展史述略[J].西安石油大学学报(社会科学版),29(2):61-66+86.

韦英姿,2023.国际油气巨头埃克森美孚进军锂行业[EB/OL].https://www.jiemian.com/article/9442838.html.

魏宇曦,莫日更苏都,2024.美国石油公司上游及低碳新能源业务战略分析——以埃克森美孚和雪佛龙公司为例[J].国际石油经济,32(4):77-87.

吴欣然,2024.企业碳风险及其管理研究综述[J].企业改革与管理(2):9-11.

伍浩松,王兴春,2024.2023年世界核电产业发展回顾(下)[J].国外核新闻(3):21-28.

伍浩松,张焰,2023.日内阁通过首份聚变能发展国家战略[J].国外核新闻(5):3.

肖兰兰,严舒旸,2023.俄乌冲突背景下欧盟能源政策的变化及其影响——一项基于政策范式分析框架的考察[J].德国研究,38(2):32-51+145.

新华社,2024-06-03.沙特能源转型[EB/OL].http://www.news.cn/world/20240603/539ce0197e3a4b068383270ab1f0a014/c.html.

徐东,陈明卓,胡俊卿,等,2022.国际石油公司能源转型回顾与展望[J].油气与新能源,34(2):1-7.

徐东,韩百琨,刘俊峰,等,2023.国际油气格局调整与重塑下国际大石油公司发展动向及其启示[J].国际石油经济，31（6）：16-21.

薛冰川，2017. 日本核电的过去与未来——福岛核事故的影响及对我国的启示［J］. 世界环境（2）：49-51.

杨成玉，董一凡，2023. 欧盟绿色产业政策及其对中欧经贸关系的影响［J］. 德国研究，38（4）：25-41+125.

杨沐岩，2023-06-05. 日本绿色能源转型隐忧重重［N］. 中国能源报（19）.

余岭，吴谋远，刘月洋，等，2020. 大变局下国际大石油公司管理模式变革及启示［J］. 国际石油经济，28（9）：26-30.

张驰，2023. 印度对外能源合作进展与前景［J］. 国际石油经济，31（5）：39-47.

张帆，商凯伦，2023. 碳中和背景下世界主要经济体能源治理体系研究［J］. 中外能源，28（11）：1-8.

张季风，2015. 日本能源形势的基本特征与能源战略新调整［J］. 东北亚学刊（5）：25-32.

张季风，2016. 日本能源形势与能源战略转型［M］. 北京：中国社会科学出版社.

张宁宁，王建良，刘明明，等，2021. 碳中和目标下欧美国际石油公司低碳转型差异性原因探讨及启示［J］. 中国矿业，30（9）：13-20.

张锐，2024. 全球能源治理的南北分歧和结构失衡———基于非洲案例的研究［J］. 西亚非洲，13（5）：88-109.

张胜杰，齐琛冏，2021. 他山之石｜马斯达尔城："石油之都"倾力打造零碳新城［EB/OL］. 中国能源报. https：//www.cnenergynews.cn/csny/2021/04/29/detail_2021042996610.html.

张新生，2008-12-28. 甘蔗乙醇：巴西新能源的一颗明珠［N］. 科技日报（2）.

张源庚，2023. 数字时代我国碳金融法治思路［J］. 中国外资（16）：8-11.

张志文，董梓童，2023-11-27. "石油王国"的能源发展新途径［N］. 中国能源报（5）.

张忠民，褚王涛，郭荣涛，2024. 中国阿联酋天然气合作迎来新机遇［N］. 中国石化报（6）.

赵斌，马沙沙，李俐璇，2024. 莫迪治下印度气候政治叙事：一种"印度式现代化"的诠释［J］. 和平与发展（1）：155-182+208-209.

赵奎，2012. 天然气分布式能源系统及其应用探讨［J］. 应用能源技术（9）：11-14.

智库，2022-05-12. 英国发布《英国能源安全战略》［EB/OL］. https：//ricn.sjtu.edu.cn/Web/Show/370.

仲蕊，2022-03-19. 巴西计划大力发展核电［N］. 中国能源报.

中德能源与能效合作，2021-03-19. 碳中和背景下德国能效政策研究报告［EB/OL］. https：//www.giz.de/en/downloads/giz-2020-en-ep-annual-report-cn.pdf.

中德能源与能效合作，2023-11-20. 德国能源转型目标、现状与展望及对中国碳达峰碳中和的借鉴报告［EB/OL］. https：//www.giz.de/en/worldwide/110216.html.

中国标准化研究院，2023-11-24. 欧盟发布《欧洲风电行动计划》［EB/OL］. https：//www.cnis.ac.cn/gjbzh/gjdt/202311/t20231124_56384.html.

中国对外承包工程商会，2024-06-03. 巴西在G20能源转型中的领导地位［EB/OL］. https：//www.chinca.org/CICA/info/24060309485911.

中国科协创新战略研究院，2022-09-07. 创新研究报告［EB/OL］. https：//www.cnais.org.cn/zkcg/byqk/cxyj/art/2016/art_9f0499114ecc4de1ade5088d21038250.html.

中国科学院科技战略咨询研究院，2022-03-14. 日本内阁批准第六次能源基本计划［EB/OL］. http：//www.casisd.cn/zkcg/ydkb/kjqykb/2022/202201/202203/t20220314_6390468.html.

中国能源报，2024-07-29. 巴西新能源倒逼能源融合发展［EB/OL］. https：//www.nengyuanjie.net/article/95194.html.

中国能源网，2022-03-09. 巴西计划大力发展核电［EB/OL］. https：//www.cnenergynews.cn/zhiku/2022/03/09/detail_20220309119062.html.

中国能源研究会核能专委会，2023. 英国机构：英国雄心勃勃的核电计划仍难落地［EB/OL］. https：//www.nengyuanjie.net/article/78988.html.

中国石油勘探开发研究院，2022. 全球油气勘探开发形势及油公司动态（2022年）［M］. 北京：石油工业出版社.

中国石油勘探开发研究院，2023. 全球油气勘探开发形势及油公司动态（2023年）［M］. 北京：石油工业出版社.

中国石油勘探开发研究院，2024. 全球油气勘探开发形势及油公司动态（2024年）［M］. 北京：石油工业出版社.

中国石油石化工程信息网，2024-08-28. 英国海上风电产业在曲折中发展［EB/OL］. https：//www. cppei. org. cn/hyzx/detail. asp？categoryId=1813&articleId=229860.

中国石油新闻中心，2021-08-13. 科技创新为巴西石油业插上腾飞的翅膀［EB/OL］. http：//center. cnpc. com.

中国循环经济协会，2022-02-17. 一文梳理全球十个主要国家可再生能源扶持策［EB/OL］. https：//www. chinacace. org/news/fieldsview？id=13305.

中核智库，2023-06-25. 美能源部发布报告《先进核能商业化路径》［EB/OL］. https：//nnsa. mee. gov. cn/ywdt/gjzx/202306/t20230625_1034492. html.

周韦慧，王丹旭，許冠英，2021. 中国和沙特能源化工领域合作机会与风险研究［J］. 当代石油石化，29（7）：8-17.

周逸清，2024-07-10. 卡塔尔：务实渐进的蓝氢供应者［EB/OL］. 人工智能咨询周报. https：//mp. weixin. qq. com/s/hfKVL25R9WmMjsHCeN_tsg.

周云亨，吴宗翰，2024. 欧盟能源转型与中欧能源合作［J］. 国际问题研究（2）：71-90+132-133.

朱文辉，2022-12-02. 卡塔尔经济结构转型，离不开三次正确选择［EB/OL］. https：//baijiahao. baidu. com/s？id=1751065932674024001&wfr=spider&for=pc.

朱玥颖，杨沐岩，2023-10-09. 日本能源转型路在何方？［N］. 中国能源报（4）.

邹才能，2024. 碳中和目标下中国新能源使命［EB/OL］. https：//ricn. sjtu. edu. cn/Web/Show/1169.

邹才能，熊波，李士祥，等，2024. 碳中和背景下世界能源转型与中国式现代化能源革命［J］. 石油科技论坛，43（1）：1-17.

邹才能，熊波，薛华庆，等，2021. 新能源在碳中和中的地位与作用［J］. 石油勘探与开发，48（2）：411-420.

ADNOC Distribution. Investor Overview［EB/OL］. https：//www. adnocdistribution. ae/investor-relations/investor-overview.

ADNOC Distribution. Our Business［EB/OL］. https：//www. adnocdistribution. ae/corporate/our-business.

ADNOC Drilling. Strategy［EB/OL］. https：//adnocdrilling. ae/en/innovation-and-growth/strategy.

ADNOC. Deploying Pioneering Technologies［EB/OL］. https：//www. adnoc. ae/en/towards-net-zero/deploying-pioneering-technologies.

ADNOC. Our Operations［EB/OL］. https：//adnocgas. ae/en/our-operations.

ADNOC，2024-03-29. 2023 Sustainability Report［R/OL］. https：//www. adnoc. ae/en/sustainability-report.

ADNOC，2016-12-17. Abu Dhabi Awards BP 10% Stake in ADCO Onshore Concession［EB/OL］. https：//www. adnoc. ae/en/news-and-media/press-releases/2016/abu-dhabi-awards-bp-stake-in-adco-onshore-concession.

ADNOC，2018-2-18. ADNOC Signs New Offshore Consession Agreement with Cepsa［EB/OL］. https：//www. adnoc. ae/en/news-and-media/press-releases/2018/adnoc-signs-new-offshore-concession-agreement-with-cepsa.

ADNOC，2018-3-18. ADNOC Signs Major Offshore Concession Agreements with Total and Embarks on Giant Gas Cap Development［EB/OL］. https：//www. adnoc. ae/en/news-and-media/press-releases/2018/adnoc-signs-major-offshore-concession-agreements-with-total-and-embarks-on-giant-gas-cap-development.

ADNOC，2018-3-21. ADNOC Signs Offshore Concessions with CNPC Strengthening Ties with World Number One Oil Importing Country［EB/OL］. https：//www. adnoc. ae/en/news-and-media/press-releases/2018/adnoc-signs-offshore-concessions-with-cnpc.

ADNOC，2020-1-13. ADNOC Announces Comprehensive 2030 Sustainability Goals as It Extends Its Legacy［EB/OL］. https：//www. adnoc. ae/en/news-and-media/press-releases/2020/adnoc-announces-comprehensive-2030-sustainability-goals-as-it-extends-its-legacy.

ADNOC，2022-11-28. UAE President Chairs ADNOC Board of Directors Meeting［EB/OL］. https：//www. adnoc. ae/en/news-and-media/press-releases/2022/uae-president-chairs-adnoc-board-of-directors-meeting.

ADNOC，2022-12-21. ADNOC Acquires Stake in OMV［EB/OL］. https：//www. adnoc. ae/en/news-and-media/press-releases/2022/adnoc-acquires-stake-in-omv.

ADNOC，2023-1-5. ADNOC Allocates 15 Billion to Low Carbon Solutions［EB/OL］. https：//www. adnoc. ae/en/news-and-media/press-releases/2023/adnoc-allocates-15-billion-to-low-carbon-solutions.

ADNOC, 2023-1-10. ADNOC New Gas Processing Operations and Marketing Company Established [EB/OL]. https：//www. adnoc. ae/en/news-and-media/press-releases/2023/adnoc-new-gas-processing-operations-and-marketing-company-established.

ADNOC, 2023-7-31. Khaled Bin Mohamed Bin Zayed Chairs Meeting of Executive Committee of ADNOC Board of Directors [EB/OL]. https：//www. adnoc. ae/en/news-and-media/press-releases/2023/khaled-bin-mohamed-bin-zayed—chairs-meeting-of-executive-committee—of-adnoc-board-of-directors.

ADNOC, 2023-8-4. ADNOC to Acquire 30 Equity Stake in Absheron Gas Field [EB/OL]. https：//www. adnoc. ae/en/news-and-media/press-releases/2023/adnoc-to-acquire-30-equity-stake-in-absheron-gas-field.

ADNOC, 2023-9-6. ADNOC to Invest in One of the Largest Integrated Carbon Capture Projects in MENA [EB/OL]. https：//www. adnoc. ae/en/news-and-media/press-releases/2023/adnoc-to-invest-in-one-of-the-largest-integrated-carbon-capture-projects-in-mena.

ADNOC, 2023-11-21. ADNOC and Santos to Pursue Global CCS Platform to Accelerate Net Zero Goals [EB/OL]. https：//www. adnoc. ae/en/news-and-media/press-releases/2023/adnoc-and-santos-to-pursue-global-ccs-platform-to-accelerate-net-zero-goals.

ADNOC, 2024-1-22. UAE President Chairs ADNOC Board of Directors Meeting [EB/OL]. https：//www. adnoc. ae/en/news-and-media/press-releases/2023/uae-president-chairs—adnoc-board-of-directors-meeting.

ADNOC, 2024-2-14. ADNOC and BP to Form Gas Joint Venture [EB/OL]. https：//www. adnoc. ae/en/news-and-media/press-releases/2023/adnoc-and-bp-to-form-gas-joint-venture.

ADNOC, 2024-2-29. ADNOC Closes Acquisition of 249 Stake in OMV [EB/OL]. https：//www. adnoc. ae/en/news-and-media/press-releases/2023/adnoc-closes-acquisition-of-249-stake-in-omv.

ADNOC, 2024-5-22. ADNOC to Acquire 10 Equity Stake in Major LNG Development in Mozambique [EB/OL]. https：//www. adnoc. ae/en/news-and-media/press-releases/2023/adnoc-to-acquire-10-equity-stake-in-major-lng-development-in-mozambique.

Air Products. ACWA Power and NEOM Sign Agreement for $5 Billion Production Facility in NEOM Powered by Renewable Energy for Production and Export of Hydrogen to Global Markets [EB/OL]. https：//www. acwapower. com/news/air-productsacwa-power-and-neom-sign-agreement-for-5-billion—production-facility-in-neom-powered-by-renewable-energy-for-production-and-export-of-green-hydrogen-to-global-markets/.

Amanda Battersby. Malaysia Revs up Carbon, Capture and Storage Developments [EB/OL]. https：//www. upstreamonline. com/field-development/malaysia-revs-up-carbon-capture-and-storage-developments/2-1-1159919.

Asian Development Bank, 2023-12. Energy Access and Energy Security in Asia and the Pacific [R/OL]. https：//www. adb. org/sites/default/files/publication/31154/ewp-383. pdf.

BEIS, 2022. British Energy Security Strategy [R].

BNEF, 2023-11-09. CCUS Market Outlook 2023: Announced Capacity Soars by 50% [EB/OL]. https：//about. bnef. com/blog/ccus-market-outlook-2023-announced-capacity-soars-by-50/.

BNEF, 2024-01-30. Oil and Gas EnergyTransition Investment Trends 2023 [R/OL]. https：//about. bnef. com/energy-transition-investment/.

BP. Biosciences Center [EB/OL]. https：//www. bp. com/en_us/united-states/home/what-we-do/innovation-and-engineering/biosciences-center. html.

BP. Center for High-Performance Computing [EB/OL]. https：//www. bp. com/en_us/united-states/home/what-we-do/innovation-and-engineering/center-for-high-performance-computing. html.

BP. HyGreen Teesside [EB/OL]. https：//www. bp. com/en_gb/united-kingdom/home/where-we-operate/reimagining-teesside/hygreenteesside. html.

BP. Major projects [DB/OL]. https：//www. bp. com/en/global/corporate/investors/upstream-major-projects. html.

BP. Our strategy [EB/OL]. https：//www. bp. com/en/global/corporate/what-we-do/our-strategy. html.

BP. Sustainability Report 2017-2023 [R/OL]. https：//www. bp. com/en/global/corporate/sustainability/reporting-centre-

and-archive. html.

BP. The Value of Integration［EB/OL］. https：//www. bp. com/en/global/corporate/what-we-do/our-strategy/the-value-of-integration. html.

BP. Trading & Shipping GSS［EB/OL］. https：//www. bp. com/en_us/united-states/home/what-we-do/innovation-and-engineering/trading-and-shipping-gss. html.

BP，2017-12. Advancing the Energy Transition 2017［R/OL］. https：//www. bp. com/content/dam/bp/business-sites/en/global/corporate/pdfs/sustainability/group-reports/bp-advancing-the-energy-transition. pdf.

BP，2019-04-10. BP Sustainability Report 2018［R/OL］. https：//www. bp. com/content/dam/bp/business-sites/en/global/corporate/pdfs/sustainability/group-reports/bp-sustainability-report-2018. pdf.

BP，2024-03-08. BP Annual Report 2014-2023［R/OL］. https：//www. bp. com/en/global/corporate/investors/results-reporting-and-presentations/annual-report. html#ar-highlights-1-1.

BP，2024-08-10. Notice of Meeting［DB/OL］. https：//www. bp. com/en/global/corporate/investors/shareholder-and-dividend-information/annual-general-meeting/notice-of-meeting. html.

BP，2017-06-07. Caltech Startup，Beyond Limits Secures Investment of $20 Million from BP Ventures［EB/OL］. https：//www. bp. com/en/global/corporate/news-and-insights/press-releases/caltech-startup-beyond-limits-secures-investment-of-20-million-from-bp-ventures. html.

BP，2019-01-28. BP Invests in New Artificial Intelligence Technology［EB/OL］. https：//www. bp. com/en/global/corporate/news-and-insights/press-releases/bp-invests-in-new-artificial-intelligence-technology. html.

BP，2020-01-06. Tomorrow's Technology［EB/OL］. https：//www. bp. com/en/global/corporate/news-and-insights/energy-in-focus/five-emerging-technologies. html.

BP，2023-04-13. BP Starts Oil Production at Argos Platform in the Gulf of Mexico［EB/OL］. https：//www. bp. com/en/global/corporate/news-and-insights/press-releases/bp-starts-oil-production-at-argos-platform-in-the-gulf-of-mexico. html.

BP，2023-11-06. Production Begins from Bp-operated Seagull Field in North Sea［EB/OL］. https：//www. bp. com/en_gb/united-kingdom/home/news/press-releases/production-begins-from-bp-operated-seagull-field-in-north-sea. html.

BP，2023-11-24. President Jokowi Inaugurates Tangguh Train 3［EB/OL］. https：//www. bp. com/en_id/indonesia/home/news/press-releases/president-jokowi-inaugurates-tangguh-train-3. html.

BP，2024-02-22. A Note from Bp's CEO，Murray Auchincloss，on Delivering Business Value［EB/OL］. https：//www. bp. com/en_us/united-states/home/news/features-and-highlights/a-note-from-bps-ceo-murray-auchincloss-on-delivering-business-value. html.

BP，2024-04-18. BP Simplifies Organisational Structure and Announces Executive Team Changes［EB/OL］. https：//www. bp. com/en/global/corporate/news-and-insights/press-releases/bp-simplifies-organisational-structure-and-announces-executive-team-changes. html.

BP，2024-07-10. Energy Outlook 2024［R/OL］. https：//www. bp. com/en/global/corporate/energy-economics/energy-outlook. html.

Bundesnetzagentur，2024-01-05. Growth in Renewable Energy in 2023［EB/OL］. https：//www. bundesnetzagentur. de/SharedDocs/Pressemitteilungen/EN/2024/20240105_EEGZubau. html.

BWE，2025-02-08. German Wind Energy in Numbers［EB/OL］. https：//www. wind-energie. de/english/statistics/statistics-germany/.

Cherp A，Vinichenko V，Jewell J，et al，2017. Comparing Electricity Transitions：A Historical Analysis of Nuclear，Wind and Solar Power in Germany and Japan［J］. Energy Policy，101（2）：612-628.

Chevron，2022. Supplement to the Annual Report［R］. San Ramon：Chevron.

Chevron，2023. GHG Assurance［R］. San Ramon：Chevron.

Chevron，2023. Supplement to the Annual Report［R］. San Ramon：Chevron.

Chevron. Leading in Carbon Capture［EB/OL］. https：//www. chevron. com/what-we-do/technology-and-innovation/

capturing-and-storing-carbon-emissions.

Chevron. Partnerships & Projects［EB/OL］. https：//www. chevron. com/what-we-do/energy/new-energies/partnerships#hydrogen.

Chevron. Technology and Innovation［EB/OL］. https：//www. chevron. com/what-we-do/technology-and-innovation.

Chevron, 2023-8-4. First-of-its-kind Facility Turns Waste into Hydrogen［EB/OL］. https：//www. chevron. com/newsroom/2023/q3/first-of-its-kind-facility-turns-waste-into-hydrogen.

Chevron, 2023-9-12. Chevron Acquires Majority Stake in the Advanced Clean Energy Storage Hydrogen Project in Delta, Utah［EB/OL］. https：//www. chevron. com/newsroom/2023/q3/chevron-acquires-majority-stake-in-advanced-clean-energy-storage-project-delta-utah.

Chevron, 2023-10-23. Chevron Announces Agreement to Acquire Hess［EB/OL］. https：//www. chevron. com/newsroom/2023/q4/chevron-announces-agreement-to-acquire-hess.

Chevron, 2023-11-2. Agriculture Sows A New Path for Lower Carbon Energy［EB/OL］. https：//www. chevron. com/newsroom/2023/q4/agriculture-sows-a-new-path-for-lower-carbon-energy.

Chevron, 2023-11-28. Permian Basin Offers Lessons on Reducing Methane Emissions［EB/OL］. https：//www. chevron. com/newsroom/2023/q4/permian-basin-offers-lessons-on-reducing-methane-emissions.

Chevron, 2023-12-6. Chevron Announces $16 Billion 2024 Capex Budget［EB/OL］. https：//www. chevron. com/newsroom/2023/q4/chevron-announces-2024-capex-budget.

Chevron, 2024-03-29. Annual Report 2014-2023［R/OL］. https：//www. chevron. com/investors/reports-and-filings.

Chevron, 2024-03-29. Supplement to the Annual Report 2014-2023［R/OL］. https：//www. chevron. com/investors/reports-and-filings.

Chevron, 2024. 2023 Climate Change Resilience Report［R/OL］. https：//www. chevron. com/-/media/chevron/sustainability/documents/climate-change-resilience-report. pdf.

Chevron, 2025-01-05. 2023 Corporate Sustainability Report［R/OL］. https：//www. chevron. com/newsroom/media/publications/corporate-sustainability-report.

Chua S C, Oh T H, 2010. Review on Malaysia's National Energy Developments: Key Policies, Agencies, Programmes and International Involvements［J］. Renewable and Sustainable Energy Reviews, 14（9）: 2916-2925.

Congress, 2009. American Clean Energy and Security Act of 2009［EB/OL］. https：//www. congress. gov/bill/111th-congress/house-bill/2454.

Craine A G, John Browne, 2024-10-15. Lord Browne of Madingley［EB/OL］. https：//www. britannica. com/money/John-Browne. Accessed 15 October 2024.

DOE, 2011. The SunShot Initiative［EB/OL］. https：//www. energy. gov/eere/solar/sunshot-initiative.

DOE, 2021. Solar Futures Study［EB/OL］. https：//www. energy. gov/eere/solar/solar-futures-study.

DOE, 2023. Commercializing Advanced Nuclear Reactors Explained in Five Charts［EB/OL］. https：//www. energy. gov/ne/articles/commercializing-advanced-nuclear-reactors-explained-five-charts.

EI, 2024-06-21. 2024 Energy Institute Statistical Review of World Energy［DB/OL］. https：//www. energyinst. org/_data/assets/pdf_file/0006/1542714/EI_Stats_Review_2024_single_pages. pdf.

EIA. How Has Energy Use Changed Throughout U. S. History？［EB/OL］. https：//www. eia. gov/todayinenergy/detail. php？id=62444.

Ember, 2024-02-07. European Electricity Review 2024［EB/OL］. https：//ember-climate. org/insights/research/european-electricity-review-2024/#supporting-material.

Emirates News Agency-Wam, 2010. Cabinet Releases UAE Vision 2021 (Full Text)［EB/OL］. https：//www. wam. ae/en/details/1395228563168.

ENI-SNAM, 2024-09-03. Ravenna CCS［EB/OL］. https：//ravennaccs. com/en-IT/home.

ENI. Carbon Capture Utilization and Storage［EB/OL］. https：//www. eni. com/en-IT/actions/energy-transition-technologies/carbon-capture-utilization-storage. html.

ENI. Technological and Digital Innovation[EB/OL]. https://www.eni.com/en-IT/strategic-vision/innovation.html.

ENI, 2018-7-2. Eni Norge and Point Resources Merge into Var Energi AS[EB/OL]. https://www.eni.com/en-IT/media/press-release/2018/07/eni-norge-and-point-resources-merge-into-var-energi-as.html.

ENI, 2020-6-4. Eni Launches a New Business Structure[EB/OL]. https://www.eni.com/en-IT/media/press-release/2020/06/eni-launches-a-new-business-structure.html.

ENI, 2022-3-10. Eni Announces the Results of the Successful IPO New Energy One Acquisition Corporation Plc on the London Stock Exchange[EB/OL]. https://www.eni.com/en-IT/media/press-release/2022/03/eni-announces-results-successful-ipo-new-energy-one-acquisition-corporation-plc-london-stock-exchange.html.

ENI, 2022-8-2. Azule Energy Angola's New Largest Independent Oil and Gas Producer Begins Operations[EB/OL]. https://www.eni.com/en-IT/media/press-release/2022/08/azule-energy-angola-s-new-largest-independent-oil-gas-producer-begins-operations.html.

ENI, 2023-9-1. Eni Sustainable Mobility Presents Enilive[EB/OL]. https://www.eni.com/en-IT/media/press-release/2023/09/eni-sustainable-mobility-presents-enilive.html.

ENI, 2024-1-8. Green IT and Galileo Sign Agreement on Eight Solar PV Projects in Italy[EB/OL]. https://corporate.eniplenitude.com/en/media/press-release/08-01-2024/greenit-galileo-sign-agreement-eight-solar-pv-projects-Italy.

ENI, 2024-3-14. Capital Markets Update[EB/OL]. https://www.eni.com/content/dam/enicom/documents/eng/investor/presentations/2024/2024-capital-markets-update/2024-capital-markets-update.pdf.

ENI, 2024-04. Annual Report 2014-2023[R/OL]. https://www.eni.com/en-IT/publications.html.

ENI, 2024-06. Supercomputing and Artificial Intelligence[EB/OL]. https://www.eni.com/en-IT/actions/energy-transition-technologies/supercomputing-artificial-intelligence.html.

ENI, 2024-7-26. PETRONAS Enilive and Euglena Reach Final Investment Decision to Construct a Biorefinery in Malaysia[EB/OL]. https://www.eni.com/en-IT/media/press-release/2024/07/petronas-enilive-and-euglena-reach-final-investment-decision-to-construct-a-biorefinery-in-malaysia.html#.

ENI, 2024-10. HyNet North West CO_2 Capture and Storage Arrives in Liverpool[EB/OL]. https://www.eni.com/en-IT/actions/global-activities/united-kingdom/hynet.html.

EPE. Brazilian Energy Balance 2024[EB/OL]. https://www.epe.gov.br/en/publications/publications/brazilian-energy-balance-2024.

EPE, 2021-12. The Ten-Year Energy Expansion Plan[EB/OL]. https://www.epe.gov.br/sites-en/publicacoes-dados-abertos/publicacoes/Paginas/PDE-2031—-English-Version.aspx.

EPE, 2024. 2024 Statistical Yearbook of Electricity[EB/OL], https://dashboard.epe.gov.br/apps/anuario-livro-eng/#Presentation.

Equinor. 2023 Oil and Gas Reserves Report[DB/OL]. https://cdn.equinor.com/files/h61q9gi9/global/28bbdc784aaf12542879521fe28547d22efc269f.pdf?2023-oil-and-gas-reserves-report-equinor.pdf.

Equinor. 2023 Progress on Our Energy Transition Plan[R/OL]. https://cdn.equinor.com/files/h61q9gi9/global/2c8cbe4a3ac14ec6466b78ada31951561339cc6a.pdf?2023-progress-on-the-energy-transition-plan.pdf.

Equinor. CCS: Carbon Capture and Storage—Making Net Zero Possible[DB/OL]. https://www.equinor.com/energy/carbon-capture-utilisation-and-storage#projects.

Equinor. Equinor Sustainability Data Hub[DB/OL]. https://sustainability.equinor.com/#climate.

Equinor. Why Are We Continuing with Oil and Gas? Here Are Two of the Reasons[EB/OL]. https://www.equinor.com/magazine/can-we-continue-with-oil-and-gas.

Equinor, 2022-3-22. 2022 Energy Transition Plan[R/OL]. https://cdn.equinor.com/files/h61q9gi9/global/6a64fb766c58f70ef37807deca2ee036a3f4096b.pdf?energy-transition-plan-2022-equinor.pdf.

Equinor, 2022-10-03. Equinor Confirms the Construction of Its First Commercial Battery Storage Asset[EB/DL]. https://www.equinor.com/news/20221003-construction-first-commercial-battery-storage-asset.

Equinor, 2023-06-06. 2024 Energy Perspectives[R/OL]. https://cdn.equinor.com/files/h61q9gi9/global/d382569e001

922c6abb25871edd52019d91cfa2d. pdf？20240606-energy-perspectives-2024. pdf.

Equinor，2023-10-10. World's Largest Offshore Wind Farm Dogger Bank Produces Power for the First Time［EB/OL］. https：//www. equinor. com/news/202310-dogger-bank.

Equinor，2024-03-21. Annual Report 2014-2023［R/OL］. https：//www. equinor. com/investors/annual-reports-archive.

Equinor，2024-04-08. 2024 ESG Day-Energy Sustainability Growth［R/OL］. https：//cdn. equinor. com/files/h61q9gi9/global/893718bf0d487152f3e6492beef671afaed4adfa. pdf？esg-day-2024-presentation-equinor. pdf.

Equinor，2024-08-08. Overview of Climate Ambitions［EB/OL］. https：//cdn. equinor. com/files/h61q9gi9/global/1a085cdbd6fc561f6e889db0fb0c080e739df683. pdf？Climate-ambition-overview-REN-update-2040-08. 08. 2024. pdf.

Equinor，2024-12-31. Our Shareholders［EB/OL］. https：//www. equinor. com/investors/our-shareholders.

EU，2023-12-18. Update of the Integrated National Energy and Climate Plan［EB/OL］. https：//commission. europa. eu/document/download/f4607ccb-1a19-4428-8b2b-3eb02a35e747_en？filename=Recommendation_draft_updated_NECP_Germany_2023. pdf. 2023-12-18.

European Commission. Overall-Targets-And-Reporting［EB/OL］. https：//commission. europa. eu/energy-climate-change-environment/overall-targets-and-reporting_en.

European Commission，2018-12. Renewable Energy-Recast to 2030（RED II）［EB/OL］. https：//joint-research-centre. ec. europa. eu/welcome-jec-website/reference-regulatory-framework/renewable-energy-recast-2030-red-ii_en.

European Commission，2022-11-15. Progress on Competitiveness of Clean Energy Technologies［EB/OL］. https：//eur-lex. europa. eu/legal-content/EN/TXT/PDF/？uri=CELEX：52022 DC0643&from=EN.

European Commission，2023. REPowerEU：Joint European Action for More Affordable，Secure and Sustainable Energy［DB/OL］. https：//eur-lex. europa. eu/resource. html？uri=cellar：71767319-9f0a-11ec-83e1-01aa75ed71a1. 0001. 02/DOC_1&format=PDF.

European Parliamentary，2022. Solar Energy in the EU［DB/OL］. https：//www. europarl. europa. eu/RegData/etudes/BRIE/2022/733612/EPRS_BRI（2022）733612_EN. pdf.

European Union，2023-11-20. On Energy Efficiency and Amending Regulation（EU）［EB/OL］. https：//eur-lex. europa. eu/legal-content/EN/TXT/PDF/？uri=CELEX：32023L1791. p33.

ExxonMobil，2022. 2022-exxonmobil-investor-day［R］. Edinburgh：ExxonMobil.

ExxonMobil，2023. 2023-global-outlook-executive-summary［R］. Edinburgh：ExxonMobil.

ExxonMobil，2023. ExxonMobil Annual Report［R］. Edinburgh：ExxonMobil.

ExxonMobil，2024. 2024-advancing-climate-solutions-report［R］. Edinburgh：ExxonMobil.

ExxonMobil，2024. ExxonMobil Global Outlook Executive Summary：Our View to 2050［R］. Edinburgh：ExxonMobil.

Fitchsolutions，2024-04-10. Quick View：Petrobras Finds Oil In Brazil's Equatorial Margin［DB/OL］. https：//bmi. fitchsolutions. com/research/BMI_D7A035F0-2F57-4F80-8068-87A2E27FCEA9.

Global CCS Institute，2023-11. Global Status of CCS 2023［EB/OL］. https：//status23. globalccsinstitute. com/.

GOV. UK，2003. Our Energy Future-Creating a Low Carbon Economy［EB/OL］. https：//www. gov. uk/government/publications/our-energy-future-creating-a-low-carbon-economy.

GOV. UK，2008. Climate Change Act 2008［EB/OL］. https：//www. legislation. gov. uk/ukpga/2008/27/contents.

GOV. UK，2010. Energy Act 2010［EB/OL］. https：//www. legislation. gov. uk/ukpga/2010/27/contents.

GOV. UK，2013. Energy Act 2013［EB/OL］. https：//www. legislation. gov. uk/ukpga/2013/32/contents.

GOV. UK，2017. Industrial Strategy：Building a Britain Fit for the Future［EB/OL］. https：//www. gov. uk/government/publications/industrial-strategy-building-a-britain-fit-for-the-future.

GOV. UK，2018. Clean Growth Strategy［EB/OL］. https：//www. gov. uk/government/publications/clean-growth-strategy.

GOV. UK，2018. The UK Carbon Capture Usage and Storage Deployment Pathway：An Action Plan［EB/OL］. https：//www. gov. uk/government/publications/the-uk-carbon-capture-usage-and-storage-ccus-deployment-pathway-an-action-plan/the-uk-carbon-capture-usage-and-storage-deployment-pathway-an-action-plan.

GOV. UK, 2020. Energy White Paper 2020: Powering Our Net Zero Future [EB/OL]. https://www.gov.uk/government/publications/energy-white-paper-powering-our-net-zero-future.

GOV. UK, 2020. The Ten Point Plan for a Green Industrial Revolution [EB/OL]. https://www.gov.uk/government/publications/the-ten-point-plan-for-a-green-industrial-revolution.

GOV. UK, 2021. Energy Efficiency in the UK Manufacturing Sector [EB/OL]. https://assets.publishing.service.gov.uk/media/657f754783ba380013e1b6a5/energy-efficiency-in-the-manufacturing-sector-2021.pdf.

GOV. UK, 2021. Green Gas Support Scheme (GGSS): Open to Applications [EB/OL]. https://www.gov.uk/government/publications/green-gas-support-scheme-ggss.

GOV. UK, 2021. Heat and Buildings Strategy [EB/OL]. https://www.gov.uk/government/publications/heat-and-buildings-strategy.

GOV. UK, 2021. Net Zero Strategy: Build Back Greener [EB/OL]. https://www.gov.uk/government/publications/net-zero-strategy.

GOV. UK, 2022. British Energy Security Strategy [EB/OL]. https://www.gov.uk/government/publications/british-energy-security-strategy.

GOV. UK, 2022. Hydrogen Investor Roadmap: Leading the Way to Net Zero [EB/OL]. https://www.gov.uk/government/publications/hydrogen-investor-roadmap-leading-the-way-to-net-zero.

GOV. UK, 2023. Hydrogen Certification Scheme [EB/OL]. https://www.gov.uk/government/consultations/uk-low-carbon-hydrogen-certification-scheme.

GOV. UK, 2024. Civil Nuclear: Roadmap to 2050 [EB/OL]. https://www.gov.uk/government/publications/civil-nuclear-roadmap-to-2050.

Guan Y, Yan J, Shan Y, et al, 2023. Burden of the Global Energy Price Crisis on Households [J]. Nature Energy (8): 304-316.

IEA, 2015-01-12. Overseas Renewable Energy Development Assistance Programme [EB/OL]. https://www.iea.org/policies/5213-overseas-renewable-energy-development-assistance-programme.

IEA, 2020. Energy Technology Perspective 2020-Special Report on Clean Energy Innovation [R/OL]. https://iea.blob.core.windows.net/assets/04dc5d08-4e45-447d-a0c1-d76b5ac43987/Energy_Technology_Perspectives_2020_-_Special_Report_on_Clean_Energy_Innovation.pdf.

IEA, 2021-05-12. EV Purchase Incentives in Delhi, India [EB/OL]. https://www.iea.org/policies/6741-ev-purchase-incentives-in-delhi-india.

IEA, 2021-05-12. Government Assistance for Wind Power Development [EB/OL]. https://www.iea.org/policies/4594-government-assistance-for-wind-power-development.

IEA, 2021-05-12. National Wind-Solar Hybrid Policy [EB/OL]. https://www.iea.org/policies/6485-national-wind-solar-hybrid-policy.

IEA, 2021-05-12. Scheme for Faster Adoption and Manufacturing of (Hybrid) & Electric Vehicles in India-FAME [EB/OL]. https://www.iea.org/policies/2647-scheme-for-faster-adoption-and-manufacturing-of-hybrid-electric-vehicles-in-india-fame.

IEA, 2021-05-12. Solar and Wind Power Generation-Based Incentives [EB/OL]. https://www.iea.org/policies/4581-solar-and-wind-power-generation-based-incentives.

IEA, 2021-05-12. Ujwal Bharat-Power Sector Reform & Energy Access Ujwal Bharat [EB/OL]. https://www.iea.org/policies/1310-ujwal-bharat-power-sector-reform-energy-access.

IEA, 2021-06-08. EESL Smart Meter National Programme [EB/OL]. https://www.iea.org/policies/7445-eesl-smart-meter-national-programme.

IEA, 2021-08-24. Jawaharlal Nehru National Solar Mission (Phase Ⅰ, Ⅱ and Ⅲ) [EB/OL]. https://www.iea.org/policies/4916-jawaharlal-nehru-national-solar-mission-phase-i-ii-and-iii.

IEA, 2021-08-24. National Programme on Energy Efficiency and Technology up Gradation of SMEs [EB/OL]. https://

www. iea. org/policies/7469-national-programme-on-energy-efficiency-and-technology-up-gradation-of-smes.

IEA, 2021-08-24. Overseas Renewable Energy Investment Strategy［EB/OL］. https：//www. iea. org/policies/5215-overseas-renewable-energy-investment-strategy.

IEA, 2021-08-24. Solar Cities Development Programme［EB/OL］. https：//www. iea. org/policies/5075-solar-cities-development-programme.

IEA, 2022-02-11. Extension of the Waiver of Transmission Charges Allowed for Trading of Renewables［EB/OL］. https：//www. iea. org/policies/14227-extension-of-the-waiver-of-transmission-charges-allowed-for-trading-of-renewables.

IEA, 2022-04-05. Renewable Energy Investment［EB/OL］. https：//www. iea. org/policies/13075-renewable-energy-investment.

IEA, 2022-11-07. National Mineral Industry Transformation Plan 2021-2030［EB/OL］. https：//www. iea. org/policies/16794-national-mineral-industry-transformation-plan-2021-2030.

IEA, 2023-01-10. National Electric Mobility Mission Plan 2020［EB/OL］. https：//www. iea. org/policies/3151-national-electric-mobility-mission-plan-2020.

IEA, 2023-01-10. National Mission on Transformative Mobility and Battery Storage［EB/OL］. https：//www. iea. org/policies/16911-national-mission-on-transformative-mobility-and-battery-storage.

IEA, 2023-05-09. Indian "Green Railway" by 2030［EB/OL］. https：//www. iea. org/policies/14229-indian-green-railway-by-2030.

IEA, 2023-05-11. Green Energy Corridor-Intra-State Transmission System Phase-II Scheme［EB/OL］. https：//www. iea. org/policies/17145-green-energy-corridor-intra-state-transmission-system-phase-ii-scheme.

IEA, 2023-05-25. Solar PV Utility Scale Levelised Cost of Energy Index Based on Average Annual Input Costs, 2018-2024［EB/OL］. https：//www. iea. org/data-and-statistics/charts/solar-pv-utility-scale-levelised-cost-of-energy-index-based-on-average-annual-input-costs-2018-2024.

IEA, 2023-05-25. Wind Onshore LCOE Index Based on Average Annual Input Costs, 2018-2024［R/OL］. https：//www. iea. org/data-and-statistics/charts/wind-onshore-lcoe-index-based-on-average-annual-input-costs-2018-2024.

IEA, 2024-01-30. National Green Hydrogen Mission［EB/OL］. https：//www. iea. org/policies/13949-national-green-hydrogen-mission.

IEA, 2024-02-01. National Policy on Biofuels（2022 Amendment）［EB/OL］. https：//www. iea. org/policies/17006-national-policy-on-biofuels-2022-amendment.

IEA, 2024-05. Strategies for Affordable and Fair Clean Energy Transitions［R/OL］. https：//iea. blob. core. windows. net/assets/86f2ba8c-f44b-494a-95cc-e75863cebf95/StrategiesforAffordableandFairCleanEnergyTransitions. pdf.

IEA, 2024-06-06. Self-Reliant India Scheme-Production-Linked Incentive（PLI）Scheme［EB/OL］. https：//www. iea. org/policies/12948-self-reliant-india-scheme-production-linked-incentive-pli-scheme.

IEA, 2024-06. Tracking SDG7: The Energy Progress Report, 2024［R/OL］. https：//iea. blob. core. windows. net/assets/cdd62b11-664f-4a85-9eb6-7f577d317311/SDG7-Report2024-0611-V9-highresforweb. pdf.

IEA, 2024-07. National Bioenergy Programme［EB/OL］. https：//www. iea. org/policies/17413-national-bioenergy-programme.

IEA, 2024-10. Key Policy Design Considerations for Affordable and Fair Transitions［R/OL］. https：//iea. blob. core. windows. net/assets/0402f7d6-1b93-46bb-99d0-917e37b1ff28/Keypolicydesignconsiderationsforaffordableandfairtransitions-FINAL. pdf.

IEA, 2024-10. Renewables 2024: Analysis and Forecast to 2030［R/OL］. https：//iea. blob. core. windows. net/assets/45704c88-a7b0-4001-b319-c5fc45298e07/Renewables2024. pdf.

IEA, 2024-10. World Energy Outlook 2024［R/OL］. https：//www. iea. org/reports/world-energy-outlook-2024.

IEA, 2025-02-08. Policies Database［EB/OL］. https：//www. iea. org/.

IHS Markit, 2020. Abu Dhabi National Oil Company（ADNOC）: Upstream Strategy Assessment［R］. London: IHS.

IHS，2020. Qatar Petroleum：Upstream Strategy Assessment［R］. London：IHS.

IHS，2023. Petronas：Upstream Strategy Assessment［R］. London：IHS.

IHS，2024-06-25. Divestment Tracker-Eni SpA［DB/OL］. https：//connect. ihsmarkit. com/.

IHS，2024-08-01. Energy Transition-Eni［DB/OL］. https：//connect. ihsmarkit. com/.

IHS，2024-10-18. BP PLC：Upstream Strategy Assessment［DB/OL］. https：//connect. ihsmarkit. com/.

IHS，2025-01-30. Oil & Gas Company Low-Carbon M&A Tracker［DB/OL］. https：//connect. ihsmarkit. com/.

IHS，2025-02-08. Transactions Excel Export-equinor［DB/OL］. https：//connect. ihsmarkit. com/login？callingUrl=https%3a%2f%2fconnect. ihsmarkit. com%2fMAAnalysis%2fSavedQuery%3fqueryId%3d707457.

IMF，2024-04-01. World Economic Outlook Database［EB/OL］. https：//www. imf. org/en/Publications/WEO/weo-database/2024/April.

Jürgen-Friedrich Hake，Wolfgang Fischer，Sandra Venghaus，et al，2015. The German Energiewende-History and status quo［J］. Energy，92（3）：532-546.

Li P，Xie X，Huang Z，2023. The Process of Germany Energiewende and Its Enlightenment to China［J］. Advances in Climate Change Research，19（1）：116-126.

Low Carbon Power，2024-07. Electricity in Qatar in 2023［EB/OL］. https：//lowcarbonpower. org/region/Qatar.

Malaysia Ministry of Economy，2022-09. National Energy Transition Roadmap［EB/OL］. https：//www. ekonomi. gov. my/sites/default/files/2023-09/National%20Energy%20Transition%20Roadmap_0. pdf.

Morris R，2024-04-03. Qatar's Leap Towards Sustainable Energy：The Al Kharsaah Solar Power Plant［EB/OL］. https：//medium. com/@RandyMorriss/qatars-leap-towards-sustainable-energy-the-al-kharsaah-solar-power-plant-64788cac179d.

Official Portal of Ministry of Economy. National Energy Policy 2022-2040［EB/OL］. https：//www. ekonomi. gov. my/en/resources/publications/national-energy-policy-2022-2040.

Ofgem，2019. Renewables Obligation：Guidance for Generators［EB/OL］. https：//www. ofgem. gov. uk/publications/renewables-obligation-guidance-generators.

Paraskova T，2023-6-1. Exxon and Chevron Shareholders Dismiss Climate Resolutions［EB/OL］. https：//oilprice. com/Latest-Energy-News/World-News/Exxon-And-Chevron-Shareholders-Dismiss-Climate-Resolutions. html.

Petrobras，2023-11-25. Strategic Plan 2024-2028+［EB/OL］. https：//api. mziq. com/mzfilemanager/v2/d/25fdf098-34f5-4608-b7fa-17d60b2de47d/7cb7ab00-7601-8778-8e60-1cc7b6157745？origin=2.

Petrobras，2023. PetrobrasSantos Basin Pre-salt Oil Field CCUS［EB/OL］. https：//www. energy. gov/sites/default/files/2023-07/6a. %20CCUS%20at%20Petrobras%20-%20CSLF%20meeting%202023%20_%20final%20version%20PDF. pdf.

Petrobras，2024-03-30. Climate Change Supplement 2023［EB/OL］. https：//api. mziq. com/mzfilemanager/v2/d/25fdf098-34f5-4608-b7fa-17d60b2de47d/aeb9f48a-48b1-3e33-e1bd-7bce4f0d57c3？origin=2.

Petrobras，2024-04-25. Sustainability Report 2023［EB/OL］. https：//sustentabilidade. petrobras. com. br/documents/1449993/1778233f-d1ae-8013-c4a5-523ecec05119.

Petrobras，2025-01-24. Petrobras' Carbon Capture Program Is the Largest in the World by Volume［EB/OL］. https：//nossaenergia. petrobras. com. br/w/transicao-energetica/ccus.

Petrobras，2025-02-08. Leadership：Meet Our Board of Directors and See How We Are Organized［EB/OL］. https：//petrobras. com. br/quem-somos/liderancas.

Petronas，2023-10. Petronas Activity Outlook 2024-2026［R/OL］. https：//www. petronas. com/sites/default/files/uploads/content/2023/PETRONAS%20Activity%20Outlook%202024-2026. pdf？utm_source=website&utm_medium=download&utm_campaign=Activity%20Outlook%202024-2026.

Petronas，2024-03-22. Integrated Report 2020-2023［R/OL］. https：//www. petronas. com/media/reports？category=/media/reports&type=1.

Petronas，2024-03-22. Petronas 2023 Audited Financial Statements［R/OL］. https：//www. petronas. com/integratedreport-2023/.

Petronas, 2025-02-08. Annual Report 2014-2019［R/OL］. https：//www. petronas. com/media/reports？category=/media/reports&type=1.

Petronas, 2025-02-08. Sustainability Report 2014-2018［R/OL］. https：//www. petronas. com/media/reports？category=/media/reports&type=4.

Power Technology, 2023-11-17. Al Kharsaah Solar Power Project［DB/OL］. https：//www. power-technology. com/projects/al-kharsaah-solar-power-project/？cf-view.

QatarEnergy. Ongoing and New Projects［DB/OL］. https：//www. qatarenergy. qa/en/Whatwedo/Pages/Ongoingandnewprojects. aspx.

QatarEnergy, 2023-04-30. QatarEnergy Annual Review 2022［R/OL］. https：//www. qatarenergy. qa/en/MediaCenter/Publications/QatarEnergy%20Annual%20Review%202022%20-%20English. pdf.

QatarEnergy, 2024-03-30. QatarEnergy Sustainability Report 2023［EB/OL］. https：//www. qatarenergy. qa/en/MediaCenter/Publications/QatarEnergy%202023%20Sustainability%20Report. pdf.

QatarEnergy, 2025-02-08. Governance［EB/OL］. https：//www. qatarenergy. qa/en/WhoWeAre/Governance/Pages/default. aspx.

QatarEnergy, 2025-02-08. LNG：A Cleaner Source of Energy［EB/OL］. https：//www. qatarenergy. qa/en/WhoWeAre/Pages/WhatIsLNG. aspx.

Reuters, 2024-03-20. Equinor Spends $6 Billion A Year to Keep Norway Oil, Gas Steady, CEO Says［EB/OL］. https：//www. reuters. com/markets/commodities/ceraweek-equinor-spends-6-blnyr-keep-norway-oil-gas-steady-ceo-says-2024-03-19/.

RMK12, 2021. Twelfth Malaysia Plan 2021-2025［EB/OL］. https：//rmke12. ekonomi. gov. my/en/media/video-gallery/pembentangan-rancangan-malaysia-ke-12-rmke-12.

Rubio, M d M, Folchi M, 2012. Will Small Energy Consumers Be Faster in Transition？Evidence from the Early Shift from Coal to Oil in Latin America［J］. Energy Policy, 50（11）：50-61.

Ruchira Singh, 2022-08-03. Energy Transition［EB/OL］. https：//www. spglobal. com/commodityinsights/zh/market-insights/latest-news/energy-transition/080322-india-to-update-climate-commitment-with-50-renewable-power-mix-pledge#.

Rystad Energy, 2023. Supermajor Transformation Report Chevron［R］. Oslo：Rystad Energy.

Rystad Energy, 2023. Supermajor Transformation Report TotalEnergies［R］. Oslo：Rystad Energy.

Rystad Energy, 2024-9-3. QatarEnergy Company Fact sheet［EB/OL］. https：//clients. rystadenergy. com/clients/report？rid=376443&.

Rystad Energy, 2024. 'Satellite Model' Key to Eni's Energy Transition Strategy［R］. Oslo：Rystad Energy.

Rystad Energy, 2024. Supermajor Transformation Report Chevron［R］. Oslo：Rystad Energy.

Rystad Energy, 2024. Supermajor Transformation Report Eni［R］. Oslo：Rystad Energy.

Rystad Energy, 2024. Supermajor Transformation Report Equinor［R］. Oslo：Rystad Energy.

S&P Global Commodity Insights. BP PLC：Upstream Strategy Assessment［EB/OL］. https：//www. spglobal. com/.

S&P Global, 2024. Global Liquefaction Projects and Contracts Data Analysis Tool［R］. NewYork：S&P Global.

S&P Global, 2024. NOC Upstream Strategy Assessment — Saudi Aramco：2024［R］. NewYork：S&P Global.

S&P Global, 2024. Total Organic Low-carbon Spending［R］. NewYork：S&P Global.

S&P Global, 2024. Upstream Strategy Assessment — Shell 2024［R］. NewYork：S&P Global.

Saudi Arabia Greeninitiatives, 2025-02-08. MGI［EB/OL］. https：//www. greeninitiatives. gov. sa/about-mgi/mgi-targets/reducing-emissions/.

Saudi Arabia's Climate Strategy-Greenwashing or Genuine Transformation？［EB/OL］. https：//www. dw. com/en/cop26-saudi-arabias-climate-strategy-greenwashing-or-genuine-transformation/a-59704908.

Saudi Arabia, 2016-04. Vision2030［DB/OL］. https：//www. vision2030. gov. sa/media/jvllaxpl/story-oftransformation-2023. pdf.

Saudi Arabia, 2021-03-12. Germany in Landmark Alliance on Green Hydrogen[EB/OL]. Arab News. https://www.arabnews.com/node/1823836/business-economy.

Saudi Aramco, 2020-06-17. Aramco Completes Its Acquisition of a 70% Stake in SABIC from the Public Investment Fund (PIF)[EB/OL]. https://www.aramco.com/en/news-media/news/2020/saudi-aramco-completes-acquisition-of-70-percent-stake-in-sabic.

Saudi Aramco, 2024-03-10. Annual Report 2023[EB/OL]. https://www.aramco.com/-/media/publications/corporate-reports/annual-reports/saudi-aramco-ara-2023-english.pdf.

Seeq, 2024-05-30. Seeq Selected by Equinor for Enterprise-Wide Analytics[EB/DL]. https://www.seeq.com/resources/press-releases/seeq-selected-by-equinor/.

Shell, 2024-03-14. Shell Energy Transition Strategy 2024[EB/OL]. https://www.shell.com/sustainability/our-climate-target/shell-energy-transition-strategy/_jcr_content/root/main/section/promo_copy_copy/links/item0.stream/1726832326846/2c3f9065f2886e789ac196789f137dbca49473e8/shell-energy-transition-strategy-2024.pdf.

Shell, 2025-02-08. Electric Vehicle Charging[EB/OL]. https://www.shell.com/what-we-do/mobility/electric-vehicle-charging.html.

Shell, 2025-02-08. LNG Technology[EB/OL]. https://www.shell.com/business-customers/catalysts-technologies/licensed-technologies/lng-technology.html.

Tenaga S, 2021. Report on Peninsular Generation Development Plan 2020[R]. Energy Commission Malaysia.

TotalEnergies, 2017-03-21. 2017 Climate Report[DB/OL]. https://totalenergies.com/sites/g/files/nytnzq121/files/atoms/files/integrating_climate_into_our_strategy_va.pdf.

TotalEnergies, 2018-03-27. 2018 Climate Report[DB/OL]. https://totalenergies.com/sites/g/files/nytnzq121/files/atoms/files/total_climat_2018_en.pdf.

TotalEnergies, 2019-03-10. 2019 Climate Report[DB/OL]. https://totalenergies.com/sites/g/files/nytnzq121/files/atoms/files/total_rapport_climat_2019_en.pdf.

TotalEnergies, 2019-10-08. Total Opens a Digital Factory to Further its Ambition of Becoming the Responsible Energy Major[DB/OL]. https://totalenergies.com/media/news/press-releases/total-opens-digital-factory-further-its-ambition-becoming-responsible-energy-major.

TotalEnergies, 2020-03-08. 2022 Sustainability & Climate Progress Report[DB/OL]. https://totalenergies.com/sites/g/files/nytnzq121/files/documents/2022-05/Sustainability_Climate_2022_Progress_Report_accessible_version_EN.pdf.

TotalEnergies, 2023-03-22. 2023 Sustainability & Climate Progress Report[DB/OL]. https://totalenergies.com/system/files/documents/2023-03/Sustainability_Climate_2023_Progress_Report_EN.pdf.

TotalEnergies, 2023-09-20. Grandpuits: A Zero-Crude Platform in 2025[DB/OL]. https://totalenergies.com/expertise-energies/projets/bioenergies/grandpuits-biofuels-bioplastics.

TotalEnergies, 2024-03-21. 2024 Sustainability & Climate Progress Report[DB/OL]. https://totalenergies.com/system/files/documents/2024-03/totalenergies_sustainability-climate-2024-progress-report_2024_en_pdf.pdf.

TotalEnergies, 2025-02-08. General Management: Corporate Governance in Action[DB/OL]. https://v2totalcom-backoffice.aqaodp.tgscloud.net/sites/g/files/nytnzq121/files/documents/2024-01/organigramme_compagnie_en.pdf.

UAE Ministry of Energy & Infrastructure, 2018. United Arab Emirates 4th National Communications Report[R/OL]. https://www.moei.gov.ae/assets/download/6412aeee/United%20Arab%20Emirates%20Fourth%20National%20Communication%20Report.pdf.aspx.

UAE Ministry of Energy & Infrastructure, 2023. United Arab Emirates 5th National Communications Report(NCR)[R/OL]. https://unfccc.int/sites/default/files/resource/ncr%20report%20%20.pdf.

UAE, 2024. The National Hydrogen Strategy 2050[R/OL]. https://u.ae/-/media/Documents-2nd-half-2023/UAE-National-Hydrogen-Strategy-2023.pdf.

UAE, 2024. Updated UAE Energy Strategy 2050[R/OL]. https://u.ae/en/about-the-uae/strategies-initiatives-andawards/strategies-plans-and-visions/environment-and-energy/-/media/MoEI-recent-docs/Updated-UAE-Energy-Strategy-2050-Eng. ashx.

UNFCCC, 2021. The Long-Term Strategy of the United States-Pathways to Net-Zero Greenhouse Gas Emissions by 2050 [EB/OL]. https://unfccc.int/documents/307878.

UNFCCC, 2023-07-11. Third Update of Second Nationally Determined Contribution for the UAE [EB/OL]. https://unfccc.int/documents/630550.

WEF, 2024-07. Fostering Effective Energy Transition 2024 [EB/OL]. https://www3.weforum.org/docs/WEF_Fostering_Effective_Energy_Transition_2024.pdf.

WEF, 2024-11-14. Accelerating an Equitable Transition: A Data-Driven Approach [EB/OL]. https://www3.weforum.org/docs/WEF_Accelerating_an_Equitable_Transition_A_data_driven_approach_2024.pdf.

Wood Mackenzie, 2023. ADNOC Corporate Report [R]. Barbados: Wood Mackenzie.

Wood Mackenzie, 2023. ExxonMobil Buys Pioneer for US $64.5 Billion [R]. Barbados: Wood Mackenzie.

Wood Mackenzie, 2023. ExxonMobil Corporate Report [R]. Barbados: Wood Mackenzie.

Wood Mackenzie, 2023. ExxonMobil Oil and Gas Exploration Summary Woodmac [R]. Barbados: Wood Mackenzie.

Wood Mackenzie, 2023. Guyana Upstream Summary Slides September 2023 [R]. Barbados: Wood Mackenzie.

Wood Mackenzie, 2023. How Renewable Power Can Transform TotalEnergies' Cash Flow [R]. Barbados: Wood Mackenzie.

Wood Mackenzie, 2023. Strategy Update ExxonMobil's [R]. Barbados: Wood Mackenzie.

Wood Mackenzie, 2023. Strategy Update-ExxonMobils 2023 Corporate Plan Update [R]. Barbados: Wood Mackenzie.

Wood Mackenzie, 2024-05-17. Can ExxonMobil Make Attractive Returns from its US CCUS Portfolio? [R/OL]. https://www.woodmac.com/reports/upstream-oil-and-gas-can-exxonmobil-make-attractive-returns-from-its-us-ccus-portfolio-150269376/.

Wood Mackenzie, 2024. Saudi Aramco Corporate Report [R]. Barbados: Wood Mackenzie.

Wood Mackenzie, 2024. Shell Corporate Report [R]. Barbados: Wood Mackenzie.

World Bank, 2024. https://carbonpricingdashboard.worldbank.org/compliance/coverage.

再生可能エネルギー・水素等関係閣僚会議, 2023-06-06. 水素基本戦略 [DB/OL]. https://www.meti.go.jp/shingikai/enecho/shoene_shinene/suiso_seisaku/pdf/20230606_2.pdf.

資源エネルギー庁, 2023-04. エネルギー基本計画 [DB/OL]. https://www.enecho.meti.go.jp/category/others/basic_plan/pdf/20211022_01.pdf.

経済産業省, 2024-12-11. 再生可能エネルギー発電設備の導入状況等 [EB/OL]. https://www.fit-portal.go.jp/PublicInfoSummary.

附表1 历届联合国气候变化大会信息统计表

时间	大会名称	地点	主要内容
1995	COP1	德国柏林	此次会议的主要议题是核查发达国家的履约状况和进一步寻找应对气候变化的新途径；通过了一项重要的成果——要为加强2000年后发达国家减排的具体义务和时间表的谈判制定一项相应的减排协议书，同时明确规定不得为发展中国家引入任何新义务，即"柏林授权"
1996	COP2	瑞士日内瓦	通过《日内瓦宣言》，承认政府间气候变化专业委员会第二次评估报告是最全面和最权威的评估，重申根据《公约》所作的各项现有承诺，呼吁所有缔约方提出议案促进特设小组于第五届会议开始进行实质性的谈判，促进发展中国家缔约方获得资金和环境无害技术
1997	COP3	日本东京	根据"柏林授权"，通过谈判规定发达国家在2000年之后温室气体减排目标和具体的时间表。大会最终通过了对《联合国气候变化框架公约》中设定的发达国家降低温室气体排放做出量化安排的《联合国气候变化框架京都议定书》（简称《京都议定书》），这也是国际环境史上首次以国际法律文件的形式确定了工业化国家碳排放的限定数额
1998	COP4	阿根廷布宜诺斯艾利斯	达成了《布宜诺斯艾利斯行动计划》，通过了具体实施《京都议定书》关于减少排放量的时间表，决定在2000年就减缓全球温室效应的计划采取具体行动。要求国际社会必须在此之前解决有关减少温室气体排放的机制问题，解决有关《京都议定书》三机制，尤其是清洁发展机制（CDM）在运行模式、规则、指南、操作程序和方法学方面的细则，以便使三机制具备充分的可操作性，推动《京都议定书》的批准和生效
1999	COP5	德国波恩	在本次会议上，《京都议定书》机制的可靠性引起关注。会议着重就《公约》附件一所列缔约方国家信息通报编制指南等内容进行了讨论，通过了"技术的开发与转让""发展中国家的能力建设""经济转型国家的能力建设"等决定
2000	COP6	荷兰海牙	各缔约方并未就落实《公约》关于发达国家义务、《京都议定书》三机制、遵约程序、碳汇作用等气候变化领域的主要议题达成一揽子协议，无法达成预期的《海牙议定书》。在美国总统布什于2001年3月宣布美国将不批准《京都议定书》的背景下，2001年7月16—27日，在德国波恩举行了COP6续会。续会达成的《波恩协议》比《京都议定书》确定的温室气体减排目标后退了一步，在最后关头避免了《京都议定书》失败的命运
2001	COP7	摩洛哥马拉喀什	关于《京都议定书》三机制、遵约程序和碳汇问题等问题，在本次会上终于达成一揽子解决方案——《马拉喀什协定》。《马拉喀什协定》维护了《波恩协议》的完整性，巩固了发达国家向发展中国家提供资金援助方面首次取得的较大进展，也为日、加、澳、俄等国批准《京都议定书》进一步奠定了基础
2002	COP8	印度新德里	会议形成《德里宣言》，在发展中国家的要求下，敦促发达国家履行《公约》所规定的义务，在技术转让和提高应对气候变化能力方面为发展中国家提供有效帮助，并且发达国家放弃了要求发展中国家在控制温室气体排放方面承担更多义务的事项
2003	COP9	意大利米兰	在推动《京都议定书》尽早生效并付诸实施方面未能取得实质性进展，没有发表任何宣言或声明

附表1 历届联合国气候变化大会信息统计表

续表

时间	大会名称	地点	主要内容
2004	COP10	阿根廷布宜诺斯艾利斯	会议通过了包括"关于适应和应对措施的布宜诺斯艾利斯工作方案""经济转型期国家的能力建设""与清洁发展机制有关的指导意见""实施全球气候观测系统""继续开展试验阶段联合开展的活动"等内容
2005	COP11	加拿大蒙特利尔	《京都议定书》正式生效，《议定书》的30多个附件B国家缔约方（美国和澳大利亚未批准《议定书》）必须正式开始履行其承诺，相关执行机构、程序、机制和规则将正式启动，并启动《议定书》第二阶段（2012年后）温室气体减排谈判，最终形成"蒙特利尔路线图"
2006	COP12	肯尼亚内罗毕	达成了帮助发展中国家开发清洁发展机制项目提供额外支持的"内罗毕工作计划（2005—2010）"，本次大会还在管理"适应基金"的问题上取得一致，基金将用于支持发展中国家具体的适应气候变化活动
2007	COP13	印度尼西亚巴厘岛	通过了"巴厘岛路线图"，启动了加强《公约》和《议定书》全面实施的谈判进程，致力于在2009年的哥本哈根气候大会上，完成《议定书》第一承诺期2012年到期后全球应对气候变化安排的谈判。另外"巴厘岛路线图"首次将美国纳入旨在减缓全球变暖的未来新协议的谈判进程之中
2008	COP14	波兰波兹南	会议主要讨论包括温室气体减排的中长期承诺、如何有效应对气候变化、在减缓和适应气候变化上增加资金投入以及发达国家如何向发展中国家进行技术转让等问题。虽然大会决定启动适应基金，也通过了2009年工作计划，但此次会议并非真正成功，发达国家与发展中国家之间的分歧依然无法调和
2009	COP15	丹麦哥本哈根	会议的主要议题是制定《议定书》第一承诺期到期后新的国际气候协议。在会议面临无疾而终的最后关头，美国与中国、印度、巴西、南非的领导人经过闭门磋商，达成了一份不具有法律约束力的《哥本哈根协议》，部分国家拒不接受这份协议
2010	COP16	墨西哥坎昆	决议坚持了《公约》《议定书》和"巴厘岛路线图"，坚持了"共同但有区别的责任"原则，确保了2011年的谈判继续按照"巴厘岛路线图"确定的双轨方式进行。然而，COP16未能完成"巴厘岛路线图"的谈判
2011	COP17	南非德班	会议最终通过了4个决议，包括批准《议定书》工作组和《公约》下长期合作行动特设工作组、实施《议定书》第二承诺期、启动绿色气候基金、建立德班增强行动平台特设工作组。美国、日本、加拿大和新西兰拒不签署《议定书》
2012	COP18	卡塔尔多哈	无实质性进展，由于一些发达国家搅局，《京都议定书》第二承诺期、"德班平台"规划等重要议题的谈判进展不大
2013	COP19	波兰华沙	此次会议被定位为一个落实和过渡的大会。华沙气候谈判大会，既没有落实好资金、危害和损失以及适应等几个重要议题的推进，一般的谈判也艰辛起来。通过的《华沙宣言》乏善可陈，大多重复了历届谈判大会所做的类似决议
2014	COP20	秘鲁利马	会议旨在为2015年在巴黎举行的COP21做准备，使巴黎会议能够签订新的、有法律效力的全球气候变化协议。会议形成两个主要成果：进一步细化了2015年气候变化新协议的大体框架和各项要素；初步明确了2020年后各方应对气候变化的"国家自主贡献预案"所涉及的信息
2015	COP21	法国巴黎	签署《巴黎协定》，最终确定了控制在2℃以内并争取控制在1.5℃以内的温控目标，并在全球气候治理机制上强调国家自主贡献。《巴黎协定》表明全球气候治理机制最终从"自上而下"转变为"自下而上"的全球气候治理模式

续表

时间	大会名称	地点	主要内容
2016	COP22	摩洛哥马拉喀什	大会发表了《马拉喀什行动宣言》，宣称将进入就气候变化"履约和采取行动的新时代"
2017	COP23	德国波恩	美国宣布退出《巴黎协定》，但此次会议仍然为2018年完成《巴黎协定》实施细则谈判和开展促进性对话奠定了基础
2018	COP24	波兰卡托维兹	会议出台"卡托维兹气候一揽子计划"，标志着《巴黎协定》下全球气候行动新时代的正式开启。计划主要包含三方面的内容：一是对《巴黎协定》制定了实施细则"对减缓的规定""对透明度框架模式、程序和指南的规定""对遵约机制的规定"；二是完成"2018年促进性对话"；三是通过气候变化专门委员会的全球变暖1.5℃特别报告
2019	COP25	西班牙马德里	此次会议主要解决《巴黎协定》实施细则遗留问题，但因谈判各方分歧严重，会议未就《巴黎协定》第六条"缔约方间可通过国际合作、建立国际碳市场机制以达成减排目标"的实施细则的核心任务达成共识
2021	COP26	英国格拉斯哥	会议最终完成《巴黎协定》实施细则的谈判，并就提高应对气候变化行动和努力做出安排，为进一步落实《巴黎协定》奠定了良好基础。会议达成《格拉斯哥气候协议》：首次将减少煤炭使用纳入气候协议；通过全球碳市场框架细则；向受气候变化影响的国家提供支持；要求各国在2022年前提高国家自主贡献目标，进一步加快《巴黎协定》的落实
2022	COP27	埃及沙姆沙伊赫	会议达成全面气候协议，首次将损失与损害基金列入议程，以补偿脆弱国家因气候灾害造成的损失，还决定设立过渡委员会商定基金运作细节；会议发布《沙姆沙伊赫适应议程》，明确2030年前提升最易受影响群体适应能力等目标，此外各方重申将全球气温上升限制在1.5℃以内的承诺，强调发达国家应落实资金支持，推动全球气候治理合作
2023	COP28	阿联酋迪拜	会议批准"损失与损害"基金协议，促使发达国家向受气候变化影响最严重的发展中国家提供财政支持。134个国家和地区签署将食物和农业举措优先纳入减排行动的联合宣言，123个国家签署气候与健康宣言。会议达成协议，呼吁从化石燃料向清洁能源公正、有序、公平地过渡，到2050年实现净零碳排放，到2030年将全球可再生能源产能提高两倍
2024	COP29	阿塞拜疆巴库	核心议题是确定气候融资新目标，到2035年发达国家每年至少筹集3000亿美元，取代2009年设定的每年1000亿美元的目标。会议持续关注损失与损害基金的落实细节及资金分配等问题；还探讨全球碳市场发展，欲确定相关规则；同时评估国家适应计划进展，强调资金和能力建设支持，以缩小适应资金差距，推动各国在关键议题上达成实质进展

资源来源：UNFCCC网站。

附表2 重点国家油气产量、消费量、二氧化碳排放量、国家自主贡献目标统计表

地区	重点国家	石油产量（万吨）	石油消费量（万吨）	天然气产量（亿立方米）	天然气消费量（亿立方米）	二氧化碳排放量（百万吨）	是否碳达峰	国家自主贡献目标
欧美重点国家	德国		9156.4	38.1	756.6	589.4	是	到2030年，温室气体排放量比1990年至少减少40%
	英国	3344.6	6170.6	344.7	635.0	338.5	是	到2030年，温室气体排放量比1990年至少减少68%
	荷兰		3875.5	98.5	257.7	156.5	是	到2030年，温室气体排放量比1990年至少减少40%
	法国		6346.0		338.6	262.9	是	到2030年，温室气体排放量比1990年至少减少40%
	意大利	431.3	5741.3	28.5	586.0	312.7	是	到2030年，温室气体排放量比1990年至少减少40%
	挪威	9474.2	868.5	1166.3	37.9	35.5	是	到2030年，温室气体排放量比1990年至少减少55%
	美国	82714.1	81561.0	10353.0	8864.7	5130.1	是	到2030年，温室气体排放量比2005年减少50%～52%
中东地区	沙特阿拉伯	53167.8	17243.5	1141.3	1141.3	725.9	否	到2030年，温室气体排放量比2019年减少2.78亿吨二氧化碳当量
	阿联酋	17606.7	5063.0	555.6	668.9	340.8	否	到2035年，温室气体排放量比2019年水平减少47%（减少1.04亿吨二氧化碳当量）
	卡塔尔	7411.3	1358.9	1809.8	442.0	164.2	否	到2030年，与基准情景相比，温室气体排放量减少25%
	伊拉克	21304.1	4212.7	99.3	187.0	278.3	否	2021—2030年，温室气体排放量预期减少1%～2%
	伊朗	21429.8	7979.8	2516.8	2455.5	937.0	否	到2030年，与BAU情景相比无条件将其温室气体排放量减少4%，有条件减少8%
	阿曼	5057.5	1067.0	431.5	295.1	110.0	否	到2030年，温室气体比BAU情景排放量减少21%，电力行业减排42%，油气行业减排17%，工业减排7%，交通行业减排19%，其他领域减排45%

续表

地区	重点国家	石油产量（万吨）	石油消费量（万吨）	天然气产量（亿立方米）	天然气消费量（亿立方米）	二氧化碳排放量（百万吨）	是否碳达峰	国家自主贡献目标
中亚—俄罗斯地区	俄罗斯	54166.0	16530.8	5863.8	4533.7	2176.1	是	到2030年，温室气体排放量比1990年减少70%
	哈萨克斯坦	8423.6	1579.8	308.2	214.3	308.7	是	到2030年，无条件目标为比1990年水平温室气体排放量减少15%；有条件目标为温室气体比1990年水平排放量减少25%，取决于额外国际投资、低碳技术转让、绿色基金和经济转型
	土库曼斯坦	918.6	636.4	763.0	367.5	222.2	否	到2030年，温室气体排放量将比2010年BAU情景减少20%
	乌兹别克斯坦	196.8	502.9	442.1	465.9	152.9	否	遏制温室气体排放增长趋势，预计到2030年温室气体排放量与2010年比，将从10%提高到35%
非洲地区	南非		2492.5		47.5	478.1	否	到2030年，将单位GDP温室气体排放量从2010年水平减少35%
	尼日利亚	7391.5		437.0			否	2021—2025年间，温室气体排放量3.98亿~5.1亿吨二氧化碳当量/年；2026—2030年，温室气体排放量3.5亿~4.2亿吨二氧化碳当量/年
	阿尔及利亚	6038.1	1958.9	1015.4	463.0	248.5	否	到2030年，与基准情景比温室气体排放量减少7%~22%；7%目标将通过国家综合治理手段实现；22%目标取决于资金、技术开发和转让等方面支持（INDC，2016）
	尼日尔						否	在BAU基准情境下，能源部门无条件削减，2025年减少14.6%，2030年减少10.6%，有条件削减，2025年减少48%，2030年减少45%
	莫桑比克						否	在2020—2025年间温室气体排放量减少约4000万吨二氧化碳当量
	埃及	2982.1	3434.3	571.0	600.4	279.3	否	到2030年，温室气体排放量比基准情景减少37%，电力行业减排33%，油气行业减排65%，交通行业减排7%

附表2 重点国家油气产量、消费量、二氧化碳排放量、国家自主贡献目标统计表

续表

地区	重点国家	石油产量（万吨）	石油消费量（万吨）	天然气产量（亿立方米）	天然气消费量（亿立方米）	二氧化碳排放量（百万吨）	是否碳达峰	国家自主贡献目标
美洲地区	加拿大	27785.1	9983.8	1902.5	1207.3	599.4	是	到2030年，温室气体排放量比2005年减少至少40%~45%（4.06亿~4.43亿吨二氧化碳当量），到2050年，实现净零排放
	巴西	18369.3	11836.8	234.2	299.9	525.0	是	到2050年，实现碳中和目标；到2035年温室气体排放量与2005年相比减少59%~67%（减少8.5亿~10.5亿吨二氧化碳当量）
	秘鲁	514.9	1177.8	154.2	101.0	69.2	否	到2030年排放量限制在约1.23亿吨二氧化碳当量
	厄瓜多尔	2547.4	1326.7		4.9	56.2	否	到2025年，无条件目标为温室气体排放减少9%；有条件目标为减少20.9%，取决于国际合作支持
亚太地区	中国	20902.6	76855.2	2342.6	4048.4	12603.5	否	2030年前二氧化碳排放达峰，2060年前实现碳中和；到2030年，单位GDP二氧化碳排放比2005年下降65%以上，非化石能源占一次能源消费比重提高到25%左右，森林蓄积量比2005年增加60亿立方米，风电和太阳能总装机容量达到12亿千瓦以上
	澳大利亚	1566.4	4955.2	1517.4	401.2	440.4	是	到2030年，温室气体排放比2005年降低26%~28%，到2050年，实现净零排放
	马来西亚	2552.5	4070.5	810.7	460.7	321.9	否	到2030年，碳排放强度较2005年水平无条件降低45%
	印度尼西亚	3117.5	7031.4	642.6	454.4	861.5	否	到2030年，温室气体排放量的无条件减排目标为BAU情景的29%，有条件减排目标为BAU情景的41%，取决于国际金融支持、技术转让、开发情况和建设能力
	缅甸			151.5			否	到2030年，无条件目标为温室气体累计减少2.44亿吨二氧化碳当量；有条件目标为温室气体累计减少4.14亿吨二氧化碳当量

资源来源：UNFCCC网站、EI2023年能源统计年鉴。

注：表中产量、消费量及二氧化碳排放量均为2023年数据。

附表3 2024年全球主要国家ETI指数及排名

排名	国家	ETI分数	SP分数	TR分数	排名	国家	ETI分数	SP分数	TR分数	排名	国家	ETI分数	SP分数	TR分数
1	瑞典	78.4	79.4	76.8	28	匈牙利	62.1	68.5	52.4	55	塞浦路斯	56.6	61.3	49.6
2	丹麦	75.2	72	80.1	29	斯洛文尼亚	61.9	68.2	52.5	56	格鲁吉亚	56.3	63.7	45.1
3	芬兰	74.5	70.7	80.1	30	哥斯达黎加	61.3	72.1	45	57	墨西哥	56.3	68.7	37.6
4	瑞士	73.4	76.2	69.1	31	波兰	61.3	66	54.2	58	沙特阿拉伯	55.9	62.8	45.4
5	法国	71.1	74.7	65.6	32	越南	61	65.6	54.2	59	土耳其	55.8	62.7	45.5
6	挪威	69.9	75.2	62	33	乌拉圭	60.8	69	48.5	60	泰国	55.8	63.2	44.6
7	冰岛	68	71.8	62.2	34	比利时	60.8	61.6	59.6	61	马耳他	55.6	64.9	41.8
8	奥地利	67.9	68.5	67	35	哥伦比亚	60.7	65.7	53.3	62	阿曼	55.5	58.9	50.3
9	爱沙尼亚	67.8	73.7	59	36	保加利亚	60.6	66.9	51.2	63	印度	55.3	63.6	42.8
10	荷兰	66.7	62.7	72.7	37	希腊	60.5	58.9	63.1	64	新加坡	55	54.1	56.5
11	德国	66.5	65	68.7	38	阿塞拜疆	60.3	68.8	47.6	65	摩洛哥	54.9	60.5	46.5
12	巴西	65.7	69.9	59.4	39	克罗地亚	60.1	66.4	50.7	66	玻利维亚	54.8	68.1	34.7
13	英国	65.6	66.3	64.6	40	马来西亚	60.1	69.8	45.6	67	黑山	54.6	59.9	46.6
14	葡萄牙	65.4	67	62.9	41	意大利	59.7	62.7	55.2	68	纳米比亚	54.5	62	43.3
15	拉脱维亚	65.2	70.1	58	42	巴拉圭	59.6	70.1	43.9	69	斯里兰卡	54.2	64.4	39
16	西班牙	64.3	64.7	63.7	43	阿尔巴尼亚	59.4	65	51	70	肯尼亚	53.6	63.8	38.4
17	中国	64.1	66.6	60.3	44	捷克	59.2	67.3	47.2	71	塔吉克斯坦	53.6	65.2	36.1
18	卢森堡	64.1	64.1	64.1	45	爱尔兰	58.7	60.4	56.2	72	老挝	53.5	54	52.9
19	美国	64	67.3	59	46	萨尔瓦多	58.4	70.6	40	73	约旦	53.5	57.7	47.1
20	智利	63.9	67.9	58	47	秘鲁	58.3	71	39.3	74	厄瓜多尔	53.2	67.5	31.8
21	以色列	63.8	70.4	54	48	罗马尼亚	58.3	69	42.2	75	埃及	53	64.3	36
22	澳大利亚	63.7	63.2	64.4	49	斯洛伐克	57.5	64.6	46.9	76	乌克兰	52.9	62.6	38.3
23	韩国	63.5	62.4	65.2	50	卡塔尔	57.3	60.1	53.1	77	柬埔寨	52.9	61.6	39.9
24	立陶宛	63.2	64.7	60.9	51	巴拿马	57.1	66.4	43.2	78	塞尔维亚	52.9	61.1	40.5
25	新西兰	62.8	68.3	54.5	52	阿联酋	57	62.4	48.8	79	亚美尼亚	52.7	60.9	40.5
26	日本	62.4	63.1	61.4	53	毛里求斯	56.8	67.2	41.2	80	吉尔吉斯斯坦	52.7	61.7	39.3
27	加拿大	62.4	65.5	57.8	54	印度尼西亚	56.7	69.9	36.9	81	马其顿	52.6	59.5	42.3

附表3 2024年全球主要国家ETI指数及排名

续表

排名	国家	ETI分数	SP分数	TR分数	排名	国家	ETI分数	SP分数	TR分数	排名	国家	ETI分数	SP分数	TR分数
82	阿根廷	52.6	64.9	34.3	95	委内瑞拉	50.4	67.6	24.7	108	尼日利亚	46.9	59.4	28.2
83	加蓬	52.5	65.1	33.5	96	文莱	50.3	58.4	38.2	109	孟加拉国	46.8	60.8	25.6
84	南非	52.4	58	44	97	多米尼加	50.1	56.8	40.2	110	牙买加	46.6	50.3	41.1
85	黎巴嫩	52	56.9	44.6	98	哈萨克斯坦	50.1	57.3	39.3	111	塞内加尔	46.6	53.3	36.5
86	安哥拉	52	67.6	28.7	99	特立尼达和多巴哥	49.7	57.2	38.6	112	津巴布韦	46.3	50.7	39.7
87	埃塞俄比亚	51.7	59.5	39.9	100	尼泊尔	49.6	57.8	37.3	113	巴基斯坦	46.2	55.2	32.5
88	波黑	51.5	55.3	45.8	101	喀麦隆	49.2	61.8	30.2	114	尼加拉瓜	46	57.7	28.6
89	突尼斯	51.3	57.1	42.6	102	伊朗	49	59.4	33.3	115	博茨瓦纳	45.6	54.3	32.7
90	科特迪瓦	51.2	59.2	39.1	103	巴林	48.8	55.4	38.8	116	蒙古国	45.4	55.3	30.5
91	阿尔及利亚	50.9	65.1	29.7	104	科威特	48.6	54.1	40.3	117	莫桑比克	45.3	57	27.8
92	加纳	50.9	62.1	34.1	105	菲律宾	48.4	59.1	32.4	118	坦桑尼亚	44.3	49.7	36.1
93	赞比亚	50.9	55.6	43.7	106	洪都拉斯	48.3	59.3	31.9	119	也门	43.8	55.1	26.8
94	危地马拉	50.8	63.7	31.4	107	摩尔多瓦	48.1	55.3	37.2	120	刚果（金）	42	53.7	24.4

资料来源：世界经济论坛2024年6月发布的《Fostering Effective Energy Transition》。

注：能源转型指数（Energy Transition Index，ETI）是以国家层面作为对标基准评价各国的能源转型表现的量化指标，包括两个维度——系统效能（System Performance，SP）和转型准备（Transition Readiness，TR），二者的权重按照60%和40%确定。系统效能维度包括公平指标、可持续指标和安全指标；转型准备维度包括核心因素和达成因素，其中核心因素包括法规与政治承诺指标和金融与投资指标，达成因素包括科技创新指标、基础设施指标和教育与人力资本指标。

附表4 主要国家碳中和愿景及政策措施情况统计表

序号	国家	承诺目标	实现时间	政策力度	是否实施碳税或碳排放交易
1	阿尔巴尼亚	碳排放减少目标	2030	已出台相关政策	碳税
2	阿尔及利亚	较基准情景减少	2030	已出台相关政策	均未实施也未规划
3	阿富汗	净零	2050	政策制定中	均未实施也未规划
4	阿根廷	净零	2050	政策制定中	碳税
5	阿联酋	净零	2050	承诺	均未实施也未规划
6	阿曼	净零	2050	政策制定中	均未实施也未规划
7	阿塞拜疆	碳排放减少目标	2050	已出台相关政策	均未实施也未规划
8	埃及	其他	2030	已出台相关政策	均未实施也未规划
9	埃塞俄比亚	净零	2050	政策制定中	均未实施也未规划
10	爱尔兰	气候中和	2050	立法	碳税和碳排放交易
11	爱沙尼亚	零排放	2050	承诺	碳税和碳排放交易
12	安道尔	碳中和	2050	承诺	均未实施也未规划
13	安哥拉	净零	2050	政策制定中	均未实施也未规划
14	安提瓜和巴布达	净零	2040	已出台相关政策	均未实施也未规划
15	奥地利	气候中和	2040	立法	碳排放交易规划中
16	澳大利亚	净零	2050	立法	均未实施也未规划
17	巴巴多斯	碳中和	2030	承诺	均未实施也未规划
18	巴布亚新几内亚	净零	2050	政策制定中	均未实施也未规划
19	巴哈马	净零	2050	政策制定中	均未实施也未规划
20	巴基斯坦	净零	2050	政策制定中	碳排放交易考虑中
21	巴拉圭	较基准情景减少目标	2030	已出台相关政策	均未实施也未规划
22	巴林	净零	2060	承诺	均未实施也未规划
23	巴拿马	净零	2050	已出台相关政策	均未实施也未规划
24	巴西	碳中和	2050	已出台相关政策	碳排放权交易考虑中
25	白俄罗斯	较基准年份减少排放目标	2030	已出台相关政策	均未实施也未规划
26	保加利亚	气候中和	2050	政策制定中	均未实施也未规划
27	贝宁	较基准年份减少排放目标	2030	已出台相关政策	均未实施也未规划
28	比利时	碳中和	2050	政策制定中	碳排放交易

附表4 主要国家碳中和愿景及政策措施情况统计表

续表

序号	国家	承诺目标	实现时间	政策力度	是否实施碳税或碳排放交易
29	冰岛	碳中和	2040	立法	碳税和碳排放交易
30	波兰	碳排放减少目标	2030	已出台相关政策	碳税和碳排放交易
31	波斯尼亚和黑塞哥维那	碳排放减少目标	2050	承诺	均未实施也未规划
32	伯利兹	净零	2050	已出台相关政策	均未实施也未规划
33	不丹	碳负排放	2030	已实现（自我宣称）	均未实施也未规划
34	布基纳法索	净零	2050	政策制定中	均未实施也未规划
35	布隆迪	净零	2050	政策制定中	均未实施也未规划
36	朝鲜	较基准情景减少目标	2030	已出台相关政策	均未实施也未规划
37	丹麦	净零	2050	承诺	碳税和碳排放交易
38	德国	气候中和	2045	立法	碳税和碳排放交易
39	东帝汶	净零	2050	政策制定中	均未实施也未规划
40	多哥	净零	2050	政策制定中	均未实施也未规划
41	多米尼加	净零	2050	政策制定中	均未实施也未规划
42	多米尼克	碳中和	2030	政策制定中	均未实施也未规划
43	俄罗斯	碳中和	2060	政策制定中	均未实施也未规划
44	厄瓜多尔	净零	2050	政策制定中	均未实施也未规划
45	厄立特里亚	净零	2050	政策制定中	均未实施也未规划
46	法国	净零	2050	立法	碳税和碳排放交易
47	菲律宾	较基准情景减少目标	2030	已出台相关政策	均未实施也未规划
48	斐济	净零	2050	立法	均未实施也未规划
49	芬兰	气候中和	2035	立法	碳税和碳排放交易
50	佛得角	净零	2050	政策制定中	均未实施也未规划
51	冈比亚	净零	2050	政策制定中	均未实施也未规划
52	刚果（金）	较基准情景减少目标	2030	承诺	均未实施也未规划
53	刚果（布）	净零	2050	政策制定中	均未实施也未规划
54	哥伦比亚	碳中和	2050	立法	碳税
55	哥斯达黎加	净零	2050	已出台相关政策	均未实施也未规划
56	格林纳达	净零	2050	政策制定中	均未实施也未规划
57	古巴	其他	2030	已出台相关政策	均未实施也未规划
58	圭亚那	净零	2050	已实现（自我宣称）	均未实施也未规划
59	哈萨克斯坦	碳中和	2060	立法	碳排放交易

续表

序号	国家	承诺目标	实现时间	政策力度	是否实施碳税或碳排放交易
60	海地	净零	2050	政策制定中	均未实施也未规划
61	韩国	净零	2050	立法	碳排放交易
62	荷兰	气候中和	2050	立法	碳税和碳排放交易
63	黑山	气候中和	2050	政策制定中	碳排放交易考虑中
64	洪都拉斯	较基准情景减少目标	2030	已出台相关政策	均未实施也未规划
65	基里巴斯	净零	2050	政策制定中	均未实施也未规划
66	吉布提	净零	2050	政策制定中	均未实施也未规划
67	吉尔吉斯斯坦	碳中和	2050	政策制定中	均未实施也未规划
68	几内亚	净零	2050	政策制定中	均未实施也未规划
69	几内亚比绍	碳排放减少目标	2050	承诺	均未实施也未规划
70	加拿大	净零	2050	立法	碳税和碳排放交易
71	加蓬	碳中和	2050	已实现（自我宣称）	均未实施也未规划
72	柬埔寨	碳中和	2050	已出台相关政策	均未实施也未规划
73	捷克	碳排放减少目标	2030	立法	碳排放交易
74	津巴布韦	碳排放减少目标	2030	承诺	均未实施也未规划
75	喀麦隆	较基准情景减少目标	2030	已出台相关政策	均未实施也未规划
76	卡塔尔	碳排放减少目标	2030	已出台相关政策	均未实施也未规划
77	科摩罗	净零	2050	已实现（自我宣称）	均未实施也未规划
78	科特迪瓦	较基准情景减少目标	2030	承诺	碳税考虑中
79	科威特	碳中和	2060	承诺	均未实施也未规划
80	克罗地亚	气候中和	2050	已出台相关政策	碳排放交易
81	肯尼亚	净零	2050	已出台相关政策	均未实施也未规划
82	拉脱维亚	碳中和	2050	已出台相关政策	碳税和碳排放交易
83	莱索托	净零	2050	政策制定中	均未实施也未规划
84	老挝	净零	2050	已出台相关政策	均未实施也未规划
85	黎巴嫩	净零	2050	政策制定中	均未实施也未规划
86	立陶宛	净零	2050	已出台相关政策	碳排放交易
87	利比里亚	净零	2050	承诺	均未实施也未规划
88	列支敦士登	净零	2050	立法	碳税和碳排放交易
89	卢森堡	净零	2050	立法	碳税和碳排放交易
90	卢旺达	净零	2050	已出台相关政策	均未实施也未规划
91	罗马尼亚	较基准年份减少排放目标	2030	已出台相关政策	碳排放交易

附表 4 主要国家碳中和愿景及政策措施情况统计表

续表

序号	国家	承诺目标	实现时间	政策力度	是否实施碳税或碳排放交易
92	马达加斯加	净零	2050	政策制定中	均未实施也未规划
93	马尔代夫	净零	2030	立法	均未实施也未规划
94	马耳他	气候中和	2050	已出台相关政策	均未实施也未规划
95	马拉维	净零	2050	承诺	均未实施也未规划
96	马来西亚	净零	2050	已出台相关政策	碳排放交易考虑中
97	马里	净零	2050	政策制定中	均未实施也未规划
98	马其顿	碳排放减少目标	2030	已出台相关政策	均未实施也未规划
99	马绍尔群岛	净零	2050	已出台相关政策	均未实施也未规划
100	毛里求斯	净零	2050	政策制定中	均未实施也未规划
101	毛里塔尼亚	碳中和	2030	政策制定中	均未实施也未规划
102	美国	净零	2050	已出台相关政策	碳税和碳排放交易
103	蒙古国	碳排放减少目标	2030	已出台相关政策	均未实施也未规划
104	孟加拉国	净零	2050	政策制定中	均未实施也未规划
105	秘鲁	净零	2050	政策制定中	均未实施也未规划
106	密克罗尼西亚	净零	2050	承诺	均未实施也未规划
107	缅甸	净零	2050	政策制定中	均未实施也未规划
108	摩尔多瓦	碳排放减少目标	2030	已出台相关政策	均未实施也未规划
109	摩洛哥	较基准情景减少目标	2030	已出台相关政策	碳税考虑中
110	摩纳哥	碳中和	2050	已出台相关政策	碳排放交易
111	莫桑比克	净零	2050	政策制定中	均未实施也未规划
112	墨西哥	净零	2050	承诺	碳税和碳排放交易
113	纳米比亚	净零	2050	已出台相关政策	均未实施也未规划
114	南非	净零	2050	承诺	碳税
115	南苏丹	碳中和	2050	政策制定中	均未实施也未规划
116	瑙鲁	净零	2050	政策制定中	均未实施也未规划
117	尼加拉瓜	净零	2050	政策制定中	均未实施也未规划
118	尼泊尔	净零	2045	已出台相关政策	均未实施也未规划
119	尼日尔	净零	2050	政策制定中	均未实施也未规划
120	尼日利亚	净零	2060	立法	均未实施也未规划
121	纽埃	净零	2050	政策制定中	均未实施也未规划
122	挪威	碳排放减少目标	2050	立法	碳税和碳排放交易
123	帕劳	净零	2050	政策制定中	均未实施也未规划

续表

序号	国家	承诺目标	实现时间	政策力度	是否实施碳税或碳排放交易
124	葡萄牙	碳中和	2050	立法	碳税和碳排放交易
125	日本	碳中和	2050	立法	碳税和碳排放交易
126	瑞典	净零	2045	立法	碳税和碳排放交易
127	瑞士	净零	2050	立法	碳税和碳排放交易
128	萨尔瓦多	绝对碳排放目标	2030	政策制定中	均未实施也未规划
129	萨摩亚	净零	2050	政策制定中	均未实施也未规划
130	塞尔维亚	碳排放减少目标	2030	立法	均未实施也未规划
131	塞拉利昂	碳排放减少目标	2050	已出台相关政策	均未实施也未规划
132	塞内加尔	净零	2050	政策制定中	碳税和碳排放均在考虑中
133	塞浦路斯	气候中和	2050	已出台相关政策	碳排放交易
134	塞舌尔	净零	2050	政策制定中	均未实施也未规划
135	沙特阿拉伯	净零	2060	已出台相关政策	均未实施也未规划
136	圣卢西亚	较基准情景减少目标	2030	已出台相关政策	均未实施也未规划
137	圣马力诺	碳排放减少目标	2030	已出台相关政策	均未实施也未规划
138	斯里兰卡	碳中和	2050	承诺	均未实施也未规划
139	斯洛伐克	净零	2050	立法	均未实施也未规划
140	斯洛文尼亚	净零	2050	已出台相关政策	碳税和碳排放交易
141	苏丹	净零	2050	政策制定中	均未实施也未规划
142	苏里南	净零	2050	已实现（自我宣称）	均未实施也未规划
143	所罗门群岛	净零	2050	已出台相关政策	均未实施也未规划
144	索马里	净零	2050	政策制定中	均未实施也未规划
145	塔吉克斯坦	碳排放减少目标	2030	已出台相关政策	均未实施也未规划
146	泰国	净零	2065	已出台相关政策	碳排放交易考虑中
147	坦桑尼亚	净零	2050	政策制定中	均未实施也未规划
148	汤加	净零	2050	已出台相关政策	均未实施也未规划
149	特立尼达和多巴哥	净零	2050	政策制定中	均未实施也未规划
150	突尼斯	碳中和	2050	已出台相关政策	均未实施也未规划
151	图瓦卢	净零	2050	已出台相关政策	均未实施也未规划
152	土耳其	净零	2053	已出台相关政策	碳排放交易考虑中
153	土库曼斯坦	碳排放减少目标	2030	政策制定中	均未实施也未规划
154	瓦努阿图	净零	2050	政策制定中	均未实施也未规划
155	危地马拉	碳排放减少目标	2030	立法	均未实施也未规划

附表 4　主要国家碳中和愿景及政策措施情况统计表

续表

序号	国家	承诺目标	实现时间	政策力度	是否实施碳税或碳排放交易
156	委内瑞拉	碳排放减少目标	2030	已出台相关政策	均未实施也未规划
157	文莱	碳排放减少目标	2030	已出台相关政策	碳税或碳排放交易考虑中
158	乌干达	净零	2050	政策制定中	均未实施也未规划
159	乌克兰	碳中和	2060	已出台相关政策	碳税
160	乌拉圭	净零	2050	已出台相关政策	碳税
161	乌兹别克斯坦	碳排放强度目标	2030	已出台相关政策	均未实施也未规划
162	西班牙	气候中和	2050	立法	碳税和碳排放交易
163	希腊	气候中和	2050	立法	碳排放交易
164	新加坡	净零	2050	已出台相关政策	碳税
165	新西兰	净零	2050	立法	均未实施也未规划
166	匈牙利	净零	2050	立法	碳排放交易
167	牙买加	净零	2050	承诺	均未实施也未规划
168	亚美尼亚	气候中和	2050	承诺	均未实施也未规划
169	也门	碳排放减少目标	2030	政策制定中	均未实施也未规划
170	伊拉克	其他	2030	已出台相关政策	均未实施也未规划
171	伊朗	其他	2030	立法	均未实施也未规划
172	以色列	净零	2050	政策制定中	碳税考虑中
173	意大利	碳中和	2050	已出台相关政策	碳排放交易
174	印度	净零	2070	已出台相关政策	均未实施也未规划
175	印度尼西亚	净零	2050	政策制定中	碳排放交易
176	英国	净零	2050	立法	碳税和碳排放交易
177	约旦	较基准情景减少目标	2030	已出台相关政策	均未实施也未规划
178	越南	净零	2050	已出台相关政策	碳排放交易考虑中
179	赞比亚	碳排放减少目标	2030	承诺	均未实施也未规划
180	乍得	净零	2050	政策制定中	均未实施也未规划
181	智利	碳中和	2050	立法	碳税
182	中非	净零	2050	政策制定中	均未实施也未规划
183	中国	碳中和	2060	已出台相关政策	碳排放交易

资料来源：Net Zero Tracker 网站。

附表5 45家石油公司碳减排/碳中和目标统计表

序号	公司（中文）	公司（英文）	是否有碳减排目标	是否有碳中和目标	范围1/2 主要碳减排/碳中和目标	其他目标 是否有甲烷减排目标	其他目标 是否有火炬燃烧（或放空燃烧）减排目标	范围3 主要碳减排/碳中和目标
1	沙特阿美石油公司	Saudi Arabian Oil Co.(Saudi Aramco)	有	有	（1）到2035年，将上游范围1和范围2的温室气体排放强度至少降低15%（以2018年为基准），即从2018年的10.2千克二氧化碳当量/桶油当量减少到不超过8.7千克二氧化碳当量/桶油当量； （2）到2035年，将上游和下游范围1和范围2的净温室气体排放量减少52百万吨二氧化碳当量，即2035年底将减少67百万吨二氧化碳当量（按当前趋势，2035年的排放量将为119百万吨二氧化碳当量）； （3）争取到2050年，在全资经营的资产范围内实现范围1和范围2的温室气体净零排放	无	无	—
2	伊朗国家石油公司	National Iranian Oil Co.(NIOC)	无	无	—	无	无	—
3	中国石油天然气集团有限公司（简称中国石油）	China National Petroleum Corp.(CNPC)	有	无	（1）到2025年达到碳排放峰值，并到2050年实现近零排放（范围和边界未定义）； （2）到2035年，将范围1和范围2的温室气体排放累计减少20%（以2025年为基准）	有	无	到2035年，将产品所产生的范围3二氧化碳排放强度降低30%（以2020年为基线），并力争到2050年降低55%
4	埃克森美孚公司	ExxonMobil	有	有	（1）到2030年，将全公司范围1和范围2的温室气体排放强度降低20%~30%，预计绝对排放量减少约20%（以2016年为基准）； （2）到2030年，将上游范围1和范围2的温室气体排放强度降低40%~50%，预计绝对排放量减少约30%（以2016年为基准）； （3）力争到2050年实现范围1和范围2的温室气体净零排放	无	无	—

附表5 45家石油公司碳减排/碳中和目标统计表

续表

序号	公司（中文）	公司（英文）	是否有碳减排目标	是否有碳中和目标	范围1/2 主要碳减排/碳中和目标	其他目标 是否有甲烷减排目标	其他目标 是否有火炬燃烧（或放空燃烧）减排目标	范围3 主要碳减排/碳中和目标
5	俄罗斯石油公司（简称俄油）	Rosneft	有	有	（1）到2025年，将俄罗斯资产的范围1和范围2温室气体绝对排放量减少5%，到2030年减少25%（以2020年为基准）；（2）到2030年以前，将勘探生产的范围1和范围2温室气体排放强度降低至低于20千克二氧化碳当量/桶油当量；（3）到2050年，实现俄罗斯资产的范围1和范围2温室气体净零排放	无	无	—
6	雪佛龙公司	Chevron	有	有	（1）到2028年，将上游（自营和非自营）石油的权益范围1和范围2温室气体排放强度降低40%，天然气的排放强度降低26%（以2016年为基准），使石油和天然气的排放强度均降至24千克二氧化碳当量/桶当量；（2）到2028年，将炼油（自营和非自营）的权益范围1和范围2温室气体排放强度降低2%~3%（以2016年为基准），排放强度降至36千克二氧化碳当量/桶当量；（3）力争到2050年实现上游范围1和范围2温室气体净零排放	无	无	—
7	俄罗斯天然气工业股份公司	Gazprom	无	无	—	无	无	—
8	委内瑞拉国家石油公司	Petróleos de Venezuela, S.A. (PDVSA)	无	无	—	无	无	—
9	壳牌公司	Shell	有	有	（1）到2030年，将壳牌经营控制下的资产和业务（包括剥离的资产和业务）产生的范围1和范围2绝对排放量减少50%（以2016年为基准）；（2）到2050年实现净零排放	有	无	到2030年将客户使用壳牌石油产品的范围3第11类排放量减少15%~20%的目标（以2021年为基准）

283

续表

序号	公司（中文）	公司（英文）	是否有碳减排目标	是否有碳中和目标	范围1/2 主要碳减排/碳中和目标	其他目标 是否有甲烷减排目标	是否有火炬燃烧（或放空燃烧）减排目标	范围3 主要碳减排/碳中和目标
10	道达尔能源公司	TotalEnergies	有	有	到2025年，将自营设施的范围1和范围2温室气体（包括碳汇）绝对排放量减少17%以上（从2015年的46百万吨二氧化碳当量），到2025年减少到2015年的少于38百万吨二氧化碳当量，到2030年减少40%以上（以2015年为基准；并在此基础上力争到2050年实现净零排放	有	有	（1）到2025年，将全球客户使用石油产品所产生的范围3排放量减少30%，到2030年减少40%（以2015年为基线），并携手客户，力争到2050年实现净零排放；（2）到2025年，实现全球客户使用产品所产生的范围3排放量低于400百万吨二氧化碳当量，并在2030年保持这一水平，力争到2050年实现净零排放
11	阿布扎比国家石油公司	Abu Dhabi National Oil Co.（ADNOC）	有	有	（1）到2030年，将运营温室气体排放强度降低25%；（2）到2045年实现范围1和范围2的净零排放	无	无	—
12	俄罗斯卢克石油公司	LUKOIL	有	有	到2030年，将经营整治制的范围1和范围2温室气体排放强度至少降低20%（以2017年为基准），力争到2050年成为净零碳排放企业	无	无	—
13	阿尔及利亚国家石油公司	Sonatrach	无	无	—	无	无	—

附表 5　45家石油公司碳减排/碳中和目标统计表

续表

序号	公司（中文）	公司（英文）	是否有碳减排目标	是否有碳中和目标	范围1/2 主要碳减排/碳中和目标	其他目标 是否有甲烷减排目标	其他目标 是否有火炬燃烧（或放空燃烧）减排目标	范围3 主要碳减排/碳中和目标
14	碧辟	bp	有	有	到2025年，将运营控制内的范围1和范围2的绝对排放量减少20%（以2019年为基准，已达成），到2030年减少50%（以2019年为基准），并力争在2050年或之前实现净零排放	有	有	力争到2050年，实现持股企业生产（不包括与俄罗斯石油公司相关的产量）的范围3二氧化碳绝对净零排放，并分别在2025年和2030年前实现二氧化碳绝对排放量减少10%~15%和20%~30%（以2019年为基线）
15	卡塔尔能源公司	QatarEnergy	有	无	（1）到2030年，将LNG设施的范围1和范围2温室气体排放强度降低25%，到2035年降低35%（以2013年为基准）；（2）到2030年，将上游设施的范围1和范围2温室气体排放强度降低15%，到2035年降低25%（以2013年为基准）	无	无	—
16	科威特石油公司	Kuwait Petroleum Corp.（KPC）	有	有	到2050年实现净零排放	无	无	—
17	巴西国家石油公司	Petróleo Brasileiro, S.A.（Petrobras）	有	有	（1）到2030年，将所有业务的范围1和范围2温室气体排放量较2015年基线减少30%；（2）到2025年，上游板块的二氧化碳当量/桶油当量的绝对减排32%（相当于到2025年达到15千克二氧化碳当量的绝对强度，并维持至2030年）；（3）到2025年，炼油板块的范围1和范围2温室气体排放强度较2015年基线减少16%，到2030年减少30%（相当于到2025年达到36千克二氧化碳当量/CWT的绝对强度，到2030年降至30千克二氧化碳当量/CWT）；（4）到2050年，实现运营排放（占运营排放量97%的巴西的范围1和范围2排放）中和，并推动合作伙伴在非运营资产上实现相同目标	无	无	—

续表

序号	公司（中文）	公司（英文）	范围 1/2		其他目标		范围 3
			是否有碳减排目标	是否有碳中和目标	主要碳减排/碳中和目标	是否有甲烷减排目标	是否有火炬燃烧（或放空燃烧）减排目标	主要碳减排/碳中和目标
18	中国石油化工集团有限公司（简称中国石化）	China Petroleum & Chemical Corp.（Sinopec）	有	有	（1）目标是在2030年前实现碳排放达峰，2050年前实现碳中和（范围和边界尚未明确）；（2）到2023年，将范围1和范围2的二氧化碳累计排放量减少7%，即12.5百万吨二氧化碳当量（以2018年为基准）	无	无	—
19	墨西哥国家石油公司	Petróleos Mexicanos（PEMEX）	有	无	（1）从2020年至2027年，将勘探与生产的温室气体排放强度降低约48%（范围和边界尚未明确）；（2）从2020年至2027年，将炼油的温室气体排放强度降低约36%（范围和边界尚未明确）；（3）从2020年至2027年，将天然气处理设施的温室气体排放强度降低约58%（范围和边界尚未明确）	无	无	—
20	意大利埃尼集团	Eni	有	有	（1）到2025年，将运营中的上游业务范围1温室气体排放强度较2014年基线降低43%；（2）到2024年，绝对排放量（扣除抵消量后）较2018年基线减少50%，到2025年减少65%，并力争在2030年实现净零排放；（3）到2025年，将上游持股业务范围1和范围2的温室气体绝对排放量（扣除抵消量后）较2018年减少40%，并力争在2035年实现净零排放	无	无	—
21	马来西亚国家石油公司	Petroliam Nasional Berhad（PETRONAS）	有	有	（1）2024年，将国内业务的范围1和范围2温室气体排放量限制在49.5百万吨二氧化碳当量以内（2020年为44.2百万吨二氧化碳当量）；（2）到2030年，通过共同持股的方式，实现全球投资组合中范围1和范围2排放量减少25%；（3）力争到2050年实现范围1和范围2温室气体净零排放	无	无	—
22	尼日利亚国家石油公司	Nigerian National Petroleum Corp.（NNPC）	无	无	—	无	无	—

附表5 45家石油公司碳减排/碳中和目标统计表

续表

序号	公司（中文）	公司（英文）	范围1/2		其他目标		范围3
			是否有碳减排目标	是否有碳中和目标	主要碳减排/碳中和目标	是否有甲烷减排目标	是否有火炬燃烧（或放空燃烧）减排目标	主要碳减排/碳中和目标
23	中国海洋石油集团有限公司（简称中国海油）	China National Offshore Oil Corp. (CNOOC)	有	有	（1）目标是在2028年前实现二氧化碳排放量达峰，并在2050年前实现碳中和；（2）将每单位生产的范围1和范围2二氧化碳累计排放量减少10%～18%（以2020年为基准）	无	无	—
24	印度石油天然气公司	Oil and Natural Gas Corp. Ltd. (ONGC)	有	有	到2038年实现范围1和范围2的温室气体净零排放	无	无	—
25	挪威国家石油公司（原名Statoil）	Equinor	有	有	（1）到2025年，实现运营中的上游业务范围1二氧化碳排放强度降至7千克二氧化碳当量/桶油当量，到2030年进一步降至6千克二氧化碳当量/桶油当量；（2）到2030年，将运营资产范围1和范围2温室气体（包括二氧化碳和甲烷）净排放量较2015年基线减少50%，其中90%的减排量通过绝对减排来实现；（3）到2040年，将挪威境内运营范围1二氧化碳（包括二氧化碳和甲烷）绝对排放量较2005年基线减少70%，并力争在2050年接近零排放	无	无	—
26	印度尼西亚国家石油公司	PT Pertamina (Persero)	有	有	（1）到2025年，将范围1和范围2的温室气体排放量较2021年基线减少23%（此前基线为2010年，现已调整）；（2）到2030年，将范围1和范围2温室气体排放量较2021年基线减少32%（此前基线为2010年，现已调整）；（3）到2060年实现范围1和范围2温室气体排放的净零排放	无	无	—
27	康菲石油公司	ConocoPhillips	有	有	（1）到2030年，将运营和净股权业务范围1和范围2的温室气体排放强度较2016年基线降低50%～60%；（2）到2050年，实现运营和净股权业务范围1和范围2温室气体总排放的净零排放	无	无	—

续表

序号	公司（中文）	公司（英文）	范围 1/2		其他目标		范围 3
			是否有碳减排目标	是否有碳中和目标	主要碳减排/碳中和目标	是否有甲烷排放减排目标	是否有火炬燃烧（或放空燃烧）减排目标	主要碳减排/碳中和目标
28	加拿大自然资源公司	Canadian Natural Resources	有	有	（1）到 2035 年，实现公司整体范围 1 和范围 2 绝对温室气体排放量减少 40%（以 2020 年为基线）；（2）通过"Pathways Alliance"（路径联盟）计划，到 2050 年实现油砂业务的净零排放	无	无	—
29	俄罗斯斯诺瓦泰克公司	NOVATEK	有	无	（1）到 2030 年，将上游业务部分的范围 1 温室气体排放强度降低 6%（以 2019 年为基线）；（2）到 2030 年，LNG 生产的范围 1 温室气体排放强度降低 5%（以 2019 年为基线）	无	无	—
30	西班牙雷普索尔公司	Repsol	有	有	（1）到 2030 年，将运营业务范围 1 和范围 2 的绝对净温室气体排放量减少 55%（以 2016 年为基线）；（2）在 2021—2025 年间，将上游业务范围 2 二氧化碳排放强度降低 75%（以 2020 年为基线）；（3）到 2050 年，实现运营资产范围 1 和范围 2 净零排放	无	无	—
31	加拿大森诺夫能源公司	Cenovus	有	有	（1）到 2035 年，将范围权范围内的范围 1 和范围 2 绝对温室气体排放量减少 35%（以 2019 年为基线）；（2）到 2050 年，实现范围 1 和范围 2 绝对温室气体排放的净零排放	无	无	—
32	美国西方石油公司	Occidental	有	有	（1）到 2025 年，实现西方石油与天然气公司（Occidental Oil and Gas）运营业务范围 1 和范围 2 的温室气体排放当量为 0.02 百万吨二氧化碳当量/桶油当量；（2）到 2025 年，实现奥克西化学公司（OxyChem）范围 1 和范围 2 的温室气体排放强度减少 2.7%（以 2019 年为基线）；（3）到 2030 年，实现奥克西化学公司（OxyChem）范围 1 和范围 2 的温室气体排放强度减少 2.33%（以 2019 年为基线）；（4）到 2040 年实现范围 1 和范围 2 的温室气体净零排放，并争取在 2035 年前达成这一目标	无	无	—

附表5 45家石油公司碳减排/碳中和目标统计表

续表

序号	公司（中文）	公司（英文）	范围1/2			其他目标		范围3
			是否有碳减排目标	是否有碳中和目标	主要碳减排/碳中和目标	是否有甲烷减排目标	是否有火炬燃烧（或放空燃烧）减排目标	主要碳减排/碳中和目标
33	美国EOG资源公司	EOG Resources	有	有	（1）到2025年，将范围1温室气体排放强度降至13.5千克二氧化碳当量/桶油当量；（2）到2040年，实现范围1和范围2温室气体净零排放	无	无	—
34	哈萨克斯坦国家石油天然气公司	KazMunaiGas（KMG）	有	无	（1）到2031年，即减少范围1和范围2的绝对二氧化碳排放量减少1.6百万吨二氧化碳当量（以2019年为基线）；（2）到2031年，范围1和范围2的二氧化碳排放强度降低10%（以2019年为基线）	无	无	—
35	泰国国家石油公司	PTT Exploration and Production（PTTEP）	有	有	（1）到2030年，将运营中的勘探与生产活动的温室气体排放强度至少降低30%，到2040年降低50%（以2020年为基线）；（2）到2050年，实现运营中的勘探与生产活动范围1和范围2的温室气体净零排放	无	无	—
36	哥伦比亚国家石油公司	Ecopetrol	有	有	（1）到2030年，将范围1和范围2的温室气体排放量减少25%（以2019年为基线）；（2）到2050年，实现范围1和范围2的温室气体净零排放	无	无	—
37	阿曼石油开发公司	Petroleum Development Oman（PDO）	无	无	—	无	无	—
38	乌兹别克斯坦国家油气公司	Uzbekneftegaz	有	有	（1）到2030年，将范围1和范围2的温室气体排放量减少25%；（2）到2050年，实现范围1和范围2的温室气体净零排放	无	无	—

289

续表

序号	公司（中文）	公司（英文）	是否有碳减排目标	是否有碳中和目标	范围1/2 主要碳减排/碳中和目标	其他目标 是否有甲烷减排目标	是否有火炬燃烧（或放空燃烧）减排目标	范围3 主要碳减排/碳中和目标
39	美国安特罗资源公司	Antero Resources	有	有	（1）到2025年，将范围1温室气体排放强度降低10%（以2019年为基准）；（2）到2025年实现范围1和范围2温室气体净零排放	无	无	—
40	国际石油开发帝石控股公司	INPEX	有	有	（1）到2030年，将股权范围1和范围2温室气体排放强度至少降低30%（以2019年为基准）；（2）到2050年实现股权范围1和范围2温室气体净零排放	无	无	—
41	奥文能源公司（原名为Encana Corporation）	Ovintiv	有	无	到2030年将范围1和范围2的温室气体排放强度降低50%（以2019年为基准）	无	无	—
42	科特拉能源公司（由Antero Resources和ExxonMobil上游子公司在美国合并而成）	Coterra Energy	有	无	（1）到2024年，将范围1温室气体排放强度降低至4.06~4.3千克二氧化碳当量/桶油当量；（2）无未来中长期目标	无	无	—
43	美国西南能源公司	Southwestern Energy	无	无	到2035年，将范围1温室气体绝对排放量和排放强度均降低50%（以2021年为基准）	无	无	—

附表5 45家石油公司碳减排/碳中和目标统计表

续表

序号	公司（中文）	公司（英文）	范围1/2			其他目标		范围3
			是否有碳减排目标	是否有碳中和目标	主要碳减排/碳中和目标	是否有甲烷减排目标	是否有火炬燃烧（或放空燃烧）减排目标	主要碳减排/碳中和目标
44	阿根廷国家石油公司	YPF	有	无	（1）到2027年，实现非常规作业（其主要增长来源）的范围1和范围2排放强度低于10千克二氧化碳当量/桶油当量，相较于2022年非常规作业的范围1排放强度（15千克二氧化碳当量/桶油当量）有所下降；（2）到2027年，将范围1和范围2温室气体整体排放强度降低30%（以2017年为基准）	无	无	—
45	美国先锋自然资源公司	Pioneer Natural Resources	有	有	（1）到2030年，将范围1和范围2的温室气体排放强度降低50%（以2019年为基准）；（2）力争到2050年实现范围1和范围2的温室气体净零排放	无	无	—

资料来源：S&P Global（2024）。

注：排名参考《石油情报周刊》2024年Top100公司。

附录一 单位换算

1 英里（mile）=1.609 千米（km）

1 米（m）=3.281 英尺（ft）

1 平方千米（km^2）=100 公顷（ha）=247.1 英亩（acre）=0.386 平方英里（mile^2）

1 万亿立方英尺（10^{12}ft^3）=283.17 亿立方米（10^{8}m^3）

1 立方米（m^3）=35.315 立方英尺（ft^3）=6.29 桶（bbl）

1 桶（bbl）=0.14 吨（t）（原油，全球平均）

1 吨（t）=7.3 桶（bbl）（原油，全球平均）

1 桶（bbl）原油 =5800 立方英尺（ft^3）天然气（按平均热值计算）

1 吨（t）油 =1250 立方米（m^3）天然气（按平均热值计算）

1 桶 / 天（bbl/d）=50 吨 / 年（t/a）（原油，全球平均）

1 桶（bbl）原油 =5.8 百万英制热单位（10^{6}Btu）

1 吨（t）=1000 千克（kg）

1 兆（M）=10^6

1 吉（G）=10^9

1 太（T）=10^{12}

1 拍（P）=10^{15}

1 艾（E）=10^{18}

1 美元≈ 7.24 人民币（2025 年 3 月）

1 美元≈ 0.92 欧元（2025 年 3 月）

1 美元≈ 0.77 英镑（2025 年 3 月）

1 美元≈ 148.31 日元（2025 年 3 月）

1 美元≈ 86.90 卢比（2025 年 3 月）

1 美元≈ 3.67 迪拉姆（2025 年 3 月）

1 美元≈ 3.75 沙特里亚尔（2025 年 3 月）

1 美元≈ 4.44 林吉特（2025 年 3 月）

1 美元≈ 5.79 雷亚尔（2025 年 3 月）

附录二 专有名词缩写

缩写	中文释义	缩写	中文释义
ACC	高级化学电池	ETS	碳排放交易体系
AR4	（IPCC 发布）第四次评估报告	FAR	（IPCC 发布）第一次评估报告
AR5	（IPCC 发布）第五次评估报告	FDI	外国直接投资
AR6	（IPCC 发布）第六次评估报告	FEED	前端工程设计
BAU	政策延续情景/基准情景	FID	最终投资决策
BESS	电池储能系统	FIT	上网电价补贴
BioQAV	可再生喷气燃料	FPSO	浮式生产储油卸油装置
BOOT	建设—拥有—经营—转让	GATT	关税与贸易总协定
CBAM	碳边境调节机制	GCC	全球气候联盟
CCA	气候变化协议	GCF	绿色气候基金
CCC	气候变化委员会	GDP	国内生产总值
CCE	循环碳经济	GGSS	绿色气体支持计划
CCL	气候变化税	GHG	温室气体
CCS	碳捕集与封存	GIZ	德国国际合作机构
CCUS	碳捕集、利用与封存	GTL	气制油
CDM	清洁发展机制	HVO	加氢植物油
COP	缔约方会议/联合国气候变化大会	IAEA	国际原子能机构
CPS	推动碳价支持	IEA	国际能源署
DLE	直接锂提取	IEF	国际能源论坛
EI	能源研究所	IMF	国际货币基金组织
EOR	提高采收率	IPCC	联合国政府间气候变化专门委员会
ESG	环境、社会和公司治理	IPIECA	国际石油工业环境保护协会
ESS	储能系统	IREDA	印度可再生能源发展署
ETC	能源转型委员会	IRENA	国际可再生能源署
ETI	全球能源转型指数	ISTS	州际输电系统

缩写	中文释义	缩写	中文释义
JETP	公正能源转型伙伴关系	PLI	与生产挂钩的激励计划
JNNSM	国家太阳能任务	PNMC	国家碳捕集和封存政策
LCOE	平准化度电成本	PPA	购电协议
LNG	液化天然气	PPP	公私合作伙伴关系
MGI	中东绿色倡议	R-CNG	可再生压缩天然气
MGS	主要天然气系统	RBCF	气候金融
MNRE	新能源和可再生能源部	RHI	可再生热激励计划
MOU	谅解备忘录	RNG	可再生天然气
NAP	测量、监测和验证	ROSHANEE	《国家能源效率可持续和整体方法路线图》
NAPCC	《国家气候变化行动计划》	SAF	可持续航空燃料
NBS	自然解决方案部门	SAP	标准评估程序
NDC	国家自主贡献	SAR	（IPCC 发布）第二次评估报告
NECP	《国家能源和气候计划》	SIGHT	绿色氢能转型战略干预计划
NETR	《国家能源转型路线图》	TAR	（IPCC 发布）第三次评估报告
NGC	新天然气联盟	UNEP	联合国环境规划署
NGTP	《国家绿色技术政策》	UNFCCC	《联合国气候变化框架公约》，可简称《公约》
NPV	净现值	UNSD	联合国统计司
NREL	国家可再生能源实验室	WEF	世界经济论坛
NREPAP	《国家可再生能源政策和行动计划》	WHO	世界卫生组织
OGCI	油气行业气候倡议组织	World Bank	世界银行
OPEC	石油输出国组织	WRI	世界资源研究所
Our World in Data	用数据看世界	WTI	美国西得克萨斯中间基原油
PEM	质子交换膜	WTO	世界贸易组织
PIF	公共投资基金	WWF	世界自然基金会

免责声明

本书所载资料的来源及观点的出处皆被认为可靠，但中国石油勘探开发研究院不对其准确性或完整性作出任何保证。本书内容仅供参考，本书中的信息或所表达观点不构成所涉证券买卖的出价或询价又或其他投资的决策依据。中国石油勘探开发研究院不对因使用本书的内容而引致的损失承担任何责任，除非法律法规另有明确规定。

读者不应以本书取代其独立判断或仅根据本书作出决策。中国石油勘探开发研究院可发出其他与本书所载信息不一致及有不同结论的报告。本书反映研究人员的不同观点、见解及分析方法，并不代表中国石油勘探开发研究院的立场。

本书所载资料、意见及推测仅反映研究人员在出版本书时的判断，可随时更改且不予通告。未经中国石油勘探开发研究院事先书面许可，任何机构或个人不得以任何形式翻版、复制、刊登、转载或者引用，否则由此造成的一切不良后果及法律责任由私自翻版、复制、刊登、转载或者引用者承担。